La restauration de la création

Supplements to Vigiliae Christianae

TEXTS AND STUDIES OF EARLY CHRISTIAN LIFE AND LANGUAGE

Editors-in-Chief

D.T. Runia
G. Rouwhorst

Editorial Board

J. den Boeft
B.D. Ehrman
K. Greschat
J. Lössl
J. van Oort
C. Scholten

VOLUME 145

The titles published in this series are listed at *brill.com/vcs*

La restauration de la création

Quelle place pour les animaux?

Édité par

Michele Cutino
Isabel Iribarren
Françoise Vinel

*Actes du colloque de l'ERCAM tenu à Strasbourg
du 12 au 14 mars 2015*

BRILL

LEIDEN | BOSTON

The Library of Congress Cataloging-in-Publication Data is available online at http://catalog.loc.gov
LC record available at http://lccn.loc.gov/2017051829

Typeface for the Latin, Greek, and Cyrillic scripts: "Brill". See and download: brill.com/brill-typeface.

ISSN 0920-623X
ISBN 978-90-04-35563-7 (hardback)
ISBN 978-90-04-35738-9 (e-book)

Copyright 2018 by Koninklijke Brill NV, Leiden, The Netherlands.
Koninklijke Brill NV incorporates the imprints Brill, Brill Hes & De Graaf, Brill Nijhoff, Brill Rodopi, Brill Sense and Hotei Publishing.
All rights reserved. No part of this publication may be reproduced, translated, stored in a retrieval system, or transmitted in any form or by any means, electronic, mechanical, photocopying, recording or otherwise, without prior written permission from the publisher.
Authorization to photocopy items for internal or personal use is granted by Koninklijke Brill NV provided that the appropriate fees are paid directly to The Copyright Clearance Center, 222 Rosewood Drive, Suite 910, Danvers, MA 01923, USA. Fees are subject to change.

This book is printed on acid-free paper and produced in a sustainable manner.

Table des matières

Préface IX
Liste des illustrations XV
Abréviations XVI
Notices sur les contributeurs XVII

PARTIE 1
Bible et apocryphes

1 Le bestiaire et l'expression de la réconciliation dans *Ésaïe* (LXX) 3
   Philippe Le Moigne

2 *Romains* 8, 18–22 : une énigme qui interpelle 36
   Daniel Gerber

3 Le léopard et le chevreau dans les *Actes de Philippe* VIII et XII 50
   Patricio de Navascués

4 Les animaux dans le récit du déluge (Gen 6–9) et ses interprétations patristiques 63
   Michele Cutino

PARTIE 2
Philosophie et théologie

SECTION 1
De Philon aux Pères

5 L'harmonie originaire entre hommes et animaux, sa coupure et sa restauration à la fin des temps chez Philon d'Alexandrie 81
   Francesca Calabi

6 *Leo paleis uescetur* (AH V 33,4). Le régime végétarien des animaux et la nouvelle harmonie de la création selon Irénée de Lyon 102
   Joaquín Blas Pastor

7   Pourquoi l'anthropocentrisme des Pères ? Réflexions sur le concept de création chez les Pères Cappadociens   112
    Françoise Vinel

8   La question de l'âme des animaux dans le *De Opificio Mundi* de Jean Philopon (VIe s.) : entre révélation biblique et psychologie aristotélicienne   135
    Pascal Mueller-Jourdan

SECTION 2
Moyen-Âge

9   Entre hiérarchie, partage et transgression, l'iconographie médiévale du monde animal : une communauté en chemin   159
    Christian Heck

10 *Cave canem* ! Notes sur le rejet du salut des animaux chez quelques auteurs syriaques   183
    Flavia Ruani

11 Saints et animaux, anticipation du royaume dans la littérature byzantine   213
    Symeon Paschalidis

12 François d'Assise et les créatures : le témoignage de la *Vita brevior*   231
    Sylvain Piron

13 Embryologie et statut de l'âme sensitive dans la tradition franciscaine au XIIIe siècle : le *suppositum* comme sujet de la béatitude   242
    Isabel Iribarren

14 Entre la raison et la perception. La psychologie animale médiévale et la relation entre les humains et les animaux   275
    Juhana Toivanen

15 La sépulture animale dans l'Occident médiéval   298
    Pierre-Olivier Dittmar

PARTIE 3
Ouvertures

16 L'éthique animale à l'épreuve de l'anthropologie catholique.
    Réflexions sur l'anthropocentrisme chrétien   321
    Patrick Llored

    Index biblique   331
    Index des sources   333

Préface

Le volume que nous présentons ici est le résultat d'un colloque international organisé par la Faculté de Théologie catholique de Strasbourg le 12–14 mars 2015, comme conclusion du programme de recherches initié en 2013 par l'Équipe de recherches sur le christianisme ancien et médiéval (ERCAM – EA 4377) : « Théologie de la création : des animaux et des hommes ». Relire sous cet angle les œuvres des philosophes et théologiens anciens et médiévaux ne nous a pas semblé sans résonance avec les préoccupations les plus actuelles dans notre société, qui a développé une réflexion de plus en plus attentive sur la redéfinition du statut juridique des animaux, du point de vue non seulement philosophico-théologique, mais aussi juridique et politique. Il suffit, à cet égard, de citer l'intitulé de l'un des ouvrages les plus influents de la philosophe française Élisabeth de Fontenay, *Le silence des bêtes* (1998), qui fait allusion au trait le plus saillant de la réflexion philosophique à l'égard de l'animal : l'absence de *logos*. Mais le « silence » du titre se réfère également à la difficulté, patente chez philosophes et théologiens, de prendre en considération l'animalité en tant que telle, sans la réduire au symbole ou à l'allégorie. Le colloque de mars 2015 a cherché à donner une contribution originale à la réflexion sur ce thème complexe, en examinant le statut des animaux dans la spéculation chrétienne ancienne et médiévale selon une perspective eschatologique, c'est-à-dire en en se concentrant sur la question du salut des animaux dans le projet divin.

Un parcours biblique s'est imposé d'abord. En effet, selon le dessein divin décrit par la Bible, les réflexions liées à la promesse du renouvellement de la création, dont parle Paul en *Rm* 8, 21, peuvent être comprises comme incluant la question de l'avenir des animaux. Quoique soumis à l'homme, ces derniers conservent une dignité propre que l'homme doit respecter : cette dignité ressort, en dernière analyse, du don de la vie qui unit l'homme et les animaux (l'un et les autres sont également, selon *Gn* 2, 7.19, « âmes vivantes », « êtres vivants ») et qui établit, en même temps, un rapport particulier entre ceux-ci et Dieu. La tension entre l'homme et les animaux et leur lutte mortelle réciproque, présentée souvent dans la Bible comme une réalité provisoire, et destinée dans les temps derniers à faire place à une unité et une harmonie profondes, non seulement entre l'homme et Dieu mais aussi entre l'homme et les animaux (cf. *Ez* 34, 25). L'attente de la restauration de la création trouve un accomplissement anticipé, quoique partiel, dans certains épisodes de réconciliation de l'homme avec les animaux, présents dans le Nouveau Testament (voir par ex. Mc 1, 13 ; Mc 16, 28). S'impose alors d'interroger les sources bibliques qui expriment de façon plus significative l'implication des animaux dans la perspective eschatologique du monothéisme judaïco-chrétien. Parmi les textes les plus connus figurent ceux du prophète Ésaïe sur l'harmonie de la création renouvelée dans les temps derniers (chap. 11; 65) et le passage cité de Paul aux Romains. Pour tenter d'honorer la richesse du texte biblique à ce sujet, la première partie du volume, intitulée «Bible et apocryphes», comporte quatre contributions. Dans «Le bestiaire et l'expression de la réconciliation dans Ésaïe (LXX)», Philippe Le Moigne (Montpellier) montre bien comment les animaux, dans la perspective du «synœcisme du désert», se joignent toujours à l'homme dans des promesses d'avenir heureux, accompagnant la mention d'une reconstruction ou d'une restauration possible d'Israël, dans la persistance du projet salvifique de Dieu. Daniel Gerber (Strasbourg), dans «*Romains* 8,18–22: une énigme qui interpelle», relève les difficultés exégétiques des versets en question, notamment l'interprétation du terme κτίσις, désignant tantôt la création dans son ensemble, tantôt l'homme seul. La réflexion théologique sur ce texte peut promouvoir une véritable 'écothéologie', centrée non exclusivement sur la relation de Dieu aux hommes, mais plutôt sur la notion de solidarité entre les différentes composantes de la création, dans l'espérance dont parle le texte paulinien. Une attention particulière à l'égard du monde animal et son statut se manifeste dans la littérature apocryphe, ouvrant souvent des perspectives tout à fait originales: c'est le cas d'un texte relativement tardif, les *Actes de Philippe*, objet de la contribution de Patricio De Navascuès (Madrid) «Le léopard et le chevreau dans les *Actes de Philippe* VIII et XII». L'auteur apocryphe semble proposer implicitement une théologie basée sur une solidarité substantielle entre les hommes et les animaux, qui valorise les aspects communs qui les relient: la condition de créature et, de fait, la relation de dépendance vis-à-vis de Dieu créateur de tous les êtres, fondement de la relation de charité et de bonne entente entre les créatures, Cette ligne doctrinale serait compatible avec celle de certains cercles à tendance encratite et d'origine asiate, courants à cette époque dans certaines régions d'Orient. Enfin, dans «Les animaux dans le récit du déluge (Gen 6–9) et ses interprétations patristiques», Michele Cutino (Strasbourg) se concentre sur les difficultés des interprétations chrétiennes anciennes de l'épisode de la nouvelle création après le déluge en Gen. 9, un texte d'importance capitale qui prend position sur le fondement même du statut de l'être humain quant à la soumission violente des autres êtres vivants aux hommes. Une conséquence de ce statut est la différenciation marquée par les nouvelles pratiques alimentaires, destinées à identifier l'homme par rapport aux animaux et à reléguer dans un passé mythique, préhistorique, le régime végétarien de l'Eden originaire.

Une deuxième partie, « Philosophie et Théologie », se consacre aux élaborations doctrinales qui s'en sont suivies, d'abord « De Philon aux Pères », ensuite dans la période médiévale. La richesse de la relation entre l'homme et les animaux présentée par l'univers biblique semble s'appauvrir à partir des premiers siècles de notre ère, en particulier à partir du détachement progressif du christianisme de son enracinement juif. C'est sans doute l'une des conséquences de l'interprétation allégorique de l'Ancien Testament, ainsi que de l'inculturation de la doctrine chrétienne dans un cadre platonicien qui survalorise la partie spirituelle de l'âme. L'on sait par ailleurs que divers écrits chrétiens des premiers siècles sont fortement marqués par des accents millénaristes, liés à la perspective de la *salus carnis*, souvent représentée à travers les images concrètes d'un bonheur terrestre : si le royaume est proche, les créatures et le cosmos auront-ils une place dans la récapitulation de toutes les choses dans le Christ (*Eph* 1, 10) ? Dans leurs élaborations théologiques et leur discours pastoral, les auteurs chrétiens de l'Antiquité tardive font-ils place à la question des animaux ? Ces derniers ne sont-ils pas les grands absents de la sotériologie ? La contribution de Francesca Calabi (Pavie), « L'harmonie originaire entre hommes et animaux, sa coupure et sa restauration à la fin des temps chez Philon d'Alexandrie », examine la façon dont l'exégète juif tente de répondre à ces questions : à la fin des temps il y aura une restauration dans le monde entier des δεσμοί cosmiques, voire des liens entre les différentes parties établies par Dieu au début de la création. Cette restauration concerne, avant tout, les hommes, conduits au bonheur final ; néanmoins, les animaux joueront un rôle essentiel, non seulement comme protagonistes des nouveaux rapports pacifiques, mais aussi comme modèles pour les hommes eux-mêmes. Suivant une ligne analogue, l'article de Joaquin Blas Pastor (Madrid) « *Leo paleis uescetur* (AH V 33,4). Le régime végétarien des animaux et la nouvelle harmonie de la création selon Irénée de Lyon », nous donne le point de vue de la théologie asiate de la *salus carnis*, où la restauration eschatologique du monde matériel, à partir des animaux, est représentée toujours à travers l'interprétation littérale d'Is. 11. Françoise Vinel (Strasbourg), « Pourquoi l'anthropocentrisme des Pères ? Réflexions sur le concept de création chez les Pères Cappadociens », montre comment, selon une perspective plus philosophique marquée par le platonisme, dans la théologie des Cappadociens, centrée sur le lien instauré entre création et salut opéré par le Christ, la réflexion sur les modes de conduite de l'homme dans la création se fait selon une vision « anthropocentrique ». Les rapports avec les animaux y sont réduits substantiellement à la nécessité de valoriser l'abstinence d'alimentation carnée ou à la célébration de l'amitié idéale avec les animaux, dans la perspective ascétique promue par les expériences monastiques. Dans « La question de l'âme des animaux dans le *De Opificio Mundi* de Jean Philopon (VIᵉ s.) : entre révélation biblique et psychologie aristotélicienne », Pascal Mueller-Jourdan (Angers) examine, dans la même optique, l'approche philosophique de Jean Philopon. Ici, c'est la notion même de « restauration » qui est mise en cause de façon radicale. En effet, la restauration de l'âme animale et de ses fonctions semble impossible dès lors que le corps de l'animal a disparu. Reste sauve la destinée singulière de l'âme de l'homme, unie à un corps incorruptible lors de la Résurrection.

Dans la pensée philosophique et théologique médiévale, les animaux servent presque toujours de modèle d'altérité dans la construction d'une anthropologie. Nombreux sont les exemples de théologiens qui réduisent la valeur ontologique des animaux à un simple signe ou vestige du Créateur, à une étape, donc, du chemin qui nous mène à Dieu. En effet, la doctrine chrétienne elle-même soulevait des questions qu'il était difficile de contourner quant à la place et au rôle de l'animal dans l'histoire du salut. Cette partie du volume entend donc examiner la place que le discours doctrinal au Moyen Âge accorde aux animaux – et à l'animal dans l'homme – d'un point de vue eschatologique : la vie bienheureuse à la fin des temps reproduit-elle la population édénique ? Si, comme le prétend Thomas d'Aquin, le péché de l'homme n'a changé en rien la nature et la condition des animaux, pourquoi la vie animale est-elle exclue du paradis, tout comme les fonctions animales des corps des ressuscités ? Pour reprendre les termes de Giorgio Agamben[1], l'économie du salut semble laisser un reste impropre à toute rédemption. La construction doctrinale qui a informé le discours médiéval à ce sujet s'articule autour de deux concepts décisifs : celui de fin ultime ou de « bonheur » (en quoi consiste-t-il ?, quelles sont les conditions psychologiques que doivent réunir les êtres invités à en bénéficier ?) ; et celui d'âme, autrement dit d'être vivant (la vie est-elle l'apanage de l'homme, seule créature à bénéficier d'une âme immortelle ?, sur quoi repose la corruptibilité de l'âme sensitive ?).

La contribution de Christian Heck (Lille), « Entre hiérarchie, partage et transgression, l'iconographie médiévale du monde animal : une communauté en chemin », tente de reconstruire ces aspects du discours doctrinal à travers ses représentations iconographiques. Or, l'analyse de la documentation iconographique du Moyen Âge concernant le rapport hommes/animaux permet de faire émerger des significations que l'on ne peut absolument pas superposer directement à ce qu'apportent les sources textuelles : en effet, si la plupart de cette documentation nous confirme les grilles herméneutiques jusqu'ici ren-

---

1 Giorgio Agamben, *L'ouvert. de l'homme et de l'animal*, trad. de l'italien par Joël Gayraud, Paris, Bibliothèques Rivages, 2006, p. 36.

contrées, quelques thèmes iconographiques plus rares mais très significatifs examinés par l'auteur offrent des exemples dans lesquels l'animal participe de la vie de l'Église, ou a en tout cas la capacité d'avoir un jugement exact et respectueux sur la liturgie et les sacrements, ce qui bouleverse l'emplacement de la barrière traditionnelle entre l'homme et l'animal. En revanche, la recherche documentaire réalisée s'avère muette quant à la place que l'iconographie accorde, ou n'accorde pas, aux animaux dans le Paradis futur. Les sources considérées par les contributions suivantes poussent le mutisme au rejet. Ainsi, la littérature médiévale en langue syriaque, examinée par Flavia Ruani (Gand) dans « *Cave canem* ! Notes sur le rejet du salut des animaux chez quelques auteurs syriaques », refuse toute perspective du salut des animaux, du moment que ceux-ci sont mis en rapport avec les tendances hétérodoxes à une époque où l'élaboration théologique de la tradition syriaque réagit à des défis posés par des propositions religieuses alternatives. Dans le contexte de la production byzantine analysée par Symeon Paschalidis (Thessalonique) dans « Saints et animaux, anticipation du royaume dans la Littérature byzantine », la valorisation du rôle des animaux dans la perspective eschatologique s'inscrit substantiellement dans le thème topique de l'amitié entre les saints et les animaux, qui constitue une anticipation véritable de la restauration de l'harmonie originaire. Le thème se retrouve, dans une autre aire culturelle et théologique, dans la réflexion de François d'Assise au XIIIe siècle. En effet, comme le montre bien Sylvain Piron (EHESS) dans « François d'Assise et les créatures : le témoignage de la *Vita brevior* », et malgré les idées reçues, l'amitié que le saint manifeste envers les animaux est entièrement dissociée de toute considération sur la place des animaux dans un paradis futur. Toujours dans un contexte franciscain, l'analyse qu'entreprend Isabel Iribarren (Strasbourg) de la position de Matthieu d'Aquasparta dans « Embryologie et statut de l'âme sensitive dans la tradition franciscaine au XIIIe siècle : le *suppositum* comme sujet de la béatitude », montre comment l'absence des animaux dans la gloire est en fin de compte expliquée par la nature corruptible de l'âme sensitive. Si restauration des animaux il y a, elle se fait par la *reductio* de l'âme animale dans l'homme. Dans « Entre la raison et la perception. La psychologie animale médiévale et la relation entre les humains et les animaux », J. Toivanen (Jyväskylä-Finland) examine pour sa part des textes philosophiques témoignant d'une discussion médiévale sur la psychologie et le statut moral des animaux qui problématise leur statut d'êtres au service de l'homme. Enfin, la contribution de Pierre-Olivier Dittmar (EHESS) conclut la partie médiévale du volume avec une réflexion sur « La sépulture animale dans l'Occident médiéval » : la séparation et la distinction spatiale des corps humains et animaux à la mort entendent souligner la singularité de destin de l'espèce humaine. Hormis de rares exceptions dans la période pré-moderne, c'est à partir du XIXᵉ siècle qu'on voit des témoins des tombes d'animaux, voire des cimetières d'animaux, où ceux-ci jouissent de leur propre terre «sacrée».

La troisième partie, point d'orgue du volume, débouche sur quelques «ouvertures» contemporaines à propos du statut des animaux dans nos sociétés avec la contribution de Patrick Llored (Lyon), qui nous livre quelques réflexions sur l'anthropocentrisme chrétien dans «L'éthique animale à l'épreuve de l'anthropologie catholique». À travers une analyse de l'encyclique papale *Laudato sì*, l'auteur montre la difficulté de l'anthropologie chrétienne à penser une éthique animale fondée sur leur capacité de souffrir, au-delà de la distinction entre humains et non-humains.

Michele Cutino, Isabel Iribarren et Françoise Vinel

Liste des illustrations

9.1 *Petites Heures du duc de Berry* (Paris, BnF, ms lat. 18.014), folio 9ᵛ, Paris, vers 1385, Un dominicain enseignant un jeune prince, sous le monde céleste, et au-dessus de Nabuchodonosor parmi les bêtes.   162
9.2 Pseudo-Matthieu, *Evangile de l'Enfance du Christ*, Italie, fin du XIIIe siècle (Paris, BnF, ms lat. 2.688), folio 7, Jésus et les bêtes sauvages.   164
9.3 Barthélémy l'Anglais, *Livre des propriétés des choses*, traduit par Jean Corbechon, Paris, 1447 (Amiens, Bibl. municipale, ms 399), folio 241, Frontispice du Livre XVIII, les animaux terrestres.   170
9.4 *Missel Stammheim*, Hildesheim, vers 1170–1180 (Malibu, Musée Getty, ms 64), folio 92, La Nativité, avec motifs typologiques.   175
9.5 *Psautier de Stuttgart*, Saint-Germain-des-Près, vers 820–830 (Stuttgart, Württembergische Landesbibl., ms Bibl. fol. 23), fol. 27, La Crucifixion en illustration du psaume 21, 22.   176
9.6 Feuillet détaché, Cologne, vers 1400–1410 (Malibu, Musée Getty, ms Ludwig Folia 2 ; 83.MS.49, leaf 2), Saint Antoine abbé bénissant les animaux, les pauvres et les malades.   179
15.1 *Ci nous dit*, Chantilly, Musée Condé, ms. 27, f. 16   305
15.2 *Ci nous dit*, Chantilly, Musée Condé, f. 107ᵛ   306
15.3 *100 nouvelles nouvelles*, ms Glasgow, 252 (U4.10) f. 192, n. 96   311
15.4 Entrée du cimetière des animaux d'Anières   313
15.5 Plaque tombale de Mirka († 2005)   314
15.6 Pierre tombale de Gildus, et chien enlaçant la Vierge (détail)   315

Abréviations

BAUER	Bauer W., *Griechisch-Deutsches Wörterbuch zu den Schriften des Neuen Testaments und der übrigen urchristlischen Literatur*, Berlin, 1910.
CCCM	*Corpus Christianorum Continuatio Mediaevalis*, Turnhout: Brepols, 1966–.
CCSA	*Corpus christianorum Series apocryphorum*, Turnhout: Brepols, 1983–.
CCSL	*Corpus Christianorum Series Latina*, Turnhout: Brepols, 1953–.
EWNT	*Exegetisches Wörterbuch zum Neuen Testament*, Stuttgart etc, 1–3, 1980–1983.
GEDSH	*Gorgias Encyclopedic Dictionary of the Syriac Heritage*, S. Brock, A. Butts, G. Kiraz, L. Van Rompay (éd.), Piscataway, 2011.
GNO	*Gregorii Nysseni Opera*, W. Jaeger et al. ed., Leiden: Brill, 1952–.
LCI	*Lexikon der christlichen Ikonographie*, hrsg. von E. Kirschbaum und X. Braunfels, 8 Bd, Freiburg/Brisgau: Herder Verlag, 1968–1976.
NETS	A. Pietersma, B.G. Wright ed., *A new English translation of the Septuagint*, New York – Oxford: Oxford University Press, 2007.
OPA	*Les Œuvres de Philon d'Alexandrie*, publiées par R. Arnaldez, J. Pouilloux, C. Mondésert, Paris: Éditions du Cerf, 1961–.
PG	*Patrologiae cursus completus …, Series graeca*, éd. J.-P. Migne, Paris: Garnier, 1839–1894, 161 vols.
PL	*Patrologiae cursus completus …, Series latina*, éd. J.-P. Migne, Paris, 1844–1866, 221 vols.
Quodl.	Quaestio de quolibet
SC	*Sources chrétiennes*, Paris: Le Cerf, 1942–.
SBO	*Sancti Bernardi Opera*, 8 vols, éd. J. Leclercq, C.H. Talbot et H. Rochais, Rome: Editiones cistercienses, 1957–1977.
SCG	Thomas d'Aquin, *Summa contra Gentiles*
Sent.	Scriptum super Sententiis magistri Petri Lombardi.
ST	Thomas d'Aquin, *Summa theologiae*
TWNT	G. Kittel, G. Friedrich (ed.), *Theologisches Wörterbuch zum Neuen Testament*, Stutttgart, 1933s.
ZAC	*Zeitschrift für Antikes Christentum*

Notices sur les contributeurs

Joaquín Blas Pastor
Docteur en théologie à l'UESD de Madrid. Professeur ordinaire de la Faculté «Antoni Gaudí» d'Histoire, Archéologie et Arts chrétiennes de Barcelone, où il est vice-doyen depuis 2015. Son champ de recherches est la théologie d'Irénée de Lyon.

Francesca Calabi
Professeur émérite de Philosophie de l'Antiquité tardive à l'Université de Pavie. Elle dirige la série «Philo of Alexandria» pour Brill et est membre du Comité éditorial de la revue *Adamantius*. Elle est l'auteur de nombreuses publications sur la tradition platonicienne et le judaïsme hellénistique.

Michele Cutino
Professeur d'Histoire du christianisme antique, Université de Strasbourg, membre associé de l'IEA UMR 8584-LEM. Ses recherchent portent sur l'histoire des doctrines et de la théologie chrétienne antiques, sur Ambroise de Milan, sur Augustin d'Hippone et sur la poésie chrétienne antique.

Pierre-Olivier Dittmar
Maître de conférences à l'École des Hautes Études en Sciences Sociales (EHESS), rattaché au Centre de recherches historiques – GAHOM (Groupe d'Anthropologie Historique de l'Occident Médiéval), ses travaux portent sur les interfaces avec les non-humains au cours d'un long Moyen Âge, qu'il s'agisse des animaux, des invisibles, ou des artefacts. Il co-dirige la revue *Techniques & Culture* depuis 2016.

Daniel Gerber
Professeur d'exégèse du Nouveau Testament, Université de Strasbourg, Faculté de Théologie protestante. Champs de recherche privilégiés: Luc-Actes, Paul, I Corinthiens, II Corinthiens et l'archéologie corinthienne.

Christian Heck
Professeur émérite d'histoire de l'art à l'Université de Lille III, ancien membre senior de l'Institut Universitaire de France (Chaire d'iconographie médiévale), General editor du Survey of manuscripts illuminated in France.

Isabel Iribarren
Professeur d'Histoire de l'Église et de philosophie médiévales, Université de Strasbourg. Ses recherches portent sur le statut des animaux dans l'Occident médiéval et sur l'œuvre de Jean Gerson (1368–1429), principalement le poème épique *Josephina*, dont un commentaire annoté va paraître aux Belles Lettres prochainement.

Patrick Llored
Chercheur en éthique animale à l'IRPHIL (Institut de Recherches philosophiques de Lyon), Université Jean Moulin Lyon III. Ses domaines de recherche sont l'éthique animale, les relations entre éthologie et philosophie ainsi qu'entre théologie et pensée animale et enfin la philosophie politique de l'animalité quand elle prend la forme d'une philosophie du droit des animaux.

Philippe Le Moigne
Professeur à l'Université Paul-Valéry Montpellier III, s'intéresse au judaïsme hellénistique et plus particulièrement à la Septante, qu'il aborde dans une perspective linguistique et / ou littéraire.

Pascal Mueller-Jourdan
Professeur ordinaire de philosophie ancienne, Université catholique de l'Ouest, Angers. Membre titulaire du Laboratoire d'études sur les monothéismes (UMR 8584). Il poursuit actuellement des travaux de recherche sur le statut de la perception sensorielle dans le platonisme tardo-antique.

Patricio de Navascués
Professeur de Patrologie à l'Universidad San Dámaso, Madrid, professeur invité à l'Istituto Patristico Augustinianum, Roma. Son champ de recherches est la littérature chrétienne antique.

Sylvain Piron
Directeur d'études à l'École des hautes études en sciences sociales, membre du Centre de recherches historiques. Ses recherches portent sur l'histoire intellectuelle occidentale, du XIIe au XIVe siècle, notamment l'histoire du mouvement franciscain.

Flavia Ruani

Docteur en histoire et littérature chrétiennes syriaques à l'École pratique des hautes études (Paris), actuellement post-doctorante à l'Université de Gand, où elle conduit des recherches sur les controverses religieuses et les textes hagiographiques syriaques.

Juhana Toivanen

Maître de conférences à l'Université de Jyväskylä (Finlande). Il est spécialisé en histoire de la philosophie médiévale ; ses recherches portent sur les conceptions médiévales des animaux selon différentes perspectives.

Françoise Vinel

Professeur émérite d'Histoire de la littérature chrétienne ancienne, Université de Strasbourg. Ses recherches portent sur la Septante, Grégoire de Nysse, Maxime le Confesseur, l'exégèse patristique et l'histoire de la théologie dans l'Antiquité tardive.

PARTIE 1

Bible et apocryphes

∴

CHAPTER 1

Le bestiaire et l'expression de la réconciliation dans *Ésaïe* (LXX)

Philippe Le Moigne

On m'a demandé de parler des animaux, le sujet qui nous réunit ces jours-ci ; et comme, septantiste de profession, je m'intéresse plus particulièrement au livre d'*Ésaïe*, auquel j'ai consacré ma thèse il y a près de 15 ans, j'ai proposé comme sujet l'étude des animaux dans ce livre d'*Ésaïe*, plus particulièrement dans l'optique de la réconciliation. J'avais en tête, lorsque Françoise Vinel m'a évoqué le sujet, le célèbre passage du chapitre 11, qui dit que le loup pâturera avec l'agneau, et que la panthère se reposera aux côtés du chevreau. Nous rencontrerons bien sûr cette péricope ; mais les animaux sont présents dans bien d'autres passages de notre prophète. Dans une première partie, nous évoquerons rapidement cette présence multiple, indépendamment de la thématique particulière de la réconciliation / restauration. Ensuite nous aborderons plus particulièrement deux questions. La première est celle – si on me permet l'oxymore – du peuplement du désert ; c'est à cette occasion que nous rencontrerons notamment les démons, les sirènes et les onocentaures. La seconde est la place de l'agriculture, et plus particulièrement, donc, de l'élevage, dans un monde renouvelé par l'action bénéfique du Seigneur.

Une petite remarque de méthodologie. Le sujet est vaste, et l'espace qui nous est imparti ne permettra pas, et de loin, de l'épuiser, ni même de donner une approche rapide de la totalité des points à envisager. J'ai dû faire des choix, non tant sur le corpus que sur la manière d'appréhender le corpus. Je suis septantiste, mais aujourd'hui je ne parle pas à un public de septantistes « professionnels » – même si je ne doute pas que vous ayez une excellente connaissance de la Bible en général. Je vais donc délibérément laisser de côté les aspects les plus techniques de la démarche ordinaire du septantiste et maintenir fermée ma « boîte à outils » habituelle, constituée notamment de consultations de concordances et de recours systématique et scrupuleux à l'hébreu. Corollairement, même si, je vous l'avoue, j'en ressens une très grande frustration, je ne me pencherai pas sur l'aspect proprement zoologique de l'enquête, i.e. je ne m'interrogerai pas sur la raison du choix de tel ou tel animal dans tel ou tel contexte ; cela exigerait une démarche minutieuse et, comme je l'ai laissé entendre, menée avec un œil posé en permanence sur le texte hébreu. Pour les éléments les plus exotiques de notre bestiaire, un beau travail a été fait très récemment, à l'automne 2014, par Anna Angelini, qui a eu l'amabilité de me communiquer le texte de son intervention, faite dans le cadre des conférences parisiennes du vendredi soir consacrées à la LXX et aux «Cognate Studies».

1 Présence fréquente des animaux

a *Quelques exemples*

Les animaux apparaissent relativement souvent dans le corpus, avec parfois quelques petites difficultés dans l'interprétation de détail. Cela n'est pas le cas en 2, 20–21, où le prophète, évoquant le jour du Seigneur, affirme qu'«en ce jour-là, l'homme rejettera ses abominations d'argent ou d'or, qu'il avait faites pour se prosterner, aux êtres vains et aux chauves-souris, / afin d'entrer dans les crevasses de la roche dure et dans les fentes des rochers, face à la crainte du Seigneur et à la gloire de sa force, quand il se lèvera pour fracasser la terre[1]». Les idoles rejoignent ce qui est impur comme elles, à commencer par les chauves-souris[2]; de son côté, l'adjectif substantivé μάταιος est souvent associé aux images du culte païen[3].

Signification limpide encore avec le ver, σκώληξ, du dernier verset de notre prophète, 66, 24, où il s'agit d'une métonymie évidente de la mort: «Et ils sortiront, et ils verront, démembrés, les hommes qui avaient commis des transgressions contre moi. Oui, le ver n'en finira pas avec eux, et le feu ne s'éteindra

---

1 τῇ ἡμέρᾳ ἐκείνῃ ἐκβαλεῖ ἄνθρωπος τὰ βδελύγματα αὐτοῦ τὰ ἀργυρᾶ καὶ τὰ χρυσᾶ, ἃ ἐποίησαν προσκυνεῖν, τοῖς ματαίοις καὶ ταῖς νυκτερίσιν / τοῦ εἰσελθεῖν εἰς τὰς τρώγλας τῆς στερεᾶς πέτρας καὶ εἰς τὰς σχισμὰς τῶν πετρῶν ἀπὸ προσώπου τοῦ φόβου κυρίου καὶ ἀπὸ τῆς δόξης τῆς ἰσχύος αὐτοῦ, ὅταν ἀναστῇ θραῦσαι τὴν γῆν. Nous citons le texte de J. Ziegler, *Isaias*: Septuaginta. Vetus Testamentum Graecum Auctoritate Academiae Scientiarum Gottingensis editum 14, Göttingen, 1939, 1967[2]. La traduction est extraite du livre *Vision que vit Isaïe*, due à A. Le Boulluec et Ph. Le Moigne, Paris: Cerf, 2014. Sur ce passage précisément, voir T. Muraoka, «Isaiah 2 in the Septuagint», in *Isaiah in Context. Studies in Honour of Arie van der Kooij on the Occasion of his Sixty-Fitfth Birthday*, edited by M.N. van der Meer, P. van Keulen, Wi. van Peursen, Bas ter Haar Romeny, Leiden / Boston: Brill, 2010, p. 338–340.

2 Voir Lévitique 11.19 pour l'impureté de la chauve-souris (νυκτερίς).

3 Voir T. Muraoka, *A Greek-English Lexicon of the Septuagint*, Louvain – Paris – Walpole MA: Peeters, 2009, p. 443a, s.v., qui donne les références suivantes: 17, 7; Os 5, 11; Jr 2, 5; Am 2, 4; Za 11, 7; Jr 8, 19.

pas sur eux, et ils seront, pour toute chair, une vision[4] », avec la composition circulaire sur le mot *vision*, qui ouvre le livre.

Autre animal qui n'a pas une excellente réputation, la mite, σής. En 33, 1 elle sert de paradigme de fragilité (« les traîtres seront pris et livrés et, comme une mite sur un manteau, ils seront abattus[5] »), tandis qu'en 51, 8 on la retrouve dans son activité dévoratrice ; en l'occurrence c'est le « mépris », dont pourrait être victime le peuple de Dieu, qui sera « rongé par la mite » « comme de la laine[6] ».

Une thématique qui revient plusieurs fois est celle du cheval comme monture : ainsi en 36, 8, où l'émissaire assyrien, se moquant des assiégés jérusalémites, leur propose : « je vous donnerai deux mille chevaux si vous pouvez les faire monter par des cavaliers[7] » ; en 66, 20, les chevaux sont accompagnés de mules, dans le cortège apportant force richesses à Jérusalem[8].

Parfois Dieu se montre plein d'ironie, ainsi en 30, 16, où il rebondit sur les affirmations trop confiantes de son peuple : « vous avez dit : "Nous fuirons à cheval" ; oui, vous fuirez ! Et vous avez dit : "Nous serons les cavaliers de montures agiles" ; oui, vos poursuivants seront agiles[9] ! ». Plus féroce encore, le début du chapitre 31 : le verset 1 commence classiquement par une condamnation de « ceux qui mettent leur confiance dans des chevaux et des chars » trouvés dans l'alliance égyptienne. Mais le prophète poursuit ainsi :

31, 2 (...) καὶ ἐπαναστήσεται ἐπ' οἴκους ἀνθρώπων πονηρῶν καὶ ἐπὶ τὴν ἐλπίδα αὐτῶν τὴν ματαίαν,	et il se dressera contre les maisons des criminels et contre leur vain espoir,	il se lève contre la maison des malfaisants[10] et contre le secours de ceux qui font le mal.

---

4   καὶ ἐξελεύσονται καὶ ὄψονται τὰ κῶλα τῶν ἀνθρώπων τῶν παραβεβηκότων ἐν ἐμοί· ὁ γὰρ σκώληξ αὐτῶν οὐ τελευτήσει, καὶ τὸ πῦρ αὐτῶν οὐ σβεσθήσεται, καὶ ἔσονται εἰς ὅρασιν πάσῃ σαρκί.
5   ἁλώσονται οἱ ἀθετοῦντες καὶ παραδοθήσονται καὶ ὡς σὴς ἐπὶ ἱματίου οὕτως ἡττηθήσονται.
6   ὡς ἔρια βρωθήσεται ὑπὸ σητός.
7   καὶ δώσω ὑμῖν δισχιλίαν ἵππον, εἰ δυνήσεσθε δοῦναι ἀναβάτας ἐπ' αὐτούς.
8   μεθ' ἵππων καὶ ἁρμάτων ἐν λαμπήναις ἡμιόνων.
9   εἴπατε Ἐφ' ἵππων φευξόμεθα· διὰ τοῦτο φεύξεσθε· καὶ εἴπατε Ἐπὶ κούφοις ἀναβάται ἐσόμεθα· διὰ τοῦτο κοῦφοι ἔσονται οἱ διώκοντες ὑμᾶς.
10 La colonne de droite contient la traduction de la Bible hébraïque de la Bible Osty.

(suite)

31, 3 Αἰγύπτιον, ἄνθρωπον καὶ οὐ θεόν, ἵππων σάρκας, καὶ οὐκ ἔστι βοήθεια·	/ l'Égyptien, un homme et non un dieu, de la viande de chevaux, et il n'est pas un secours	/ L'Égyptien est un homme, et non un dieu, ses chevaux sont chair, et non esprit.

Alors que le TM constate que les chevaux de l'Égyptien sont chair et non esprit, la LXX emploie l'expression méprisante «viande de chevaux»; mais la satire est plus féroce encore, car l'expression ἵππων σάρκας ne saurait être chose, d'un point de vue syntaxique, qu'une apposition à Αἰγύπτιον. C'est dont l'Égyptien lui-même, un être *a priori* humain, qui est ravalé au rang de, passez-moi l'expression, bidoche chevaline.

b *Emploi dans des comparaisons*

Le monde animal entre souvent en jeu dans des comparaisons. Ainsi des deux occurrences des *sauterelles* dans notre corpus. En 33, 4, elles servent de modèle à ce que l'on peut ramasser facilement, l'objectif de l'auteur étant d'indiquer que les dépouilles des allocutaires seront aisément capturées. En 40, 22, dans une doxologie célébrant la puissance créatrice de Dieu, on lit, à propos de ce dernier: «C'est lui qui contient l'orbe de la terre – ses habitants sont comme des sauterelles –, lui qui a fait tenir comme une voûte le ciel et qui l'a étendu comme une tente que l'on habite[11]». La comparaison sert à montrer la petitesse des habitants du monde lorsque ce dernier est «vu de haut», en tout cas de suffisamment loin pour qu'on puisse apercevoir sa rotondité, puisqu'il est question de l'«orbe de la terre», τὸν γῦρον τῆς γῆς.

Autres comparaisons encore: «le boiteux bondira comme une biche» en 35, 6[12]; en 13, 14, «ceux qui resteront seront comme une gazelle en fuite et comme une brebis errante[13]»; en 38, 14, «comme l'hirondelle, ma voix résonnera; comme la colombe, elle répétera[14]». Et deux versets consécutifs du quatrième poème du Serviteur, 53, 6–7, contiennent pas moins de trois comparaisons:

---

11 ὁ κατέχων τὸν γῦρον τῆς γῆς, καὶ οἱ ἐνοικοῦντες ἐν αὐτῇ ὡς ἀκρίδες, ὁ στήσας ὡς καμάραν τὸν οὐρανὸν καὶ διατείνας ὡς σκηνὴν κατοικεῖν.
12 τότε ἀλεῖται ὡς ἔλαφος ὁ χωλός.
13 καὶ ἔσονται οἱ καταλελειμμένοι ὡς δορκάδιον φεῦγον καὶ ὡς πρόβατον πλανώμενον.
14 ὡς χελιδών, οὕτως φωνήσω, καὶ ὡς περιστερά, οὕτως μελετήσω.

« Tous comme des brebis nous avons été égarés (…) Comme une brebis il a été conduit à l'immolation ; comme un agneau qui se tait devant celui qui le tond, de même il n'ouvre pas la bouche[15] ».

Parfois ces comparaisons s'intègrent dans une perspective « optimiste », i.e. la description d'un état futur bénéfique. Deux exemples méritent d'être cités. Le premier est 38, 14–15 :

38, 14 ὡς χελιδών, οὕτως φωνήσω, καὶ ὡς περιστερά, οὕτως μελετήσω· ἐξέλιπον γάρ μου οἱ ὀφθαλμοὶ τοῦ βλέπειν εἰς τὸ ὕψος τοῦ οὐρανοῦ πρὸς τὸν κύριον, ὃς ἐξείλατό με καὶ ἀφείλατό μου 38, 15 τὴν ὀδύνην τῆς ψυχῆς.	Comme l'hirondelle, ma voix résonnera ; comme la colombe, elle répétera ; car mes yeux avaient cessé de regarder, dans les hauteurs du ciel, le Seigneur, lui qui m'a libéré et qui a ôté / la souffrance de mon âme.	Comme l'hirondelle je pépie, je gémis comme la colombe. Mes yeux s'épuisent [à regarder] en haut, Seigneur, on me fait violence, sois mon garant. / Comment parler et que lui dire[16], alors que c'est lui qui agit ? Je cheminerai tout au long de mes ans dans l'amertume de mon âme.

Si l'on s'en tient à la comparaison animalière elle-même, que l'on lit au début de l'extrait, il n'y a guère de différences entre les deux textes. Le plus intéressant est le contexte général auquel on parvient au verset 38, 15. Contrairement à ce qu'on pourrait penser, nous avons donné l'intégralité du v. 15. Alors que le locuteur, dans la LXX, reconnaît avoir cessé de scruter le ciel, le Seigneur n'en a pas moins agi en sa faveur ; très différent est le TM, qui ne parle que du mal fait au locuteur et de sa souffrance.

La seconde comparaison que nous citerons est la suivante :

---

15   πάντες ὡς πρόβατα ἐπλανήθημεν (…) · ὡς πρόβατον ἐπὶ σφαγὴν ἤχθη καὶ ὡς ἀμνὸς ἐναντίον τοῦ κείροντος αὐτὸν ἄφωνος οὕτως οὐκ ἀνοίγει τὸ στόμα αὐτοῦ.
16   « Que lui dire » : Targum Qumrân ; TM « il me dira ».

31, 4 ὅτι οὕτως εἶπέ μοι κύριος Ὅν τρόπον ἐὰν βοήσῃ ὁ λέων ἢ ὁ σκύμνος ἐπὶ τῇ θήρᾳ, ᾗ ἔλαβε, καὶ κεκράξῃ ἐπ' αὐτῇ, ἕως ἂν ἐμπλησθῇ τὰ ὄρη τῆς φωνῆς αὐτοῦ, καὶ ἡττήθησαν καὶ τὸ πλῆθος τοῦ θυμοῦ ἐπτοήθησαν, οὕτως καταβήσεται κύριος σαβαωθ ἐπιστρατεῦσαι ἐπὶ τὸ ὄρος τὸ Σιων, ἐπὶ τὰ ὄρη αὐτῆς.	Car ainsi m'a parlé le Seigneur : Tout comme gronde un lion ou un lionceau sur la proie qu'il a saisie, et qu'il rugit sur elle, au point que les montagnes sont emplies de son cri – et l'on est pris d'accablement, on tremble devant l'ampleur de l'emportement –, de même le Seigneur Sabaoth descendra pour combattre la montagne de Sion, ses montagnes.	Car ainsi m'a parlé Yahvé : De même que gronde le lion ou le lionceau sur sa proie, sans que, la foule des bergers s'assemblant contre lui, il se laisse effrayer par leurs cris ni troubler par leur nombre, ainsi Yahvé des armées descendra pour guerroyer sur la montagne de Sion et sur sa colline.
31, 5 ὡς ὄρνεα πετόμενα, οὕτως ὑπερασπιεῖ κύριος ὑπὲρ Ιερουσαλημ καὶ ἐξελεῖται καὶ περιποιήσεται καὶ σώσει.	/ Comme des oiseaux qui volent, ainsi le Seigneur sera le bouclier de Jérusalem ; et il délivrera, il épargnera, il sauvera.	/ Comme des oiseaux qui volent, ainsi Yahvé des armées protégera Jérusalem, il protégera, sauvera, épargnera, délivrera !

Au sein d'un massif de différences entre les deux textes, concentrées notamment dans le premier verset cité, retenons deux points. Le premier est l'emploi du mot θυμός «emportement» pour caractériser l'action du lion, καὶ τὸ πλῆθος τοῦ θυμοῦ ἐπτοήθησαν. Au sens littéral, ce θυμός est une caractéristique du lion ; mais le mot est largement employé, dans *Ésaïe*, pour désigner l'action du Seigneur lui-même ; ne citons que 1, 24 : «c'est pourquoi le Maître, le Seigneur Sabaoth, parle ainsi : Malheur, les forts d'Israël ! Car mon emportement contre les adversaires ne cessera pas οὐ παύσεται γάρ μου ὁ θυμὸς ἐν τοῖς ὑπεναντίοις, et contre mes ennemis je ferai valoir le droit». La présence de θυμός appliqué au lion renforce l'effet de la comparaison elle-même, et rapproche l'action du félin de celle de Dieu.

Le second point à retenir est la double présence du mot *montagne* dans le passage de la Bible grecque. Si on la trouve dans la principale du verset 31, 4, comme dans le TM (respectivement « pour combattre la montagne de Sion, ses montagnes » en grec et « sur la montagne de Sion et sur sa colline » en hébreu), l'originalité de la LXX est de l'attester également dans la comparaison : «au point que les montagnes sont emplies de son cri ». Là encore, ce point commun entre protase et apodose ne peut que renforcer la cohésion du système comparatif et souligner la valeur de la comparaison.

Remarquons qu'à côté des comparaisons, nous trouvons également des métaphores; ainsi en 56, 10–11: «Voyez que tous ont été aveuglés, ils n'ont pas su réfléchir: tous des chiens muets, ils ne pourront aboyer, ne songeant qu'à se coucher, aimant somnoler; / et des chiens au ventre sans fond, ignorant la satiété – et ils sont méchants, sans notion d'intelligence, tous ont suivi leurs propres voies, chacun de la même manière[17]». Par ailleurs en 63.11, le «pasteur des brebis», τὸν ποιμένα τῶν προβάτων, désigne implicitement Moïse, dans son rôle de conducteur du peuple lors de l'Exode.

c *Les sacrifices*

Mais qui dit animaux dans la Bible pensera facilement au rôle que jouent nos amies les bêtes dans les différents processus sacrificiels. Or ce sujet demeure assez discret chez notre prophète; en effet, dès la première page du livre, on apprend que les animaux du sacrifice ne servent plus à ramener la concorde en Dieu et son peuple: «Que me fait la multitude de vos sacrifices, dit le Seigneur? Je suis rassasié des holocaustes de béliers, et la graisse des agneaux, et le sang des taureaux et des boucs, je n'en veux pas … » (1.11)[18]. Mais il y a pire: le sacrifice dévoyé de 66, 3: «Mais le transgresseur? Celui qui me sacrifie un taurillon comme l'on tue un chien, et celui qui offre de la fleur de farine comme du sang de porc, celui qui donne de l'encens en mémorial comme un blasphémateur? Et ceux-là ont choisi leurs voies et leurs abominations, dont leur âme a voulu[19]»: offrandes animales et présents végétaux sont pervertis, et l'on retrouve d'ailleurs quelques versets plus loin la mention des animaux impurs, en 66, 17: «Ceux qui vont dans les jardins se sanctifier et se purifier, et

---

17 ἴδετε ὅτι πάντες ἐκτετύφλωνται, οὐκ ἔγνωσαν φρονῆσαι, πάντες κύνες ἐνεοί, οὐ δυνήσονται ὑλακτεῖν, ἐνυπνιαζόμενοι κοίτην, φιλοῦντες νυστάξαι. / καὶ οἱ κύνες ἀναιδεῖς τῇ ψυχῇ, οὐκ εἰδότες πλησμονήν· καὶ εἰσι πονηροὶ οὐκ εἰδότες σύνεσιν, πάντες ἐν ταῖς ὁδοῖς αὐτῶν ἐξηκολούθησαν, ἕκαστος κατὰ τὸ αὐτό.

18 τί μοι πλῆθος τῶν θυσιῶν ὑμῶν; λέγει κύριος· πλήρης εἰμὶ ὁλοκαυτωμάτων κριῶν καὶ στέαρ ἀρνῶν καὶ αἷμα ταύρων καὶ τράγων οὐ βούλομαι.

19 ὁ δὲ ἄνομος ὁ θύων μοι μόσχον ὡς ὁ ἀποκτέννων κύνα, ὁ δὲ ἀναφέρων σεμίδαλιν ὡς αἷμα ὕειον, ὁ διδοὺς λίβανον εἰς μνημόσυνον ὡς βλάσφημος· καὶ οὗτοι ἐξελέξαντο τὰς ὁδοὺς αὐτῶν καὶ τὰ βδελύγματα αὐτῶν, ἃ ἡ ψυχὴ αὐτῶν ἠθέλησε.

qui dans les portiques mangent de la viande de porc, et des abominations, et du rat, ils seront consumés sur place, a dit le Seigneur[20] ».

Mais nous nous intéresserons plus particulièrement à un autre passage, que nous citerons un peu longuement, pour deux raisons; d'une part il est très intéressant en soi, dans le traitement de la thématique du sacrifice; d'autre part, il précède immédiatement une séquence que nous citerons juste après, mais dans la deuxième partie de notre exposé.

Ce passage « sacrificiel » est donc le suivant:

34, 1 Προσαγάγετε, ἔθνη, καὶ ἀκούσατε, ἄρχοντες· ἀκουσάτω ἡ γῆ καὶ οἱ ἐν αὐτῇ, ἡ οἰκουμένη καὶ ὁ λαὸς ὁ ἐν αὐτῇ.	34, 1 Approchez, nations, et écoutez, souverains; que la terre écoute, et ses habitants; le monde, et le peuple qui l'habite.	34, 1 Approchez, nations, pour entendre, peuples, soyez attentifs! Que la terre écoute et ce qui la remplit, le monde et tout ce qu'il produit!
34, 2 διότι θυμὸς κυρίου ἐπὶ πάντα τὰ ἔθνη καὶ ὀργὴ ἐπὶ τὸν ἀριθμὸν αὐτῶν τοῦ ἀπολέσαι αὐτοὺς καὶ παραδοῦναι αὐτοὺς εἰς σφαγήν.	34, 2 Car l'emportement du Seigneur vient sur toutes les nations, et la colère sur leur nombre, pour les faire périr et les livrer à l'égorgement.	34, 2 Car l'irritation de Yahvé sévit contre toutes les nations et sa fureur contre toute leur armée; il les a vouées à l'anathème, il les a livrées au carnage.
34, 3 οἱ δὲ τραυματίαι αὐτῶν ῥιφήσονται καὶ οἱ νεκροί, καὶ ἀναβήσεται αὐτῶν ἡ ὀσμή, καὶ βραχήσεται τὰ ὄρη ἀπὸ τοῦ αἵματος αὐτῶν.	34, 3 Et leurs blessés seront jetés, et leurs morts, et leur odeur montera, et les montagnes seront baignées de leur sang,	34, 3 Leurs victimes sont jetées [à la rue] et de leurs cadavres monte la puanteur, les montagnes sont dissoutes par leur sang.

---

20   οἱ ἁγνιζόμενοι καὶ καθαριζόμενοι εἰς τοὺς κήπους καὶ ἐν τοῖς προθύροις ἔσθοντες κρέας ὕειον καὶ τὰ βδελύγματα καὶ τὸν μῦν ἐπὶ τὸ αὐτὸ ἀναλωθήσονται, εἶπε κύριος.

34, 4 καὶ ἑλιγήσεται ὁ οὐρανὸς ὡς βιβλίον, καὶ πάντα τὰ ἄστρα πεσεῖται ὡς φύλλα ἐξ ἀμπέλου καὶ ὡς πίπτει φύλλα ἀπὸ συκῆς.	34, 4 et le ciel s'enroulera comme un livre, et tous les astres tomberont comme les feuilles d'une vigne et comme tombent les feuilles d'un figuier.	34, 4 Toute l'armée des cieux se liquéfie, les cieux sont roulés comme un livre et toute leur armée se flétrit, comme tombe, flétrie, la feuille de la vigne, comme tombe le feuillage du figuier.
34, 5 ἐμεθύσθη ἡ μάχαιρά μου ἐν τῷ οὐρανῷ· ἰδοὺ ἐπὶ τὴν Ἰδουμαίαν καταβήσεται καὶ ἐπὶ τὸν λαὸν τῆς ἀπωλείας μετὰ κρίσεως.	34, 5 Mon épée s'est enivrée dans le ciel ; voici, elle descendra sur l'Idumée et sur le peuple de perdition, selon le jugement.	34, 5 Car mon glaive s'abreuve dans les cieux ; voici qu'il descend sur Édom, sur le peuple que j'ai voué au jugement.
34, 6 ἡ μάχαιρα κυρίου ἐνεπλήσθη αἵματος, ἐπαχύνθη ἀπὸ στέατος ἀρνῶν καὶ ἀπὸ στέατος τράγων καὶ κριῶν· ὅτι θυσία κυρίῳ ἐν Βοσορ καὶ σφαγὴ μεγάλη ἐν τῇ Ἰδουμαίᾳ.	34, 6 L'épée du Seigneur a été comblée de sang, elle a été gorgée de la graisse des agneaux, de la graisse des boucs et des béliers ; car il y a sacrifice pour le Seigneur à Bosor, et un grand égorgement en Idumée.	34, 6 Le glaive de Yahvé est plein de sang, il est enduit de graisse, du sang des agneaux et des boucs, de la graisse des rognons de béliers. Car Yahvé a un sacrifice à Boçra, un grand carnage au pays d'Édom.
34, 7 καὶ συμπεσοῦνται οἱ ἁδροὶ μετ' αὐτῶν καὶ οἱ κριοὶ καὶ οἱ ταῦροι, καὶ μεθυσθήσεται ἡ γῆ ἀπὸ τοῦ αἵματος καὶ ἀπὸ τοῦ στέατος αὐτῶν ἐμπλησθήσεται.	34, 7 Et les robustes tomberont avec eux, et les béliers et les taureaux, et la terre s'enivrera de sang, et leur graisse la comblera.	34, 7 Les buffles tombent avec les veaux gras, les taurillons avec les taureaux ; la terre s'abreuve de sang, le sol s'enduit de graisse.

La métaphore du sacrifice pour désigner le massacre perpétré par Dieu est ici particulièrement complexe. Notons pour commencer l'emploi du mot σφαγή « égorgement, immolation » au début de la séquence, à la fin du v. 2 : καὶ παραδοῦναι αὐτοὺς εἰς σφαγήν, « pour les livrer à l'égorgement » ; mot σφαγή repris en 34, 6, dans un parallélisme synonymique avec θυσία « sacrifice », précisément après la mention des animaux ordinairement offerts au Seigneur : « L'épée du Seigneur a été comblée de sang, elle a été gorgée de la graisse des agneaux, de la graisse des boucs et des béliers ; car il y a sacrifice pour le Seigneur à Bosor, et un grand égorgement en Idumée ». Or si l'épée divine est ainsi dégouttant de sang, c'est, à droite, i.e. après la mention de l'épée, à cause d'un sacrifice « traditionnel », avec les animaux présents dans le verset ; mais, à gauche, avant cette mention, c'est en raison du massacre des nations. Au verset suivant, le dernier de notre extrait, on a bien la succession des deux topiques, humaine puis animale : « Et les robustes tomberont avec eux, et les béliers et les taureaux ». Le mot traduit par « robustes », ἁδροί, désigne un adulte en *III Règnes* 1, 9, et des chefs en *II Règnes* 15, 18[21] ; ce pourrait bien être son sens dans notre verset d'*Ésaïe* ; ce qui est certain, c'est que le terme renvoie à une réalité humaine, alors que le correspondant massorétique parle de « buffles », r'mym ; le terme hébreu est assez obscur et pourrait désigner un autre animal d'assez grande taille, mais ce qui est certain, c'est que nous sommes dans le domaine animal.

Notons à présent le terme ὀσμή « odeur » du v. 34, 3 : « Et leurs blessés seront jetés, et leurs morts, et leur odeur montera ... ». Il s'agit bien évidemment, dans un premier niveau de lecture, de la puanteur des cadavres en décomposition. Le terme correspondant du texte hébreu est b'sh « puanteur ». La différence paraît minime ; pourtant elle est instructive. Le terme grec ὀσμή est neutre ; c'est dans notre contexte qu'il prend son sens particulier de pestilence organique. Terme neutre, donc susceptible d'emplois plus généraux que le terme spécialisé de l'hébreu. En particulier, ὀσμή se lit volontiers, dans le Pentateuque, dans un contexte sacrificiel, spécialement complété par εὐωδίας, et ce dès *Genèse* 8, 20-21 : « Et Noé édifia un autel à Dieu, et il prit de tous les bestiaux purs et de tous les volatiles purs, et il offrit des holocaustes sur l'autel. / Et le Seigneur Dieu respira un parfum de bonne odeur, et le Seigneur Dieu dit en méditant : "Jamais plus je ne maudirai la terre à cause des œuvres des hommes, etc."[22] ». Le choix du générique ὀσμή, plutôt qu'un terme plus précis qui aurait correspondu de plus près au vocable hébreu, peut donc renforcer la métaphore sacrificielle dans le texte de la LXX.

Abordons un dernier aspect de cet extrait. Que fait précisément l'ὀσμή ? Elle, dit le grec, ἀναβήσεται : elle « montera ». On sait que c'est le principe même

---

21 Voir J. Lust, E. et K. Hauspie, 1992. *A Greek-English Lexicon of the Septuagint*. Stuttgart., s.v., p. 8a.

22 Traduction *Bible d'Alexandrie*. Voir encore par exemple Exode 29, 18 ; Lévitique 1, 9 et, sans εὐωδίας, mais toujours dans un contexte d'offrandes, Lévitique 26, 31.

du sacrifice qui est ici en jeu; il s'agit d'offrir un présent à Dieu, présent qui, consumé, monte vers le ciel où réside le souverain divin. De fait, ce passage est remarquable dans le maniement de la dimension verticale. La première occurrence de cette thématique est précisément l'ὀσμή qui montera, au v. 3; dans le même verset, la mention des « montagnes » conforte l'idée d'élévation. Au verset suivant, c'est un bouleversement complet qui attend le lecteur, puisque les astres, en principe fixés dans le ciel, sont dits devoir tomber, imitant, à une échelle incommensurablement plus grande, la chute des feuilles d'un arbre. Ce parcours descendant est imité au verset suivant, le v. 5, par l'épée divine: après s'être enivrée dans le ciel, elle descendra pour perpétrer le massacre / sacrifice. Ce mouvement de chute atteint son comble dans le dernier verset, le v. 7: hommes et bêtes tomberont à leur tour, jusqu'au point où nulle chute n'est plus possible, le niveau du sol, qui se confondra alors, par assimilation, aux reliques de ces vivants: « et la terre s'enivrera de sang, et leur graisse la comblera ».

En conclusion, le jeu sur la dimension verticale, initié par le choix significatif du mot ὀσμή, renforce la dimension sacrificielle de cette intervention divine. La présence des animaux semble osciller entre une dimension métaphorique et une valeur métonymique: métaphore si l'on ne voit dans les boucs, les béliers et les taureaux que des désignations masquées des populations, spécialement iduméennes, visées par l'action de Dieu; métonymie si l'on considère que bêtes et gens partagent de concert le sort peu enviable d'être les victimes du moment de cette ire céleste.

2   Les animaux dans la théologie du désert

Un exemple inaugural vaudra mieux que toute palabre introductive:

17, 1 Ἰδοὺ Δαμασκὸς ἀρθήσεται ἀπὸ πόλεων καὶ ἔσται εἰς πτῶσιν,	Voici, Damas sera ôtée d'entre les villes et deviendra une ruine, /	Voici Damas rayée du nombre des villes, elle n'est plus qu'un tas de décombres.
17, 2 καταλελειμμένη εἰς τὸν αἰῶνα, εἰς κοίτην ποιμνίων καὶ ἀνάπαυσιν, καὶ οὐκ ἔσται ὁ διώκων.	délaissée pour l'éternité, un gîte pour les troupeaux, un lieu de repos, et il n'y aura aucun persécuteur.	/ Abandonnée à tout jamais, ses villes seront laissées aux troupeaux; ils y gîteront, sans que nul ne les inquiète.

(suite)

17, 3 καὶ οὐκέτι ἔσται ὀχυρὰ τοῦ καταφυγεῖν Εφραιμ, καὶ οὐκέτι ἔσται βασιλεία ἐν Δαμασκῷ, καὶ τὸ λοιπὸν τῶν Σύρων ἀπολεῖται· οὐ γὰρ σὺ βελτίων εἶ τῶν υἱῶν Ισραηλ καὶ τῆς δόξης αὐτῶν·	/ Et il n'y aura plus de place forte où Éphraïm se réfugie, et il n'y aura plus de royauté à Damas, et le reste des Syriens périra. Car tu n'es pas meilleure, toi, que les fils d'Israël ni que leur gloire.	/ Éphraïm perdra sa forteresse et Damas la royauté. Et il en sera du reste d'Aram comme de la gloire des fils d'Israël.

Deux éléments principaux sont à retenir. Le premier est le « remplacement » des habitants humains par une population animale; c'est une quasi-constante dans les passages qui évoquent, chez notre prophète, ce processus de « désertification ». Dans notre verset 17, 2, les troupeaux se substituent aux hommes; la construction absolue du participe ὁ διώκων laisse ouvertes deux possibilités d'interprétation: ou bien en effet l'on comprend comme Osty[23] l'a fait de l'homologue massorétique *w'yn mḥryd* (sans pronom suffixe complément!), avec un COD virtuel représentant la population animale du désert; c'est ainsi d'ailleurs que l'ont compris les deux traductions de la LXX que nous avons consultées, la NETS (« and there will be no one to drive them away ») et la LXX.D (« und es wird keinen geben, der (sie) jagt »). Ou bien, deuxième possibilité, l'on donne du crédit à l'indétermination maximale représentée par la construction absolue et l'on peut imaginer que les compléments virtuels pourraient représenter des hommes; l'abolition de Damas a pour conséquence la suppression de tout persécuteur qui en aurait voulu non seulement aux bêtes, mais aussi aux fils d'Adam – ou plus précisément même, d'Abraham: le royaume des animaux est une terre de paix.

Fils d'Abraham: en effet, le second point à souligner dans ce passage introductif est la fin de l'extrait. Il y a une différence marquante entre les deux textes. La version hébraïque pratique une assimilation entre le sort des Araméens et celui des juifs, littéralement « et le reste d'Aram comme la gloire des fils d'Israël seront », que des traductions soucieuses d'un sens immédiatement accessible en français rendent par exemple ainsi: « Ce qui restera des Syriens ne comp-

---

23   Ainsi que de très nombreuses autres traductions françaises du TM.

tera pas plus que les Israélites » (Bible en Français Courant)[24]. La LXX diverge ici gravement du TM, puisqu'elle *oppose* le sort d'Aram et celui d'Israël[25]. Le « reste des Syriens » est amené à périr – i.e. il ne restera même pas un « petit reste » de Syriens; en revanche, on mentionne la gloire des fils d'Israël. Le lecteur un tant soit peu familier d'*Ésaïe*-LXX retrouve là un thème cher à l'auteur de ce livre : la prédilection toute particulière que Dieu manifeste envers son peuple Israël, sa préférence absolue. Certes l'original hébreu évoque bien cette thématique, lui aussi, et souvent. Mais en maint endroit cet aspect est souligné, voire purement et simplement introduit par l'*Ésaïe* grec. Nous en avons un bel exemple ici. Retenons donc que, en ce qui concerne notre intérêt pour les animaux, en particulier dans un contexte de restauration ou de réconciliation, la nouvelle donne dans le biotope va de pair avec une réaffirmation de la prééminence du peuple de Dieu.

Le passage le plus complet sur les animaux du désert est, nous l'avons laissé entendre, celui qui suit immédiatement le dernier exemple de notre dernière partie, 34, 11–17. Inutile donc d'en rappeler le contexte :

34, 8 ἡμέρα γὰρ κρίσεως κυρίου καὶ ἐνιαυτὸς ἀνταποδόσεως κρίσεως Σιων.	34, 8 Car c'est le jour du jugement du Seigneur, une année de rétribution, de jugement de Sion.	34, 8 Car c'est le jour de la vengeance de Yahvé, l'année de la rétribution du Défenseur de Sion.
34, 9 καὶ στραφήσονται αὐτῆς αἱ φάραγγες εἰς πίσσαν καὶ ἡ γῆ αὐτῆς εἰς θεῖον, καὶ ἔσται αὐτῆς ἡ γῆ καιομένη ὡς πίσσα	34, 9 Et ses ravins se changeront en poix et sa terre en soufre, et sa terre sera brûlante comme la poix,	34, 9 Ses torrents se changeront en poix et son sol en soufre ; sa terre deviendra de la poix embrasée,

---

24 On saluera au passage la très judicieuse traduction de la TOB, qui retourne au sens étymologique et « pondéreux » de la *kbwd* : « Et le reste d'Aram ne pèsera pas plus que les fils d'Israël ».

25 Pour le détail de l'interprétation, on renverra à R. Troxel, *LXX-Isaiah as Translation and Interpretation. The Strategies of the Translator of the Septuagint of Isaiah*, Leiden / Boston : Brill, 2007, p. 100–101.

(suite)

34, 10 νυκτὸς καὶ ἡμέρας καὶ οὐ σβεσθήσεται εἰς τὸν αἰῶνα χρόνον, καὶ ἀναβήσεται ὁ καπνὸς αὐτῆς ἄνω· εἰς γενεὰς ἐρημωθήσεται καὶ εἰς χρόνον πολύν ἐρημωθήσεται.	34, 10 nuit et jour, et elle ne s'éteindra pas, pour l'éternité du temps, et sa fumée montera dans les hauteurs. Pour des générations elle deviendra un désert pour un long temps elle deviendra un désert.	34, 10 ni nuit ni jour elle ne s'éteindra, à jamais montera sa fumée. De génération en génération elle sera déserte, jamais plus personne n'y passera.
34, 11 καὶ κατοικήσουσιν ἐν αὐτῇ ὄρνεα καὶ ἐχῖνοι καὶ ἴβεις καὶ κόρακες, καὶ ἐπιβληθήσεται ἐπ' αὐτὴν σπαρτίον γεωμετρίας ἐρήμου, καὶ ὀνοκένταυροι οἰκήσουσιν ἐν αὐτῇ.	34, 11 Oiseaux, hérissons, ibis et corbeaux y habiteront, et le cordeau d'arpentage du désert lui sera imposé, et des ânes-centaures y habiteront;	34, 11 La hulotte et le hérisson l'occuperont, la chouette et le corbeau y demeureront. On tendra sur elle le cordeau du chaos et le niveau du vide.
34, 12 οἱ ἄρχοντες αὐτῆς οὐκ ἔσονται· οἱ γὰρ βασιλεῖς αὐτῆς καὶ οἱ ἄρχοντες αὐτῆς καὶ οἱ μεγιστᾶνες αὐτῆς ἔσονται εἰς ἀπώλειαν.	34, 12 elle n'aura pas de souverains, car ses rois, ses souverains, ses magnats iront à leur perte;	34, 12 Les satyres y habiteront. Ses notables ne seront plus, on n'y proclamera plus la royauté, tous ses chefs seront réduits à rien.
34, 13 καὶ ἀναφύσει εἰς τὰς πόλεις αὐτῶν ἀκάνθινα ξύλα καὶ εἰς τὰ ὀχυρώματα αὐτῆς, καὶ ἔσται ἔπαυλις σειρήνων καὶ αὐλὴ στρουθῶν.	34, 13 et il poussera jusque dans leurs villes des arbres épineux, et dans ses fortifications, et ce sera un domaine de sirènes et un gîte d'autruches.	34, 13 Dans ses palais monteront les ronces, dans ses forteresses les orties et les épines; elle sera un séjour de chacals, un parc à autruches.

34, 14 καὶ συναντήσουσι δαιμόνια ὀνοκενταύροις καὶ βοήσουσιν ἕτερος πρὸς τὸν ἕτερον· ἐκεῖ ἀναπαύσονται ὀνοκένταυροι, εὗρον γὰρ αὑτοῖς ἀνάπαυσιν.	34, 14 Et des démons rencontreront les ânes-centaures et ils crieront l'un vers l'autre. Là séjourneront des ânes-centaures : oui, car ils se trouveront là un séjour.	34, 14 Les bêtes du désert rencontreront les hyènes, les satyres s'y appelleront les uns les autres. Là aussi Lilith se tiendra tranquille et trouvera un lieu de repos.
34, 15 ἐκεῖ ἐνόσσευσεν ἐχῖνος, καὶ ἔσωσεν ἡ γῆ τὰ παιδία αὐτῆς μετὰ ἀσφαλείας· ἐκεῖ ἔλαφοι συνήντησαν καὶ εἶδον τὰ πρόσωπα ἀλλήλων·	34, 15 Là le hérisson a fait son nid, et la terre a sauvé ses petits : ils sont en sécurité. Là des biches se sont rencontrées et se sont regardées face à face.	34, 15 Là, le serpent-javelot nichera et pondra, il couvera et fera éclore ses œufs ; là aussi se rassembleront les milans.
34, 16 ἀριθμῷ παρῆλθον, καὶ μία αὐτῶν οὐκ ἀπώλετο, ἑτέρα τὴν ἑτέραν οὐκ ἐζήτησαν· ὅτι κύριος ἐνετείλατο αὐτοῖς, καὶ τὸ πνεῦμα αὐτοῦ συνήγαγεν αὐτάς.	34, 16 Elles sont passées en nombre, et aucune d'elles n'a péri ; elles ne se sont pas cherchées l'une l'autre, car le Seigneur leur en avait donné l'ordre, et c'est son souffle qui les a rassemblées.	34, 16 Cherchez sur le Livre de Yahvé et lisez : aucun d'entre eux ne manque, pas un n'a perdu son compagnon ; car c'est sa bouche qui l'a ordonné, son souffle qui les a rassemblés.
34, 17 καὶ αὐτὸς ἐπιβαλεῖ αὐτοῖς κλήρους, καὶ ἡ χεὶρ αὐτοῦ διεμέρισε βόσκεσθαι· εἰς τὸν αἰῶνα χρόνον κληρονομήσετε, εἰς γενεὰς γενεῶν ἀναπαύσονται ἐπ' αὐτῆς.	34, 17 Et c'est lui qui leur imposera les parts d'héritage, et sa main a réparti le pâturage. Vous aurez un héritage pour l'éternité du temps, pour des générations de générations on y séjournera.	34, 17 Lui-même a jeté le sort pour eux, sa main leur a partagé [la terre] au cordeau ; pour toujours ils la posséderont, de génération en génération ils y demeureront.

Récapitulons le mouvement de ce passage :

- 8 : annonce de la thématique ;
- 9-10 : sort de la terre elle-même (qui brûle comme de la poix, etc.), jusqu'à la fameuse annonce qu'elle deviendra un « désert » ;
- 11 : dans ce désert ainsi posé surgissent les animaux, on répète qu'il s'agit d'un désert, et réapparaissent les ânes-centaures ;
- 12 : la terre ne sera pas gouvernée ;
- 13 : végétation sauvage et nouveaux animaux, sirènes et autruches ;
- 14 : démons et ânes-centaures, et introduction de l'idée du séjour / repos ;
- 15 : le hérisson fait son nid (toujours idée de durée, de séjour, et de sécurité). Les biches sont nommées …
- 16 : et la sécurité dans laquelle elles sont est mentionnée, et rapportée à l'intervention de Dieu ;
- 17 : répétition de l'intervention divine ; mais Dieu ne répartit pas le territoire pour les seules biches ; pour les humains aussi (« vous »).

Une différence capitale entre les deux textes, et de très ample portée, résulte de la manière dont comprendre l'attaque du passage. « Car c'est le jour du jugement du Seigneur, une année de rétribution, de jugement de Sion », dit la LXX au v. 8. La séquence porte donc sur le territoire de Jérusalem ; c'est cette contrée qui se transformera en désert et sera peuplée des différents animaux que nous venons de rencontrer. En revanche, dans le TM, Sion ne figure que dans la titulature de l'Éternel ; « l'année de la rétribution du Défenseur de Sion » est, dans un parallélisme synonymique on ne peut plus classique, le répondant de « le jour de la vengeance de Yahvé ». La suite du passage concernera donc le même pays que celui dont il s'agissait dans les versets qui précédaient, i.e., on l'a vu, la terre d'Édom.

Cette différence, fondamentale, peut expliquer plus d'une divergence de détail. Ainsi, au v. 10b, le texte hébreu dit, à propos donc de la terre d'Édom : « De génération en génération elle sera déserte, jamais plus personne n'y passera » ; mais la LXX, à propos de la Judée, annonce que « Pour des générations elle deviendra un désert, pour un long temps elle deviendra un désert ». On le voit, la porte demeure ouverte, dans la LXX, à une restauration, après un temps de traversée temporelle du désert.

Cette remarque est confirmée par une autre observation, qui porte sur le « cordeau », τὸ σπαρτίον en grec, et qv en hébreu. Au verset 11, ces mots sont employés, avec des compléments différents selon les versions. Dans le TM, il s'agit du « cordeau du chaos », qv-thw, en parallèle avec « le niveau du vide ». Le cordeau et le niveau sont certes deux instruments utilisés par les maçons pour *construire*, mais cet emploi pour *détruire* n'est pas isolé dans la Bible, puisqu'on le lit également en *2 Rois* 21, 13, où le Seigneur, devant l'impiété de Manassé, le roi de Juda, déclare: «Je tendrai sur Jérusalem le cordeau de Samarie, *'t qw shmrwn*, et le niveau de la maison d'Achab», évidemment pour signifier une destruction, analogue à celle qu'ont connue la capitale et la dynastie du royaume du Nord. Le texte hébreu parle bien d'une destruction. Tout autre est le visage de la version grecque. En effet, le complément du cordeau est «l'arpentage du désert», γεωμετρίας ἐρήμου. Rien de négatif en soi; le cordeau ne possède pas ici sa valeur «destructrice», d'autant plus que dans le texte parallèle de *2 Rois* 21, 13 que nous avons cité, à savoir, dans la LXX, *IV Règnes* 21, 13, le mot σπαρτίον n'apparaît pas; ce que Dieu veut appliquer à Jérusalem, c'est τὸ μέτρον Σαμαρείας καὶ τὸ στάθμιον οἴκου Αχααβ «la mesure de Samarie et le poids de la maison d'Akhab». Raison de plus pour ne pas conférer au cordeau, *dans la LXX*, un emploi en contexte de destruction. Le désert, peuplé d'animaux, n'est pas un chaos ni un néant, c'est au contraire un univers propre, avec ses règles d'«arpentage».

Une autre différence induite par la destination différente de l'oracle suivant le texte considéré (Édom pour le TM, la Judée pour la LXX) concerne les êtres dont il est question dans les deux derniers versets de l'extrait. Pour le texte hébreu, il s'agit toujours des vautours. «Aucun d'entre eux ne manque», annonce le v. 16, et le v. suivant retourne à l'image du cordeau, cette fois-ci ambivalent, car il s'agit de construire un territoire, certes, mais un territoire de désert, pour des rapaces; le passage se finit par une réitération de l'éternité de cet état. Nul espoir, donc, d'une restauration humaine après ce qui n'eût été qu'une étape animale. La LXX se sépare vivement de cette perspective. Certes, le v. 16 est assez semblable à son homologue massorétique, à ceci près qu'il est question de biches et non de vautours. Il convient cependant d'être sensible à ce qui pourrait ne sembler être qu'un détail minime. μία αὐτῶν οὐκ ἀπώλετο «aucune d'elles n'a péri»; l'anaphorique est au féminin car il s'agit ici de ἡ ἔλαφος, la biche; mais ensuite on passe au masculin, nuance qu'hélas le français peine à restituer sans lourdeur excessive: ὅτι κύριος ἐνετείλατο αὐτοῖς «car le Seigneur leur en avait donné l'ordre»; on retrouve ensuite le féminin: καὶ τὸ πνεῦμα αὐτοῦ συνήγαγεν αὐτάς «et c'est son souffle qui les a rassemblées». La manière la plus simple, et la plus idiomatique, de comprendre ce αὐτός anaphorique au masculin est d'y voir une référence aux habitants du pays, selon un sens sinon fréquent, du moins récurrent de αὐτός dans toute l'histoire du grec ancien. Ce sont ces habitants – humains, par défaut si l'on ose l'expression – qui ont reçu une prescription divine. Cette alternance de genre, le féminin renvoyant aux bêtes femelles et le masculin aux humains, montrerait ainsi une manière de synoecisme du désert.

Mais c'est le dernier verset qui apporte le bouleversement de perspective le plus net. Nous retrouvons le masculin αὐτοῖς, mais surtout un vocable qui est un terme clef parcourant tout l'AT, celui d'« héritage », κλήρους. On sait que ce mot désigne de manière privilégiée la terre promise par Dieu à Abraham et à sa descendance[26]; il est même, ici, redoublé à l'aide du verbe κληρονομεῖν, si théologiquement chargé. Par un subit autant que provisoire changement de personne, le prophète s'adresse directement aux juifs, à la deuxième personne du pluriel: κληρονομήσετε «vous hériterez»; et cette fois-ci, le «provisoire» du désert évoqué à propos du v. 10 laisse place à l'«éternité du temps», aux «générations de générations»; tout comme dans le TM, certes, mais dans une tout autre perspective, donc.

Récapitulons nos quelques remarques sur ce passage si stimulant. La différence initiale était que la «désertification» ne concerne plus, dans la LXX, Édom comme c'était le cas pour le TM, mais bel et bien la Judée. On pourrait alors croire que, contrairement à la tendance évoquée dans l'exemple précédent, Dieu allait se montrer plus sévère pour Israël que pour les nations, puisqu'il a l'intention de transformer en désert la Judée. Oui, mais c'est un désert bien particulier que ce désert de la LXX. Nous avons vu qu'il est provisoire; qu'il est structuré par un cordeau qui n'est pas un cordeau de destruction; que les animaux y séjournent, mais qu'ils semblent y vivre en bonne intelligence avec les humains; et surtout que ce désert peuplé d'animaux a vocation à retrouver la nature d'héritage qu'est la Judée depuis le chapitre 15 de la *Genèse*. Nous retrouvons bien l'élément favorable à Israël que nous avions décelé dans l'oracle contre Damas au début de cette deuxième partie.

Une confirmation de cette esquisse d'une zoothéologie du désert peut se trouver dans la lecture de l'autre passage où notre prophète parle d'animaux quelque peu inhabituels sous nos latitudes:

13, 20 οὐ κατοικηθήσεται εἰς τὸν αἰῶνα χρόνον, οὐδὲ μὴ εἰσέλθωσιν εἰς αὐτὴν διὰ πολλῶν γενεῶν, οὐδὲ μὴ διέλθωσιν αὐτὴν Ἄραβες, οὐδὲ ποιμένες οὐ μὴ ἀναπαύσωνται ἐν αὐτῇ·	13, 20 Elle ne sera pas habitée, pour l'éternité du temps, et l'on n'y entrera pas durant de nombreuses générations, et les Arabes ne la traverseront pas, et les pasteurs n'y trouveront pas un repos.	13, 20 Elle ne sera jamais habitée, et on n'y demeurera plus de génération en génération; l'Arabe n'y dressera plus sa tente et les bergers n'y feront plus gîter.

---

26   Ne citons qu'Exode 6.8: καὶ εἰσάξω ὑμᾶς εἰς τὴν γῆν, εἰς ἣν ἐξέτεινα τὴν χεῖρά μου δοῦναι αὐτὴν

13, 21 καὶ ἀναπαύσονται ἐκεῖ θηρία, καὶ ἐμπλησθήσονται αἱ οἰκίαι ἤχου, καὶ ἀναπαύσονται ἐκεῖ σειρῆνες, καὶ δαιμόνια ἐκεῖ ὀρχήσονται,	13, 21 Et des bêtes y auront un repos, et c'est de bruit que les maisons seront emplies ; des sirènes y auront un repos et des démons y danseront ;	13, 21 Mais les bêtes du désert y gîteront, les hiboux rempliront ses maisons, les autruches y demeureront et les satyres y danseront.
13, 22 καὶ ὀνοκένταυροι ἐκεῖ κατοικήσουσι, καὶ νοσσοποιήσουσιν ἐχῖνοι ἐν τοῖς οἴκοις αὐτῶν· ταχὺ ἔρχεται καὶ οὐ χρονιεῖ.	13, 22 des ânes-centaures y habiteront, des hérissons feront leurs nids dans leurs maisons. Cela vient vite et ne tardera pas.	13, 22 Les hyènes s'appelleront dans ses châteaux et les chacals dans ses palais de délices. Son temps est près d'arriver et ses jours ne seront pas prolongés.

Cette fois-ci, il n'est pas question d'une cohabitation entre humains et animaux ; ces derniers règnent en maîtres absolus, sans être perturbés par le passage des nomades – ainsi faut-il comprendre l'ethnonyme « Arabes » du v. 20. Cela contredit-il l'analyse proposée pour l'extrait précédent ? Je ne le pense pas, tout simplement parce qu'il ne s'agit pas, ici, de la Judée, mais de Babylone. La préférence divine pour Israël et la perspective d'une restauration n'ont donc pas lieu d'être ; le territoire pourra rester « pour l'éternité du temps » le domaine des animaux. On retrouve cette même idée, toujours à propos de Babylone, au chapitre suivant : 14, 23 « Et je ferai du pays de Babylone un désert, si bien que des hérissons l'habiteront, et il deviendra un néant. Et j'en ferai un gouffre de boue, pour sa perdition[27] ».

Dans l'exemple suivant, c'est un désert transfiguré qui accueille bêtes et juifs, selon le schéma narratif que nous avons tenté de mettre en lumière tout à l'heure. Il est extrait, cette fois, de ce long poème de l'exultation qui correspond, dans le découpage de la version hébraïque, au *Deutéro-Ésaïe* :

τῷ Αβρααμ καὶ Ισαακ καὶ Ιακωβ, καὶ δώσω ὑμῖν αὐτὴν ἐν κλήρῳ· ἐγὼ κύριος « je vous ferai entrer dans le pays vers lequel j'ai tendu ma main pour le donner à Abraam, à Isaac et à Jacob, et je vous le donnerai en possession ; c'est moi le Seigneur ! » (traduction *Bible d'Alexandrie*).

27 καὶ θήσω τὴν Βαβυλωνίαν ἔρημον ὥστε κατοικεῖν ἐχίνους, καὶ ἔσται εἰς οὐδέν· καὶ θήσω αὐτὴν πηλοῦ βάραθρον εἰς ἀπώλειαν.

43, 19 ἰδοὺ ποιῶ καινὰ ἃ νῦν ἀνατελεῖ, καὶ γνώσεσθε αὐτά· καὶ ποιήσω ἐν τῇ ἐρήμῳ ὁδὸν καὶ ἐν τῇ ἀνύδρῳ ποταμούς.	43, 19 Voici, je fais des choses nouvelles qui maintenant vont se lever, et vous les connaîtrez ; et je ferai dans le désert une route, et dans la terre aride, des fleuves.	43, 19 Voici que je fais du nouveau ; cela germe déjà, ne l'apercevez-vous pas ? Oui, je vais mettre un chemin dans le désert, des fleuves dans la steppe.
43, 20 εὐλογήσει με τὰ θηρία τοῦ ἀγροῦ, σειρῆνες καὶ θυγατέρες στρουθῶν, ὅτι ἔδωκα ἐν τῇ ἐρήμῳ ὕδωρ καὶ ποταμοὺς ἐν τῇ ἀνύδρῳ ποτίσαι τὸ γένος μου τὸ ἐκλεκτόν,	43, 20 Les bêtes des champs me béniront, les sirènes et les filles des autruches, parce que j'ai donné, dans le désert, de l'eau, et des fleuves dans la terre aride, pour abreuver ma lignée, celle que j'ai choisie,	43, 20 La bête des champs me glorifiera, les chacals et les autruches ; car je placerai de l'eau dans le désert, des fleuves dans la steppe, pour faire boire mon peuple, mon élu.
43, 21 λαόν μου, ὃν περιεποιησάμην τὰς ἀρετάς μου διηγεῖσθαι.	43, 21 mon peuple, que j'ai épargné pour qu'il conte mes mérites.	43, 21 Le peuple que je me suis façonné racontera mes louanges.

Nous retrouvons la cohabitation entre animaux du désert et peuple de Dieu, dont l'élection est vigoureusement rappelée par les deux relatives finales, « celle que j'ai choisie (...), que j'ai épargné ». On sera notamment sensible à l'indétermination dans le découpage à opérer au sein du v. 20 ; y a-t-il une limite qui passe après « de l'eau » ? Dans cette hypothèse, il faudrait comprendre que « les bêtes des champs me béniront (...) parce que j'ai donné, dans le désert de l'eau » et, dans un deuxième temps, « (j'ai donné) des fleuves dans la terre aride pour abreuver ma lignée ». Il y a deux dons de l'eau, l'un pour les animaux et l'autre pour les fils d'Israël. Mais on peut également comprendre le texte de manière « continue » ; alors, « j'ai donné » aux bêtes *à la fois* de l'eau dans le désert « et des fleuves dans la terre aride », et si j'ai fait cela, c'est « pour abreuver ma lignée ». Même si elle semble *a priori* plus délicate d'un point de vue sémantique, cette interprétation a le mérite de ne pas sous-entendre un nouvel ἔδωκα et surtout permet de ne pas sortir ποταμούς de la causale par ὅτι, ce que l'on était obligé de faire dans la première lecture. Mais même pour le sens, cette deuxième hypothèse a son intérêt. En effet, elle indique une sorte de communion entre les animaux et les humains; le projet que Dieu a pour ces derniers *passe par* les animaux: pour « abreuver ma lignée », j'abreuve d'abord les animaux du désert.

On notera que les deux interprétations suggérées ici – avec notre préférence pour la seconde – sont l'une et l'autre différentes de la lecture du TM; dans celui-ci en effet, Dieu place de l'eau et des fleuves pour abreuver son peuple; quel rôle jouent alors les animaux? Ils se contentent de rendre gloire à Dieu pour son action envers Israël; Dieu n'agit que pour Israël, sans passer par l'intermédiaire d'une théologie animale de la restauration, telle que nous avons cru pouvoir la déceler dans le texte de la LXX.

En guise de transition avec notre troisième et dernière partie, citons ce passage:

32, 13 ἡ γῆ τοῦ λαοῦ μου ἄκανθα καὶ χόρτος ἀναβήσεται, καὶ ἐκ πάσης οἰκίας εὐφροσύνη ἀρθήσεται· πόλις πλουσία,	32, 13 La terre de mon peuple montera en épines et en herbe, et de toute maison la joie sera ôtée: ville riche!	32, 13 ... sur le sol de mon peuple qui montera en épines et en ronces sur toutes les maisons de plaisance de la cité en liesse.
32, 14 οἶκοι ἐγκαταλελειμμένοι πλοῦτον πόλεως καὶ οἴκους ἐπιθυμητοὺς ἀφήσουσι· καὶ ἔσονται αἱ κῶμαι σπήλαια ἕως τοῦ αἰῶνος, εὐφροσύνη ὄνων ἀγρίων, βοσκήματα ποιμένων,	32, 14 Des maisons délaissées laisseront aller la richesse de la ville et des maisons désirées. Et les villages seront des cavernes pour l'éternité, une joie d'ânes sauvages, un pâturage de bergers,	32, 14 Car la citadelle est désertée, la ville bruyante abandonnée. Ophel et Tour de guet deviennent des repaires à jamais, un lieu de plaisance pour onagres, un pâturage pour troupeaux.
32, 15 ἕως ἂν ἐπέλθῃ ἐφ' ὑμᾶς πνεῦμα ἀφ' ὑψηλοῦ. καὶ ἔσται ἔρημος ὁ Χερμελ, καὶ ὁ Χερμελ εἰς δρυμὸν λογισθήσεται.	32, 15 jusqu'à ce que vienne sur vous, des hauteurs, un souffle. Et le Khermel sera un désert, et le Khermel comptera pour un hallier,	32, 15 Jusqu'à ce que soit diffusé sur nous un esprit d'en haut. Alors le désert deviendra un verger et le verger passera pour une forêt.

(suite)

32, 16 καὶ ἀναπαύσεται ἐν τῇ ἐρήμῳ κρίμα, καὶ δικαιοσύνη ἐν τῷ Καρμήλῳ κατοικήσει·	32, 16 et le droit aura le désert pour séjour, et la justice habitera le Karmèl,	32, 16 Dans le désert demeurera le droit, et la justice habitera dans le verger.
32, 17 καὶ ἔσται τὰ ἔργα τῆς δικαιοσύνης εἰρήνη, καὶ κρατήσει ἡ δικαιοσύνη ἀνάπαυσιν, καὶ πεποιθότες ἕως τοῦ αἰῶνος·	32, 17 et les œuvres de la justice seront la paix, et la justice occupera un séjour. Confiance pour l'éternité !	32, 17 L'œuvre de la justice sera la paix, et l'ouvrage de la justice, la tranquillité et la confiance pour toujours.
32, 18 καὶ κατοικήσει ὁ λαὸς αὐτοῦ ἐν πόλει εἰρήνης καὶ ἐνοικήσει πεποιθώς, καὶ ἀναπαύσονται μετὰ πλούτου.	32, 18 Et son peuple habitera une ville de paix et il y habitera dans la confiance, et ils séjourneront au milieu des richesses.	32, 18 Mon peuple habitera dans un séjour de paix, dans des demeures sûres et dans des asiles d'insouciance
32, 19 ἡ δὲ χάλαζα ἐὰν καταβῇ, οὐκ ἐφ' ὑμᾶς ἥξει. καὶ ἔσονται οἱ ἐνοικοῦντες ἐν τοῖς δρυμοῖς πεποιθότες ὡς οἱ ἐν τῇ πεδινῇ.	32, 19 Et la grêle, si elle tombe, ne viendra pas sur vous, et les habitants des halliers seront confiants comme ceux de la plaine.	32, 19 Mais la forêt tombera, tombera, et la ville sera abaissée, abaissée.
32, 20 μακάριοι οἱ σπείροντες ἐπὶ πᾶν ὕδωρ, οὗ βοῦς καὶ ὄνος πατεῖ.	32, 20 Heureux ceux qui sèment près de toute eau, sol que foulent le bœuf et l'âne !	32, 20 Heureux serez-vous de semer partout le long des eaux, de laisser le bœuf et l'âne aller en liberté !

Nous retrouvons des thèmes qui nous sont devenus familiers : une terre, et surtout *la* terre d'Israël, qui devient un désert ; le peuplement de cette étendue par des animaux, en attendant une restauration favorable au peuple ; on notera en particulier le passage de l'exclamation ironique « ville riche ! » du v. 13 à la mention du séjour « au milieu des richesses » au verset 18. La comparaison des deux v. 19 est également fort instructive, puisqu'en face de la chute de la forêt et de la ville présente dans le TM on lit une prophétie bienveillante, qui mettra les juifs à l'abri de la grêle.

Mais, c'est l'élément nouveau qui va nous guider vers la dernière partie de l'exposé, il est fait mention, à la fin du passage, du bœuf et de l'âne, qui n'ont rien des étranges créatures du désert que nous avons pu fréquenter jusqu'ici. Bien au contraire, elles font référence à une activité qui ne saurait se pratiquer dans le désert, l'agriculture. Cette dernière joue donc un rôle dans le processus de restauration évoqué dans le livre d'*Ésaïe*, et à leur tour les animaux interviennent dans cette pratique agricole.

Un détail anticipe cette apparition de l'agriculture au v. 14, là où le TM parle, alors qu'il est encore question du désert, d'un «lieu de plaisance pour onagres» et d'«un pâturage pour troupeau», la LXX possède bien un équivalent du premier syntagme, «une joie d'ânes sauvages»; mais pour le second, ce ne sont plus des troupeaux (des animaux), mais des «bergers» qui sont nommés[28]. La présence humaine rappelle ce que nous avons appelé le «synœcisme du désert», et trouvera un écho dans la mention des animaux domestiques de la fin de l'extrait.

3 Les animaux dans un monde nouveau

a *L'élevage du futur*

Commençons par un contre-exemple flagrant:

5, 8 Οὐαὶ οἱ συνάπτοντες οἰκίαν πρὸς οἰκίαν καὶ ἀγρὸν πρὸς ἀγρὸν ἐγγίζοντες, ἵνα τοῦ πλησίον ἀφέλωνταί τι· μὴ οἰκήσετε μόνοι ἐπὶ τῆς γῆς;	5, 8 Malheur, ceux qui joignent une maison à une maison et qui rapprochent un champ d'un champ, afin d'ôter un bien à leur voisin: habiterez-vous seuls sur la terre?	5, 8 Malheur à ceux qui ajoutent maison à maison et joignent champ à champ, jusqu'à ce qu'il n'y ait plus de place et que vous habitiez seuls au milieu du pays!

---

28   Seuls deux témoins s'alignent sur le TM: ποιμνιων 538 Sa.

5, 9 ἠκούσθη γὰρ εἰς τὰ ὦτα κυρίου σαβαωθ ταῦτα· ἐὰν γὰρ γένωνται οἰκίαι πολλαί, εἰς ἔρημον ἔσονται μεγάλαι καὶ καλαί, καὶ οὐκ ἔσονται οἱ ἐνοικοῦντες.	5, 9 Car le bruit en est parvenu aux oreilles du Seigneur Sabaoth; car si les maisons sont nombreuses, elles deviendront, grandes et belles, un désert, et il n'y aura personne pour les habiter.	5, 9 C'est pourquoi Yahvé des armées s'est révélé à mes oreilles: Oui, de nombreuses maisons vont devenir une dévastation; grandes et belles, elles seront sans habitant.
5, 10 οὐ γὰρ ἐργῶνται δέκα ζεύγη βοῶν, ποιήσει κεράμιον ἕν, καὶ ὁ σπείρων ἀρτάβας ἓξ ποιήσει μέτρα τρία.	5, 10 Là en effet où travailleront dix attelages de bœufs, on produira une seule jarre, et qui sème six artabes produira trois mesures.	5, 10 Car dix arpents de vigne ne donneront qu'un bat, et un homer de semence ne donnera qu'un épha.

Dans cet exemple, on retrouve le processus de désertification que nous avons observé dans la deuxième partie de cet exposé; «et il n'y aura personne pour (…) habiter» les maisons délaissées. Mais au lieu que s'enclenche la poursuite du scénario que nous avons précédemment décrit, à savoir l'apparition des animaux et leur cohabitation harmonieuse avec des humains, on a simplement la mention d'une agriculture malheureuse, peu rentable s'il en est.

Cependant, la majorité des exemples font état d'une agriculture positive en de pareils contextes; et les animaux jouent donc un rôle dans ce renouveau. Passons rapidement sur 18, 4–6, où il est question d'un vigneron anonyme, qui taille petites grappes et petits sarments et les laisse «aux oiseaux du ciel et aux bêtes de la terre», qui se rassemblent près de lui.

Nous pouvons lire rapidement le mouvement suivant:

7, 18 καὶ ἔσται ἐν τῇ ἡμέρᾳ ἐκείνῃ συριεῖ κύριος μυίαις, ὃ κυριεύει μέρους ποταμοῦ Αἰγύπτου, καὶ τῇ μελίσσῃ, ἥ ἐστιν ἐν χώρᾳ Ἀσσυρίων,	7, 18 Et il adviendra, en ce jour-là, le Seigneur sifflera les mouches, ce qui a seigneurie sur une partie du fleuve d'Égypte, et l'abeille, qui est dans la contrée des Assyriens;	7, 18 Or, en ce jour-là, Yahvé sifflera la mouche qui est à l'extrémité des Nils de l'Égypte et l'abeille qui est au pays d'Assour.

7, 19 καὶ ἐλεύσονται πάντες καὶ ἀναπαύσονται ἐν ταῖς φάραγξι τῆς χώρας καὶ ἐν ταῖς τρώγλαις τῶν πετρῶν καὶ εἰς τὰ σπήλαια καὶ εἰς πᾶσαν ῥαγάδα καὶ ἐν παντὶ ξύλῳ.	7, 19 et ils viendront tous et se poseront dans les ravins de la contrée et dans les crevasses des rochers, dans les grottes, dans toute fissure et dans tout arbre.	7, 19 Elles viendront et se poseront toutes dans les ravins abrupts, dans les fentes des rocs, sur tous les buissons et sur tous les points d'eau.
7, 20 ἐν τῇ ἡμέρᾳ ἐκείνῃ ξυρήσει κύριος τῷ ξυρῷ τῷ μεγάλῳ καὶ μεμεθυσμένῳ, ὅ ἐστι πέραν τοῦ ποταμοῦ βασιλέως Ἀσσυρίων, τὴν κεφαλὴν καὶ τὰς τρίχας τῶν ποδῶν καὶ τὸν πώγωνα ἀφελεῖ.	7, 20 En ce jour-là, le Seigneur rasera avec le grand rasoir d'ivresse, qui est au-delà du fleuve du roi des Assyriens, la tête, il ôtera les poils des pieds et la barbe.	7, 20 En ce jour-là, le Seigneur rasera avec un rasoir loué dans les régions au-delà du Fleuve – avec le roi d'Assour – la tête et les poils des pieds ; la barbe aussi, [le rasoir] l'enlèvera.
7, 21 καὶ ἔσται ἐν τῇ ἡμέρᾳ ἐκείνῃ θρέψει ἄνθρωπος δάμαλιν βοῶν καὶ δύο πρόβατα,	7, 21 Et il adviendra, en ce jour-là, un homme nourrira une jeune vache et deux moutons,	7, 21 Or, en ce jour-là, chacun tiendra une vache et deux brebis ;
7, 22 καὶ ἔσται ἀπὸ τοῦ πλεῖστον ποιεῖν γάλα βούτυρον καὶ μέλι φάγεται πᾶς ὁ καταλειφθεὶς ἐπὶ τῆς γῆς.	7, 22 et il adviendra, du fait de la production abondante de lait, tout homme resté dans le pays mangera du beurre et du miel.	7, 22 et à cause de l'abondance du lait qu'elles donneront, on se nourrira de lait caillé ; c'est de lait caillé et de miel que se nourrira quiconque sera laissé au sein du pays.
7, 23 καὶ ἔσται ἐν τῇ ἡμέρᾳ ἐκείνῃ πᾶς τόπος, οὗ ἐὰν ὦσι χίλιαι ἄμπελοι χιλίων σίκλων, εἰς χέρσον ἔσονται καὶ εἰς ἄκανθαν·	7, 23 Et il adviendra, en ce jour-là, tout endroit où il y aura mille ceps valant mille sicles deviendra épines et champ aride :	7, 23 Or, en ce jour-là, tout endroit où il y avait mille ceps valant mille sicles d'argent ne sera plus que ronces et broussailles.
7, 24 μετὰ βέλους καὶ τοξεύματος εἰσελεύσονται ἐκεῖ, ὅτι χέρσος καὶ ἄκανθα ἔσται πᾶσα ἡ γῆ.	7, 24 on y entrera avec flèches et arc, car tout le pays sera épines et champ aride.	7, 24 Avec les flèches et l'arc on y pénétrera, car tout le pays ne sera que ronces et broussailles.

(suite)		
7, 25 καὶ πᾶν ὄρος ἀροτριώμενον ἀροτριαθήσεται, καὶ οὐ μὴ ἐπέλθῃ ἐκεῖ φόβος· ἔσται γὰρ ἀπὸ τῆς χέρσου καὶ ἀκάνθης εἰς βόσκημα προβάτου καὶ εἰς καταπάτημα βοός.	7, 25 Et toute montagne qu'on laboure sera labourée, la crainte n'y parviendra pas, car ce qui aura été épines et champ aride deviendra pâture de mouton et foulée de bœuf.	7, 25 Et sur tous ces monts sarclés au sarcloir tu n'iras plus, par crainte des ronces et des broussailles ; ce sera un lieu où on lâche les bœufs et que piétinent les brebis.

Dans ce passage, retenons la constante de la restauration agricole, visible dans les deux versions au v. 21 («un homme nourrira une jeune vache et deux moutons»), mais seulement dans la LXX au v. 25. Les deux textes sont pourtant assez semblables; «pâture de mouton et foulée de bœuf» peur la LXX, «lieu où on lâche les bœufs et que piétinent les brebis» pour le TM. Mais le début de ce verset final fait toute la différence: la montagne *sera labourée*, alors que le TM n'a pas de verbe conjugué; et surtout, le TM évoque une absence d'humains; les animaux seront seuls sur «ces monts». La présence animale est le corollaire et le symptôme d'une absence humaine. Dans la LXX, ce qui ne pénètre pas dans ce domaine, c'est la crainte, la présence humaine étant signalée par le labour de la montagne. Dans ce nouveau contexte, les animaux accompagnent une pratique restaurée de l'agriculture.

Une nouvelle occurrence de cette thématique se lit plusieurs pages plus loin:

30, 22 καὶ ἐξαρεῖς τὰ εἴδωλα τὰ περιηργυρωμένα καὶ τὰ περικεχρυσωμένα, λεπτὰ ποιήσεις καὶ λικμήσεις ὡς ὕδωρ ἀποκαθημένης καὶ ὡς κόπρον ὤσεις αὐτά.	30, 22 Et tu ôteras les idoles recouvertes d'or ou d'argent, tu les mettras en miettes et tu les vanneras comme un flux menstruel, comme de la fiente tu les repousseras.	30, 22 Tu tiendras pour impur l'argent qui recouvre tes idoles sculptées et l'or qui revêt tes idoles de métal fondu; tu les dissémineras comme des souillures: «Hors d'ici!» leur diras-tu.
30, 23 τότε ἔσται ὁ ὑετὸς τῷ σπέρματι τῆς γῆς σου, καὶ ὁ ἄρτος τοῦ γενήματος τῆς	30, 23 Alors viendra la pluie pour les semis de ta terre, et le pain du produit de ta terre	30, 23 Il [te] donnera la pluie pour la semence que tu auras semée dans le sol,

γῆς σου ἔσται πλησμονὴ καὶ λιπαρός· καὶ βοσκηθήσεταί σου τὰ κτήνη τῇ ἡμέρᾳ ἐκείνῃ τόπον πίονα καὶ εὐρύχωρον,	sera abondance et opulence. Et ton bétail paîtra, ce jour-là, un endroit fertile et vaste,	et le pain que produira le sol sera nourrissant et savoureux. Ton bétail, ce jour-là, pâturera dans de vastes prairies.
30, 24 οἱ ταῦροι ὑμῶν καὶ οἱ βόες οἱ ἐργαζόμενοι τὴν γῆν φάγονται ἄχυρα ἀναπεποιημένα ἐν κριθῇ λελικμημένα.	30, 24 vos taureaux et vos bœufs de labour mangeront de la paille tirée de l'orge au vannage.	30, 24 Les bœufs et les ânes qui travaillent le sol mangeront un fourrage salé, vanné à la pelle et au van.

Dans ce passage, on notera en particulier la précision, absente du TM, d'un endroit *fertile* et pas seulement vaste pour le bétail. L'agriculture euphorique s'accompagne d'un rejet des idoles, décrites dans des termes vigoureux ; la proximité entre les deux thématiques (rejet des idoles et restauration de l'agriculture) est marquée, dans la LXX, par la double occurrence du verbe λικμᾶν « vanner » : « tu les vanneras comme un flux menstruel » au v. 22, et « l'orge au vannage » au v. 24.

Dans l'extrait suivant, on a une exaltation de la divinité, qui s'accompagne d'une double mention agricole, l'une dans une comparaison, mais l'autre à prendre au premier degré :

5, 15 καὶ ταπεινωθήσεται ἄνθρωπος, καὶ ἀτιμασθήσεται ἀνήρ, καὶ οἱ ὀφθαλμοὶ οἱ μετέωροι ταπεινωθήσονται·	5, 15 Et l'être humain sera abaissé et l'homme sera privé d'honneur, et les yeux altiers seront abaissés.	5, 15 L'homme sera humilié et les humains seront abaissés, et les yeux de ceux qui sont fiers seront abaissés ;
5, 16 καὶ ὑψωθήσεται κύριος σαβαωθ ἐν κρίματι, καὶ ὁ θεὸς ὁ ἅγιος δοξασθήσεται ἐν δικαιοσύνῃ.	5, 16 Et le Seigneur Sabaoth sera élevé dans le droit, le Dieu saint sera glorifié dans la justice.	5, 16 mais Yahvé des armées sera exalté par le droit, le Dieu saint se montrera saint par la justice.

(suite)

5, 17 καὶ βοσκηθήσονται οἱ διηρπασμένοι ὡς ταῦροι, καὶ τὰς ἐρήμους τῶν ἀπειλημμένων ἄρνες φάγονται.	5, 17 Et les victimes d'un saccage seront à la pâture comme des taureaux, et des agneaux brouteront les terres désertées des bannis.	5, 17 Des agneaux y pâtureront comme en leur pacage et des étrangers dévoreront les possessions ruinées des riches[29]

Dans le TM, le v. 17 semble bien négatif; la mention des agneaux doit sans doute être interprétée comme le pendant d'une absence d'humains; c'est en tout cas ce que l'on peut supposer si l'on considère que nous avons affaire à un parallélisme synonymique entre les deux stiques. Les humains absents sont les anciens propriétaires, ruinés et dépouillés, remplacés successivement par des agneaux et des étrangers. La tonalité d'ensemble est passablement négative. Rien de tel dans la LXX: il y a certes des « victimes d'un saccage », mais elles restent en place et trouvent de la nourriture. Comme ailleurs dans le livre, humains et bêtes cohabitent dans ce futur du monde: le fait que les agenaux « broutent » montre également que le territoire reste fertile. L'orientation du passage paraît positive.

Le dernier passage où il est question d'agriculture, et d'élevage plus particulièrement, est le suivant:

61, 4 καὶ οἰκοδομήσουσιν ἐρήμους αἰωνίας, ἐξηρημωμένας προτέρας ἐξαναστήσουσι· καὶ καινιοῦσι πόλεις ἐρήμους ἐξηρημωμένας εἰς γενεάς.	61, 4 Et ils bâtiront éternels des déserts, jadis dévastés, qu'ils relèveront, et ils feront nouvelles des villes désertes, dévastées durant des générations.	61, 4 Ils rebâtiront les ruines antiques, ils relèveront les lieux désolés du passé, ils restaureront les villes en ruine, les lieux désolés depuis des générations.

---

29 Ce dernier stique est emprunté à la Nouvelle Bible Segond et à la Bible à la Colombe ; Osty, qui par ailleurs déplace le verset, corrige le texte d'après le grec.

61, 5 καὶ ἥξουσιν ἀλλογενεῖς ποιμαίνοντες τὰ πρόβατά σου, καὶ ἀλλόφυλοι ἀροτῆρες καὶ ἀμπελουργοί·	61, 5 Et des gens venus d'ailleurs feront paître tes brebis, et des Étrangers seront laboureurs et vignerons;	61, 5 Des gens venus d'ailleurs se tiendront là pour paître vos troupeaux, des fils de l'étranger seront vos laboureurs et vos vignerons.
61, 6 ὑμεῖς δὲ ἱερεῖς κυρίου κληθήσεσθε, λειτουργοὶ θεοῦ· ἰσχὺν ἐθνῶν κατέδεσθε καὶ ἐν τῷ πλούτῳ αὐτῶν θαυμασθήσεσθε.	61, 6 mais vous, vous serez appelés « prêtres du Seigneur », « liturges de Dieu »; vous jouirez de la force des nations, et vous serez admirés dans leur richesse.	61, 6 Quant à vous, vous serez apelés « prêtres de Yahvé », on vous nommera « ministres de notre Dieu ». Vous vous nourrirez des richesses des nations, vous vous enorgueillirez de leur opulence.

Dans cet extrait, les déserts sont rebâtis, de même que les villes, et l'agriculture est confiée à des étrangers; le rôle des juifs est plus spirituel, celui des desservants du culte divin.

b   *Les* adunata

Mais le livre d'*Ésaïe* est célèbre pour un passage décrivant une paix totale entre différentes espèces d'animaux, ainsi qu'une harmonie entre bêtes et humains. Le voici; le contexte est celui du règne de la justice sous l'égide d'un descendant de Jessé, i.e. de David :

11, 6 καὶ συμβοσκηθήσεται λύκος μετὰ ἀρνός, καὶ πάρδαλις συναναπαύσεται ἐρίφῳ, καὶ μοσχάριον καὶ ταῦρος καὶ λέων ἅμα βοσκηθήσονται, καὶ παιδίον μικρὸν ἄξει αὐτούς·	11, 6 Et le loup pâturera avec l'agneau, la panthère se reposera aux côtés du chevreau; le jeune veau, le taureau et le lion pâtureront ensemble, et un tout petit enfant les conduira;	11, 6 Le loup séjournera avec l'agneau, le léopard gîtera avec le chevreau; le veau et le lionceau pâtureront ensemble, et un petit garçon les conduira;
11, 7 καὶ βοῦς καὶ ἄρκος ἅμα βοσκηθήσονται, καὶ ἅμα τὰ παιδία αὐτῶν ἔσονται, καὶ	11, 7 et le bœuf et l'ours pâtureront ensemble, et leurs petits seront ensemble,	11, 7 la vache et l'ourse lieront amitié, ensemble gîteront leurs petits,

(suite)

λέων καὶ βοῦς ἅμα φάγονται ἄχυρα.	et le lion et le bœuf mangeront ensemble de la paille.	et le lion, comme le bœuf, mangera de la paille.
11, 8 καὶ παιδίον νήπιον ἐπὶ τρώγλην ἀσπίδων καὶ ἐπὶ κοίτην ἐκγόνων ἀσπίδων τὴν χεῖρα ἐπιβαλεῖ.	11, 8 Et l'enfant en bas âge portera la main sur un trou de vipères, et sur le nid d'une couvée de vipères,	11, 8 Le nourrisson jouera près du repaire de l'aspic, et dans le trou de la vipère l'enfant à peine sevré avancera la main.
11, 9 καὶ οὐ μὴ κακοποιήσωσιν οὐδὲ μὴ δύνωνται ἀπολέσαι οὐδένα ἐπὶ τὸ ὄρος τὸ ἅγιόν μου, ὅτι ἐνεπλήσθη ἡ σύμπασα τοῦ γνῶναι τὸν κύριον ὡς ὕδωρ πολὺ κατακαλύψαι θαλάσσας.	11, 9 et ils ne feront pas de mal et ne pourront faire périr personne sur ma montagne sainte, car la terre entière s'est emplie de la connaissance du Seigneur, comme une masse d'eau recouvre les mers.	11, 9 On ne commetra ni mal ni perversité sur toute ma montagne sainte, car la connaissance de Yahvé remplira la terre comme les eaux recouvrent la mer.

Il y a quelques menues différences entre les deux textes[30]; ainsi au v. 7, là où le TM dit simplement que « le lion, comme le bœuf, mangera de la paille », la LXX souligne la cohabitation en disant qu'ils feront table commune: « et le lion et le bœuf mangeront ensemble de la paille ». Mais l'esprit des deux versions est très semblable. Si l'on s'intéresse par exemple au lion, on voit qu'il est devenu ici paisible, alors que d'autres versets de notre prophète mettent au contraire en avant son caractère dangereux; ainsi en 38, 13 Ézéchias raconte-t-il ceci: « En ce jour-là j'ai été livré jusqu'au matin comme à un lion: ainsi a-t-il brisé mes os; car j'ai été livré depuis le jour jusqu'à la nuit[31] »; en 35, 9, le « lion » est en parallèle avec les « bêtes malfaisantes », τῶν θηρίων τῶν πονηρῶν; enfin, en 30, 6, « un lion et le petit d'un lion » apparaissent « dans l'oppression et l'angoisse », ἐν τῇ θλίψει καὶ τῇ στενοχωρίᾳ. Des remarques analogues pourraient être formulées à propos des serpents; on pourra se référer à 14, 29 ou à 27, 1.

---

30 Voir par exemple R. Troxel, *LXX-Isaiah as Translation and Interpretation. The Strategies of the Translator of the Septuagint of Isaiah*, Leiden / Boston: Brill, 2007, p. 122, pour le choix contextuel de συμβοσκηθήσεται au v. 6.

31 ἐν τῇ ἡμέρᾳ ἐκείνῃ παρεδόθην ἕως πρωὶ ὡς λέοντι· οὕτως τὰ ὀστᾶ μου συνέτριψεν, ἀπὸ γὰρ τῆς ἡμέρας ἕως τῆς νυκτὸς παρεδόθην.

Ce passage est fameux au point que, quelques siècles plus tard, un autre écrivain l'a repris, dans une œuvre qui sera intégrée au « livre d'*Ésaïe* » de la Bible massorétique, pour montrer précisément sa filiation à l'égard du premier poète ; le contexte est là encore très favorable, puisque Dieu affirme que la descendance de son peuple sera bénie :

65, 25 τότε λύκοι καὶ ἄρνες βοσκηθήσονται ἅμα, καὶ λέων ὡς βοῦς φάγεται ἄχυρα, ὄφις δὲ γῆν ὡς ἄρτον· οὐκ ἀδικήσουσιν οὐδὲ μὴ λυμανοῦνται ἐπὶ τῷ ὄρει τῷ ἁγίῳ μου, λέγει κύριος.	65, 25 Alors les loups et les agneaux pâtureront ensemble, et le lion comme le bœuf mangeront de la paille, et le serpent, de la terre comme du pain. On ne commettra ni injustice ni meurtrissure sur ma montagne sainte, dit le Seigneur.	65, 25 Le loup et l'agnelet pâtureront ensemble, le lion, comme le bœuf, mangera de la paille, et le serpent aura la poussière pour nourriture. On ne commettra ni mal ni perversité sur toute ma montagne sainte, dit Yahvé.

S'il n'y a pour ainsi dire aucune différence entre les deux textes, grec et hébreu, ce n'est pas le cas du dernier verset que nous citerons, 59, 11 : la LXX dit que « comme l'ours et comme la colombe ils marcheront ensemble » ; ces animaux n'étant pas connus pour la fréquence de leurs relations, on peut voir dans ce passage une allusion à l'*adunaton* du chapitre 11. D'un point de vue technique, il semble que l'auteur de la LXX d'*Ésaïe* ait procédé par « raccourcissement » et adaptation des données de son original, car le TM affirme : « nous grondons tous comme des ours, comme des colombes nous gémissons sans trêve ». Par cette manipulation nous obtenons une nouvelle occurrence de l'*adunaton*, propre à la version grecque.

Conclusion

À l'issue de ce rapide parcours de quelques aspects du bestiaire d'*Ésaïe*-LXX, il convient de poser la question : y a-t-il une place pour les animaux dans les perspectives de restauration ouvertes çà et là dans cet ouvrage ? Nous l'avons vu à plusieurs reprises, la réponse ne peut être que positive. Non seulement les deux *adunata* – et l'allusion qui y est faite en 59, 11 – sur lesquels s'achèvent notre parcours, et qui sont illustres entre toutes péricopes de notre prophète, placent bien animaux et humains ensemble dans une vision euphorique de l'avenir, mais bien d'autres éléments encore vont dans le même sens. Il est par ailleurs remarquable que, lorsque des différences peuvent s'observer entre traduction grecque et original hébreu, celles-ci vont toujours dans le même sens, celui d'une vision positive de l'avenir, dans la LXX, à laquelle participent les animaux. Ainsi, en 38, 14–156, avons nous remarqué que la comparaison animalière accompagne la mention de la délivrance des maux, dans le grec, tandis que le TM ne parle que de la persistance de ces derniers.

Cette perspective est particulièrement nette dans le rôle que jouent les animaux dans la théologie du désert propre au traducteur. Le long passage 34, 8–17 montre bien comment les animaux accompagnent la mention d'un avenir possible, d'une reconstruction ou, pour employer le mot, d'une restauration d'Israël, dans la persistance du projet salvifique de Dieu; j'ai parlé à cette occasion de «synœcisme du désert». On opposera cet avenir heureux à la perdition sans fin à laquelle est condamnée, par exemple, Babylone au chapitre 14.

De manière plus générale, nous avons vu que les animaux se joignent à l'homme dans des promesses d'avenir heureux; l'extrait 7, 18–25 était fort instructif, puisque dans le TM la désolation se marquait par l'absence d'humains, tandis que dans la LXX c'est la peur qui sera ignorée d'humains cohabitant paisiblement avec des animaux.

Un si bref parcours ne se voulait pas, je l'avais dit, un traité de zoologie biblique; il s'agissait juste de répondre à la question rappelée au début de cette conclusion. Chaque passage cité demande assurément une exégèse plus approfondie; il me suffisait d'esquisser ici quelques grandes lignes.

Il n'y a peut-être pas de projet sotériologique spécifique offert aux animaux dans l'esprit de l'auteur de la version grecque d'*Ésaïe*; non, sans doute ne divertit-il pas en direction des bêtes la farouche ardeur avec laquelle il décrit l'amour de Dieu pour Israël; en revanche, comme symptômes et compagnons d'un avenir où confiance et harmonie seront restaurées, oui assurément les animaux ont une place, souvent différente, j'espère l'avoir montré, de ce qu'elle est dans la Bible massorétique.

Sources

Bible d'Alexandrie, traduction du texte grec de la Septante, C. Dogniez, G. Dorival, M. Harl et O. Munnich dir., Paris: Cerf, 1986–.
Bible, trad. E. Osty et J. Trinquet, Paris: Seuil, 1973.
Isaias, J. Ziegler éd.: *Septuaginta*. Vetus Testamentum Graecum Auctoritate Academiae Scientiarum Gottingensis editum 14, Göttingen, 1939, 1967^2.

Vision que vit Isaïe, Traduction du texte du prophète Isaïe selon la Septante de A. Le Boulluec et Ph. Le Moigne, Paris : Cerf, 2014.

Travaux

Lust J., Hauspie K. et Heynikel E., *A Greek-English Lexicon of the Septuagint*. Stuttgart : Deutsche Bibelgesellschaft, 1992.

Muraoka T., *A Greek-English Lexicon of the Septuagint*, Louvain – Paris – Walpole MA : Peeters, 2009.

Muraoka T., « Isaiah 2 in the Septuagint », in *Isaiah in Context. Studies in Honour of Arie van der Kooij on the Occasion of his Sixty-Fitfth Birthday*, edited by M.N. van der Meer, P. van Keulen, Wi. van Peursen, Bas ter Haar Romeny, Leiden – Boston : Brill, 2010, p. 338–340.

Troxel R., *LXX-Isaiah as Translation and Interpretation. The Strategies of the Translator of the Septuagint of Isaiah*, Leiden / Boston : Brill, 2007.

CHAPTER 2

Romains 8, 18–22 : une énigme qui interpelle

Daniel Gerber

L'apôtre Paul ne nous a malheureusement légué que de précieuses miettes de sa pensée. Homme de terrain ayant usé ses forces de longues années durant pour subvenir à ses besoins tout en gérant des communautés qui s'essayaient tant bien que mal à construire leur identité en Christ, ce grand «voyageur du Christ[1]» n'a en effet pas jugé nécessaire de marquer une pause conséquente dans sa course pour rédiger une somme théologique. De fait, ce sont les difficultés qui ont surgi dans les jeunes églises par lui fondées en Asie Mineure puis en Grèce, les accrocs de son propre itinéraire de vie ou encore le projet de se rendre en Espagne qui l'ont amené à composer des lettres et à livrer ainsi des bribes de sa pensée au gré de l'argumentation. Ne disposant en conséquence que de quelques pièces d'un puzzle à partir desquelles on tente prudemment de reconstruire son système de convictions, c'est sur des bases ténues que, très souvent, l'on esquisse des réponses aux nombreuses interrogations posées à l'apôtre.

La question de la restauration de la création dans la correspondance paulinienne ne fait pas exception. Pour aborder ce sujet, il est de coutume de scruter *Rm* 8, 18–22 :

> (18) J'estime en effet qu'il n'y a pas de commune mesure entre les souffrances du temps présent et la gloire qui va être révélée en nous. (19) Car la création [ἡ κτίσις] attend avec impatience la révélation des fils de Dieu. (20) En effet, la création [ἡ κτίσις] a été soumise à la futilité – non pas de son propre gré, mais à cause de celui qui l'y a soumise – avec une espérance : (21) cette même création [ἡ κτίσις] sera libérée de l'esclavage du périssable pour avoir part à la liberté glorieuse des enfants de Dieu. (22) Or nous savons que, jusqu'à ce jour, la création tout entière [πᾶσα ἡ κτίσις] soupire et souffre les douleurs de l'accouchement[2].

---

[1] Nous empruntons cette expression à J. Murphy-O'Connor, *Histoire de Paul de Tarse. Le Voyageur du Christ*, Paris : Cerf, 2004.
[2] Traduction de la *Nouvelle Bible Segond*, 2002.

Ces quelques versets d'une épître pensée avec grand soin ne sont cependant pas sans poser problème, à commencer par celui, crucial, de l'acception du nom κτίσις, employé avec l'article aux v. 19.20.21 et dans l'expression πᾶσα ἡ κτίσις au v. 22: celui qui se présente comme l'apôtre des nations pensait-il notamment au monde animal en employant un terme qui désigne de façon générique « le résultat d'un acte créatif[3] »?

On pourrait en douter en se souvenant qu'après avoir cité en *1 Co* 9, 9 l'impératif vétérotestamentaire: « Tu ne muselleras pas le bœuf qui foule le grain », Paul interroge: « Dieu s'inquièterait-il des bœufs? N'est-ce pas à cause de nous qu'il parle de la sorte? » Ce commentaire n'invite-t-il pas à penser que si pour l'apôtre, Dieu ne fait pas grand cas des bœufs, il ne se soucie pas davantage du reste de la gent animale? Ce serait toutefois oublier que Paul cite ici *Dt* 25, 4 à des fins rhétoriques, à savoir pour légitimer par les Écritures l'idée que chaque apôtre a fondamentalement droit à ce dont il a besoin matériellement pour accomplir sa mission. On ne saurait donc tirer de conclusion hâtive à partir d'*1 Co* 9, 9 pour la question qui nous occupe.

Sous forme de clin d'œil, rappelons encore que pour Pline l'Ancien, de quelques années le cadet de Paul, les perspectives *post mortem* des humains et des animaux étaient identiques. Dans son *Histoire naturelle* 7, 188–189, il ironise en effet: « Nous nous trouvons, tous, après le dernier jour, dans le même état qu'avant le premier [...]. C'est en effet la [...] vanité qui nous porte [...] à perpétuer notre souvenir et à nous octroyer gratuitement la vie au-delà même de la mort: tantôt on admet l'immortalité de l'âme, tantôt la métempsycose, tantôt on prête une sensibilité aux ombres des enfers, on honore les Mânes et on fait un dieu de celui qui n'est même plus un homme, comme s'il y avait la moindre différence entre notre façon de respirer et celle des autres êtres [...] auxquels personne ne prédit pareille immortalité[4] ».

Si Paul, contrairement à Pline l'Ancien, regarde à un horizon de résurrection, y voit-il une espérance, non seulement pour les humains, mais plus largement encore pour les animaux, voire pour la création en son entier? Pour

---

3   Bauer, col. 925. Au sujet de l'acception de κτίσις en ce passage, Ch.E.B. Cranfield, *A Critical and Exegetical Commentary on the Epistle to the Romans. Volume 1. Introduction and Commentary on Romans I–VIII*, Edinburg: T&T Clark (ICC), 1977, p. 411, relève: « ἡ κτίσις [...] has been variously interpreted in the course of the centuries as signifying the whole creation, including mankind both believing and unbelieving and also the angels; all mankind; unbelieving mankind only; believers only; the angels only; sub-human nature together with the angels; sub-human nature together with mankind in general; sub-human nature only ».
4   Traduction R. Schilling, Paris: Les Belles Lettres, 1977.

tenter d'apporter un élément de réponse à cette interrogation, revenons donc à *Rm* 8, 18–22.

1   *Rm* 8, 18–22 : un maillon singulier d'une chaîne argumentative

L'écothéologie[5] n'a pas manqué de s'appuyer sur ce court passage de l'épître aux Romains pour inviter à une gestion réfléchie du fragile milieu de vie partagée qu'est notre terre[6]. En bonne méthode, on ne saurait toutefois isoler trop rapidement ces quelques versets de l'ample développement dans lequel ils s'inscrivent et qui se laisse subdiviser ainsi : l'énoncé d'un axiome fondamental (1, 16–17), à savoir que « la justice de Dieu est révélée [en l'Évangile] » ; l'établissement de l'universalité du péché (1, 18–3, 20) et, en contraste appuyé, l'affirmation de la justice de Dieu (3, 21–4, 25) ; une transition récapitulative (5, 1–11) ; l'explicitation de la condition des justifiés (5, 12–8, 39) ; enfin, une mise au point au sujet d'Israël et des nations appelée par la logique fondamentale de la justice de Dieu (9, 1–11, 36). Si l'on zoome sur le contexte plus proche de *Rm* 8, 18–22, en l'occurrence 8, 1–39, on relèvera que cette section traite plus précisément de la vie des justifiés dans l'Esprit, ceci en trois temps : il y est tout d'abord question de la libération des enfants de Dieu (8, 1–17), puis de leur gloire future opposée à leurs souffrances actuelles (8, 18–30) et enfin de l'amour indéfectible de Dieu pour ses enfants (8, 31–39). Plus précisément encore, le déroulé de *Rm* 8, 18–30, contexte étroit des versets qui nous intéressent, est le suivant : une thèse (8, 18) – « Il n'y a pas de commune mesure entre les souffrances du temps présent et la gloire qui va être révélée » – étayée en quatre temps (8, 19–22.23–25.26–27.28–30). Ce n'est pourtant qu'aux v. 19–22 qu'il est fait usage du substantif κτίσις (v. 19.20.21) ou de l'expression πᾶσα ἡ κτίσις (v. 22) dans ce qui constitue leur contexte immédiat[7].

---

5   Résultant de la contraction des noms « écologie » et « théologie », ce terme désigne une réflexion théologique qui n'en reste pas à la relation entre Dieu et les hommes, mais qui inclut également la nature en tant qu'espace de vie confié par Dieu à l'humanité ; cf. Norman C. Habel, P. Trudinger (éds), *Exploring Ecological Hermeneutics*, Leiden : Brill, 2008 ; D.G. Horrell, *The Bible and the Environment. Towards a Critical Ecological Biblical Theology*, London : Equinox, 2010.

6   C'est ce que relève C. Hunt, « An Environmental Mantra ? Ecological Interest in Romans 8, 19–23 and a Modest Proposal for its Narrative Interpretation », *Journal of Theological Studies*, 59 (2008), p. 546–579 (546).

7   On n'oubliera pas que Paul fait usage à trois autres reprises de κτίσις dans sa lettre : en 1, 20

L'attention portée au contexte de *Rm* 8, 18–22 fait ainsi apparaître la singularité de ce bref passage. En ces versets, Paul élargit en effet de façon inattendue sa réflexion fondamentalement anthropologique à la dimension de la κτίσις. Ce propos «ktiséologique[8]» constitue-t-il pour autant, ce que certains n'hésitent pas à affirmer, le «climax de la sotériologie paulinienne[9]»? Toujours est-il qu'on ne saurait «[minimiser] la portée réelle de *Rm* 8, 18–22 pour une eschatologie cosmique[10]». Mais voilà: bien qu'ayant été abondamment labouré, ce passage résiste à l'interprétation, et il est bien difficile de se faire une idée précise de la conviction qu'il énonce.

2 Le dossier exégétique: simples observations

La dynamique de *Rm* 8, 18–22 est aisée à dégager: la thèse du v. 18 est illustrée au v. 19 par un fait singulier lui-même brièvement explicité aux v. 20–21, le v. 22 reformulant en des termes différents ce qui a été avancé aux deux versets précédents.

---

ce terme désigne l'acte de création du monde, en 1, 25 la créature par rapport à son créateur et en 8, 39 une créature quelconque.

8 Cet adjectif est utilisé par H.-J. Findeis, «Von der Knechtschaft der Vergänglichkeit zur Freiheit der Herrlichkeit. Zur Hoffnungsperspektive der Schöpfung nach Röm 8, 19–22», dans: Th. Söding (éd.), *Der lebendige Gott. Studien zur Theologie des Neuen Testaments. Festschrift für Wilhelm Thüsing zum 75. Geburtstag*, Münster: Aschendorff (NTA.NF 31), 1996, p. 196–225 (213).

9 Ainsi G. Kehnscherper, «Romans 8, 19 – On Pauline Belief and Creation», dans: E.A. Livingstone (éd.), *Studia Biblica 1978. III. Papers on Paul and Other New Testament Authors. Sixth International Congress on Biblical Studies, Oxford 3–7 April 1978*, Sheffield: *Journal for the Study of Old Testament* (JSNT.S 3), 1980, p. 233–243 (236): «Rm 8, 19–23 is not a marginal note, but the climax of Pauline soteriology». Dans le même sens, quoique de façon plus nuancée, Hunt, «An Environmental Mantra?», p. 554, estime: «Rm 8, 19–23 may come to be seen as a (even *the*) theological climax of the letter, under the influence of a context in which the magnitude of the ecological challenge is increasingly a point of public and political consensus».

10 J. Schlosser, «L'espérance de la création (Rm 8, 18–22)», dans: R. Kuntzmann (éd.), *Ce Dieu qui vient. Études sur l'Ancien et le Nouveau Testament offertes au Professeur Bernard Renaud à l'occasion de son soixante-cinquième anniversaire*, Paris: Cerf (*LeDiv* 159), 1995, p. 325–343 (326).

v. 18

La conviction énoncée par Paul est introduite par le verbe λογίζομαι[11], « j'estime que » qui « indique l'intention de parler avec quelque solennité[12] ». Les « souffrances » du temps présent ne sont pas explicitées. Elles sont désignées par le pluriel générique τὰ παθήματα « dont la signification doit [en conséquence] être gardée largement ouverte[13] ». L'accent porte ici non seulement sur le contraste entre ces tourments actuels et la gloire à venir qui doit être révélée par les croyants, mais encore sur leur incomparable différence de poids.

v. 19

De manière inattendue[14], cette révélation eschatologique (de la gloire) des fils de Dieu est présentée comme l'objet d'une attente active de la κτίσις, tendue à l'extrême[15]. Cela est marqué non seulement par l'emploi du substantif ἀποκαραδοκία, qui déjà souligne le caractère « impatient » de l'attente, mais encore par le choix du verbe ἀπεκδέχομαι qui précise que « l'attente impatiente de la κτίσις attend la révélation des enfants de Dieu ». On notera donc la présentation anthropomorphique de la κτίσις[16], même « si Paul semble réticent à aller jusqu'au bout dans [s]a personnalisation[17] ». De cette attente, rien n'est encore précisé ici, hormis son intensité.

---

11   Bauer, col. 966; *EWNT* 2, col. 876.

12   F.-J. Leenhardt, *L'épître de Saint Paul aux Romains*, Genève: Labor et Fides (CNT 6), 1995³, p. 124, qui ajoute: « Paul ne donnera pas seulement une opinion, mais un enseignement dont il a pesé les données »; J.D.G. Dunn, *Romans 1–8*, Dallas: Word Book (WBC), 1988, p. 468, abonde dans ce sens: « There is a *gravitas* here ».

13   Schlosser, « L'espérance de la création », p. 327.

14   Très justement, N. Walter, « Gottes Zorn und das "Harren der Kreatur". Zur Korrespondenz zwischen Römer 1, 18–32 und 8, 19–22 », dans: N. Walter, W. Kraus, F. Wilk (éds), *Praeparatio Evangelica. Studien zur Umwelt, Exegese und Hermeneutik des Neuen Testaments*, Tübingen: Mohr (*WUNT* 1/98), 1997, p. 293–302 (298), interroge: « [Man] muss danach fragen, warum Paulus [...] mitten zwischen Aussagen über die in Christus begründete Herrlichkeitshoffnung der Christen auf die ἀποκαραδοκία der κτίσις zu sprechen kommnt ».

15   Cf. E. Gräßer, « Das Seufzen der Kreatur (Röm 8, 19–22). Auf der Suche nach einer "biblischen Tierschutzethik" », *Jahrbuch für biblische Theologie* 5 (1990), p. 93–117 (102).

16   Avec Gräßer, « Das Seufzen der Kreatur », p. 102–103. Harry Alan Hahne, *The Corruption and Redemption of Creation*, London, T&T Clark (LNTS 336), 2006, p. 182, observe: « Personification of the natural world is a common poetic in the OT and Jewish apocalyptic literature ».

17   Schlosser, « L'espérance de la création », p. 332.

v. 20-21

On en apprend toutefois un peu plus aux v. 20-21. Cette attente a une connotation espérante, ce qu'indiquent les mots ἐφ' ἐλπίδι au v. 20[18]. Surtout, nous dit Paul, elle est suscitée par le fait que, si par le passé la κτίσις « a été soumise à la futilité[19] – non pas de son propre gré[20] », cela n'était pas à titre définitif, mais seulement jusqu'à la libération eschatologique de la corruption qu'elle partagera avec les enfants de Dieu. À quel(s) moment(s) de l'histoire biblique renvoie cette soumission subie ? Pour répondre avec assurance à cette question, il nous faudrait connaître le complément d'agent de l'aoriste passif ὑπετάγη que Paul ne nomme pas et savoir qui est désigné par les mots διὰ τὸν ὑποτάξαντα. Si l'on ajoute à ces deux incertitudes celle touchant au sens précis de κτίσις, force est alors d'admettre que nous avons à résoudre une équation à trois inconnues. La seule chose qui paraît plus ou moins assurée est que le complément d'agent de ὑπετάγη ne doit pas être identifié à celui qui est nommé de façon allusive par la construction διὰ τὸν ὑποτάξαντα[21].

Malgré le caractère énigmatique de ces deux versets, on retiendra toutefois le principe qu'ils posent : de la même manière – emploi de καὶ αὐτή (v. 21) – que « la solidarité entre les hommes et la [κτίσις] a joué dans le passé pour la ruine, elle jouera dans l'avenir pour le salut[22] ».

v. 22

Qu'apprenons-nous de plus au v. 22 ? Paul rappelle dans cette « phrase récapitulative[23] » et allusive ce que les frères de Rome sont supposés savoir : « toute la κτίσις soupire collectivement[24] et souffre de façon partagée les douleurs

---

18 Pour les différents sens donnés à cette expression, cf. J. Duncan, « The Hope of Creation. The Significance of ἐφ' ἐλπίδι (Rm 8, 20c) in Context », *New Testament Studies* 61 (2015), p. 411-427. Il conclut, p. 424 : « ἐφ' ἐλπίδι should not be taken as directly modifying either ὑπετάγη or τὸν ὑποτάξαντα, but rather should be taken with ἀπεκδέχεται at the end of 8, 19 ».

19 Emploi du substantif ματαιότης pour lequel Bauer, col. 1004, propose trois traductions : « Eitelkeit [futilité], Nichtigkeit [vanité], Vergänglichkeit [caractère passager] ». Leenhardt, *L'épître de Saint Paul aux Romains*, p. 125, note : « Ματαιότης souligne cette inutilité de l'existence, sa *vacuité* essentielle, ce défaut de substance ».

20 ἑκών se traduit par « de bon gré, volontairement, de sa propre initiative » ; cf. Bauer, col. 499.

21 Avec Gräßer, « Das Seufzen der Kreatur », p. 106-107 : « *Dia c. acc.* kann wohl den Beweggrund oder die Ursache, nicht aber den Verursacher bezeichnen ».

22 Schlosser, « L'espérance de la création », p. 338.

23 Schlosser, « L'espérance de la création », p. 339.

24 Cf. *TWNT* 7, p. 601, n. 5.

de l'accouchement jusqu'à maintenant[25] ». Dans ce contexte, le gémissement constant et collectif exprimé par le présent συστενάζει[26] et l'adjectif πᾶσα[27] ne sont pas à tenir pour l'expression résignée d'une perdition définitive, mais, au contraire, pour la marque d'une aspiration priante, au cœur même de la souffrance, à la libération espérée[28]. Cette idée est encore renforcée par l'emploi imagé du verbe συνωδίνω qui renvoie aux douleurs, partagées, de l'accouchement, symbole du travail du temps pour déboucher sur un au-delà de ce « maintenant » caractérisé par la vanité et la corruption.

3   Pour résoudre le nœud de ce texte dense mais allusif

Le moins que l'on puisse dire, c'est que Paul ne développe guère ce surprenant propos « eschato-ktiséologique[29] » qu'il glisse à titre d'argument dans sa section relative à la vie des justifiés dans l'Esprit. Aussi a-t-on essayé de retrouver le scénario sur lequel il s'est appuyé pour tenter d'identifier à la fois la κτίσις, le complément d'agent de l'aoriste passif ὑπετάγη et le personnage désigné par le participe ὁ ὑποτάξας[30]. Car il semble bien que ce soit l'unique moyen d'y voir un peu plus clair, à défaut de pouvoir interpréter le texte de Rm 8, 18–22 par lui-même.

---

25   Cette traduction littérale veut rendre l'effet créé par l'emploi des deux verbes composés συστενάζω et συνωδίνω. L.J. Braaten, « All Creation Groans: Romans 8, 22 in Light of the Biblical Sources », Horizons in Biblical Theology 28 (2006), p. 131–159 (132–133), signale: « The expression [συστενάζει καὶ συνωδίνει] is usually considered a hendiadys, meaning "groaning in travail," [...]. We will argue [...] that these terms have different spheres of meanings ».

26   Notons qu'au v. 23, Paul emploie le verbe simple στενάζω à propos, cette fois, du soupir des croyants qui possèdent les prémices de l'Esprit et attendent la délivrance de leur corps.

27   Si, pour Schlosser, « L'espérance de la création », p. 340, « l'addition de l'adjectif [πᾶσα] est peut-être due [...] au caractère conclusif de ce verset et à l'insistance sur l'accord qui se manifeste dans l'attitude de la [κτίσις] », il ne lui paraît toutefois « pas indiqué [...] de retenir l'hypothèse d'une extension du référent ».

28   Gräßer, « Das Seufzen der Kreatur », p. 101, explicite: « Dass das Seufzen kein Ausdruck hoffnungsloser Verlorenheit, sondern Vorankündigung kommender Herrlichkeit wird, das ist allein Sache [d]es Glaubens ».

29   Findeis, « Von der Knechtschaft », p. 218.

30   Hunt, « An Environmental Mantra? », p. 556, constate: « Paul introduces his comment about creation groaning with the words οἴδαμεν γὰρ ὅτι [...] (v. 22). Most commentators agree that this indicates that Paul is here appealing to knowledge that he can reasonably

S'il y a donc un relatif consensus pour penser que Paul s'appuie ici sur un donné traditionnel, on peine toutefois à trouver un texte dont *Rm* 8, 18–22 serait le calque partiel et qui permettrait ainsi de décrypter les sous-entendus de l'apôtre[31]. On s'est bien évidemment tourné vers *Gn* 3, 16–17 où il est fait état des souffrances de la grossesse d'Ève et de la malédiction du sol à cause de la transgression d'Adam[32]. Force est cependant de constater que, même si Paul évoque ailleurs le péché d'Adam, l'appui offert par Gn 3 ne permet pas à lui seul d'expliciter entièrement *Rm* 8, 18–22, ne serait-ce que parce qu'il n'y est pas fait allusion à une libération future de la κτίσις[33]. Faut-il alors aussi, ou plutôt, regarder du côté d'*Es* 24–27[34], du Trito-Ésaïe et de sa conception d'une nouvelle création[35], des prophètes en général qui évoquent des malédictions récurrentes de la création à cause du péché des hommes[36]? Une allusion à

---

presume his readers share ». Et d'interroger alors : « So what [...] kind of story of creation forms the narrative substructure of this text? »

31 C'est ce que relève E.E. Popkes, « Die Befreiung von der Knechtschaft der Vergänglichkeit. Anmerkungen zu den Religionsgeschichtlichen Intergründen von Röm 8, 19–22 », dans : C. Breytenbach, J. Frey (éds), *Reflections on the Early Christian History of Religion. Erwägungen zur frühchristlichen Religionsgeschichte*, Leiden : Brill (AJECAGJU 81), 2013, p. 267–291 (267–269) : « Es herrscht ein weitgehender Konsens, dass Paulus in Rm 8, 19–22 traditionsgeschichtlichen Vorgaben verwendet. Strittig ist jedoch, um welche traditionsgeschichtlichen Bezugsgrössen es sich konkret handelt [...]. Die präzise Bestimmung der traditionsgeschichtlichen Hintergründe von Rm 8, 19–22 [bleibt] eine *crux interpretum* [...] Es [gibt] keine Texte, die "sachlich den ungewöhnlichen Aussagen von Rm 8, 19–23 *wirklich*" entsprechen ».

32 Dans ce sens, D.T. Tsumura, « An OT Background to Rom 8, 22 », *New Testament Studies* 40 (1994), p. 620–621.

33 C'est l'avis de Hunt, « An Environmental Mantra ? », p. 569 : « Given what we know of Paul's thought elsewhere, it is likely that the sin of Adam [...] forms the basic and initial cause for the creation's bondage to decay, though we should take seriously [...] the possibility that Paul here alludes to a broader story [...]. Paul gives no explicit attention to what preceded or occasioned this subjection to futility. Rather, what Paul wants to emphasize here [...] is that creation was subjected *in hope* ».

34 Ainsi J. Moo, « Romans 8, 19–22 and Isaiah's Cosmic Covenant », *New Testament Studies* 54 (2008), p. 74–89 (84) : « Though Paul [...] links the subjection of creation back to Adam, [...] it may be Es 24–27 in particular that can illuminate the significance of the links Paul makes between the groaning of creation, the suffering and patient endurance of God's people, and the resurrection hope ».

35 Cette hypothèse est défendue par Popkes, « Die Befreiung », p. 290–291.

36 C'est le point de vue de R. Bauckham, « The Story of the Earth According to Paul. Romans 8, 18–23 », *Review & Expositor* 108 (2011), p. 91–97 (93–94) : « The whole passage reflects the theme to be found on several occasions in the prophets : that the non-human creation as

Qohélet a également été proposée, eu égard bien sûr à l'emploi du substantif ματαιότης, sans même exclure telle ou telle référence à la philosophie grecque[37]. Enfin, pour en rester à ces quelques essais de solution[38], on a encore proposé un rapprochement de *Rm* 8, 18–22 avec *4 Esdras* 7, 11–12[39] – « C'est pour [Israël] que j'ai fait le monde ; mais lorsqu'Adam eut transgressé mes préceptes, le jugement fut porté sur ce qui avait été fait. Les voies de ce monde devinrent étroites, pénibles, difficiles, peu nombreuses, mauvaises, pleines de dangers et accompagnées de grandes peines[40] » – ou avec d'autres pages de la littérature apocalyptique juive[41].

À défaut de disposer d'un texte permettant de remplir tous les blancs laissés par Paul en *Rm* 8, 18–22, n'est-il pas plus sage de faire l'hypothèse d'une convergence de thèmes traditionnels ? Sans doute convient-il d'opter pour cette solution[42].

---

a whole suffers the effects of human sin and God's judgment on it. Sometimes the land or the earth [...] is said to "mourn" (*Jr* 4, 28 ; 12, 4 ; *Os* 4, 3 ; *Jl* 1, 10 [...]). The prophets see [the ecological death] as God's judgment on human sin – not the once-for-all curse of *Genesis* 3, but the curse that human sin brings down on the earth over and over again » ; aussi Braaten, « All Creation Groans », p. 136 : « Paul viewed the subjection of creation not as a onetime primeval event, but rather as a *repeated* occurrence ».

37 C'est la proposition de S. Moyise, « Intertextuality and the Study of the Old Testament in the New Testament », dans : Id. (éd.), *The Old Testament in the New Testament. Essays in Honour of J.L. North*, Sheffield : Academic Press (*JSNT.S* 189), 2000, p. 14–41 (20) : « Where did Paul get such a negative idea [i.e. creation was subjected to futility *by God*] from ? If we are looking for a text, the most likely is the book of Ecclesiastes » ; il ajoute cependant, p. 39 : « In choosing to read Rm 8,20 in the light of Ecclesiastes [...], I assumed that it would be more profitable to look for a Jewish text rather than one from Greek or Roman litterature. But given Paul's [...] cultural context, it is quite possible that he has been infuenced by discussions of "futility" in Greek philosophy ».

38 Pour d'autres avis encore, voir Hahne, *The Corruption*, surtout p. 210–226.

39 Cf. entre autres Schlosser, « L'espérance de la création », p. 337 ; M. Theobald, « Das Seufzen der Kreatur – Sprache der Hoffnung ? Eine Auslegung von Röm 8, 18–30 », *Bibel und Liturgie* 79 (2006), p. 160–168 (163).

40 Traduction de P. Geoltrain, dans : A. Dupont-Sommer et M. Philonenko, *La Bible. Écrits intertesta-mentaires*, Paris : Gallimard (La Pléiade), 1987.

41 Hahne, *The Corruption*, a porté son attention sur 1 et 2 *Hénoch*, *Jubilés*, 4 *Esdras*, l'*Apocalypse syriaque de Baruch*, l'*Apocalypse de Moïse* et la *Vie d'Adam er d'Ève* ; voir en particulier les conclusions qu'il tire aux p. 210–224.

42 Hahne, *The Corruption*, p. 225, avance : « Although there are many conceptual similitaries between Rm 8, 19–22 and Jewish apocalyptic writings, there is no clear evidence in the passage of literary dependance upon particular known apocalyptic writings, at least in the precise phrasing of ideas ».

Revenons donc à nos trois inconnues. Celle que l'on peut lever avec un risque d'erreur moindre est sans doute la question du complément d'agent, non nommé, de l'aoriste passif ὑπετάγη. *A priori*, Dieu semble être le plus en mesure d'avoir temporairement soumis la κτίσις à la vanité ou à l'esclavage de la corruption[43]. De là à supposer que διὰ τὸν ὑποτάξαντα renvoie à la responsabilité, sinon d'Adam en particulier, du moins d'un ou de plusieurs groupes humains, il y a un pas qu'on est bien tenté de franchir. La détermination des deux premières inconnues, plausible sans être certaine, permet-elle alors de résoudre la troisième? Ce qui vaut en mathématiques s'applique-t-il à l'exégèse? Si tant est que Paul évoque bien en *Rm* 8, 18–22 une décision prise par Dieu en réaction à un comportement humain, deux sens sont alors à envisager pour κτίσις en ces versets : soit ce substantif désigne de façon plus large la création en son entier à l'exception de la seule humanité[44]; soit il désigne de manière plus restrictive la création à l'exception non seulement des hommes, mais encore de la matière inanimée[45]. Opter pour l'un de ces deux sens soulève alors la délicate questions : que peut vouloir signifier pour le monde animal en particulier d'être «libéré de l'esclavage du périssable pour avoir part à la liberté glorieuse des enfants de Dieu[46] »?

---

43   Hahne, *The Corruption*, p. 187–188, relève : «There are several views of who subjected [...] creation to futility [...] God [...] Adam [...] Humanity in general [...] Christ [...] Satan [...] the fallen angels». Pour lui, cependant, p. 188 : «Only God could subject creation to futility with a hope for its future redemption».

44   Ainsi S. Lyonnet, «Rom 8, 19–22 et la rédemption de l'univers», dans : Id., *Études sur l'Épître aux Romains*, Roma : Pontificio istituto biblico (*AnBib* 120), 1989, p. 242–254 (246); Gräßer, «Das Seufzen», p. 103–104; Schlosser, «L'espérance de la création», p. 334; Theobald, «Das Seufzen der Kreatur», p. 162; Moo, «Romans 8, 19–22 and Isaiah's Cosmic Covenant», p. 75; Hahne, *The Corruption*, p. 180; David G. Horrell, «A New Perspective on Paul? Rereading Paul in a Time of Ecological Crisis», *Journal for the Study of New Testament* 33 (2010), p. 3–30 (13, n. 15); Duncan, «The Hope of Creation», p. 413.

45   C'est là l'avis de Hunt, «An Environmental Mantra?», p. 558 : «The subsequent association of this term with "decay" (φθορά), with its own connotations of processes of life and death, suggests that Paul has primarily in mind non-human *living* things, rather than the inanimate features of the creation».

46   Tout autre est la position de Walter, «Gottes Zorn», p. 296 : «Die Deutung von κτίσις auf die Menschheit – hier genauer : auf die nicht vom Evangelium erreichte, nicht an Christus glaubende Menschheit (unter Absehen von den nicht gläubig gewordenen Juden und ihrer besenderen Problematik, die Pauls bekanntlich in Rm 9–11 behandelt) – [scheint mir] die kontextgemässte und sachlich klarste zu sein». L'auteur affirme, p. 301 : «Paulus hat kein poetisches Verhältnis zur Natur, zur Schöpfung Gottes um den Menschen herum».

Heureux serions-nous si, en *Rm* 8, 18–22, Paul avait été moins allusif! A-t-il confié le commentaire de ce passage au porteur de la lettre? Car comment imaginer que les destinataires premiers de cette missive aient été en mesure de saisir spontanément le sens de cet argument inattendu? Quelle conscience avaient-ils d'une ardente attente de la κτίσις également, eux qui vivaient au premier siècle de notre ère et résidaient dans l'*Urbs*?

4 Des implications possibles de ce choix de lecture au 21ème siècle?

On en conviendra: Paul n'est pas plus explicite sur la soumission actuelle de la κτίσις à la vanité que sur sa restauration future. Seul comptait pour lui, à des fins argumentatives, de rappeler le lien solidaire l'unissant aux croyants dans l'attente espérante d'une libération définitive. Puisée, du moins partiellement, au fonds traditionnel juif d'alors, l'idée ne manque assurément pas d'intérêt en soi et mérite certainement d'être travaillée par la théologie contemporaine.

Mais dans quelle mesure sommes-nous autorisés à inscrire nos problématiques actuelles dans le propos de *Rm* 8, 18–22? Ces versets nous pressent-ils d'ailleurs de porter un regard écosotériologique sur le monde d'aujourd'hui et en particulier sur les animaux?

Comprendre la κτίσις en *Rm* 8, 18–22 comme la création à l'exception des humains encourage sans doute à développer une réflexion théologique non exclusivement centrée sur la relation de Dieu aux hommes[47] – donc une éco-théologie – et à réfléchir à ce que peut signifier aujourd'hui cette notion de solidarité entre les différentes composantes de la création, à la fois dans la vanité et dans l'espérance.

---

47   Relevons ici l'opinion de Gräßer, «Das Seufzen der Kreatur», p. 93–94: «Dabei ist freilich zu bedenken, dass es vor Gott nicht nur *Menschen* gibt, die umfassender Erlösung bedürftig sind. Vielmehr ist es πᾶσα ἡ κτίσις [...] die solcher Erlösung bedarf und dafür vorgesehen ist»; Bauckham, «The Story of the Earth», p. 93, avance pour sa part: «Our Pauline passage is a concise version of the biblical grand narrative, a version in which all three characters (God, humans and the non-human creation) appear, but in which the non-human creation takes center-stage. Creation is the subject of all the important verbs in verses 19–22 [...]. God's action is certainly decisive in the story, but Paul keeps God in the background perhaps because he wishes to focus on the solidarity of the other two characters. For just as creation waits, so do believers; just as creation is to be set free, so will believers; just as creation groans, so do believers. The two are bound up together in the same story, but there is an imbalance. Creation, it appears, is the innocent victim of human wrongdoing».

Sous réserve que ce soit bien ainsi qu'il faille lire ce passage, il constitue sans aucun doute une invitation à penser une théologie responsable, impliquée dans le « vivre ensemble » des hommes, de la terre et des animaux. S'appuyer sur la logique biblique n'appelle-t-il pas à dénoncer urgemment le tragique non-sens de bien des choix et des comportements ? Mais comment formuler aujourd'hui une écothéologie suffisamment crédible et véritablement interpellante dans ce vibrant concert de cris d'alerte lancés par tous ceux qui ont le souci du respect de la vie ?

Si ce maillon inattendu que constitue *Rm* 8, 18–22 dans la longue chaîne argumentative qui va de *Rm* 1, 16 à *Rm* 11, 36 pose de nombreux problèmes à l'exégète, il suggère au moins un principe simple, mais lourd de signification, celui de la *Mitgeschöpflichkeit*[48], ce principe qui consiste à ne pas oublier que l'homme n'est qu'une « créature » parmi d'autres, et donc, par définition, solidaire de la nature et du vivant en toute sa diversitité.

Sources

La Bible. Écrits intertestamentaires, A. Dupont-Sommer et M. Philonenko dir., Paris : Gallimard (La Pléiade), 1987.
Nouvelle Bible Segond, Société biblique française, 2002.
Pline, *Histoire naturelle*, VII, trad. R. Schilling, Paris : Belles Lettres, ²2003.

Travaux

Bauckham R., « The Story of the Earth According to Paul. Romans 8, 18–23 », *Review & Expositor* 108 (2011), p. 91–97.
Braaten L.J., « All Creation Groans : Romans 8, 22 in Light of the Biblical Sources », *Horizons in Biblical Theology* 28 (2006), p. 131–159.
Cranfield Ch.E.B., *A Critical and Exegetical Commentary on the Epistle to the Romans. Volume 1. Introduction and Commentary on Romans I–VIII*, Edinburg : T&T Clark (ICC), 1977.
Duncan J., « The Hope of Creation. The Significance of ἐφ' ἐλπίδι (Rm 8, 20c) in Context », *New Testament Studies* 61 (2015), p. 411–427.

---

48 Gräßer, « Das Seufzen der Kreatur », p. 109, regrette : « Die abendländische Christenheit [konnte] ohne eine entsprechende Ethik bleiben [...], nämlich ohne biozentrisch ausgerichtete Ethik der Mit*geschöpflichkeit* statt einer bloss anthropozentrisch verkürzten Ethik der Mit*menschlichkeit* ».

Dunn J.D.G., *Romans 1–8*, Dallas: Word Book (WBC), 1988.

Findeis H.-J., « Von der Knechtschaft der Vergänglichkeit zur Freiheit der Herrlichkeit. Zur Hoffnungsperspektive der Schöpfung nach Röm 8, 19–22 », dans: Th. Söding (ed.), *Der lebendige Gott. Studien zur Theologie des Neuen Testaments. Festschrift für Wilhelm Thüsing zum 75. Geburtstag*, Münster: Aschendorff (NTA.NF 31), 1996, p. 196–225.

Gräßer E., « Das Seufzen der Kreatur (Röm 8, 19–22). Auf der Suche nach einer "biblischen Tierschutzethik" », *Jahrbuch für biblische Theologie* 5 (1990), p. 93–117.

Habel N.C., Trudinger P. (éds), *Exploring Ecological Hermeneutics*, Leiden: Brill, 2008.

Hahne H.A., *The Corruption and Redemption of Creation*, London: T&T Clark (LNTS 336), 2006.

Horrell D.G., *The Bible and the Environment. Towards a Critical Ecological Biblical Theology*, London: Equinox, 2010.

Horrell D.G., « A New Perspective on Paul? Rereading Paul in a Time of Ecological Crisis », *Journal for the Study of New Testament* 33 (2010), p. 3–30.

Hunt C., « An Environmental Mantra? Ecological Interest in Romans 8, 19–23 and a Modest Proposal for its Narrative Interpretation », *Journal of Theological Studies*, 59 (2008), p. 546–579.

Kehnscherper G., « Romans 8, 19 – On Pauline Belief and Creation », dans: E.A. Livingstone (éd.), *Studia Biblica 1978. III. Papers on Paul and Other New Testament Authors. Sixth International Congress on Biblical Studies, Oxford 3–7 April 1978*, Sheffield, *Journal for the Study of Old Testament* (JSNT.S 3), 1980, p. 233–243.

Leenhardt F.-J., *L'épître de Saint Paul aux Romains*, Genève: Labor et Fides (CNT 6), 1995³.

Lyonnet S., « Rom 8, 19–22 et la rédemption de l'univers », dans: Id., *Études sur l'Épître aux Romains*, Roma: Pontificio istituto biblico (AnBib 120), 1989, p. 242–254.

Moo J., « Romans 8, 19–22 and Isaiah's Cosmic Covenant », *New Testament Studies* 54 (2008), p. 74–89.

Moyise S., « Intertextuality and the Study of the Old Testament in the New Testament », dans: Id. (éd.), *The Old Testament in the New Testament. Essays in Honour of J.L. North*, Sheffield: Academic Press (JSNT.S 189), 2000, p. 14–41.

Murphy-O'Connor J., *Histoire de Paul de Tarse. Le Voyageur du Christ*, Paris: Cerf, 2004.

Popkes E.E., « Die Befreiung von der Knechtschaft der Vergänglichkeit. Anmerkungen zu den Religionsgeschichtlichen Intergründen von Röm 8, 19–22 », dans: C. Breytenbach, J. Frey (éds), *Reflections on the Early Christian History of Religion. Erwägungen zur frühchristlichen Religionsgeschichte*, Leiden: Brill (AJECAGJU 81), 2013, p. 267–291.

Schlosser J., « L'espérance de la création (Rm 8, 18–22) », dans: R. Kuntzmann (éd.), *Ce Dieu qui vient. Études sur l'Ancien et le Nouveau Testament offertes au Professeur Bernard Renaud à l'occasion de son soixante-cinquième anniversaire*, Paris: Cerf (LeDiv 159), 1995, p. 325–343.

Theobald M., « Das Seufzen der Kreatur – Sprache der Hoffnung ? Eine Auslegung von Röm 8, 18–30 », *Bibel und Liturgie* 79 (2006), p. 160–168.

Tsumura D.T., « An OT Background to Rom 8, 22 », *New Testament Studies* 40 (1994), p. 620–621.

Walter N., « Gottes Zorn und das "Harren der Kreatur". Zur Korrespondenz zwischen Römer 1, 18–32 und 8, 19–22 », dans : N. Walter, W. Kraus, F. Wilk (éds), *Praeparatio Evangelica. Studien zur Umwelt, Exegese und Hermeneutik des Neuen Testaments*, Tübingen : Mohr (*WUNT* 1/98), 1997.

CHAPTER 3

Le léopard et le chevreau dans les *Actes de Philippe* VIII et XII

Patricio De Navascués

1   Introduction

Je me propose dans l'exposé qui va suivre d'effectuer l'analyse de la doctrine que renferment les aventures du léopard et du chevreau dans les *Actes de Philippe*, en particulier, dans les actes huit et douze.

Nous pouvons lire l'œuvre que nous connaissons aujourd'hui comme étant les *Actes de Philippe* dans l'édition préparée pour la collection CCSA. Tous les manuscrits ne transmettent pas les mêmes parties, mais si nous les réunissons tous, nous arrivons à composer la forme finale du texte édité qui, selon l'opinion dominante, est « une collection assez tardive de textes primitivement indépendants[1] ». Au-delà de la séparation formelle entre les quinze Actes et le Martyre final du personnage principal, nous pouvons identifier l'existence de césures qui trahissent l'origine hétérogène des *Actes*. Ainsi, nous pouvons observer ces césures entre les actes I et II, II et III, VII et VIII. Il semblerait, d'après les conclusions de F. Amsler, que les *Actes de Philippe* pourraient remonter aux cercles encratites d'Asie Mineure, à la fin du $4^{\text{ème}}$ siècle. D'autre part, les *Actes de Philippe*, qui se distinguent chronologiquement et formellement d'autres actes apocryphes plus anciens (*Actes de Paul, Actes de Pierre, Actes de Thomas, Actes d'André, Actes de Jean*) participent également, comme tous les autres, d'un certain goût pour la littérature romanesque populaire (voyages missionnaires, miracles …)[2].

Ce trait spécifiquement populaire ne saurait nous éloigner du fond théologique qui se cache derrière des éléments apparemment naïfs ou présentant peu de valeur doctrinale. Les auteurs de ce type de littérature étaient capables d'écrire des récits appréciés, populaires, et dans lesquels nous pouvons trouver des traditions théologiques cohérentes. Peut-être pourrions-nous même dire que, depuis le début, ce type de littérature se prêtait à plusieurs niveaux de lecture.

---

1   Cf. F. Amsler, *Acta Philippi. Commentarius*, Turnhout: CCSA 12, 1999, p. 21.
2   Pour une présentation détaillée, cf. F. Amsler, *Acta Philippi. Commentarius*, p. 12–22.

La tradition textuelle de la version originale grecque des *AP* – comme on pouvait s'y attendre s'agissant de littérature apocryphe – est assez irrégulière[3]. Trois manuscrits témoignent du huitième acte: le *Xenophontos 32* du mont Athos (XIVe s.), fol. 71[v], appelé A; le *Vaticanus gr. 824* (XIe s.), fol. 90[r]–92[r], appelé V; et le manuscrit d'Athènes, Bibliothèque nationale, *346* (XVe s.), fol. 77[r]–81[r], appelé G. En définitive, ces trois manuscrits se ramènent pratiquement à deux, car le manuscrit A, à savoir, le *Xenophontos 32*, pour une raison inconnue, ne présente que peu de lignes relatives au début, de sorte que, en ce qui concerne le huitième acte de Philippe, nous devons nous contenter des deux autres manuscrits, le V et le G.

Nous pourrions diviser le huitième acte en deux scènes distinctes: d'une part, l'attribution, par le Sauveur, des champs de mission apostolique (c'est-à-dire, la répartition des territoires), et d'autre part, l'épisode du léopard et du chevreau. Le manuscrit V est le seul qui transmette entièrement ce double contenu, contrairement à G qui s'intéresse uniquement à l'attribution de la mission et qui nous en propose une version plus étendue. Selon F. Bovon, cette version du ms. athénien G pourrait refléter une forme antérieure du texte par rapport à la forme proposée par le manuscrit V[4]. De fait, ce même manuscrit G, dont le titre est *Acte du saint apôtre Philippe, dans lequel [est décrite] la part qui échut à chacun des saints apôtres*, ignore l'épisode du léopard et du chevreau[5].

Malgré ce que l'on pourrait penser, bien que G, contrairement à V, ne relate pas l'épisode des animaux, il me semble pourtant que l'attribution des territoires réalisée par le Sauveur renferme des éléments qui sont intimement liés aux péripéties autour du léopard et du chevreau. Par conséquent, nous commencerons par une présentation et une analyse de l'attribution des champs de mission aux apôtres.

---

3 Cf. *Acta Philippi*, edd. F. Bovon, B. Bouvier, F. Amsler [CCSA 11], Turnhout 1999, p. XIII–XXX. Je citerai le texte des *Acta Philippi* d'après cette dernière édition, et non d'après celle plus ancienne de M. Bonnet: R.A. Lipsius, M. Bonnet, *Acta Apostolorum Apocrypha*, II, 2, Leipzig 1903.

4 Cf. F. Bovon, *Les Actes de Philippe*, en *ANRW* II,25,6, Berlin 1988, p. 4431–4527, ici p. 4474: «Je suppose que nous avons là une forme de l'APh VIII antérieure à celle que nous donne le Vaticanus gr. 824 édité par M. Bonnet. Et comme son titre l'indique, la répartition missionnaire y était plus importante que la conversion des animaux.»

5 En fait, le manuscrit G est plutôt un *Martyre de Philippe*, qui a été précédé par le récit sur l'attribution des champs de mission conformément à ce que nous lisons dans le huitième acte des *Actes de Philippe* d'après le manuscrit V.

2 L'attribution des champs de mission aux apôtres

Le manuscrit V dit ce qui suit: «Quand le Sauveur eut réparti les apôtres par villes et par pays, chacun se mit en route conformément à l'ordre que le Seigneur lui avait donné, et, selon la répartition qu'il leur avait faite, il échut à Philippe de partir vers la terre des Hellènes» (ἔλαχεν ἀπελθεῖν καὶ τὸν Φίλιππον εἰς τὴν γῆν τῶν Ἑλλήνων).

Néanmoins, G s'intéresse également aux attributions concernant Pierre, Thomas, Matthieu, Bartolomé, Simon, André et Jean qui sont envoyés respectivement à Rome, aux pays des Parthes et de l'Inde, dans les régions les plus reculées du Pont, en Lycaonie, en Espagne, en Achaïe et en Asie (cf. ms. G, f. 77, AP 94).

Par la suite, aussi bien V que G nous présentent la réaction de tristesse de Philippe, quand il apprend que son champ de mission est le pays des hellènes. Selon V, f. 90r, AP VIII,2: «Philippe trouva la chose rude et se mit à pleurer». Cela provoque la réaction de Marianne, sa sœur, qui s'interpose devant Jésus-Christ et dit: «Mon Seigneur Jésus-Christ, ne vois-tu pas combien mon frère Philippe est chagriné d'avoir reçu le pays des Hellènes?» (V, f. 90v, AP VIII, 2). Comme cela a été remarqué précédemment, le terme *hellènes* ne doit pas être entendu dans son acception ethnique ou culturelle, mais pris dans le sens religieux de païen, attesté dès le IIIe siècle, car Philippe se rend à la ville d'Ophiorymé, identifiée à Hiérapolis d'Asie, et le texte ne signale aucune étape en Grèce proprement dite[6].

Devant la réaction de Philippe et l'intervention de Marianne, le Sauveur décide de faire accompagner Philippe de sa sœur, pour qu'elle puisse le soutenir. Il envoie en plus en terre des hellènes Bartolomé et Jean (cf. AP VIII, 3), qui d'autre part sont des apôtres traditionnellement associés à Philippe dans la partie relative à la tradition chrétienne qui précède AP.

La décision du Sauveur est motivée par le caractère impétueux et irascible de Philippe qui, dans le cas où il serait laissé seul dans l'évangélisation des gentils, pourrait rendre «souvent aux hommes le mal pour le mal» (cf. AP VIII, 3). Nous nous trouvons donc ici devant un lieu commun de la littérature apocryphe, appelé «la scène de départ en mission» et dont Jean-Daniel Kaestli a fait une étude remarquable[7]. Les deux éléments qui configurent cette scène sont en effet présents, c'est à dire l'attribution par le Sauveur du champ de mission

---

6 *Actes de l'apôtre Philippe*, int. tr. nt. F. Amsler, F. Bovon et B. Bouvier, [Apocryphes. Collection de poche de l'Aelac 8], Turnhout 1996, p. 175.

7 J.-D. Kaestli, «Les scènes d'attribution des champs de mission et de départ de l'apôtre dans les

à l'apôtre qui est le personnage central du récit, et la réaction de ce même apôtre devant la mission dont il a été chargé, réaction à laquelle s'ajoutent des éléments providentiels.

Nous remarquerons un élément important par rapport à notre objectif: l'attribution des terres de mission à Philippe donne la première occasion à notre œuvre apocryphe de faire allusion aux animaux. En effet, le nom de la ville païenne vers laquelle est envoyé Philippe est Ophéorymos,[8] qui signifie – comme ce même texte nous le dévoile – « promenade des serpents » (cf. VIII, 4). Le nom que porte cette ville est immédiatement expliqué, il se trouve que « les habitants de cette ville, [en effet,] rendent un culte à la mère des serpents, la Vipère ». C'est à mon sens avec raison que les éditeurs des *AP* dans le *Corpus Christianorum* précisent: « On se rappellera l'expression évangélique 'serpents, race de vipères!' (Mt 23,33; cf. Mt 3,7 // Lc 3,7 et Mt 12, 34, sans la mention des serpents) »[9].

Le seul souvenir de ce lieu évangélique se révèle suffisant pour faire peur à Philippe, car les paroles de Jésus dans le récit évangélique de Matthieu étaient les suivantes (cf. Mt 23, 33–34): « Serpents, race de vipères! Comment échapperez-vous au châtiment de la géhenne? C'est pourquoi, voici, je vous envoie des prophètes, des sages et des scribes. Vous tuerez et crucifierez les uns, vous battrez de verges les autres dans vos synagogues, et vous les persécuterez de ville en ville ».

Philippe allait-il devoir affronter ce type de réaction? Si tel était le cas, alors on comprend ses pleurs. Mais ce qui à présent nous intéresse, c'est de faire ressortir la première apparition des animaux au sein de ce huitième acte de Philippe. Cette allusion aux serpents contenue dans le nom de la ville répond, à mon sens de façon particulièrement intelligente d'un point de vue littéraire, à deux exigences: établir un lien entre la tradition biblique et, plus exactement évangélique, des dures destinations de l'Évangile qualifiées par Jésus de « serpents » et « race de vipères », et préciser les destinataires de l'évangélisation de Philippe, envoyé à la « promenade des serpents ». D'un autre côté, cette allusion permet également de suggérer un lien avec les cultes païens qui, à l'époque impériale, étaient associés à la

---

Actes Apocryphes », en *Les Actes Apocryphes des Apôtres. Christianisme et monde païen*, éd. F. Bovon, Genève 1981, p. 249–264.

[8] Pour ce qui concerne l'emplacement exact de cette ville, cf. F. Bovon, *Les Actes de Philippe*, en *ANRW* II, 25, 6, Berlin 1988, p. 4431–4527, ici p. 4493.

[9] Cf. *Acta Philippi*, éd. F. Bovon, B. Bouvier, F. Amsler [CCSA 11], Turnhout 1999, p. 244, n. 13 *in fine*.

vipère[10]. Dans le même temps, dans AP VIII, 4, le Sauveur utilise le serpent afin de réaliser un discours de type encratite dans lequel est suggérée une inimitié dans les premiers temps, pour cause de mariage, entre Adam et Ève (qui auparavant s'était unie au serpent).

Comme nous pouvons le voir, le recours au règne animal devient fortement polysémique. L'auteur de ce récit n'a pas l'intention de renoncer à un tel recours, car, après que le Sauveur a pris la décision de faire accompagner Philippe par sa sœur, Bartolomé et Jean, il s'adresse à Philippe en ces termes: «Pourquoi as-tu douté, ô Philippe? N'as-tu pas entendu mon enseignement: ‹Voici, je vous envoie comme des brebis au milieu des loups› (cf. Luc 10,3 // Mt 10, 16)? Ne crains donc pas leur sauvagerie; je serai toujours avec toi, secourable et rempli de sollicitude» (cf. AP VIII, 5); ainsi apparait la citation dans V, alors que dans G, la citation est la suivante: «Voici, je vous envoie comme des agneaux, moi, qui suis le berger...» (cf. AP VIII, 5).

L'association règne animal – genre humain à cette occasion est avalisée par l'autorité de Jésus lui-même, selon les mots évangéliques suivants: *je vous envoie comme des brebis (comme des agneaux) au milieu des loups*.

À partir de là, le manuscrit V va pratiquement disparaître, alors que le G nous offre un discours prononcé par le Sauveur aux disciples, «mes frères, mes bonnes plantes, les bourgeons que ma mansuétude a fait fleurir» (cf. AP VIII, 6), discours interrompu par les larmes de Philippe et poursuivi, ensuite, par le Sauveur lui-même, pour s'adresser à cette deuxième occasion exclusivement à Philippe (cf. AP VIII, 10). À ce moment-là, le Sauveur a de nouveau recours à une comparaison entre les animaux et les hommes. Il fait, de plus, allusion à l'épisode de l'arche de Noé – toujours avec la même base axiologique du règne animal comme symbole du genre humain – et il propose également à Philippe de tirer un apprentissage de la lumière, de l'eau, du soleil, de la lune, des étoiles (cf. AP VIII, 10–14).

Contrairement à l'idée émise par les fables d'Ésope disant d'un animal que moins il est prolifique plus il est noble, l'idée proposée ici est que les animaux qui prolifèrent sont ceux qui sont *doux et paisibles* (cf. AP VIII, 10)[11]. Le Sauveur dit à Philippe: «Sois juge toi-même, ô Philippe, et reconnais le principe naturel

---

10   Cf. *Actes de l'apôtre Philippe*, éd. F. Bovon, B. Bouvier, [Apocryphes. Collection de poche de l'Aelac 8], Turnhout 1996, pp. 55–62; D. Ogden, *Drakon: Dragon Myth and Serpent Cult in the Greek and Roman Worlds*, Oxford 2013, pp. 387–391.

11   Je considère que les commentateurs des *Actes de Philippe* se sont trompés en situant Ésope dans la même tradition que le texte apocryphe. Il s'agit précisément de deux visions opposées; cf. *Acta Philippi*, edd. F. Bovon, B. Bouvier, F. Amsler [CCSA 11], Turnhout 1999, p. 258, n. 24.

qui est à l'œuvre dans l'univers ; observe que ce qui fait le bien et le beau est précisément ce qui prolifère et non pas ce qui fait le mal » (cf. *AP* VIII, 10). On peut dire qu'ici la création entière devient un *typos* (cf. *AP* VIII, 13) de la vie chrétienne[12]. La création avec tout ce qu'elle contient, les être inanimés et les animaux (la lumière, l'eau, les astres, les oiseaux, les bêtes ...), tout se transforme en un message préparé pour l'homme grâce à, je cite, « la bonté de mon Père qui est dans les cieux » (cf. *AP* VIII, 13. 14). C'est pour cette raison que le Sauveur se permet de conclure son discours avec les paroles suivantes : « Toi donc, deviens à ton tour l'imitateur de toutes les choses bonnes » (cf. *AP* VIII, 13), se référant ainsi aux créatures dont il venait de parler.

J'aimerais insister sur le fait que le récit apocryphe ne se limite pas simplement à faire intervenir des animaux, au cours de l'histoire (serpents, loups, agneaux ... et, comme nous le verrons, léopard, chevreau ...), mais qu'à travers les paroles que le Sauveur dit à ses disciples, et, pour la deuxième fois, à Philippe, le récit apocryphe tente de donner un fondement, de légitimer le recours aux animaux, comme étant quelque chose qui est provoqué par la foi en un Dieu unique, « le Père qui est aux cieux », et qui a tout fourni, pour le bien de l'homme.

En d'autres termes, nous ne sommes pas devant une exégèse purement allégorique ou symbolique, qui, en accord avec la tradition classique précédente, est capable d'interpréter le monde animal comme un référent du monde humain, grâce à certaines caractéristiques communes ou certains traits pouvant paraître analogues. L'auteur nous parle d'un *typos*, qui est certes un mode allégorique, mais qui n'est pas un mode quelconque. En se référant à l'eau, au soleil, aux animaux etc., comme à des *typos*, on souhaite bien faire comprendre qu'il existe une série de leçons, de messages, à l'intérieur même de la création, sous forme d'annotations, d'ébauches, qui pourront trouver dans cette même création leur plein épanouissement, à savoir, leur plénitude au sein de l'Église et dans le royaume des cieux. Il y a une solidarité entre les animaux et les hommes, qui va au-delà d'une symbolique conventionnelle ou fondée sur la sagesse païenne. Aussi bien les hommes que les animaux ont été créés par le même Créateur, le Père, et tous les deux sont appelés au service du Royaume de Dieu qui devra s'installer pleinement à la fin des temps et qui a été préparé de façon spéciale pour l'homme. Voilà pourquoi la solidarité doit exister entre les hommes et les animaux.

---

12   Cf. *Acta Philippi*, edd. F. Bovon, B. Bouvier, F. Amsler [CCSA 11], Turnhout 1999, p. 260, n. 28.

3   L'humanisation du léopard et du chevreau (*AP* VIII, 16–21)

Si nous revenons au texte des *Actes de Philippe*, nous retrouvons la fin de G, le manuscrit qui nous avait menés jusqu'ici. Mais le manuscrit qui va nous permettre à présent de continuer est V. À ce point du récit, le texte nous présente Philippe, Bartolomé et Marianne en chemin vers le pays de Ophéorymos, au moment où soudain apparaît un léopard doté d'une voix humaine encore incertaine qui se jette à leurs pieds et leur dit: « Je me prosterne devant vous, ô serviteurs de la divine grandeur et envoyés du Fils unique de Dieu; ordonnez-moi de parler à la perfection » (cf. *AP* VIII, 16). Sur ordre de Philippe, il se mit à parler d'une voix parfaite: « Écoute-moi, Philippe, toi qui nous fiances à la parole divine. Il m'est arrivé, à la première heure de la nuit, de tomber sur le troupeau de chèvres qui paissait au revers de la montagne de la Dragonne, mère des serpents, et de ravir un chevreau. Tandis que je pénétrais dans le bois pour le dévorer après l'avoir blessé, il prit une voix humaine et se mit à pleurer comme un petit enfant, me disant: ‹O léopard, ôte de toi ce cœur sauvage et ce dessein bestial, et remplis-toi de douceur, car les envoyés de la divine grandeur s'apprêtent à passer par cette solitude, pour accomplir à la perfection la promesse de la gloire du Fils unique de Dieu› » (cf. *AP* VIII, 17). Le léopard se radoucit et supplia alors Philippe de lui donner la vertu de la *parrhèsia*, c'est-à-dire la vertu propre aux apôtres, aux martyres et, dans la période postnicéenne, propre aux moines: « Permets-moi d'acquérir la faculté de parler sans entraves, et que je fasse route avec toi en tout lieu où tu te rendras, et que je dépouille ma nature bestiale ».

Lorsque nous nous retrouvons face à ce type de 'personnages' dans la littérature chrétienne, et à plus forte raison dans la littérature apocryphe chrétienne, il semble raisonnable d'avoir recours aux prophéties d'Esaïe 11, 6–9, relatives au règne du Messie, où tous les animaux cohabiteront en paix, les animaux sauvages avec les animaux domestiques: « Le loup habitera avec l'agneau, et le léopard gîtera avec le chevreau; le veau, le lion et le bétail qu'on engraisse, seront ensemble, et un enfant les conduira. La génisse paîtra avec l'ourse; leurs petits gîteront ensemble, et le lion mangera du fourrage comme le bœuf. L'enfant qu'on allaite s'ébattra près du trou de l'aspic, et l'enfant sevré étendra la main sur le trou de la vipère. On ne fera point de mal, et on ne détruira point, sur toute ma montagne sainte; car la terre sera remplie de la connaissance de l'Éternel, comme le fond de la mer des eaux qui le couvrent ».

Parmi ces animaux, il y a une place pour la panthère et pour le chevreau. Les derniers éditeurs des *Actes de Philippe* ont eu raison de souligner que, même s'il est juste et opportun de rappeler ce passage d'Esaïe, cela se révèle ici insuffisant. Sans qu'il soit nécessaire de nier cet accomplissement littéral des promesses d'Esaïe dans le futur règne du Messie, le texte apocryphe – selon l'opinion des éditeurs – prétend en plus nous présenter une interprétation symbolique. En effet, dans ce texte, le léopard symbolise les féroces païens, habitants d'Ophéorymos, et qui sont appelés vers la foi. Afin de fonder leur opinion, ils – les éditeurs – rappellent le commentaire sur Esaïe d'Eusèbe de Césarée, *In Esaiam* 11,6–9, qui exprime génériquement cette idée[13].

Toutefois, je pense que, du point de vue doctrinal, les *Actes de Philippe* ne peuvent pas s'inscrire dans la tradition origénienne et antimillénariste, et, par conséquent, l'hypothèse de ces éditeurs trouverait un meilleur fondement en s'appuyant sur un texte d'Hyppolite datant du début du IIIème siècle. Ce texte représente pour nous le premier témoin d'une tradition chrétienne tournant autour de la signification du léopard ou de la panthère[14]. Hyppolite rappelle la vision que le prophète Daniel eut de quatre bêtes: une lionne, un ours, un léopard et la bête au dix cornes, qui selon l'exégète chrétien, correspondent à quatre royaumes. Quand arrive le tour du léopard, il dit dans son traité *De Antichristo* 24: Ensuite, la troisième bête « [était] un léopard, censée représenter les Hellènes ». Hippolyte est plus explicite dans les paroles qu'il prononce dans le *Commentaire sur Daniel* IV, 3, 6, où il dit la chose suivante: « Le léopard, c'est l'empire grec, commandé par Alexandre de Macédoine. Il a comparé les Grecs à un léopard, parce qu'ils ont un esprit pénétrant, et très inventif dans les raisonnements, mais durs de cœur. De même le léopard. C'est un animal à la robe tachetée, mais subtil pour faire le mal et boire le sang humain »[15].

Il ne fait donc aucun doute que le texte apocryphe souhaite présenter, à travers l'aventure du léopard et du chevreau, le parcours que devront suivre ces hommes païens, durs de cœur, maculés par leurs péchés et qui sont appelés à la conversion et à assumer la condition des disciples. En effet, le léopard, aussi bien que le chevreau, acquiert le don parfait de la parole humaine, son caractère se transforme et se radoucit, il reconnaît la foi chrétienne et la dignité des ministres, adopte le mode de vie propre aux disciples, en suivant l'apôtre Philippe et éclate en sanglots lors d'une prière afin de louer Dieu.

À mon sens, le caractère de la double interprétation se maintient tout au long de la narration. D'un côté les animaux sont l'objet de la prophétie d'Esaïe pour le royaume messianique de la fin des temps. En effet, une fois ce moment venu, les animaux participeront de la paix apportée par le Messie sur la terre.

---

13   Cf. F. Amsler, *Acta Philippi. Commentarius*, [CCSA 12], Turnhout 1999, p. 302. n. 2.
14   Sur la signification du léopard et de la panthère dans la tradition du bestiaire chrétien, cf. *Animali simbolici. Alle origini del bestiario cristiano (leone-zanzara)*, vol. II, ed. M.P. Ciccarese [Biblioteca Patristica 44], Bologna 2007, p. 111–124.
15   Hippolyte. *Commentaire sur Daniel*, int. G. Bardy, texte et tr. M. Lefèvre, SC 14, Paris 1947, p. 266–267. De façon semblable, cf. Jérôme, *Commentaire sur Jérémie* I, 95, 3.

Ils ne se dévoreront pas les uns les autres, tout comme dans les premiers temps de paix, avant le déluge de Noé. Il convient de penser que l'on défend ici l'accomplissement littéral de ces promesses. D'un autre côté, dans le même temps, l'auteur apocryphe nous projette l'image, à travers l'épisode du léopard et du chevreau, de l'histoire des hommes païens appelés à entrer au sein de l'Église grâce à la prédication et au ministère des apôtres. Dans cette perspective, le léopard est ici dépouillé de sa nature bestiale (cf. *AP* VIII, 17 : « je dépouille ma nature bestiale »). Ces païens auront besoin d'une conversion qui puisse muter leur caractère et le transformer, passant de dur à docile, tendre.

4   Le léopard et le chevreau demandent à participer à l'eucharistie (*AP* XII)

Le douzième acte des *AP* présente la célébration de l'eucharistie présidée par l'apôtre Philippe qui offre la communion à Bartolomé et à Marianne. Cela provoque les larmes et les lamentations du léopard et du chevreau qui désirent également participer à la communion. Le léopard et le chevreau expliquent comment la puissance de Dieu s'est déposée sur eux en faisant des merveilles : leur âme s'est transformée et s'est emplie de bonté, ils ont acquis le don de la parole, tout comme les hommes, ils ont été témoins de la victoire de Philippe sur les démons, etc. Ils ne comprennent pas pourquoi à présent ils ne peuvent pas être considérés dignes de participer à la communion. C'est pour cette raison qu'ils sollicitent leur transformation externe, c'est-à-dire la transformation de leur corps afin de pouvoir communier : « Maintenant donc, nous vous prions, envoyés du bon Sauveur : faites-nous grâce, sans délai, de la part qui nous manque, afin que notre corps bestial se transforme par votre efficace et que nous quittions la forme animale ».

Selon l'auteur de l'apocryphe, la condition *sine qua non* pour recevoir la communion n'était alors pas seulement de posséder une âme pure, douce et bienveillante, puisqu'aussi bien le léopard que le chevreau en possède déjà une à partir de l'*Acte huit* : ils doivent en plus posséder un corps humain, digne de recevoir l'eucharistie. Nous remarquerons au passage le facteur anthropologique sous-jacent au récit, selon lequel l'homme ne se différencie pas de l'animal uniquement par le fait de posséder une âme rationnelle (opinion commune également parmi les païens), mais plus spécifiquement par le fait d'avoir un corps capable de participer à l'eucharistie (doctrine qui a pour origine la révélation chrétienne).

Philippe répond à la demande des deux animaux au moyen d'une prière suivie du geste de l'aspersion d'eau qui, probablement, devrait conduire à la participation à l'eucharistie[16]. Immédiatement l'aspect des animaux est assimilé à celui des hommes. Le léopard et le chevreau ont répondu ainsi: «Nous te glorifions, Seigneur, toi le Fils unique nous as fait naître à l'immortalité en nous donnant un corps humain en échange d'un corps animal ... Nous croyons que la vie n'existe dans aucune créature, ni dans aucun homme, tant que notre Dieu ne les a pas visités pour leur salut» (cf. *AP* XII, 8).

Selon moi, il s'agit ici d'une projection eschatologique très nuancée. D'un côté, il est dit clairement et à de nombreuses reprises que l'immortalité glorieuse du corps est une prérogative du corps humain, et que par là même, la participation d'un être non doté d'un corps humain à l'eucharistie est impossible; et d'un autre côté, il est également affirmé à de nombreuses reprises, en rapport avec le mystère de l'eucharistie, que l'effet salutaire de cette dernière embrasse toutes les natures, comme si le texte apocryphe voulait suggérer qu'au sein de l'eucharistie, il se produisait un renouvellement de la création tout entière qui ne laisserait pas de côté les animaux.

Il conviendrait également de conclure, concernant ce douzième acte, qu'il est possible d'observer tout au long de son développement la même ambivalence des animaux que nous avions déjà détectée pour le huitième acte: d'un côté, il semblerait que l'on puisse appliquer une interprétation, selon laquelle l'*Acte douze* prétend nous montrer le rapport existant entre le règne animal et l'eucharistie; et d'un autre côté, nous pourrions penser qu'une allusion symbolique est faite au processus de conversion des païens, à qui la prédication de Philippe est destinée et qui sont maculés par les péchés – telle la peau tâchée, tachetée du léopard. Le léopard tacheté, à savoir, les païens avant leur rencontre avec Jésus Christ, une fois lavés par le rite de l'aspersion (allusion au baptême?), se disposent à participer à l'eucharistie, et à couvrir leur corps avec l'étoffe de la résurrection et de la vie éternelle.

En dernier lieu, il me reste à relever les références à l'eau et l'absence de vin, exception faite de quelques cas mineurs, pendant les banquets qui nous sont présentés. L'Antiquité chrétienne n'ignorait pas la célébration de l'eucharistie que pratiquaient ceux que l'on appelait les chrétiens aquariens, c'est-à-dire les chrétiens qui en excluaient le vin puisqu'ils espéraient le boire en compagnie

---

[16] Cf. Ch.R. Matthews, *Articulate Animals: A Multivalent Motif in the Apocryphal Acts of the Apostles*, dans *The Apocryphal Acts of the Apostles*, ed. F. Bovon, A.G. Brock, Ch.R. Matthews, Cambridge 1999, p. 230: «Rather than see the sprinkling with water at the end of *Acts of Philip* 12 as a pale substitute for the eucharist, we should probably recall the five-day fast of Philip and the others in *Acts of Philip* 11 and take the sprinkling as the sign that the animals have now entered into their own fast, which will culminate in the sharing of eucharist.»

de Jésus lors du vin nouveau[17]. De plus, la conversion des animaux les initie non seulement à un régime moral pur, mais également à un nouveau régime alimentaire où la viande est proscrite. Pourrions-nous une fois de plus parler de deux niveaux de lecture, où le niveau symbolique ferait référence à la coutume encratite de ne pas manger de viande?

5 Conclusion

Si nous sommes dans le vrai, le rôle que jouent les animaux, et notamment le léopard et le chevreau (même si ce ne sont pas les seuls animaux participant à ces *Actes de Philippe*), se prête à un double niveau d'interprétation. Celui où, principalement, le léopard représente l'homme païen vers qui Philippe, bien malgré lui, fut envoyé. Le paragraphe suivant de saint Jérôme, qui reprend les paroles prononcées à l'encontre de Jérémie, pourrait très justement résumer la position du récit apocryphe: «‹Si un Éthiopien peut changer sa peau ou un léopard la variété de ses couleurs, vous pourrez aussi faire le bien, vous qui n'avez appris qu'à faire le mal› (Jer 13, 23). Ils se servent de ce témoignage contre l'Église, ceux qui désirent affirmer qu'il y a diverses natures; ils disent que la noirceur ou la variété des péchés est si grande qu'elles ne peuvent être transformées en la blancheur de l'innocence et la beauté d'une seule couleur; mais ils n'ont garde de s'arrêter à ce qui suit: ‹Vous pourrez aussi faire le bien, vous qui n'avez appris qu'à faire le mal›. Et en effet, tout ce qui s'apprend n'est pas inhérent à notre nature, et vient de l'application et de la volonté de chacun, qui ne se change en une sorte de nature que par l'habitude trop grande et l'amour du péché. Mais ce qui est impossible aux hommes est possible à Dieu (Mt 19, 26; Lc 18, 27), en sorte que ce ne sont pas l'Éthiopien et le léopard qu'on voit changer leur nature, mais celui qui agit en Éthiopien et en léopard, l'Apôtre disant: ‹Je puis tout en Jésus-Christ qui me donne la force› (Phil 4, 13), et il ajoute ailleurs: ‹J'ai travaillé plus que tous les autres, non pas moi toutefois, mais la grâce de Dieu qui est avec moi› (1 Cor 15, 10)». (Saint Jérôme, *In Jeremiam* III, 22 – ad *Jer* 13,23).

Selon le deuxième niveau d'interprétation, qui exige une plus grande complicité avec le lecteur, l'auteur apocryphe pourrait proposer une théologie où, sans omettre les différences essentielles entre l'animal et l'homme, seraient également soulignés les aspects communs dont ils participent: la condition de

---

17 Cf. P. Lebeau, *Le vin nouveau du royaume. Étude exégétique et patristique sur la Parole eschatologique de Jésus à la Cène*, Paris 1966.

créature et, de fait, la relation de dépendance vis à vis du Dieu unique, du bon Père, créateur de tous les êtres, et la relation de charité et de bonne entente des créatures entre elles, promise dans le futur règne, ainsi que le Salut, accordé à tout être vivant grâce à la vie communiquée lors de l'eucharistie chrétienne.

Ce genre de doctrine se révèle compatible avec celle de certains cercles à tendance encratite et d'origine asiate qui avaient cours dans certaines régions d'Orient, comme nous l'avons déjà signalé.

Je pourrais conclure avec quelques mots empruntés à Ch. Boureux, dans sa monographie *Dieu est aussi jardinier*[18]. L'auteur commente le passage du livre des *Actes des apôtres* à propos de Pierre, de la toile avec les animaux purs et impurs, et du païen Corneille qui attend Pierre pour être baptisé : « L'hospitalité que Noé offrit à tous les animaux fut le principe fédérateur de leur survie durant l'épreuve du déluge et elle figure l'hospitalité des humains entre eux et avec les animaux ... L'hospitalité apparaît ainsi comme une caractéristique fondamentale de la Création ... Dire la Création, c'est par conséquent caractériser la relation d'hospitalité. Celle-ci est essentiellement commutative : le mot hôte désigne à la fois celui qui accueille et celui qui est accueilli ... Dieu se sert d'animaux pour amener l'Apôtre à comprendre que les relations entre tous les hommes doivent être semblables à celle qu'Il avait établie lorsque l'humain avait besoin d'une aide qui lui soit assortie. Ainsi la relation sacrificielle des hommes aux animaux a été une étape qui maintenant est abolie par le sacrifice ultime de l'Agneau de Dieu qu'est le Christ, mort pour la multitude. Le geste symbolique de la fraction du pain et du partage de la coupe lors de la Cène entérine cette inscription du culte chrétien hors du sacrifice animal ».

Sources

Acta Philippi, éd. F. Bovon, B. Bouvier, F. Amsler [CCSA 11], Turnhout 1999.
Actes de l'apôtre Philippe, édd. F. Bovon, B. Bouvier, [Apocryphes. Collection de poche de l'Aelac 8], Turnhout 1996.
Hippolyte. *Commentaire sur Daniel*, int. G. Bardy, texte et tr. M. Lefèvre, SC 14, Paris 1947.

---

18   Cf. Ch. Boureux, *Dieu est aussi jardinier. La création, une écologie accomplie*, Paris 2014, p. 112.

Travaux

Boureux Ch., *Dieu est aussi jardinier. La création, une écologie accomplie*, Paris 2014.

Bovon F., *Les Actes de Philippe*, dans ANRW II,25,6, Berlin 1988, p. 4431–4527.

Ciccarese M.P., *Animali simbolici. Alle origini del bestiario cristiano (leone-zanzara)*, vol. II, ed. M.P. Ciccarese [Biblioteca Patristica 44], Bologna 2007.

Kaestli J.-D., « Les scènes d'attribution des champs de mission et de départ de l'apôtre dans les Actes Apocryphes », en *Les Actes Apocryphes des Apôtres. Christianisme et monde païen*, éd. F. Bovon, Genève 1981, p. 249–264.

Lebeau P., *Le vin nouveau du royaume. Étude exégétique et patristique sur la Parole eschatologique de Jésus à la Cène*, Paris 1966.

Matthews R., *Articulate Animals: A Multivalent Motif in the Apocryphal Acts of the Apostles*, dans *The Apocryphal Acts of the Apostles*, ed. F. Bovon, A.G. Brock, Ch.R. Matthews, Cambridge 1999.

Ogden D., *Drakon: Dragon Myth and Serpent Cult in the Greek and Roman Worlds*, Oxford 2013.

CHAPTER 4

Les animaux dans le récit du déluge (Gen 6–9) et ses interprétations patristiques

Michele Cutino

Dans mon intervention je veux m'occuper de l'épisode biblique du déluge et de l'arche de Noé, relaté dans les chapitres 6–9 de la Genèse; en effet, il s'agit d'un épisode très intéressant pour notre colloque sur la place des animaux dans la restauration de la création, parce que le déluge est présenté dans le récit biblique comme une véritable dé-création, tandis que l'alliance instaurée sur des bases nouvelles après la destruction apportée par le déluge est conçue en tant qu'une re-création, une restauration renouvelée du monde. Et dans cette dialectique de dé-création/re-création ou restauration les animaux ont effectivement une place remarquable.

1   La perspective du texte biblique

Avant tout, même si ce sont les hommes, à cause de la corruption de leurs mœurs, qui ont provoqué la décision de Dieu d'envoyer le déluge, les animaux sont concernés par la destruction de la nature en Gen 6, 7 et surtout 6, 17, et en même temps ils sont épargnés selon les différentes espèces. À cet égard, nous remarquons aussi une distinction qualitative et quantitative : en Gen 7, 2–3 Dieu ordonne de faire entrer dans l'arche sept espèces d'animaux purs, mâle et femelle, mais une paire des animaux non purs. Par ailleurs, l'élément sans aucun doute le plus intéressant est constitué par la restauration de la création. Dans le chap. 9 – qui, du point de vue rédactionnel n'appartient proprement pas au récit du déluge, parce qu'il représente la conclusion de ce qui précède –, il y a deux parties : la première – dont nous reproduisons les vv. 1–5 – est manifestement conçue en tant que reprise du récit de la création :

> Et Dieu bénit Noé et ses fils et leur dit : « Croissez et multipliez-vous, remplissez la terre et dominez-là. L'effroi et la peur que vous provoquerez seront sur toutes les bêtes sauvages de la terre, sur tous les oiseaux du ciel, sur tout ce qui se meut sur la terre et sur tous les poissons de la mer : je soumets tout en vos mains. Et tout reptile qui est vivant, sera votre

nourriture ; comme les légumes herbacés (ὡς λάχανα χόρτου), je vous ai donné toutes choses. Seulement vous ne mangerez pas la viande avec le sang de l'âme. Car votre sang aussi, celui de vos âmes, je le réclamerai, à toutes les bêtes sauvages je le réclamerai, et à la main de l'homme frère je réclamerai l'âme de l'homme [...] Voici, je dresse mon alliance pour vous et pour votre descendance après vous, et pour toute âme vivante avec vous »[1].

À Noé, en effet, en tant que véritable nouvel Adam, est adressé aux vv. 1–2, dans les mêmes termes qu'au proto-parent en Gen 1, 28, le commandement de se multiplier et de remplir la terre. Cependant, la domination reconnue à l'homme sur les animaux et sur le monde entier, prend cette fois un tour violent, parce qu'à côté de l'exhortation « croissez et multipliez-vous, remplissez la terre, dominez-là », nous trouvons formulé aussi le vœu que l'effroi et la crainte des hommes soient sur les bêtes sauvages, les oiseaux, les reptiles, etc. : désormais entre l'humanité et le monde animal la confiance disparaît et fait place à la peur. Davantage encore : au v. 3 Dieu affirme « comme les légumes herbacés (en grec ὡς λάχανα χόρτου[2]), je vous ai donné toutes choses ». Du point de vue syntaxique, l'expression « comme les légumes herbacés », même si elle peut se référer à ce qui précède, « et tout reptile qui est vivant, sera votre nourriture », à partir de l'exégèse ancienne a été construite avec la phrase suivante, justement « je vous ai donné toutes choses », toutes choses renvoyant aux animaux énumérés au v. 2, dont Dieu a autorisé finalement l'homme à se nourrir. À cela il faut ajouter que « légumes herbacés » est propre à la traduction des Septante parce que le texte hébreu, en soulignant ultérieurement le caractère de recréation du passage, répète les mots de Gn 1, 30, *yèrèk 'èsèb*, « herbe verte ». La traduction grecque est donc originale en opérant une distinction lexicale entre l'« herbe verte » de Gen 1, 30, alimentation commune aux hommes et aux animaux – et les légumes, desquels est rapprochée l'alimentation propre aux hommes. Ce qui nous intéresse davantage, c'est que Gen 9, 1–3 souligne la fin du régime végétarien propre aux hommes et aux animaux dans l'Eden selon Gen 1, 30, thème mythique bien connu même dans d'autres contextes culturels (il suffit de penser à la description d'Hésiode, au VIIIème s., de l'âge d'or sous le règne de Kronos, dans *Les travaux et les jours* I, 195–202, selon laquelle l'humanité vivait à cette époque de tout ce qui poussait tout seul de la terre). Les animaux

---

1 Le texte que nous suivons ici est celui de *La Bible d'Alexandrie*, Paris 2010[3], p. 138.
2 Les deux mots, un nom accompagné par le génitif, signifient en fait les légumes – sens habituel de λάχανα – qui sont une partie de la végétation, χόρτου, herbe.

deviennent désormais nourriture pour les hommes tout comme les plantes, sans distinction entre animaux purs et impurs, avec, cependant, une restriction en Gen 9, 4 : il est interdit de boire le sang, car la vie, qui appartient seulement à Dieu, s'identifie avec le sang : il s'agit d'une restriction destinée à devenir une règle alimentaire fondamentale. En particulier le texte biblique souligne que le sang de l'homme est encore plus sacré que celui des animaux puisque l'homme a été créé à l'image de Dieu. En outre en Gen 9, 5 est affirmé que le crime de sang est sanctionné : Dieu affirme qu'il redemandera le sang de l'homme à tout animal et à l'homme meurtrier.

Sur ces bases concernant la création renouvelée, Dieu établit son alliance, unilatérale et gratuite, éternelle et universelle, parce qu'elle embrasse tous les êtres vivants, en promettant que jamais plus il n'y aura le déluge pour les exterminer. Donc, l'harmonie retrouvée de la création se base sur les nouvelles règles – l'auteur du texte biblique le souligne bien – d'un *dominium* plus net des hommes sur la nature, sur les animaux en particulier, marqué par l'inauguration de l'alimentation carnée.

2   L'exégèse antique

Gen 6–9 se présente donc comme un texte très complexe et riche qui pourrait constituer un véritable point de départ pour des considérations profondes sur l'anthropologie biblique ; en même temps, nous le savons bien aujourd'hui, par sa nature composite il a des caractéristiques singulières qui pouvaient faire difficulté aux interprètes anciens sur le plan exégétique, en particulier à propos des animaux. En quoi – se demandent-ils – les animaux ont-ils péché pour être effacés de même que les hommes, les véritables responsables du déluge ? Comment était-il possible que des bêtes sauvages et féroces et des animaux apprivoisés puissent partager entre eux l'arche sans problème et pour une longue période ? Pourquoi des animaux purs sont gardés sept éléments, tandis que des impurs seulement une paire ? Mais surtout quelle signification devrait-on attribuer à la nouvelle économie de la création envisagée en Gen 9, et quelle est, en particulier, la signification de l'invitation adressée par Dieu à l'homme d'utiliser toutes les créatures comme les légumes herbacés ? C'est pourquoi ce n'est pas un hasard si ces points problématiques ont donné matière à approfondissement surtout du genre exégétique des *quaestiones/responsiones* concernant certains passages compliqués ou obscurs. Les *Quaestiones in Genesim* de l'exégète juif Philon d'Alexandrie et celles *in Octateuchum* du chrétien Théodoret de Cyr présentent, à cet égard, un intérêt particulier. Des autres commentaires grecs chrétiens de Gen 6–9 nous avons gardé très peu si l'on excepte l'homélie 11 d'Origène – qui nous est parvenue intégralement par la traduction latine de Rufin –, concentrée en fait pour l'essentiel sur la valeur allégorique de l'arche de Noé, et le commentaire de Didyme l'aveugle, qui nous est parvenu incomplet pour cette partie – dans le papyrus qui nous l'a transmis manquent des feuilles correspondant au crucial chap. 9. D'une part, donc, nous avons des représentants de la tendance allégorique alexandrine – caractérisée, comme chacun le sait, par l'emploi extensif de l'allégorèse bien au-delà du *defectus litterae*, c'est-à-dire des passages dont la lettre ne donne pas une signification acceptable – Didyme se place dans ce sillon mais avec plus de modération–, d'autre part Théodoret de Cyr, l'un des derniers représentants de l'école exégétique antiochienne partageant une approche du texte plus littérale-historique. Nous commencerons par l'examen de la tendance alexandrine pour passer ensuite à Théodoret.

3.1 La tradition alexandrine : l'implication des animaux dans le déluge

Or, la question de l'implication des animaux dans la dé-création est expliquée de façon unanime par les commentateurs alexandrins : ils observent que puisque les hommes périssaient, il fallait que les êtres créés à cause des hommes périssent aussi – avec, cependant, une curieuse exception : Didyme l'Aveugle est le seul à faire observer singulièrement que, comme le texte biblique parle proprement des êtres qui vivent sur la terre et dans les airs, « peut-être ceux qui vivaient dans l'eau furent-ils sauvés[3] ». Philon d'Alexandrie dans ses *Quaestiones in Genesim* donne à propos de Gen 6, 17 des arguments rationnels-logiques plutôt articulés : comme dans une bataille, le roi étant tué, les forces militaires sont aussi frappées avec lui, de même Dieu a estimé juste que le genre humain qui est roi, ayant été détruit, l'espèce animale fût aussi détruite avec lui ; et encore l'homme est en quelque sorte la tête qui a autorité sur les animaux représentant les autres parties du corps, laquelle étant détruite, il n'y a rien d'étonnant à ce que les autres êtres vivants périssent avec lui ; enfin, les bêtes – dit Philon en se référant à l'opinion des hommes sages (en latin, *ut a sapientibus dictum est*) – ont été faites non pour elles-mêmes, mais pour le service, les besoins et la jouissance des hommes, c'est pourquoi il est juste que, une fois disparus ceux pour qui elles avaient été créées, elles aussi de même

---

3 Didyme l'Aveugle, *Sur la Genèse*, Introduction, édition, traduction et notes par P. Nautin, SC 244, Paris 1978, p. 76–77.

soient retranchées de la vie[4]. Cette perspective téléologique – tous les vivants sont orientés, finalisés vers l'homme – semble contredire, en fait, une autre souche d'enquête propre à la littérature chrétienne ancienne qui s'est beaucoup interrogée sur la création des êtres inutiles ou même nuisibles – comme par exemple la mouche ou le moustique – dont la présence semble échapper à toute vision téléologique ou providentielle[5].

Par ailleurs, les commentateurs sont tous d'accord pour affirmer que l'entrée et la conservation des animaux dans l'arche montrent bien que le projet de Dieu, qu'il eut en faisant le monde, demeure inextinguible, perpétuel, chaque race étant sauve. Davantage encore : Didyme remarque que tout comme Adam au début de la création, même le juste Noé dans l'arche se voit confier le soin pas seulement de lui-même et de ses compagnons, mais encore des animaux sans raison : et il ajoute – un autre point particulièrement intéressant de ce commentaire – que «l'homme juste a pitié de l'âme de ses bêtes[6]» : le terme qu'utilise ici Didyme c'est κτῆνα, c'est-à-dire les animaux apprivoisés, toujours dans l'optique téléologique de la finalisation des autres êtres vivants vers l'homme.

En ce qui concerne la présence dans l'arche de toutes les espèces vivantes, il s'agit d'un argument justement que les détracteurs de l'Ancien Testament utilisaient pour en montrer l'invraisemblance et l'illogisme. Origène dans la deuxième homélie sur la Genèse déjà citée cite les objections d'Apelles, disciple de Marcion, qui faisait observer l'impossibilité d'héberger un si grand nombre d'animaux, par ailleurs si différents, dans un espace qui pouvait contenir au maximum, comme le dit expressément le texte biblique, quatre éléphants, et la difficulté de leur procurer la nourriture nécessaire pour résister un an entier : d'où Apelles déduisait le caractère fictif du récit biblique et, donc, le fait que cette écriture ne pouvait pas provenir de Dieu[7]. Contre ces critiques, d'une part Origène fait remarquer la compétence de Moïse, auquel à cette époque on attribue le Pentateuque, en matière de géométrie, apprise par lui chez les Égyptiens si bien qu'il est difficile de postuler qu'il se soit

---

4   Sur ce point cf. F. Calabi, *Filone di Alessandria*, Roma, Carocci, 2013, p. 46–47. Voir aussi Didyme l'aveugle, *Sur la Genèse* ..., p. 120–121.
5   La présence de ces animaux est souvent justifiée en faisant recours à leur valeur symbolique. Voir à cet égard, A. Zucker, «Morale du *Physiologus* : le symbolisme animal dans le christianisme ancien (IIe–Ve s.)», *Rursus* 2 (2007), p. 2–22.
6   Didyme l'Aveugle, *Sur la Genèse* ..., p. 86–87.
7   Orig., *Hom. in Gen.* 2, 2 : Sed his omnibus tanta arte compositis obiciunt quidam quaestiones et praecipue Apelles, qui fuit discipulus quidem Marcionis, ... addit super omnia his verbis : «constat ergo fictam esse fabulam; quod si est, constat non esse hanc a Deo scripturam».

trompé dans les descriptions, par ailleurs très détaillées, de l'arche[8]; d'autre part Origène valorise la lettre du texte, en soulignant que la structure tripartite de l'arche ainsi que les cellules prévues préservaient la distinction entre les bêtes sauvages et les animaux doux et inoffensifs ainsi que la sauvegarde de la nourriture nécessaire pour les alimenter[9]. Il est significatif, à cet égard, qu'Origène, concentré sur l'apologie de la cohérence du récit vétérotestamentaire, ne se pose pas du tout le problème du changement de perspective, à propos du régime alimentaire, entre le récit de la création en Gen 1, 28–30 et celui de la recréation en Gen 9, 1–3: après avoir précisé, en effet, qu' à l'étage inférieur de l'arche une partie était destinée justement à la conservation de la nourriture, l'autre aux bêtes sauvages, tandis qu'aux animaux apprivoisés était réservée, pour les séparer de ceux-ci, la partie supérieure; il observe aussi que parmi les aliments sont introduits des animaux apprivoisés distincts de ceux destinés à perpétuer leur espèce, pour servir de nourriture pour les bêtes sauvages[10]. En tout cas, pour Origène c'est la signification allégorique qui montre le mystère caché dans la lettre de l'ancien testament qui souvent fait défaut: le mélange entre les animaux dans l'arche préfigure pour lui l'harmonie eschatologique entre toutes les créatures – annoncé pour le temps messianique en Is 11, 6–8 – le loup habitera avec l'agneau, et le veau, le lion et le bétail seront ensemble etc. – ou en Act 10, 11–12 dans la vision de l'apôtre Pierre à Joppé, avant le baptême du centurion Corneille, d'une grande nappe dans laquelle il y avait tous les quadrupèdes de la terre, les bêtes sauvages, les reptiles et les oiseaux du ciel[11]. À cet avis se range aussi Didyme, qui, en examinant une difficulté proche de celle attribuée par Origène à Apelles, c'est-à-dire comment un seul homme – Noé – pouvait se rendre maître de tant de bêtes au point de les faire entrer dans l'arche, fait observer qu'il n'y a rien d'incroyable à ce que le même Dieu qui a montré à Pierre dans un objet grand comme une nappe l'image de tous les animaux, ait collaboré avec le juste pour domestiquer les bêtes sauvages quand il lui a prescrit de faire entrer les animaux dans l'arche[12].

---

8   Ibid.
9   Ibid. 1: Sed haec habitationum distinctiones ad hoc factae videntur , ut secerni per singulas mansiones diversa animalium vel bestiarum genera facilius possint et a bestis feris mansueta quaeque et ignava seiungi.
10 Ibid.: Etenim necessarium videbatur ut his bestiis, quibus natura vesci carnibus dedit, introducta sint extrinsecus animalia, quorum vescentes carnibus conservare vitam posteritatis reparandae gratia valerent, aliis vero alia, quae naturalis usus deposcit, servarentur alimenta.
11 Ibid. 6.
12 Didyme l'Aveugle, *Sur la Genèse* ..., p. 84–85.

Une autre question qui interroge beaucoup les commentateurs alexandrins, c'est celle concernant la différence qualitative et quantitative entre les groupes de sept d'animaux purs et la simple paire d'animaux impurs qui sont admis dans l'arche. Cette différence donne lieu chez Philon et Origène à des réflexions numérologiques sur la valeur symbolique dans la Bible du nombre sept, signe de la nature sainte et vierge, et du nombre deux, impur en tant que vide et non compact, sans qu'on fasse référence à une explication de cette distinction: à cet égard, Philon se limite à affirmer que même dans le sens littéral du texte biblique il y a une explication à l'entrée et de la conservation des êtres vivants dans l'arche: « pour nourrir et entretenir la semence ». C'est seulement Didyme, encore une fois, qui se distingue par rapport à cette tendance: bien qu'il ne fasse pas référence aux nouvelles lois qui seront établies avec la recréation – mais nous ne possédons pas son commentaire au chap. 9 –, avant de s'étendre beaucoup lui aussi sur la valeur symbolique de l'hebdomade et de la dyade, il explique la différence entre les groupes de sept des animaux purs et la paire des impurs, comme il le dit, « dans la logique du sens historique », en soulignant que les animaux purs devaient être plus nombreux parce que les hommes devaient s'en servir à la fois pour les sacrifices – Noé après le déluge sacrifie des animaux purs à Dieu – et pour leur nourriture[13].

3.2 La tradition alexandrine: la nouvelle économie après le déluge dans le rapport entre l'homme et les animaux

Enfin, nous pouvons apprécier l'exégèse alexandrine du crucial chap. 9 surtout à travers les *quaestiones* de Philon, puisque le commentaire de Didyme manque de la partie correspondante et qu'Origène ne s'arrête pas à ce texte dans les homélies consacrées à la Genèse et ce qui nous reste de son commentaire ou les références dans d'autres œuvres ne sont pas significatifs. Au contraire, Philon dans la question concernant Gen 9, 1–2 remarque bien la reprise de Gen 1, 28–30 en en déduisant que l'Écriture veut souligner à travers ces moyens que Dieu estime Noé, qui est l'origine de la seconde création de l'homme, égal en honneur non pas à celui qui fut modelé à partir du limon en Gen 2, 7, mais à celui qui avait été créé en premier lieu à l'image de Dieu en partageant à l'un et à l'autre à titre égal l'autorité sur les êtres terrestres[14]. Comme on peut le souligner, l'intérêt de Philon en tout cas c'est de remarquer la ligne de

---

13 Ibid., p. 92–95.
14 Phil., *Quaest. in Gen.* II, 56.

continuité entre l'homme de Gen 1, 26 qui est, selon la perspective de l'exégète alexandrin, l'image du Logos, véritable image de Dieu, et Noé, en donnant une connotation négative à l'homme χοϊκὸς, tiré de la boue, si bien qu'il explique de façon totalement allégorique la crainte et la peur que l'homme selon la décision de Dieu doit inspirer aux bêtes sauvages comme la domination que l'intellect et l'effort de la volonté doivent exercer sur le corps fait de limon et sur les sens, en particulier sur leur malice qui n'est pas apprivoisée, mais sauvage[15].

Encore une fois, il n'y a aucune attention particulière pour le véritable tournant dans l'histoire de la création constitué par les nouvelles lois établies par Dieu en Gen 9. C'est seulement à propos de l'expression 'comme légumes herbacés je vous ai donné toutes choses' que Philon se lance dans une réflexion sur le régime alimentaire envisagé ici, sans toutefois le mettre en corrélation avec l'état initial de l'homme. Dans ce texte, selon une interprétation juive relatée par le *Dialogue avec Tryphon* de Justin[16], on voyait l'annonce de la distinction entre animaux purs et impurs. Philon, par contre, prend en considération l'opinion de ceux qui disent que Dieu ici veut permettre aux hommes de manger de la viande. Sans exclure cette possibilité, cependant, Philon fournit une autre clé de lecture de ce passage qui force sans aucun doute la lettre du texte: en effet, dans l'introducteur de l'expression ὡς (ὡς λάχανα χόρτου), c'est à dire "comme" («comme les légumes herbacés»), il voit la preuve que Dieu établit en loi comme étant nécessaire les légumes, tandis que les autres aliments, en tant que suppléments superflus, il les range parmi les espèces de légumes[17] («*comme* légumes», justement). Cela parce que – observe Philon[18] – Dieu comprend bien qu'il était impossible d'interdire à tous la consommation de la viande, là où c'était seulement la race des homme choisis et épris de la sagesse, auprès desquels la continence était en honneur, qui pouvait privilégier en tant que nourriture la consommation courante des légumes. Et pour sauvegarder cette interprétation "minimaliste" à propos de la permission de consommer de la viande, Philon ajoute que peut-être le propos de Dieu ne concerne pas la nourriture, mais l'autorité: c'est-à-dire qu'il se peut – souligne Philon – que l'Écriture veuille dire que les animaux sans raison ont été livrés et soumis à l'homme, tout comme on sème des herbes et on les entretient par la culture[19]. Ambroise de Milan qui dans tout son *De Noe* suit de près en tant

---

15 Ibid.
16 Iust. *Dial.* 20, 3–4.
17 Phil., *Quaest. in Gen.* II, 58.
18 Ibid.
19 Ibid.

que véritable intertexte les *quaestiones* philoniennes, ici se détache un peu de son modèle en ne partageant pas complètement les scrupules en quelque sorte moraux et ascétiques de l'exégète alexandrin : il juge – sans en nommer le promoteur – "simple" l'interprétation selon laquelle les légumes semblent ici avoir été attribués comme nourriture aux hommes et qu'ils doivent donc être consommés de préférence aux aliments carnés, mais il met en évidence toutes les limites de cette approche exégétique : on peut facilement répliquer à cela – dit Ambroise – que tous les légumes ne sont pas adaptés à la nourriture des hommes et que l'ensemble du genre humain n'est pas mû par l'amour de la sagesse et de la modération au point de pouvoir se soumettre à cette modération[20]. Ici Dieu – conclut Ambroise[21] – donne un précepte général, donné à tous les hommes, non pas seulement à une partie des élus : c'est pourquoi il propose d'interpréter « je vous ai donné tout comme herbe de fourrage », comme une exhortation de contenu éthique à ceux qui font usage de la viande pour qu'ils le fassent comme ils usent des légumes, et non pas pour distendre ou engraisser le corps, ce qui se produit habituellement – observe l'évêque milanais – avec les repas de viande.

4   La nouveauté de l'approche exégétique de Théodoret de Cyr

Après cette vision globale des tendances qui ressortent de l'exégèse de Gen 6–9 de la part des exposés relevant de la même perspective interprétative, on peut mieux apprécier la nouveauté de l'approche de ce texte par Théodoret de Cyr, appartenant comme on l'a dit à l'école exégétique antiochienne[22]. L'unique point de contact avec les autres commentateurs concerne la ruine du déluge que les animaux sont contraints de partager, parce qu'ils ont été créés pour l'homme. Mais même cet élément acquiert une perspective nouvelle à la lumière de la lecture globale que cet auteur fournit de Gen 6–9 tout en suivant des *quaestiones* posées sur les points les plus compliqués. Dans la question L[23], Théodoret explique comme une véritable prolepse la différence

---

20   Ambr., *Noe* 25, 89. Pour une confrontation entre le texte ambrosien et celui philonien, voir D.T. Runia, *Philo in Early Christian Literature. A Survey*, Assen-Minneapolis, Van Gorcum-Fortress Press, 1993, p. 293–295.

21   Ibid. 90.

22   Pour son anthropologie, voir S. Zincone, *Studi sulla visione dell'uomo in ambito antiocheno (Diodoro, Crisostomo, Teodoro, Teodoreto)*, Roma-L'Aquila 1988, en particulier p. 47–68.

23   Theodor., *Quaest. in Gen.* L: « Dieu ordonna de faire entrer dans l'arche une paire de chaque espèce d'animaux impurs, et, par contre, sept de chaque espèce d'animaux purs

numérique entre les animaux purs – dont on garde des groupes de sept – et ceux impurs parce que Dieu voulait permettre aux hommes de consommer la viande et les hommes vertueux voulaient lui offrir un sacrifice : d'où vient le nombre sept : trois paires sont finalisées à la propagation de l'espèce – en fournissant en même temps la nourriture aux hommes –, le dernier élément, singulier, est destiné au sacrifice, sans ainsi nuire aux paires – mâle et femelle – qui devaient se reproduire. À la question « que mangeaient les animaux dans l'arche ? » Théodoret répond avec netteté que même dans l'arche continuait le régime végétarien du début de la création ; il affirme : « il est clair que les animaux mangeaient – tout comme les hommes – fourrage et semences », et il cite en tant que texte faisant autorité justement Gen 1, 29 où Dieu assigne pour nourriture aux hommes et aux animaux toute herbe verte[24]. En commentant ensuite la bénédiction donnée par Dieu à Noé en Gen 9, 1 Théodoret se concentre sur un élément tout à fait négligé par les autres commentateurs ou interprété de façon allégorique, tout comme si la lettre faisait défaut, c'est-à-dire sur la crainte et la peur que les hommes doivent transmettre aux animaux : Théodoret les relie justement au fait que Dieu dans son discours va instaurer la *kreophaghia*, la possibilité pour l'homme de se nourrir de la viande : c'est pourquoi il est normal que tous les animaux de la terre, de la mer, aient peur de l'humanité[25]. Encore : c'est toujours dans l'optique du tournant de Gen 9 que

---

(Gen 7, 2ss.) : en effet, il avait l'intention de permettre aux hommes de se nourrir des viandes, et les hommes vertueux et pieux, par ailleurs, voulaient les offrir à Dieu en sacrifice ; c'est pourquoi, il ordonna de garder plus d'animaux purs. Trois paires de ceux-ci étaient destinées à faire augmenter l'espèce, le septième au sacrifice » (trad. M. Cutino).

24   Ibid. LI : « "que mangeaient les animaux dans l'arche ?" Il est clair qu'ils mangeaient du fourrage et des semences … au commencement, en effet, la loi de Dieu ne permit pas aux hommes de se nourrir de la viande : "Et Dieu dit : Voici, je vous donne toute herbe portant de la semence et qui est à la surface de toute la terre, et tout arbre ayant en lui du fruit d'arbre et portant de la semence : ce sera votre nourriture. Et à tout animal de la terre, à tout oiseau du ciel, et à tout ce qui se meut sur la terre, ayant en soi un souffle de vie, je donne toute herbe verte pour nourriture" (Gn 1, 29–30), si bien qu'il ressort qu'alors et les hommes et les animaux s'abstenaient de viande, et qu'ils se nourrissaient seulement des fruits de la terre » (trad. M. Cutino).

25   Ibid. LIII : « Donc, il (Dieu) a récompensé Noah avec la bénédiction, et comme celui-ci était la semence de la race, la racine de la nature humaine, et un second Adam, Dieu lui a donné la bénédiction que le premier Adam avait reçue immédiatement après sa création : "Dieu bénit Noé et ses fils, et leur dit : Soyez féconds, multipliez, et remplissez la terre. Vous serez un sujet de crainte et d'effroi pour tout animal de la terre, pour tout oiseau du ciel, pour tout ce qui se meut sur la terre, et pour tous les poissons de la mer : ils sont livrés entre vos mains". La parole a pris effet : tous les animaux étaient dans la crainte même de

cet exégète interprète l'interdiction de boire le sang des animaux en Gen 9, 4 : Théodoret la met en relation avec l'invitation adressée par Dieu aux hommes dans le verset précédent, « je vous ai donné tout comme légumes herbacés » : comme, selon un passage clair du Lévitique, chap. 17, 4, le sang pour les êtres irrationnels c'est tout, comme l'âme pour l'homme, l'invitation à se nourrir de tous les animaux comme les légumes équivaut justement pour Théodoret à se nourrir de leur viande sans le sang parce que les légumes sont ἄψυχα, « sans âme »[26]. En somme, se nourrir de viande sans sang, c'est la même chose que se nourrir de légumes. Enfin, Théodoret dans la question LV[27] se pose la question qui récapitule les références éparses dans les réponses précédentes : pourquoi Dieu permet-il maintenant la consommation des viandes ? Et c'est le premier qui formule cette question de façon directe. La réponse se place encore au niveau historique-littéral : cette concession de Dieu naît de son désir de repousser une passion plus grave avec une autre plus légère : Dieu savait que l'homme tomberait dans l'idolâtrie et dans le thériomorphisme – la passion plus grave – c'est pourquoi il permet la consommation de viande pour lui montrer qu'il est fou de vénérer sa propre nourriture. Il est intéressant en tout cas de remarquer que l'exégète définit implicitement comme *pathos*/passion, donc quelque chose de négatif en soi – tout comme le faisait Philon – le régime carnivore, en le justifiant seulement dans l'optique d'une situation future – la diffusion du polythéisme – qui faisait encore plus problème. Et Théodoret ajoute encore des précisions ultérieures qui concernent et la distinction entre animaux purs et impurs et la sanction du crime de sang de l'homme, qu'il

---

l'ombre de l'homme, ceux qui nagent, ceux sur la terre, ceux qui volent. Puis il livra la loi à propos de la viande à manger, en commandant à Noé de consommer les viandes ainsi que des légumes » (trad. M. Cutino).

26   Ibid. LIV : « "Pourquoi Dieu empêche-t-il de se nourrir du sang ?" (Gn 9, 4) Il l'enseigna plus clairement dans la Loi : "L'âme de toute chair, c'est le sang" (Lv 17, 14). Si, en effet, tu manges des viandes sans sang, tu te nourris comme de légumes, parce que les légumes sont sans âme ; par contre, si tu manges des viandes avec le sang, tu manges l'âme » (trad. M. Cutino).

27   Ibid. LV : « "Pourquoi la Loi de Dieu permet-elle de manger la viande ?" (Gn 9, 3) Après avoir créé l'homme, Dieu lui donna tous les fruits de la terre (Gn 1, 29–30), en lui ordonnant de se nourrir des semences et des arbres. Après le déluge il lui offre une nourriture meilleure, et en lui ordonnant de tuer et de manger les animaux du ciel, de l'eau et de la terre, il se proposait de chasser une passion avec une autre passion et de guérir une plus grande affection avec une moindre. C'est-à-dire, comme Dieu a prévu que les gens succomberaient à la pire folie et feraient des dieux de toutes ces choses, il leur a permis de manger des animaux pour mettre un terme à l'idolâtrie, puisque seuls les pires imbéciles sont capables de vénérer ce qu'ils mangent » (trad. M. Cutino).

est interdit aux animaux de verser : en ce qui concerne le premier point, Dieu opère cette distinction afin que les hommes, en méprisant ce qui n'est pas pur, ne le transforment pas en divinités, et en mangeant les animaux purs ne les vénèrent pas ; la promesse de Dieu qu'il redemandera le sang de l'homme aux animaux eux-mêmes est interprétée dans la question LIV de façon curieuse, mais toujours dans la perspective historique, comme la preuve que Dieu dans la résurrection rassemblera même les corps qui ont été déchiquetés par les bêtes sauvages[28].

Conclusions

Comme on peut le remarquer, les commentateurs appartenant à la tendance alexandrine, dans leur effort de donner une lecture profonde du texte, capable de repousser les critiques externes contre l'invraisemblance du récit de l'ancien testament, ont postulé un *defectus litterae* dans plusieurs endroits, en donnant ainsi une interprétation du texte peut-être stimulante dans des cas singuliers, mais peu cohérente, et surtout peu cohérente au regard de la logique interne de l'intertexte biblique. En particulier c'est le tournant crucial marqué par la recréation de Gen 9, avec la sanction du changement de régime alimentaire, qui échappe à leur évaluation. Ce qui est au contraire valorisé dans son approche historique-littérale par Théodoret de Cyr, pour qui même les incongruités apparentes du texte biblique dans les chap. précédents 6–7–8 sont à interpréter à la lumière de l'institution au chap. 9 de la *kreophaghia*, qui permet une lecture bien harmonisée. De cette *kreophaghia*, par ailleurs, l'exégète donne une explication intéressante du point de vue historique en la reliant au futur polythéisme de la plupart des hommes, c'est-à-dire à la tendance qui se serait manifestée ensuite parmi les hommes, à créer des idoles thériomorphes. Ainsi l'exégèse met en valeur, de quelque façon, le caractère de véritable rite de passage de l'épisode de la nouvelle création après le déluge, un texte qui joint la fondation même du statut anthropologique à la soumission violente des autres êtres vivants aux hommes et à la différenciation marquée par les nouvelles pra-

---

28   Ibid. LIV : « C'est pourquoi il ajoute : "Seulement, vous ne mangerez point de chair avec son âme, avec son sang. Sachez-le aussi, je redemanderai le sang de vos âmes, je le redemanderai à tout animal ; et je redemanderai l'âme de l'homme à l'homme, à l'homme qui est son frère" (Gn 9, 4–5). Ici on fait référence à la résurrection, non parce qu'il veut conduire les animaux devant lui pour les juger de leur anthropophagie mais parce qu'il veut rassembler tous les corps qui ont été détruits et les ressusciter » (trad. M. Cutino).

tiques alimentaires, destinées à identifier l'homme par rapport aux animaux et à reléguer dans un passé mythique, préhistorique, le régime végétarien.

Sources

Bible d'Alexandrie, traduction du texte grec de la Septante, C. Dogniez, G. Dorival, M. Harl et O. Munnich dir., Paris: Cerf, 1986-*Acta Philippi*, éd. F. Bovon, B. Bouvier, F. Amsler [CCSA 11], Turnhout 1999.

Didyme l'Aveugle, *Sur la Genèse*, Introduction, édition, traduction et notes par P. Nautin, II, Paris 1978.

Travaux

Calabi F. *Filone di Alessandria*, Roma, Carocci, 2013.

Runia D.T., *Philo in Early Christian Literature. A Survey*, Assen-Minneapolis, Van Gorcum-Fortress Press, 1993.

Zincone S., *Studi sulla visione dell'uomo in ambito antiocheno (Diodoro, Crisostomo, Teodoro, Teodoreto)*, Roma-L'Aquila 1988, p. 47–68.

Zucker A., « Morale du *Physiologus* : le symbolisme animal dans le christianisme ancien (IIe–Ve s.) », *Rursus* 2 (2007), p. 2–22.

PARTIE 2

Philosophie et théologie

∴

SECTION 1

De Philon aux Pères

CHAPTER 5

L'harmonie originaire entre hommes et animaux, sa coupure et sa restauration à la fin des temps chez Philon d'Alexandrie

Francesca Calabi

Ce n'est pas facile ni, d'autre part, correct, de garder séparées exégèse littérale et lecture allégorique dans l'œuvre de Philon: les différents niveaux interprétatifs sont étroitement entrelacés. La séparation des plans est frêle et les glissements herméneutiques sont continus. Cependant, je chercherai dans les limites du possible à focaliser les idées sur les animaux au sens propre et, au moins en principe, à laisser en arrière-plan les bêtes comme représentations des sensations et du désir. En outre, je ne les verrai pas d'un point de vue biologique, mais dans le cadre de l'harmonie du monde et de la parenté entre les vivants.

Le thème des animaux est traité dans plusieurs livres de Philon, mais il y a une œuvre en particulier, le *De animalibus*, qui parle de leur place dans l'échelle des êtres et de leur relation avec les hommes, tandis que le *De praemiis* parle de la fin des temps[1]. Hommes et animaux partagent les aspects irrationnels de l'âme: perceptions, représentations mentales, impulsions (ὁρμαί), φαντασίαι. Si quelquefois Philon suit la tripartition platonicienne, plus souvent il adopte le schéma stoïcien selon lequel il y a huit parties de l'âme: τὸ ἡγεμονικόν, et sept parties irrationnelles, dont le langage[2]. Chez les hommes le langage est sur un tout autre niveau que chez les animaux[3]. Pour ceux-ci il est constitué par des émissions sonores non articulées, assimilables au son des instruments

---

1 Le *De animalibus* approche le thème de la rationalité des animaux. Aux idées de Philon qui reprend les théories stoïciennes, sont confrontées les opinions d'un Alexandre, peut-être le neveu de Philon, Tiberius Julius Alexander.
2 Pour la tripartition de l'âme et sa localisation voir *Leg.* III, 115–116. Sur les plaisirs du corps et le ventre voir *QG* II, 59.
3 Sur la distinction entre *logos prophorikos* et *logos endiathetos* et sur la distinction entre voix humaine et voix animale chez les Stoïciens voir. M.C. Chiesa, « Le problème du langage intérieur chez les Stoïciens », *Revue Internationale de philosophie* 3, 178 (1991), p. 301–321; G. Manetti, « Etica animalista e linguaggio nell'antichità », *Theoria* 1 (2009), p. 19–45 (24–26; 31–36).

musicaux, non à la rationalité. Cette position, qui rappelle aussi quelques idées aristotéliciennes, trouve un complément dans une vision anthropocentrique des relations entre hommes et animaux: ces derniers ont été faits pour les hommes, qui ont pouvoir sur les choses créées, en particulier sur les animaux[4]. Leur domination a été établie dans la Genèse soit à propos de la nomination confiée par Dieu à Adam (*Gn* 2, 19–29), soit après l'expulsion du jardin d'Eden et, encore, après le déluge (*Gn* 9, 2)[5]. C'est Dieu même qui se sert des animaux pour faire des tuniques de peau pour revêtir les hommes (*Gn* 3, 21) et les animaux sont destinés à servir comme nourriture (*Gn* 9, 3)[6].

Aucun doute, donc, que les animaux doivent être asservis aux hommes, bien qu'il y ait dans la Bible plusieurs intimations à bien les traiter et à ne pas les faire souffrir inutilement. Philon reprend ces prescriptions et parle

---

4 Voir *QG* I, 20. En relation avec la supériorité de l'homme établie par Dieu quand il lui conduit les animaux afin qu'il leur donne leurs noms (*Gn* 2, 19), Philon interprète le passage à la fois littéralement et allégoriquement (*Leg.* II, 9 sv.). Dans cette deuxième interprétation, les animaux (τὰ θηρία) sont les passions de l'âme (τὰ πάθη) qui sont des aides, mais aussi des ennemies pour les hommes. Les âmes des sages dominent sur le corps et sur les sens. Le nom est instrument d'autorité (*QG* I, 21–22) et les noms donnés par Adam sont conformes à la nature. En effet, quand ils les entendent la première fois, les animaux leur trouvent une sorte de familiarité et naturalité. Avec Noah on a une sorte de deuxième génération. Tout recommence: le parallélisme avec Adam peut être tracé aussi en relation avec les animaux. Dieu recommande à Noah de dominer la terre, d'imposer la crainte et la soumission aux animaux: les bêtes sauvages, les oiseaux, les reptiles, les poissons, voire tout le monde animal (*QG* II, 56). Une hiérarchie est établie entre les différentes parties de l'univers, la même hiérarchie qui avait été établie au moment de la création du premier homme quand Dieu avait parlé à Adam en lui confiant la domination sur les poissons, les oiseaux, les animaux. Explicitement Philon affirme qu'avec Noah, après le déluge qui interrompt l'ordre habituel de la nature, on a une répétition de la création du sixième jour et une nouvelle prescription faite à l'homme d'imposer sa propre autorité aux animaux. De cette façon Dieu a montré l'analogie entre Adam modèle, selon l'image, et Noah. Cela pour l'exégèse littérale.

5 Bien qu'avec Adam et Ève on ait une rupture de la concorde, les règles à propos de l'*epieikeia* envers les animaux et les végétaux témoignent d'une relation positive entre hommes et animaux. Les conflits sont une conséquence de la transgression, non pas de la loi donnée par Dieu. Voir K. Berthelot, «Philo and Kindness towards Animals (*De virtutibus* 125–147)», *The Studia Philonica Annual*, 14 (2002), p. 48–65, qui explique la relation hiérarchique établie entre hommes et animaux.

6 *QG* II 58 à propos de la permission de manger de la viande. Pour Philon on peut penser que Dieu avait commandé comme nécessaire l'alimentation faite de légumes mais il était impossible d'interdire de manger de la viande même si ce n'est pas un aliment nécessaire. C'est possible aussi que la recommandation: «Je vous ai tout donné comme herbe de fourrage» (9, 3) soit une allusion à l'autorité, au pouvoir de l'homme sur les animaux exactement comme sur les herbes semées et cultivées.

longuement de la ἐπιείκεια avec laquelle les traiter[7]. Il interprète ces indications de façon anthropologique, non pas comme attention envers les bêtes : hommes et animaux sont inégaux et aucun rapport de justice n'est possible entre eux.

Ce dernier thème avait été objet de discussion entre les Académiciens à partir d'Arcésilaos et Carnéade et, entre les stoïciens, de Chrysippe à Posidonius[8] et il sera longuement traité par Plutarque qui écrira plusieurs œuvres sur le sujet[9]. Aux chapitres 77–100 du *De animalibus*, Philon présente une discussion avec Alexandre, son interlocuteur, qui soutient la rationalité des animaux. La discussion aboutit à nier toute relation d'égalité entre hommes et bêtes. C'est bien parce que les animaux – comme les plantes, d'ailleurs – n'ont pas de raison qu'ils ne sont pas susceptibles de louange ou de blâme pour leur actions : celles-ci ne sont pas liées à un choix délibéré ni à une volonté. Quelques animaux peuvent avoir des qualités positives telles que la force ou la sagacité et donner des preuves de courage ou de retenue ou d'apparente justice. Et même, il y en a qui expriment des sentiments de gratitude ou rendent honneur aux parents, mais ces aspects ne sont pas de vraies vertus car celles-ci appartiennent seulement aux humains.

À partir de l'idée partagée avec les stoïciens de l'absence de raison dans les animaux, Philon pense aussi à une impossibilité d'amitié entre hommes et animaux déjà dans le jardin du paradis[10]. C'est pourquoi on peut présumer qu'il n'y aura ni amitié, ni relation de justice à la fin des temps. Il y aura quand même une harmonie, cette même harmonie qu'il y avait au début du monde[11]. En effet, une stricte relation lie hommes et animaux, une parenté entre toutes les choses de sorte que, quand il y a des mutations dans une sphère du réel, elles se répercutent sur les autres rayons[12]. C'est de ces changements et du retour à

---

7 Voir *Virtut.* 125–147. À partir du paragraphe 148 jusqu'à 160 le texte parle des plantes. Sur les lois mosaïques qui montrent de l'humanité envers les animaux voir *Hypoth.* 7–9.

8 Voir A. Terian, *Introduction* à Philon d'Alexandrie, *Alexander*, p. 68–72.

9 Sur la relation de justice entre hommes et animaux chez Plutarque, voir G. Santese, «Animali e razionalità in Plutarco», in S. Castignone e G. Lanata (a c. di), *Filosofi e animali nel mondo antico*, Pisa: ETS, 1994, p. 139–170 (152–156).

10 Voir K. Berthelot, «Philo and Kindness towards Animals», p. 58.

11 Sur ce point voir n. 34 p. 58 de Berthelot, qui cite Borgen, «Man's Sovereignity over Animals and Nature according to Philo of Alexandria», dans T. Fornberg and D. Hellholm (edd), *Texts and Contexts*, Oslo: Scandinavian University Press, 1995, p. 369–389 et A. Terian, *Philoni Alexandrini De animalibus*, Studies in Hellenistic Judaism 1, Chico (California): Scholars Press, 1981, p. 46–53.

12 Dans *Virtut.* 73 l'auteur parle du cantique de Moïse qui comprend dans ses louanges tous

une situation presque édénique à la fin des temps que je désire m'occuper ici. Les thèmes dont je parlerai sont:

1) l'harmonie de la nature. Son ordre est continu, mais il y a des coupures. Dans cette situation ordonnée, l'hostilité des animaux sauvages envers l'homme est un fait naturel;
2) les conséquences des fautes des hommes sont payées aussi par les animaux: expulsion du Paradis, déluge;
3) en plusieurs situations les animaux sont instruments de la punition divine, comme on le voit par exemple avec les les plaies d'Égypte ou l'action des guêpes qui combattront pour les justes pendant la guerre eschatologique. Parallèlement, l'effacement des individus comme punition pour les transgressions n'efface pas les genres qui sont conservés pour l'avenir;
4) une restauration aura lieu à la fin des temps et concernera tous les vivants, hommes et animaux. Les animaux deviendront pacifiques et non plus nuisibles. On n'aura plus de guerre entre les hommes, ni entre hommes et animaux qui resteront quand même soumis. Scorpions, crocodiles, hippopotames, bêtes terribles et dangereuses, n'attaqueront plus l'homme qui passera, sacré et indemne, au milieu d'eux désormais convertis à la paix.

1   L'harmonie de la nature

Dans la nature tout est bien réglé, en ordre, sans conflit, composé des contraires qui s'accordent. C'est ce que on voit par exemple dans la permanence des saisons (*QG* II, 55) qui garantit des températures qui conviennent aux animaux et aux plantes: le froid et le chaud, l'humide et le sec maintiennent l'ordre naturel. La continuité de l'ordre peut être saisie aussi dans le parcours du soleil et de la lune qui continuent toujours à luire après en avoir reçu l'ordre au début de la création (*Opif.* 168). Cela se produit pour toutes les choses qui ont été formées par Dieu. C'est une condition stable dans laquelle chaque élément a une place déterminée. Ainsi pour les hommes.

Aux débuts de la création Adam et Ève étaient apparentés au monde et «en raison de leur parenté avec ce monde ils ne subissaient aucun dommage d'aucune de ses parties» (*QG* I, 30). Les eaux jaillissaient libres et copieuses, le

---

les éléments, le ciel, la terre, la demeure des hommes et celle des immortels: c'est une image unitaire où tout le cosmos est réuni et il n y pas de séparation entre les différentes sphères.

climat était tempéré et n'était pas sujet à rigueurs ou changements. Les plantes, les animaux, les hommes collaboraient[13]. Selon le *De Opificio*, la terre produisait des fruits nombreux et riches pendant toute l'année sans la nécessité d'être cultivée.

Une présence simultanée d'aspects littéraux et métaphoriques se trouve en *QG* I, 9 où il est dit que les arbres du paradis étaient porteurs de branches et de fruits, verdoyants parce qu'ils appartenaient «au paradis divin comme à (un paradis) éternel, sans jamais perdre leurs feuilles en diminuant de vigueur». Quant au fruits, on dit qu'ils sont bons «afin que les hommes utilisent la nourriture non seulement pour leur plaisir, mais aussi pour leur utilité[14]». Une situation, donc, d'harmonie irénique: l'homme gouvernait les animaux en qualité de chef avec une bienfaisance mutuelle. Non encore touché par la maladie, la mort, le mal, Adam vivait dans une dimension extérieure à la perception du temps et du devenir. Son langage était pur, ses fonctions étaient supérieures par rapport à celles des hommes qui vinrent après lui, ses sens plus aigus[15], sa raison unitaire et il avait la capacité de nommer les êtres[16]. Il comprenait le sens profond du réel et, au moment de donner les noms aux choses, il donna des noms corrects de façon que leur nature était énoncée et

---

13   Voir *QG* I, 23: «Toute chose apportait aide et collaboration au chef de la race humaine: la terre, les fleuves, la mer, l'air, la lumière, le ciel; toutes les espèces de fruits et de plantes collaboraient ainsi que les troupeaux de bestiaux et de bêtes sauvages qui n'étaient pas sauvages avec lui» – «Adjuvabat et cooperabatur Principi humani generis omne quidquam, terra, fluvii, mare, aer, lux et caelum: cooperabantur etiam fructuum ac plantarum species omnes, et pecudum coetus atque bestiae inibi minime efferatae.» Voir aussi *QG* I, 18. Pour indiquer les animaux les textes philoniens utilisent *bestiae et animalia* (*QG*), *animantia* (*De animalibus*, *QG*), θήρια (*Legum All.*; *De praemiis*), θῆρες, ζῷα ἄλογα (*De praemiis*). Il y a une différence, naturellement, entre les termes, mais qui n'est pas mise en relation avec l'aide offerte à l'homme quand il suivait encore la vertu.

14   En *Opif.* 153, les arbres, feuillus et verdoyants, étaient «animés et raisonnables, portant comme fruits les vertus et aussi la connaissance incorruptible et la sagacité». Sur les arbres du jardin, cf. M. Harl, «Adam et les deux arbres du Paradis (Gen. II–III) ou l'homme milieu entre deux termes (*mesos – methorios*) chez Philon d'Alexandrie», *Recherches de Sciences Religieuses*, 50, 1962, p. 321–388.

15   Cf. *QG* I, 32.

16   Cf. *Opif.* 148–150; *QG* I, 20; *Cher.* 56. Sur la relation entre noms et réalité et sur le lien avec la nature d'Adam, «*princeps humani generis regemque universorum terrigenarum*» (*QG* I, 20) voir F. Calabi, «*Il giardino delle delizie e la storia delle origini secondo Filone d'Alessandria*», in F. Calabi – S. Gastaldi, *Immagini delle origini. La nascita della civiltà e della cultura nel pensiero antico*, Sankt Augustin: Academia Verlag, 2012, p. 173–195 (n. 4, p. 173–174).

pensée en même temps et les animaux les reconnaissaient comme naturels[17]. C'était la langue parfaite originaire qui peut-être était commune aux hommes et aux animaux. En effet, dans le jardin d'Eden le serpent comprenait les mots d'Ève: « il est dit qu'anciennement, le reptile venimeux, né de la terre, parlait le langage de l'homme, et que s'étant un jour avancé vers la femme du premier homme, il lui fit reproche[18] ».

L'hypothèse d'une langue unique, commune aux hommes et aux animaux, est exprimée aussi dans *Conf.* 7, même si on en parle en des termes mythiques:

> On dit. en effet, qu'au temps jadis, tous les êtres vivants, terrestres, aquatiques, ailés, parlaient un même langage[19].
> trad. J.G. KAHN

C'est seulement après leur péché qu'Adam et Ève perdirent la communauté de langage avec les animaux. Au temps de la tour de Babel, il y avait une unité entre tous les hommes qui fut bientôt perdue. Après la construction de la tour, naquit « la division du langage en d'innombrables dialectes ». Survint la confusion des langues, visant à « porter remède aux fautes des hommes[20] ». Selon plusieurs passages, en particulier dans le *Quaestiones in Genesim*, dans le jardin le serpent

---

17   Cf. *Opif.* 150.
18   À propos d'une double lecture du passage, littérale et allégorique, voir J. Pépin, «Remarques sur la théorie de l'exégèse allégorique chez Philon», dans *Philon d'Alexandrie*, Lyon 11–15 septembre 1966: Colloques nationaux du CNRS, Paris: CNRS Éditions, 1967, p. 131–167 (139–150); T.H. Tobin, *The Creation of Man: Philo and the History of Interpretation*, Washington: The Catholic Biblical Quarterly, 1983, p. 160–161.
19   λέγεται γὰρ ὡς ἄρα πάνθ'ὅσα ζῷα χερσαῖα καὶ ἔνυδρα καὶ πτηνὰ τὸ παλαιὸν ὁμόφωνα ἦν.
20   *Conf.* 9. Cf. Winston, p. 118–119.
    Dans les *Jubilés* III, 28 aussi il y avait communauté de langage entre les animaux jusqu'à la transgression d'Adam et Ève. De même pour Josèphe (*AJ* I, 14). À la question de savoir si vraiment, dans le jardin, Ève et le serpent parlaient le même langage et se comprenaient l'un l'autre et quelle en était la raison, *QG* I, 32 donne trois réponses possibles au problème: a) au moment de la création les animaux participaient de la parole qu'ils auraient perdue après; b) les sens des progéniteurs, exempts du mal, étaient plus aigus que ceux de leurs successeurs: leurs yeux pouvaient voir toutes les natures et les êtres, leurs oreilles étaient capables d'entendre toutes les voix et de comprendre tous les sons; 3) puisqu'un prodige devait avoir lieu, Dieu modifia les natures inférieures. La compréhension entre Ève et le serpent serait, alors, un fait imprévu et inédit, une interruption de l'ordre de la nature, un changement de la nature des animaux afin qu'intellect et sensation puissent se rencontrer. Sur l'image du serpent comme source de connaissance voir G.P. Luttikhuizen, *Gnostic Revisions of Genesis Stories and Early Jesus Traditions*, Leiden-

séduit la femme, mais en principe il n'est pas son ennemi. Le choix du mal brise le cadre irénique précédent et de quelque façon conduit l'homme hors de la naturalité, causant l'inimitié des animaux. Il n'y aurait donc pas d'agressivité naturelle dans les animaux, agressivité dont, par contre, parle le *De praemiis* (85) où les animaux sont ennemis des hommes dès les origines à cause d'une incompatibilité naturelle, même avant le péché :

> (ils) ne sont pas seulement hostiles à une cité ou un peuple, mais au genre humain dans son ensemble, et non pour une période déterminée, mais indéfiniment et sans limite de temps.

En effet, les vivants sont souvent soumis aux conflits. Or, il y a deux sortes de guerres et aussi deux sortes d'ennemis : les hommes qui deviennent ennemis pour convoitise et avec intention (*Praem*. 85) et les animaux qui sont hostiles par nature à cause d'une incompatibilité naturelle. Il s'agit d'une ἀλλοτριότης, une condition d'altérité, de distance. Il n'y a aucun élément de communion, ni possible relation, sympathie ou amitié[21].

Déjà on a vu qu'aucune relation de justice n'est possible entre hommes et animaux, mais ici le discours est bien plus fort : il ne s'agit plus seulement de justice. On a une rancœur hargneuse et agressivité, une vraie hostilité et

---

Boston : Brill, 2006, p. 76. Cf. aussi R. Piazza, *Adamo, Eva e il serpente*, Palermo : La Luna, 1988, p. 45–48.

Dans *Opif.* 156 le texte lit allégoriquement le thème du langage du serpent. S'adressant à Ève il lui fait un reproche parce qu'elle ne cueille pas le fruit interdit. Il convainc Adam et Ève de passer d'un état d'innocence et de simplicité à la fourberie. L'allégorie explique la valeur du serpent comme désir, qui mord et tue. L'animal utilise un langage humain parce que le plaisir « use de mille et mille défenseurs et champions qui prennent soin de lui et le protègent » (*Opif*. 160). Et, d'autre part, tout animal recherche avec ardeur le plaisir. Sur le serpent et le plaisir qu'il représente, voir F. Calabi, *God's Acting, Man's Acting. Tradition and Philosophy in Philo of Alexandria*, Leiden : Brill, 2008, p. 135–136. La négativité du serpent est présente aussi dans l'image du serpent qui se cache dans les trous de la terre, être misérable et venimeux, bête sauvage, qui pense à plusieurs divinités quand, à l'inverse, c'est le propre d'un être raisonnable de reconnaitre qu'il y a un seul Dieu (*QG* I, 36).

21 Les fauves sont par nature ennemis de l'homme et il devait en être ainsi aussi dans le jardin d'Eden si Dieu mit Adam à la garde du jardin pour le préserver des dégâts faits par les animaux sauvages (*QG* I, 14). En *Leg*. (II, 85–86) est considérée la solitude qui peut être source de dispersion et d'erreurs, condition d'incertitude, lieu de présence de scorpions et serpents, non habitée par les hommes. Ainsi les lieux de vie sont-ils différents pour hommes et bêtes.

antipathie dressée non pas contre un homme ou une ville en particulier, mais contre le genre humain dans son ensemble, sans limite de temps[22].

Dans la lutte qui oppose hommes et animaux il y en a quelques-uns qui sont plus faibles et se soumettent à l'homme à cause de la crainte ; d'autres, plus forts et agressifs, l'attaquent à tout moment, dès qu'il est possible. C'est une vraie guerre qui oppose les loups et les agneaux, mais les agneaux ne sont pas le bétail : ils sont les hommes attaqués par les bêtes sauvages. En effet on ne peut pas entendre ici loups et agneaux à la lettre : il n y aurait pas de balancement avec l'autre partie de la phrase qui parle de la guerre « de toutes les bêtes sauvages, aquatiques et terrestres, contre tous les humains ». C'est une guerre qui ne peut pas être vaincue par les agneaux et à laquelle les hommes-agneaux ne pourront pas mettre fin. Seul Dieu, si les hommes suivent la solidarité et la concorde, pourra changer les choses. On a ici une image complètement différente de celle qu'on a vue plus haut où l'agressivité n'était pas naturelle, mais naquit à cause de la transgression humaine, voire à cause de l'action du serpent-plaisir. En effet, le serpent représente le désir qui est naturel dans l'homme. Il y a un entrecroisement entre agressivité allégorique du désir et

---

22 *Praem.* 85–87 : « Il y a deux sortes d'ennemis : celle des hommes, qui le deviennent par convoitise et avec intention, et celle des animaux qui obéissent, en dehors de toute intention, à une incompatibilité naturelle. Il faut donc traiter de chacune en particulier, à commencer par celle des fauves, dont l'antipathie est naturelle. Car ces derniers ne sont pas seulement hostiles à une cité ou un peuple, mais au genre humain dans son ensemble, et non pour une période déterminée, mais indéfiniment et sans limite de temps. Les uns, qui redoutent l'homme comme leur maître, se soumettent avec une rancœur hargneuse ; les autres, agressifs et plus hardis, guettent l'occasion de passer à l'attaque, s'embusquant s'ils sont les plus faibles, à découvert s'ils sont les plus forts. Guerre unique en son genre que celle-là, sans trêve et sans déclaration ; c'est celle des loups contre les agneaux, de toutes les bêtes sauvages, aquatiques et terrestres, contre tous les humains ; nul mortel n'est en mesure d y mettre fin, l'Éternel seul le fait quand il juge que tels méritent d'être sauvés qui sont de mœurs pacifiques, partisans de la concorde et de la solidarité » (trad. A. Beckaert).

Ἐπεὶ δ'ἐχθρῶν διττὸν εἶδος, τὸ μὲν ἀνθρώπων ἐκ πλεονεξίας ἐπιτηδεύσει γεγονός, τὸ δὲ θηρίων ἄνευ ἐπιτηδεύσεως ἀλλοτριότητι χρώμενον φυσικῇ, περὶ ἑκατέρου λεκτέον ἐν μέρει, καὶ πρότερόν γε τοῦ κατὰ τοὺς φύσει πολεμίους θῆρας· οὗτοι γὰρ οὐ μιᾶς πόλεως ἢ ἔθνους ἑνός, ἀλλὰ τοῦ σύμπαντος ἀνθρώπων γένους δυσμενεῖς εἰσιν, οὐ πρὸς ὡρισμένου χρόνου μῆκος, ἀλλὰ τὸν ἀόριστον καὶ ἀπερρίγραφον αἰῶνα. Τούτων οἱ μὲν ὡς δεσπότην ἄνθρωπον δεδιότες ὑποπτήσσουσιν ἐγκότῳ μίσει, οἱ δὲ τολμηταὶ καὶ θρασύτεροι προεπιχειροῦσι καιροφυλακοῦντες, εἰ μὲν ἀσθενέστεροι τυγχάνουσιν, ἐξ ἐνέδρας, εἰ δὲ δυνατώτεροι φανερῶς. Ἄσπονδος γὰρ καὶ ἀκήρυκτος εἷς πόλεμος οὗτος, ὡς λύκοις πρὸς ἄρνας, καὶ πᾶσι θηρίοις πρὸς πάντας ἀνθρώπους, ἐνύδροις τε καὶ χερσαίοις· ὃν θνητὸς μὲν οὐδεὶς δυνατὸς καθαιρεῖν, ὁ δ'ἀγένητος μόνος καθαιρεῖ, ὅταν κρίνῃ τινὰς σωτηρίας ἀξίους. εἰρηνικοὺς μὲν τὸ ἦθος, ὁμοφροσύνην δὲ καὶ κοινωνίαν ἀσπαζομένους.

agressivité littérale des animaux: les passages qui décrivent une situation irénique avant la transgression sont en fort contraste – vraie contradiction – avec les textes qui parlent de l'inimitié naturelle et féroce des animaux sauvages. Selon la première vision, s'il n y avait pas eu la transgression des progéniteurs il n'y aurait eu aucun changement, la situation serait restée égale, éternelle, dépourvue de négativité. C'est ce qui est dit dans *Opif*. 168: les arbres qui au début de la création de l'univers avaient feuilles et fruits en même temps, après le péché leur condition change et ils fleurissent en des temps différents pour la production des fruits. La terre ne donne plus spontanément ses produit et doit être cultivée. Il eût fallu que le genre humain fût anéanti, mais dans sa miséricorde Dieu tempéra le châtiment[23]. De là un changement dans la continuité, de là l'introduction d'un nouvel état pour la nature et, notamment, pour les plantes qui en viennent à être modifiées à cause de l'homme. Les choses changeront à nouveau à la fin des temps quand les fruits iront naître spontanément et qu'aucune culture ne sera plus nécessaire. Il y aura alors la restauration de l'harmonie originaire.

2 Implication des animaux dans les conséquences des fautes des hommes

Au moment où, avec la transgression d'Adam, la condition pacifique des origines prend fin, les conséquences ne sont pas subies seulement par les hommes: la terre aussi et les animaux sont impliqués. Le problème est de comprendre pourquoi les animaux doivent payer à cause des transgressions humaines. Même si on pense à une faute de la part du serpent dans le jardin d'Eden[24], la faute n'est pas celle de tous les serpents – et certainement pas de tous les animaux – mais seulement de l'unique qui a séduit l'homme. Par

---

23   En effet, étant donnée la miséricorde de Dieu, «les parties fertiles et productrices de la terre continueraient à porter une grande abondance au cours des saisons de l'année» même après la chute des progéniteurs, si ce n'était que de cette façon des indignes seraient comblés de bienfaits divins. C'est pour contrecarrer cette possibilité qu'il y a eu une interruption et qu'il faut désormais cultiver la terre (*Opif*. 168).

24   L'animal qui est maudit est symbole du plaisir, cf. *QG* I, 31; *Opif*. 157–158. Le serpent est symbole aussi dans *QG* II, 57: la nature des reptiles est double, l'une est venimeuse et c'est celle des serpents qui n'ont pas de pieds et traînent sur le ventre et la poitrine, l'autre qui est domestique et c'est celle de ceux qui ont les jambes. C'est une référence à *Lév*. 11, 21, mais le texte rappelle aussi le thème du serpent initial qui a été condamné à traîner après la transgression. Telle est la lettre; allégoriquement, les reptiles impurs sont les passions

contre, avec la malédiction, tous les animaux doivent travailler comme bêtes de somme. La malédiction les frappe en plein: elle n'est pas adressée à Adam, l'intellect, souffle divin, mais au serpent, à Ève et à la terre. Philon se pose la question: «Pourquoi au lieu de maudire l'homme comme il maudit le serpent et la femme en s'adressant à eux, s'en prend-il à la terre, en disant: "La terre est maudite à cause de toi"[25]?» Comme le serpent est considéré soit à la lettre soit comme symbole du désir, la terre a une double lecture: ici elle est vue littéralement, mais aussi allégoriquement comme symbole du corps. Parallèlement, les animaux ne sont pas seulement les bêtes dans le sens propre du mot, ils sont aussi les passions de l'âme.

> Et le plaisir est encore maudit vis-à-vis et au-delà de tous les animaux sauvages, je veux dire les passions de l'âme: c'est par elle, en effet, que l'intelligence est blessée et détruite.
> *Leg.* III, 113

La même duplicité de sens ressort à propos du déluge: on a un glissement entre symboles et littéralité. Les animaux y sont impliqués et le subissent à cause de l'homme: «En quoi les bêtes péchaient-elles?» *QG* I, 94 explique que les animaux ont étés créés pour l'homme, pour le servir. Cela n'aurait pas de sens qu'ils continuent à vivre une fois que ceux pour qui ils ont été créés n'existent plus. Telle est l'explication au sens littéral. Allégoriquement, l'homme est l'intellect, les animaux les sens[26]. Les éléments terrestres du corps meurent au moment où l'âme est submergée par les passions. Et d'autre part,

---

   et sont semblables aux reptiles purs, la joie. Voir *QG* I, 47–48 à propos des malédictions jetées sur le serpent / plaisir.

25 «"Tu la mangeras dans la tristesse; elle fera passer pour toi épines et chardons et tu mangeras l'herbe du champ; c'est à la sueur de ton visage que tu mangeras ton pain" (*Gen.* 3, 17–19). [...] Il a tourné la malédiction contre la terre et sa culture. Et la terre connaturelle à l'homme, c'est son corps, dont le cultivateur est l'intellect» (*QG* I, 50).

26 Si le principe directeur se corrompt, les sens aussi sont impliqués. *QG* II, 9 explique: «De même que, dans une bataille, le roi étant tué, les forces militaires sont aussi frappées avec lui, de même (Dieu) a estimé juste que, maintenant aussi, le genre humain, qui est roi, ayant été détruit, l'espèce animale fût aussi détruite avec lui». De même que les parties du corps ne peuvent pas vivre sans la tête, de même les autres êtres vivants trouvent leur fin sans l'homme qui est en quelque sorte la tête. De plus, les animaux ont été faits non pour eux-mêmes, mais pour la jouissance et le service de l'homme. Philon donne donc trois raisons littérales pour expliquer un point qui était évidemment objet de polémique: la destruction des animaux innocents face à la transgression humaine.

c'est le déluge même qu'on peut lire allégoriquement comme symbole d'un nettoyage, d'une dissolution: la volonté de laver l'intellect de toutes les choses sensibles qui peuvent le submerger (cf. *QG* II, 15).

En revenant au sens littéral, le serpent est maudit avec la privation de la parole et de la position droite. Il est devenu ennemi du genre humain. Apparemment, dans ces passages on ne postule pas l'inimitié initiale que nous avons vu être affirmée dans le *De praemiis* et dont je parlerai encore, plus loin. Ici, avec la coupure de l'harmonie primitive et la sortie du *gan* Eden, a pris fin la relation irénique entre les êtres.

3   Les animaux comme instruments de la punition divine

Les rapports entre hommes et animaux sont désormais dominés seulement par un rapport de pouvoir[27]. Néanmoins, il y a συγγένεια entre les êtres et une forte résonance entre les différentes sphères du réel. Il y a toujours une relation entre hommes et nature qui se répand sur les animaux et sur la terre. Ainsi, pendant le déluge les animaux meurent comme les hommes et la terre est submergée: la terre et le ciel sont «réunis pour la ruine qu'entraîne la condamnations des mortels; les eaux de l'un et de l'autre se rencontrent ensemble» (*QG* II,18). Les extrémités de l'univers entrent directement dans la punition des hommes et les éléments sont disloqués par les conséquences des actions humaines. Encore après le meurtre d'Abel la nature prend part aux événements humains: les différents parties du monde se révoltent contre Caïn et le maudissent, car «la nature inanimée et terrestre, s'étant révoltée, se dresse contre l'injustice[28]». C'est toute la nature qui maudit Caïn. La terre n'apporte plus secours et force[29] au méchant, tourné vers les plaisirs[30]. Étant donné le lien entre toutes les parties du monde, le cosmos est impliqué dans la dégénération et change ses rythmes et ses règles. À nouveau agit l'unité du cosmos, la συγγένεια qui lie tous les vivants et en établit la solidarité. Quand une partie du monde est

---

27   La loi mosaïque prescrit la mansuétude et commande de bien traiter les animaux, mais, en tout cas, les animaux sont soumis et doivent obéissance. L'homme est maître et dirige; au maximum une relation de protection est possible sur les animaux inoffensifs tandis que hostilité et conflit caractérisent les relations avec les animaux dangereux. La vie pacifique en commun des origines est désormais interrompue.
28   Cf. *QG* I, 71.
29   Cf. *Agr.* 21sv.
30   Cf. *Agr.* 22.

frappée, cela a des retentissements sur les autres parties. Une est la loi qui régit le cosmos, garantit l'harmonie universelle, fonde l'équilibre[31].

C'est dans ce même cadre qu'on peut insérer le thème des châtiments administrés aux hommes avec la contribution des animaux, tels que l'action des guêpes qui combattront pour les justes pendant la guerre eschatologique[32], ou l'agir des moustiques, des grenouilles, des sauterelles au moment où Pharaon ne permet pas aux Hébreux de sortir de l'Égypte[33]. La nature prend donc part aux châtiments (*Mos.* I, 113). Elle change ses rythmes et ses normes: l'eau se transforme en sang (*Mos.* I, 99), les animaux aquatiques envahissent la terre ferme (*Mos.* I, 103), le jour et la nuit s'échangent. L'équilibre entre phénomènes naturels est troublé[34]. Afin de perdre les impies, Dieu utilise les éléments de l'univers, ces mêmes éléments dont le monde a été constitué[35]. Dans ces modifications la nature n'a pas d'autonomie, elle est l'instrument de Dieu[36].

---

31   Voir *Conf.* 98.
32   Cf. *Praem.* 95–96: «"Un homme paraîtra", dit l'oracle [*Nombres* 24, 7], qui conduira des armées et fera la guerre et soumettra des nations grandes et populeuses, Dieu apportant l'appui qui convient au peuple saint, c'est-à-dire l'imperturbable intrépidité des âmes [...]. Certains ennemis, observe le texte, ne mériteront pas d'être battus par des hommes: contre eux il enverra des essaims de guêpes pour les faire périr honteusement en combattant pour les justes.

En quelques cas Dieu utilisera les hommes, en quelques autres les animaux, tels des essaims de guêpes.»

«Ἐξελεύσεται γὰρ ἄνθρωπος», φησὶν ὁ χρησμός, καὶ στραταρχῶν καὶ πολεμῶν ἔθνη μεγάλα καὶ πολυάνθρωπα χειρώσεται, τὸ ἁρμόττον ὁσίοις ἐπικουρικὸν ἐπιπέμψαντος τοῦ θεοῦ· τοῦτο δ'ἐστὶ θάρσος ψυχῶν [...] Ἐνίους δὲ τῶν ἐχθρῶν ἀναξίους ἔσεσθαί φησιν ἥττης τῶν ἀνθρώπων, οἷς σμήνη σφηκῶν ἀντιτάξειν ἐπ' ὀλέθρῳ αἰσχίστῳ προπολεμοῦντα τῶν ὁσίων.

Le recours au guêpes pour le châtiment des ennemis rappelle *Es* 23, 28–30; *Dt* 7, 20; *Jos* 24, 12 et est présente aussi en *Sagesse* 12, 8 même si dans ce livre les guêpes sont envoyées contre les Cananéens par modération, comme précurseurs de son armée (Israël) afin qu'ils soient exterminés peu à peu.

33   Dieu se sert de bêtes ordinaires et petites pour punir ceux qui faisaient du mal (cf. *Mos.* I, 111).
34   Cf. J. Mansfeld, «Heraclitus, Empedocles, and others in a Middle Platonist cento in Philo of Alexandria», *Vigiliae Christianae* 39 (1985), p. 131–156.
35   «Les éléments de l'univers, la terre, l'eau, l'air et le feu, dont le monde a été constitué, sont destinés, selon le jugement de Dieu, à détruire le pays des impies, pour manifester l'efficacité du pouvoir qu'il détient; ces mêmes éléments, qu'il faisait concourir au salut quand il donnait sa forme à l'univers, il les retournait à son gré pour perdre les impies» (*Mos.* I, 96, trad. R. Arnaldez, Cl. Mondésert, J. Pouilloux, P. Savinel).
36   C'est ce qui est dit aussi dans *Mos.* I, 156 où, a propos de la grande vertu de Moïse et de

Dans des situations particulières l'ordre habituel est donc interrompu, l'harmonie du cosmos est bouleversée. Toutefois, au moment où il a décidé de détruire le monde, Dieu n'a pas voulu renoncer à son projet d'ordre. Avec le déluge la destruction ne devait pas être totale : il a effacé les genres qui étaient à la surface, mais non pas les racines qui sont en profondeur et qu'il a laissées pour la génération d'autres êtres. C'est ce qu'on peut comprendre du verset qui dit : « J'effacerai de la face de la terre toute hauteur que j'ai faite » (*Gen* 7, 4). De la face de la terre, non de la terre. Il efface les individus, mais Il conservera les genres pour l'avenir (*QG* II, 15). Le déluge n'est pas une solution définitive. Le genre humain continuera à exister comme les animaux et les plantes. Les saisons ne seront pas altérées, ni les températures terrestres qui conservent en bon état et sans maladie les vivants. Ordre et harmonie subsisteront dans l'univers et « grâce à eux la destruction n'atteindra pas tous les êtres terrestres[37] ».

4 La restauration à la fin des temps

Si pendant la vie actuelle du monde on a des conflits, des transitions, des modifications, à la fin des temps on aura une restauration : les animaux seront inoffensifs et amis des hommes même en leur étant toujours soumis, exactement comme c'était au début de la création. C'est ce qui est clairement affirmé dans *Praem.* 79 où on parle de la victoire sur les ennemis et dans *Mos.* I, 290 qui parle de la venue d'un homme qui changera les choses[38], mais les hommes seuls ne pourront pas terminer la guerre ; seul Dieu le pourra quand il le jugera juste, voire quand les individus seront pacifiques, solidaires, partisans de la concorde. Alors, les passions de l'âme (les fauves intérieurs) seront apprivoisées, la domestication des fauves extérieurs sera possible (*Praem.* 87). Les fauves les plus agressifs deviendront timides et dociles face à l'homme qu'ils regarderont comme leur chef et maître et accepteront d'être apprivoisés. D'un côté les fauves deviendront dociles et accepteront la domination humaine, d'un autre coté ils deviendront grégaires et abandonneront leur vie

---

son unicité, Philon affirme que chacun des éléments de la nature « lui obéissait comme à un maître, modifiant les propriétés qu'il avait et cédant à ses ordres ».
37 Cf. *QG* II, 55 à propos de *Gen.* 8, 21–22.
38 « Un jour, un homme sortira du milieu de vous, il acquerra la domination sur beaucoup de peuples ; sa royauté, grandissant chaque jour, s'élèvera très haut. Ce peuple a eu pour guide, sur toute sa route depuis l'Égypte, Dieu qui conduisait la multitude comme si c'était un seul bataillon » (trad. R. Arnaldez, Cl. Mondésert, J. Pouilloux, P. Savinel).

solitaire. Non seulement, donc, il y aura acceptation d'une autorité qui, d'une certaine façon, peut être imposée de l'extérieur; mais il y aura aussi un profond changement intérieur, une nouvelle façon d'être : le passage d'une vie solitaire à une vie communautaire, de l'individualisme à une vie grégaire. En outre, le venin des scorpions, des serpents, des reptiles sera inoffensif[39]. Ils ne perdront pas leur venin qui leur restera comme spécificité, mais ils ne seront plus redoutables. Crocodiles, mangeurs d'hommes, hippopotames, bêtes terribles et dangereuses, animaux qui vivent dans ou près du Nil ou dans les océans n'attaqueront plus l'homme qui deviendra sacré et indemne, devenu inviolable à cause de sa vertu. Les animaux, mangeurs d'hommes, seront convertis à la paix (voir *Praem.* 89–90).

Le verbe utilisé en *Praem.* 89, δοκοῦσι, évoque une sorte de vision, d'image et c'est celle d'une soumission des animaux, non pas d'une pacification. Les hommes continueront à être supérieurs et sacrés, indemnes, ils sortiront du danger. La vision n'est pas l'image d'un rapport irénique ou amical, il y a toujours une relation de différence et de distance. Les animaux abandonneront leur agressivité et leur tendance naturelle au conflit, ils éviteront d'attaquer les hommes, contraints par la volonté divine qui porte honneur au σπουδαῖος et lui, l'homme, sera ἱερὸς καὶ ἄσυλος comme les suppliants près d'un autel qui ne peuvent pas être tués, inviolables. C'est une nouvelle situation établie par Dieu, une trêve imposée. Comme le péché et la transgression ont déchiré tout accord entre les êtres, ainsi, symétriquement, la concorde et la vertu conduiront à la paix avec tous les vivants[40]. Cette domestication presque spontanée des fauves rappelle les passages messianiques d'Isaïe[41]. Tous les animaux deviendront

---

39 « Les espèces des scorpions, serpents et autres reptiles n'auront qu'un venin inoffensif. La fleuve d'Égypte apporte lui aussi aux habitants du pays de semblables animaux mangeurs d'hommes, ceux qu'on appelle crocodiles et hippopotames, et les océans recèlent également mille espèces de bêtes redoutables : au milieu de toutes l'honnête homme passerait sacré et indemne. Dieu honorant la vertu et la récompensant par l'inviolabilité » (*Praem.* 90). Crocodiles : possible allusion à *Ez.* 29, 3 : Pharaon grand crocodile qui sera vaincu et jeté dans le désert et *Ez.* 32, 2. Crocodiles et hippopotames : *Job* 40–41 où ils sont l'exemple le plus grand de la force et de la puissance ; personne n'ose les attaquer, ils sont invincibles. Ils sont créatures de Dieu qui les a faits et peut tout. Scorpions : *Ez.* 2, 6 (« N'aie pas peur lorsqu'ils disent [...] tu es assis sur des scorpions ») ; *Dt* 8,15 (« Dieu t'a fait passer à travers ce désert grand et redoutable, pays de serpents brûlants, des scorpions et de la soif »).

Le *Midrash Rabbah* à propos de Joseph explique que la citerne où ses frères avaient jeté Joseph était vide d'eau, mais pleine de serpents et de scorpions.

40 Cf. *Ez* 34, 25 ; *Is* 11, 6–8 ; 65, 25.

41 *Praem.* 89 : « Il me semble voir (δοκοῦσι) alors les ours, lions, panthères, et les bêtes de l'Inde, éléphants et tigres, et toutes les autres dont la vigueur et la force sont indomp-

végétariens et mangeront seulement légumes et plantes, il n'y aura aucune nourriture carnée[42]. C'est ainsi que se terminera la guerre qui « en date et par sa nature » fut la première (*Praem.* 91).

Pourquoi et en quel sens parle-t-on ici de première guerre? Adam était encore seul sur la terre et Dieu le mit dans le paradis pour le garder. Il n y avait pas d'autres hommes, mais il y avait les bêtes sauvages qui auraient pu le détériorer (cf. *QG* I, 14)[43]. Est-ce pour cela qu'on pense à une guerre entre les deux? Ou faut-il penser comme première guerre au conflit entre Ève et le serpent? Ces références bibliques sont – je pense – à l'origine de la double vision de Philon dont nous avons parlé: d'un coté l'inimitié naturelle, d'un autre coté l'inimitié comme conséquence de la transgression. C'est selon cette deuxième ligne que les passages de *De Praemiis* 89–90 parlent d'un retour à la condition originaire de la nature aux débuts de la création, à la condition d'harmonie entre tous les être vivants. À la fin des temps il y aura un renversement général, la *metabolé* dont parle *Praem.* 169. La réconciliation conduira à une reconstruction des villes naguère en ruine, à un repeuplement des terres jadis dépeuplées et la terre improductive deviendra fertile. « La prospérité des pères et ancêtres fera petite figure à côté des abondantes ressources dont on disposera [...] Il y aura tout d'un coup un renversement général de situation – μεταβολὴ ἐξαπιναίως » (*Praem.* 168). Dieu retournera les malédictions sur les ennemis qui se félicitaient des malheurs de la nation[44].

---

tables, échanger la vie solitaire et isolée contre la vie communautaire, et il ne faudra pas longtemps pour qu'à l'exemple des espèces grégaires elles se laissent domestiquer à la vue de l'homme: elles n'en seront plus excitées comme auparavant, mais intimidées, et elles le regarderont craintivement comme leur chef et maître naturel ».

Τότε μοι δοκοῦσιν ἄρκτοι καὶ λέοντες καὶ παρδάλεις καὶ τὰ παρ' Ἰνδοῖς, ἐλέφαντές τε καὶ τίγρεις. Καὶ ὅσα ἄλλα τὰς ἀλκὰς καὶ τὰς δυνάμεις ἀήττητα, μεταβαλεῖν ἐκ τοῦ μονωτικοῦ τε καὶ μονοτρόπου πρὸς τὸ σύννομον· κἂκ τοῦ πρὸς ὀλίγον μιμήσει τῶν ἀγελαίων ἡμερωθήσεται πρὸς τὴν ἀνθρώπου φαντασίαν, μηκέτι ὡς πρότερον ἀνερεθισθέντα, καταπλαγέντα δ'ὡς ἄρχοντα καὶ φύσει δεσπότην εὐλαβῶς ἕξει.

42 Comme au début de la création. Cf. *Gn* 1, 29–30.
43 Le thème de la mission confiée à Adam de travailler et garder le jardin a été l'objet de plusieurs exégèses qui s'interrogent sur la signification de ces expressions. Une belle analyse des références textuelles et de différentes interprétations a été conduite par S. Piron, *Ève au fuseau, Adam jardinier*. Je remercie l'auteur pour m'avoir permis de lire l'article.
44 Il y aura une lutte finale entre les hommes: de petits groupes de combattants vaincront les centuries, les centuries menaceront les grandes armées. Les justes obtiendront la victoire et la possession du pouvoir sans effusion de sang car d'autres hommes se soumettront, assujettis à la justice et la vertu, dociles aux gouvernants: ceux-ci « obtiendront non

La pacification générale concernera hommes, animaux, nature. Le passage en question parle en particulier de peuples ennemis, de malheurs des nations, de guerres entre les hommes, mais le renversement regarde la nature dans sa totalité. Une seule sera la norme, un le régime : terre, ciel, animaux, hommes rentreront dans un universalisme général : la loi donnée par Dieu à Moïse et qui est la loi de la nature deviendra la loi des nations. Comme l'observe justement Borgen[45], le particularisme cède ici sa place à un universalisme qui regarde les nations autant que toute la nature[46].

---

seulement le succès des armes sans effusion de sang et d'une façon décisive, mais aussi l'incontestable possession du pouvoir, dans l'intérêt des personnes» (voir *Praem.* 97). Sur la non effusion du sang voir P. Borgen, «*There shall come forth a Man*», p. 356, qui parle d'ue victoire gagnée non par les soldats, mais avec d'autres moyens, voire les guêpes (*Praem.* 96) ou la terreur (*Praem.* 95). Les individus et les nations accepteront volontiers la suprématie de ceux qui leur sont supérieurs en vertu (*Praem.* 114), poussés par le respect et l'affection. Si dans ces passages la suprématie est plutôt morale, ailleurs elle semble être, plutôt, guerrière et politique. Le peuple vaincra la guerre et il aura un vrai pouvoir, politique et militaire. Si ceux qui ne respectent pas la loi et les coutumes ataviques seront la proie de créanciers, ceux qui sont fidèles aux lois mosaïques et suivent les préceptes divins recevront récompenses et bénédictions et triompheront de leurs ennemis (Voir *Praem.* 79s.). Ils auront la richesse qui est conséquence de la paix et de la puissance, toutes sortes de produits, récoltes, abondance (Voir *Praem.* 98s.), la victoire sur les ennemis, le succès à la guerre, la certitude de la paix, honneurs, louanges, santé. Il s'agit de biens terrestres, mais ceux qui auront respecté les lois recevront aussi des acquisitions célestes : sagesse, sainteté, pulsion à se tourner vers Dieu miséricordieux qui rend facile le retour vers lui (*Praem.* 115–116). Continuellement on a un passage de l'observance de la justice et de la concorde à l'observance de la loi et des coutumes ancestrales : les lois des ancêtres sont expression de justice. Ceux qui les auront suivies, «fussent-ils en effet aux extrémités de la terre, esclaves d'ennemis qui les auraient emmenés en captivité, seront tous libérés le même jour comme sur un seul signal, leur conversion en masse à la vertu ayant jeté leur maîtres dans la stupeur : ceux-ci les relâcheront par honte de dominer des gens meilleurs qu'eux-mêmes. Une fois obtenue cette liberté inattendue, ceux qui peu auparavant se trouvaient dispersés en Grèce et en pays barbare, par les îles et les continents, se lèveront comme un seul homme et gagneront en hâte, chacun depuis son point de départ, l'unique endroit désigné. Ils seront dirigés par une certaine vision, trop divine pour être naturelle à l'homme, invisible aux autres, perceptibles aux seuls rappelés d'exil» (*Praem.* 164–165).

45 P. Borgen, «*There Shall Come Forth a Man*» : *Reflections on Messianic Ideas in Philo*, dans J.H. Charlesworth with J. Brownson, M.T. Davis, S.J. Kraftchick, and A.F. Segal (ed), *The Messiah. Developments in Earliest Judaism and Christianity*, Minneapolis : Fortress Press, 1992, p. 341–361.

46 Reprenant une séparation introduite par F. Dexinger («Ein 'Messianisches Szenarium' als Gemeingut des Judentums in nachherodianischer Zeit», *Kairos* 17 (1975), p. 249–287), Hecht individue trois moments dans le scénario messianique. Selon Hecht, p. 153–154,

Pour ceux qui ont oublié la loi et ont adopté des fausses idées telle que l'athéisme ou l'idolâtrie, il y aura les malédictions: l'envahisseur ravagera les cultures, d'où la misère, la pauvreté, la famine[47]. Même si les ennemis font une trêve, c'est la nature même qui ne la fera pas: sauterelles, vermine, nielle détruiront plantations et vergers. C'est ce qui arrivera à ceux qui ont méprisé justice et pitié[48]. C'est là le thème de la participation de la nature aux punitions données par Dieu dont on a déjà parlé.

Par l'apprivoisement des fauves prendra fin le premier des deux conflits. Les humains continueront la guerre entre eux, mais celle-ci aussi disparaitra quand ils verront que les animaux sans raison auront cessé leur hostilité[49]. Il y a ici un rappel de l'exemplarité des animaux que nous avons déjà vu dans le *De animalibus* (50–54) à propos de leur tempérance, leur courage, leur habileté guerrière, et qui revient dans plusieurs passages. Dans le *De Decalogo* (114), par exemple, l'auteur parle de bêtes qui rendent «à leurs bienfaiteurs les bienfaits qu'elles ont reçus [tels] les chiens de garde qui protègent leur maîtres ou meurent pour eux». Les cigognes plus jeunes aident les sujets qui sont devenus vieux et ne sont plus capables de se procurer la nourriture (*Decal.* 116)[50]. L'exemplarité des animaux, modèle de comportement juste et vertueux pour les hommes, est un *topos* qu'on trouve aussi chez d'autres auteurs tels que Plutarque (*De amore prolis*)[51]. Chez Philon, dans les passages sur la fin des guerres, l'exemple des animaux semble conduire à une cessation des conflits.

---

    le dépassement de l'inimitié entre hommes et animaux constitue le point de départ des thèmes messianiques dans le *De praemiis*. Ce conflit a son origine dans la méchanceté des hommes, des Hébreux en particulier, qui n'ont pas obéi à Dieu, mais il provient aussi de leur naturelle inimitié. Quand ils reviendront à Dieu, ils seront réunis, mettant fin à la dispersion et ramenés dans leur terre. Les malédictions tomberont sur leurs ennemis (*Praem.* 163–172).

47 Voir *Praem.* 127.
48 Voir *Praem.* 162.
49 «On trouvera sans doute bien honteux, quand les bêtes venimeuses, mangeuses d'hommes, farouches et insociables, sont devenues bien disposées et converties à la paix, que l'homme, cet animal naturellement paisible, chez qui sont innées la sociabilité et la concorde, poursuive implacablement le meurtre de ses semblables» (*Praem.* 92).
50 Voir aussi *De animal.* 61. Sur cette habitude des cigognes, voir Aristote, *Hist. An.* IX, 13, 615b23; Aristophane, *Les oiseaux*, v. 1355; Sophocle, *Électre*, v. 1058.
51 Cf ici, note 9.

Conclusion

Le discours sur les animaux entre dans la conception philonienne de l'universalisme et de l'accord qui règne non seulement entre les nations, mais dans toute la nature. Tout le monde est une unité gouvernée par la loi établie au début de la création par Dieu qui a décidé les liens entre les différentes parties, les δεσμοί cosmiques. À la fin des temps il y aura une restauration dans le monde entier, voire une réconciliation entre les parties. Toutes les nations reconnaîtront la grandeur de la loi de nature déployée dans la loi mosaïque. La bonne entente et la concorde conduiront cités et nations, peuples et contrées, les hommes, tous, à un grand bonheur (*Virtut.* 119–120). D'une certaine façon, on peut parler avec Hecht d'eschatologie réalisée[52] plus que de messianisme au sens propre[53]. Comme le montre clairement Borgen[54], plus que d'un chef suprême, d'un commandant juif qui règne sur les autres nations, Philon parle ici d'un guerrier royal et d'ordre cosmique, accomplissement des prophéties[55].

En effet, la scène décrite par Philon appartient à une condition hors du temps et de l'espace où les ennemis n'ont pas de nom et sont bientôt vaincus

---

52 R.D. Hecht (*Philo and Messiah*, dans : J. Neusner, W.S. Green, E. Frerichs (eds.), *Judaisms and their Messiahs at the Turn of the Christian Era*, Cambridge : Cambridge University Press, 1987, 1996, p. 139–168), relève une absence de messianisme explicite dans les révoltes liées aux persécutions de 38 et aussi pendants les années du règne de Claude. « At best Philo's messianism might be understood as a "realized eschatology" » (p. 162).

53 Hecht, p. 140, reprenant une thèse de Yeoshua Amir, pense qu'il y a chez Philon deux interprétations : « one in which he understood the messianic figure to be an allegorical or symbolic designator for the Logos, and a second in which he interpreted the messianic age ». Les textes suivant la première interprétation, selon Hecht (p. 149s.), sont *Conf.* 62–63 ; *Virtut.* 75 ; *Mos.* II, 44, II, 288 ; *Opif.* 79–81, ceux de la deuxième, *Praem.* 79–87. Les thèses présentant les deux interprétations sont présentes aussi aux pages 158 svv. En faisant une comparaison avec les *hasidim* dans la lecture de Scholem, l'auteur pense que Philon restreint le messianisme. En faisant usage de l'allégorie et en posant le messianisme hors de l'histoire, il lui enlèverait toute force. Tout est dans les mains de Dieu. On n'a pas besoin d'une figure messianique. C'est Dieu qui renverse les conditions en commençant avec l'« hostility between man and animal and then moving on to the relations between men and between nations » (p. 162).

54 « *There shall come forth a Man* », p. 358.

55 Voir *Mos.* I, 289–291, *Praem.* 93–97. En *Praem.* 165 le texte présente une vision « trop divine pour être naturelle à l'homme ». Si Wolfson (*Philo* II, 415–417) considère la vision comme référence à un personnage messianique dans un contexte qui a plusieurs points en commun avec les idées messianiques traditionnelles, tels que la réunion des exilés, la prospérité nationale, l'état de paix, les châtiments des nations ennemies, une comparaison est établie par le même Wolfson avec l'universalisme stoïcien. Pour Philon, états, groupes

sans effusion de sang, il n'y a ni maladies ni guerres, les animaux sauvages sont pacifiques, crocodiles et scorpions honorent les hommes: c'est une situation suspendue, extérieure à l'histoire et au présent, une condition symétrique de l'état irénique initiale du *gan* Eden. Dans ce cadre les animaux joueront un rôle essentiel: non seulement comme protagonistes des nouveaux rapports pacifiques, mais aussi comme modèles pour les hommes.

Sources

Aristophane, *Les oiseaux*, texte établi par V. Coulon, traduit par H. van Daele, Paris: Les Belles Lettres, ²1940.

Aristote, *Histoire des Animaux*, t. III, Livres VIII–IX, texte établi et traduit par P. Louis, Paris: Les Belles Lettres, 1969.

La Bible. Écrits intertestamentaires, J. Dupont-Sommer et M. Philonenko dir., Paris: Gallimard (La Pléiade), 1987.

Midrash Rabbah Genèse, Lagrasse: Verdier, 1987.

Philon d'Alexandrie, *Œuvres*, R. Arnaldez et C. Mondésert dir., Paris: Cerf, 1961–.

Sophocle, *Électre*, Paris: Les Belles Lettres, 1958.

---

ethniques, nations continueront à exister, à la différence de la représentation stoïcienne d'un état universel.

De plus, si E.R. Goodenough (*The Politics of Philo Judaeus: Practice and Theory*, New Haven: Yale University Press, 1938) interprète les passages du *De praemiis* selon les lignes du messianisme comme victoire historique, en particulier comme message contre Rome. J.J. Collins (*Between Athens and Jerusalem: Jewish Identity in the Hellenistic Diaspora*, New York: Crossroad 1983, p. 114–116) souligne au contraire que la victoire à laquelle fait allusion Philon est celle de la vertu sur le vice plus qu'une victoire politique ou militaire: les ennemis qui s'affrontent sont vertueux et méchants, Juifs et non-Juifs, il n y a pas de revendications nationales ou ethniques. De même, les châtiments promis sont des symboles. Et cela est certainement vrai, même s'il ne s'agit pas, au moins dans les passages dont on est en train de parler, d'allégorisation mais plutôt d'idéalisation. Sur l'allégorisation du messianisme et le changement philonien du sens messianique de quelques passages tels que Jérémie 23, 5, voir J. De Savignac, «Le messianisme de Philon d'Alexandrie. Communication faite au Congrès des orientalistes», Moscou, 1960, *Novum Testamentum*, Vol. 4, Fasc. 4 (Déc. 1960), p. 319–324 (320) qui parle aussi d'une certaine assimilation du *logos* et du messie.

Travaux

Berthelot K., « Philo and Kindness towards Animals (*De virtutibus* 125–147) », *The Studia Philonica Annual*, 14 (2002), p. 48–65.

Borgen P., « *There Shall Come Forth a Man* » : *Reflections on Messianic Ideas in Philo*, dans J.H. Charlesworth with J. Brownson, M.T. Davis, S.J. Kraftchick, and A.F. Segal (ed), *The Messiah. Developments in Earliest Judaism and Christianity*, Minneapolis : Fortress Press, 1992, p. 341–361.

Borgen P., « Man's Sovereignity over Animals and Nature according to Philo of Alexandria », dans T. Fornberg and D. Hellholm (edd), *Texts and Contexts*, Oslo : Scandinavian University Press, 1995, p. 369–389.

Calabi F., *God's Acting, Man's Acting. Tradition and Philosophy in Philo of Alexandria*, Leiden : Brill, 2008.

Calabi F., « *Il giardino delle delizie e la storia delle origini secondo Filone d'Alessandria* », in F. Calabi – S. Gastaldi, *Immagini delle origini. La nascita della civiltà e della cultura nel pensiero antico*, Sankt Augustin : Academia Verlag, 2012, p. 173–195.

Chiesa M.C., « Le problème du langage intérieur chez les Stoïciens », *Revue Internationale de philosophie* 3, 178 (1991), p. 301–321.

Collins J.J., *Between Athens and Jerusalem : Jewish Identity in the Hellenistic Diaspora*, New York : Crossroad 1983, p. 114–116.

De Savignac J., « Le messianisme de Philon d'Alexandrie. Communication faite au Congrès des orientalistes », Moscou, 1960, *Novum Testamentum*, Vol. 4, Fasc. 4 (Déc. 1960), p. 319–324.

Goodenough E.R., *The Politics of Philo Judaeus : Practice and Theory*, New Haven : Yale University Press, 1938.

Harl M., « Adam et les deux arbres du Paradis (Gen. II–III) ou l'homme milieu entre deux termes (*mesos – methorios*) chez Philon d'Alexandrie », *Recherches de Sciences Religieuses*, 50, 1962, p. 321–388.

Hecht R.D., *Philo and Messiah*, dans J. Neusner, W.S. Green, E. Frerichs (eds.), *Judaisms and their Messiahs at the Turn of the Christian Era*, Cambridge : Cambridge University Press, 1987, 1996, p. 139–168.

Luttikhuizen G.P., *Gnostic Revisions of Genesis Stories and Early Jesus Traditions*, Leiden-Boston : Brill, 2006.

Manetti G., « Etica animalista e linguaggio nell'antichità », *Theoria* 1 (2009), p. 19–45.

Mansfeld J., « Heraclitus, Empedocles, and others in a Middle Platonist cento in Philo of Alexandria », *Vigiliae Christianae* 39 (1985), p. 131–156.

Pépin J., « Remarques sur la théorie de l'exégèse allégorique chez Philon », dans *Philon d'Alexandrie*, Lyon 11–15 septembre 1966 : Colloques nationaux du CNRS, Paris : CNRS Éditions, 1967, p. 131–167.

Piazza R., *Adamo, Eva e il serpente*, Palermo : La Luna, 1988.

Santese G., « Animali e razionalità in Plutarco », in S. Castignone e G. Lanata (a c. di), *Filosofi e animali nel mondo antico*, Pisa: ETS, 1994, p. 139–170.

Terian A., *Philoni Alexandrini De animalibus*, Studies in Hellenistic Judaism 1, Chico (California): Scholars Press, 1981.

Tobin T.H., *The Creation of Man: Philo and the History of Interpretation*, Washington: The Catholic Biblical Quarterly, 1983, p. 160–161.

CHAPTER 6

Leo paleis uescetur (*AH* V 33,4). Le régime végétarien des animaux et la nouvelle harmonie de la création selon Irénée de Lyon

Joaquín Blas Pastor

Dans l'œuvre d'Irénée de Lyon parvenue jusqu'à nous, les animaux occupent un rôle important en tant que figures symboliques. Toutefois, dans ma présentation je renonce explicitement à l'étude de cette symbolisation, pour pouvoir me concentrer sur l'analyse des références théologiques à la nourriture partagée par les animaux en rapport avec la création. Dans cette perspective, il est possible faire un rapprochement et de mener un dialogue entre deux sensibilités. La première, c'est la fascination contemporaine face à la nature. La seconde, c'est la vénération d'Irénée de Lyon pour le cosmos en tant qu'œuvre et foyer de Dieu.

Mon exposé se divise en quatre parties, suivies d'une brève conclusion. La première partie tente d'abord de placer le regard sur le millénarisme d'Irénée dans la perspective de l'Eucharistie. La deuxième partie est une brève note sur un terme technique clé pour comprendre la pensée d'Irénée relative à la restauration de la création: *revocare*. Cette partie est suivie d'une section où j'analyse le régime végétarien du paradis pour finalement aborder, dans la quatrième partie, une approche de l'herméneutique théologique d'Is 11,7 (65,25) dans l'*Adversus Haereses*. Avec cela, nous pouvons nous approcher de la place qu'Irénée a réservée aux animaux dans sa réflexion sur la restauration de la création. J'achèverai cette présentation par une réflexion conclusive, articulée autour de la relation qui existe entre l'Eucharistie et le régime végétarien de la nouvelle création.

1 Création, millénarisme et Eucharistie chez Irénée de Lyon

Irénée présente avec une clarté totale une lecture littérale d'Ap 20, 4, en faisant la défense de la réalité du *Millenium*, c'est-à-dire la réalité d'une phase finale de l'histoire, dans laquelle le Christ régnera avec les justes dans une terre renouvelée. Un prisme herméneutique littéraire configuré à partir des schémas de la littérature inter-testamentaire en général et en particulier de la littérature apocalyptique. Depuis les temps anciens on a essayé de sauver la théologie de l'évêque de Lyon, en mutilant sa pensée afin d'éviter ses énoncés les plus ouvertement millénaristes. Le sort tragique de la tradition manuscrite relative au livre v de la traduction latine de l'*Adversus Haereses* est une bonne preuve de cette tendance : en effet, parmi les neuf manuscrits de cette traduction qui nous sont parvenus, dans sept il nous manque les chapitres relatifs au Millénaire. Nous les trouvons seulement dans le manuscrit Vossianus et dans le manuscrit Holmiensis, qui est une copie du Vossianus[1].

La doctrine du *Millénaire* eut du succès chez pas mal d'auteurs de la théologie protochrétienne. Une telle exégèse est refusée par les esprits modernes. Notre culture, y compris la religieuse, ne trouve pas de raisons qui rendent crédible une intervention directe de Dieu dans l'histoire, mais cela ne justifie pas que toute exégèse s'appuyant sur la littéralité de Ap 20, 4 doive être accueillie avec un sourire ironique et moqueur.

En fait, en caricaturant *a priori* le millénarisme des premiers siècles, nous sommes empêchés d'admirer l'éclat et la beauté de sa sensibilité envers le salut du cosmos. Si on apprend à le goûter avec un minimum de bienveillance, l'enseignement d'Irénée sur la restauration de la création, y compris les références aux animaux, révèle une pensée sur le destin et la plénitude de la création avec de nouveaux profils, fascinants et joyeusement positifs.

Le destin de la création apparait chez Irénée intimement et essentiellement liée au destin de la chair de Christ. L'Incarnation n'est pas pour le saint une simple étape du chemin de Dieu vers l'homme, absolument. Pour Irénée, la chair est le lieu de cette communion et on ne peut pas la penser au-delà du cosmos. La clé de voûte de sa pensée est le mystère de l'Incarnation et c'est dans ce mystère que le Créateur et ses deux Mains – le Fils et l'Esprit Saint – expriment son unité et orientent l'économie *propter carnem*.

Ce lien intime et essentiel entre la création et la chair du Christ a, selon Irénée, un lieu et un temps propres : l'Eucharistie. Le fait de manger tel qu'Irénée le conçoit dans le royaume des justes, n'est pas le sens du manger tel qu'il est conçu d'une manière grossière et brute par exemple dans certaines des descriptions de Lactance. Au contraire, il fait référence au banquet eucharistique, lié essentiellement à la terre et à la chair. Nous pourrions dire que la Sainte Cène inaugure la restauration de la création, car c'est en elle que l'Eucharistie fut engendrée. Les deux mystères sont inséparables, car qui ne croit pas l'un, ne peut pas croire l'autre.

---

1 Cf. L. Doutreleau, « La tradition latine », dans A. Rousseau, (trad.) *Irénée de Lyon. Contre les hérésies. Livre v. Tome I. Introduction, notes justificatives, tables* (SC 152, Cerf, Paris 1969), p. 27–30.

Le mystère du Corps et du Sang du Seigneur permet une nouvelle et très fructueuse lecture de l'exégèse d'Irénée du royaume des justes dans le millénaire. Celle-ci est l'option de travail que j'ai prise : faire un parcours parmi les paroles d'Irénée en AH V, 33, 4, 118–120, constituant le paradigme de son exégèse sur la place des animaux dans la création restaurée, du point de vue de l'Eucharistie. C'est grâce à elle que la richesse poétique de ces images s'ouvre aussi pour nous offrir une dense perspective dogmatique et théologique.

Pour arriver à ce que nous avons dit, nous devrons pénétrer dans ces images, en nous plaçant préalablement dans la pensée d'Irénée sur la restauration de la création. Nous le ferons maintenant avec l'aide d'un terme technique de l'époque : *revocare*.

2   Le terme *revocare* comme clé de lecture

Dans la théologie d'Irénée, le cosmos traverse trois phases. La première correspond au régime du paradis. La deuxième est celle dans laquelle nous sommes maintenant et la troisième et définitive aura lieu, comme il est rapporté par Rm 8, 19, quand la création accueillera la révélation de la gloire des enfants de Dieu.

Pour décrire le passage de la création soumise à l'esclavage du péché, dans laquelle nous habitons actuellement, à la création restaurée, la version latine de l'*Adversus Haereses* utilise le mot *revocare*. Ainsi, dans *AH* V 35, 2 nous pouvons lire[2] :

Haec autem talia universa non in supercaelestibus possunt intellegi – *Deus enim, ait, demonstrabit ei quae sub caelo est universae tuum fulgorem* –, sed in regni temporibus, **revocata** terra a Christo et reaedificata Hierusalem secundum characterem quae sursum est Hierusalem[3].	Ces événements ne sauraient se situer dans les lieux supra-célestes – « car Dieu, vient de dire le prophète, montrera ta splendeur à toute la terre qui est sous le ciel » –, mais ils se produiront aux temps du royaume, lorsque la terre aura été renouvelée par le Christ et que Jérusalem aura été rebâtie sur le modèle de la Jérusalem d'en-haut.

---

2 Texte latin et traduction d'après Irenée de Lyon, *Contre les hérésies livre V*, A. Rousseau – L. Doutreleau – Ch. Mercier (ed.) vol. 1, (SC 153, Cerf, París 1969).

3 *AH* V 35, 2, 53–58. Je lis *revocata* avec le manuscrit Vossianus et non *renovata* comme le fait l'éditeur français A. Rousseau, en s'appuyant sur le texte arménien [cf. A. Orbe, *Teología de san Ireneo III. Traducción y comentario al libro V del "Adversus Haereses"* (BAC–Estudio Teológico San Ildefonso, Madrid 1988), 517 ; M. Arótzegui, *La amistad del Verbo con Abraham según san Ireneo de Lyon* (AnGr 294, PUG, Roma 2005), 226, n. 35].

En quoi consiste-t-elle, cette transformation réalisée par Christ sur la terre et essentiellement liée à la reconstruction de Jérusalem selon les caractères de la Jérusalem d'en haut et liée aussi au don de l'éclat de la gloire à toute la création? Irénée, comme nous pouvons le lire quelques lignes après dans le même texte, rend possible d'interpréter cet acte de la part de Christ, comme la consommation de l'économie, dont les traits configurent toujours la Jérusalem d'en haut. Dans ses murs se dessine le dessein de Dieu de revêtir le cosmos de sa même gloire incorruptible. Après la descente de la Jérusalem céleste et après son hébergement par la création, cette incorruptibilité deviendra la forme définitive de la création.

Cependant, il y a un autre texte où Irénée montre avec une plus grande clarté la sémantique du verbe *revocare*: AH V 3, 2. Là, pour paraphraser saint Paul, en 1Co 15, 53, Irénée attribue à Dieu la puissance de transformer la figure ou *habitus* corruptible des réalités qui trouvent l'origine dans le temps, en une figure ou *habitus* incorruptible, qui est celle de Dieu. Pour décrire cette élévation transformatrice, l'évêque de Lyon utilise le Verbe ἀνάγει lequel, heureusement, nous est parvenu dans sa version grecque primitive, traduit comme *revocat* par le traducteur latin.

Si enim mortale non vivificat et corruptibile non revocat [ἀνάγει] ad incorruptelam, jam non potens Deus[4].	Car, s'il ne vivifiait pas ce qui est mortel et s'il n'élevait pas à l'incorruptibilité ce qui est corruptible, Dieu cesserait d'être puissant.

Le verbe ἀνάγω contient une nuance sémantique de mouvement et d'élévation. Il est légitime de lire dans ce mot une évocation du mystère de l'Ascension du Seigneur et cela nous aide à comprendre que, dans la théologie d'Irénée, la restauration de la création n'implique pas uniquement une restitution de la fécondité qu'elle possédait dans le paradis, mais elle comprend, aussi, son renouvellement par le Christ, qui la libère de la menace du mal. L'empreinte d'une telle maturation se manifestera par l'absence de violence entre tous ceux qui seront nourris par la terre renouvelée et qui l'habiteront, y compris les bêtes.

Pour Irénée, l'esclavage auquel le péché de l'homme a condamné la création n'empêche pas la croissance de celle-ci. Un progrès où la liberté humaine est impliquée. Le mot *revocare* fait aussi référence à la libération de l'histoire. L'agir des justes s'enracine dans la création et la féconde. C'est ce que nous montre l'exégèse du saint à Rm 8, 19–21 telle que nous la trouvons dans AH V 32,

---

4 AH V 3, 2, 33–35.

1, 10–32, 2, 70. Ceux qui crucifient leur âme par la foi et leur chair avec le martyre seront transfigurés avec le cosmos et partageront sa gloire incorruptible. À partir de ces traits, il devient aussi possible de dessiner le mystère de la chair crucifiée et glorieuse du Seigneur, le mystère de la création devenue Eucharistie.

3 Le régime végétarien du paradis

Comme nous venons de nous en apercevoir, la restauration de la création implique, selon Irénée, bien que non exclusivement, une restitution de la fécondité que celle-ci possédait dans le paradis. Cela justifie un regard sur la façon dont les animaux goûtent de la création dans les jours précédant le péché d'Adam. Cette troisième partie de la communication est consacrée à ce bref regard sur le régime végétarien du paradis, en complétant ainsi la perspective sur l'analyse de la nutrition des animaux dans la création restaurée, telle qu'elle est dessinée dans la promesse de Rm 8, 19–21.

Deux textes d'Irénée nous rapprochent de sa pensée sur l'équilibre végétarien propre à tous les vivants dans le paradis. Le premier texte appartient à l'*Epideixis* et dans celui-ci, curieusement, la fin du régime végétarien ne semble pas associée au péché d'Adam, mais à l'alliance que Dieu établit avec la création à partir du déluge. Irénée se concentre sur l'exégèse de Gn 9,14, où Dieu révèle le fait d'avoir établi son Alliance non pas et uniquement avec les hommes, mais aussi avec tous les êtres vivants. Tout cela met en évidence le caractère unitaire de la création. Nous citons à ce propos la traduction française du texte :

> Après le déluge, Dieu conclut une alliance avec le monde entier, les bêtes sauvages et les hommes, en sorte de ne plus détruire par un déluge tout ce qui surgit de la terre […] Et il changea la nourriture des hommes en leur ordonnant de manger de la viande : car, depuis le premier homme, Adam, jusqu'au déluge, les hommes ne se nourrissaient que de graines et de fruits d'arbres et la manducation de chairs ne leur était pas permise.
> *Epideixis*, 22[5]

Dans Gn 2, 16, Dieu prescrit pour l'homme comme nourriture les fruits des arbres du paradis. Cette prescription, semble supposer Irénée, invitait les

---

5 Traduction française d'après Irénée de Lyon, *Démonstration de la prédication apostolique*, A. Rousseau (ed), SChr 406, Cerf, París 1995.

hommes à s'alimenter uniquement des grains et des fruits des arbres. Pour partager la fécondité de la terre le régime végétarien s'imposait. Il était interdit aux hommes de manger de la viande.

Le deuxième texte nous aide à lire ce précepte végétarien sous le prisme de l'obéissance. Le fait de s'abstenir de manger de la viande se révèle ainsi comme la clé de voûte de l'harmonie restaurée dans la création. Dans le fragment que nous allons analyser, le *conditio revocata* apparaît comme lieu d'obéissance, où les animaux se soumettent à l'homme et où les deux, les hommes et les bêtes, se soumettent à Dieu. En vertu de l'aliment végétarien, nourriture première, les hommes et les animaux retrouvent l'harmonie avec leur Créateur, en goûtant sans division sa fécondité.

Avec ce deuxième texte, nous commençons maintenant l'analyse de l'exégèse qu'Irénée fait d'Is 11, 7 (65, 25). L'image du lion alimenté de paille nous offre une perspective suggestive et féconde. De cet endroit de l'exégèse d'Irénée, le regard théologique sur la *conditio revocata* la pénètre dans sa profondeur et nous permet de mieux apprécier la richesse de la création transfigurée. Dans cette création restaurée, les animaux n'auront pas besoin de la violence. Ils goûteront la fécondité de la terre sans besoin de se dévorer les uns les autres.

Sans refuser la légitimité d'une lecture allégorique d'Is 11, 7 (65, 25) et même après avoir indiqué l'une des plus communes, Irénée réaffirme la vérité et la solidité du sens littéral. Le texte que nous sommes en train de lire est une exégèse à la lettre d'Is 11, 7 (65, 25) dans son sens premier et le plus immédiat. Irénée fondera sur cette exégèse littérale son argumentation théologique relative à la nourriture des animaux dans la création restaurée:

… nihilominus ⟨fiet⟩ in resurrectione justorum super his animalibus, quemadmodum dictum est: dives enim in omnibus Deus, et oportet conditione revocata obaudire et subjecta esse omnia animalia homini et ad primam a Deo datam reverti escam, quemadmodum ante inobaudientiam subjecta erant Adae, fructum terrae ⟨manducantia⟩[6].	… cela n'en aura pas moins lieu pour ces animaux lors de la résurrection des justes, ainsi que nous l'avons dit; car Dieu est riche en toutes les choses, et il faut que, lorsque la création aura été «*revocata*», toutes les bêtes sauvages obéissent à l'homme et lui soient soumises et qu'elles reviennent à la première nourriture donnée par Dieu, de la manière qu'elles étaient soumises à Adam avant sa désobéissance et qu'elles mangeaient les fruits de la terre.

---

[6] AH V 33, 4, 110–116.

Irénée utilise l'expression latine *prima esca* (traduite par A. Rousseau en français par «première nourriture») pour se rapporter à l'aliment végétarien de la terre. Dans cet aliment primitif (et il est important de ne pas le perdre de vue), nous retrouvons une figure, un germe où les traits de l'Eucharistie peuvent légitimement s'insinuer.

Nous fixons ici notre attention sur la nourriture des vivants de la terre avant le péché d'Adam. Ensuite, nous aborderons l'un des textes capitaux d'Irénée parmi ceux qui se rapportent à la fécondité et à l'harmonie de la création comme demeure des animaux. Son argument nous rapprochera aussi du regard profond de l'évêque de Lyon sur le mystère de l'histoire et du cosmos.

4 Les animaux dans la *conditio revocata*

Après avoir mentionné la relation entre les bêtes, l'homme et la fécondité de la création, Irénée poursuit son discours avec une exégèse particulière d'Is 11, 7 (65, 25). Avec elle, nous arrivons à la fin de notre analyse. Nous nous intéresserons, au-delà d'autres aspects, à une image très belle et délicate, celle du lion s'alimentant de paille. Elle nous fait venir à l'esprit la majesté de tous les vivants, la bonté et la fécondité de l'œuvre du Créateur et de ses Mains et, finalement, la paix comme forme définitive du cosmos et de l'histoire. Irénée est un maître dans l'éloquence du silence et de la sobriété, mais pour le lire, il est nécessaire d'élever le regard et d'embrasser plusieurs perspectives. Cela justifie le besoin des parties précédentes et même d'agrandir la perspective. Nous essayerons maintenant d'ouvrir un peu plus la nôtre.

Le lien entre un cosmos pleinement guidé par le Logos et le régime végétarien et pacifique des bêtes et des hommes est un lieu commun de la pensée du deuxième siècle. Non seulement dans le domaine propre de la littérature et de la réflexion chrétiennes, mais aussi dans l'atmosphère culturelle de ce temps.

À titre d'exemple nous trouvons comment dans sa *Vie de Pythagore* 13, Jamblique décrit quelques exemples où Pythagore éduque divers animaux avec ses paroles, en les soumettant de cette façon à l'empire du Logos. Comme conséquence, ceux-ci s'alimenteront avec ordre des fruits de la terre. Parce qu'ils les goûtent sans violence, la paix se construira entre les bêtes et les hommes[7].

Cette attestation du régime végétarien dans la culture des premiers siècles, nous la trouvons même dans les doxographies de l'époque. Le chercheur alle-

---

7 Jamblico, *Vida pitagórica*, M. Periago Lorente (trad.), Gredos, Madrid 2003, 57–58.

mand Hermann Diels nous a transmis, lui aussi, quelques références chez les pythagoriciens au précepte de s'abstenir de manger des animaux[8].

Dans le domaine chrétien, il est aussi possible de trouver des exemples de cette relation entre le régime végétarien des bêtes et la création restaurée. L'un d'eux est Théophile d'Antioche, un auteur plus ou moins contemporain d'Irénée. Dans le chapitre 18 de son deuxième livre *Ad Autolycum*, il décrit le régime végétarien des hommes et des animaux dans le paradis. Quelques pages avant, dans le chapitre 17, le péché originel est rendu responsable de la violence des bêtes et du déséquilibre dans le cosmos[9]. D'après ces textes, la création recommencera à jouir de la paix quand, dans la consommation des temps, les hommes opèreront leur conversion définitive à la justice, surmonteront les conséquences du péché et cesseront de faire du mal.

Avec ces deux références je n'ai pas essayé de tracer des parallèles ou d'établir une dépendance entre la théologie d'Irénée et son milieu culturel. Il s'agissait tout simplement d'ébaucher quelques traits pour mieux situer la doctrine du saint, relative aux animaux et au régime végétarien de ces animaux durant le royaume des justes.

Après nous être situés dans la perspective appropriée, le moment est arrivé de lire la traduction en français du texte d'Irénée où se dessine le plus clairement la condition végétarienne de tous les animaux, dans la création restaurée.

| Alias autem et non est nunc ostendere leonem paleis vesci: hoc autem significat magnitudinem et pinguedinem fructuum. Si enim leo animal paleis vescetur, quale ipsum triticum erit cujus palea ad escam congrua erit leonum[10]? | Cela n'est d'ailleurs pas le moment de prouver que le lion se nourrira de paille; mais ce trait indique bien la grandeur et l'opulence des fruits; car, si une bête telle que le lion se nourrit de paille, quel ne sera pas le blé dont la simple paille suffira à nourrir des lions! |

Irénée n'essaie pas de décrire ici le cosmos et son équilibre, ce n'est pas le moment de le faire. Il essaie de lire la présence du Dieu, seul et unique, qui l'a créé, l'a fait mûrir et l'a conduit à la paix. Irénée contemple le mystère dessiné par Dieu dans les paroles d'Isaïe. L'image d'un lion qui s'alimentera de paille et d'un épi qui fructifiera dans un blé susceptible de soutenir la création entière, jusqu'à la conduire à la plénitude et à établir sa paix inexpugnable.

---

8   Cf. H. Diehls (éd.), *Doxographi Graeci*, Reimeri, Berlin 1879, 696.
9   Théophile d'Antioche, *Trois livres à Autolycus*, G. Bardy (ed.) et J. Sender (trad.), SC 20, Cerf, Paris 1948.
10   AH V 33, 4, 116–120.

5 Conclusion: le lion et la fécondité eucharistique de la terre

Je conclus cette brève analyse avec un dernier paragraphe, à titre de rappel. Dans la pensée chrétienne du deuxième siècle, il était commun de contempler les mystères de l'origine de la création comme une description de tout le dessein salvateur de Dieu. Le paradis contenait, selon les auteurs chrétiens anciens, y compris Irénée, les traits de la plénitude promise, il fallait, néanmoins, savoir les lire.

Dans l'harmonie entre l'homme et les animaux révélée dans les premiers jours de la création, Irénée sait contempler sa plénitude transfigurée. De cette façon, quand il médite sur la rencontre, promise dans Rm 8, 19, entre Dieu et ses enfants, entre la gloire du Créateur et la fécondité de l'œuvre de ses Mains, il réalise que l'obéissance de l'homme et la libération du cosmos sont deux dimensions inséparables. Un Dieu qui s'est fait chair est un Dieu porté par sa propre création et, en même temps, cette même chair de Dieu, en obéissant jusqu'à se faire Eucharistie, se révèle à l'égard d'Irénée comme le mystère fondant de l'univers.

Ce qui intéresse vraiment Irénée, comme nous venons de le lire dans certains de ses textes, est d'accueillir la lettre de l'Écriture telle qu'elle a été révélée, non pas de la démontrer et encore moins de la construire. Irénée contemple le tableau dessiné dans Is 11, 7 (65, 25) et ses yeux se laissent séduire par l'image d'un lion qui se nourrit de paille. Le blé n'apparaît pas dans le tableau dessiné par Isaïe, car il appartient à Irénée et à la forme eucharistique de sa pensée. Où va-t-elle, cette paille capable de soutenir des lions? Où va-t-elle, cette paille capable de restaurer la paix dans le cosmos et de récapituler en soi la fécondité de la terre dans toute sa densité et magnificence?

Les yeux d'Irénée contemplent le tableau dessiné par Isaïe, les yeux d'Irénée ont été séduits par l'image d'un lion qui se nourrit de paille et, ces mêmes yeux confessent l'équilibre végétarien du cosmos restauré, c'est vrai, mais son regard, le regard d'Irénée ne se trouve pas ici. Il est précisément là où Dieu devient Eucharistie: quel ne sera pas le blé dont la simple paille suffira à nourrir des lions!

Sources

H. Diehls (éd.), *Doxographi Graeci*, Berlin: Reimeri, 1879.
Irénée de Lyon, *Contre les hérésies livre V*, A. Rousseau – L. Doutreleau – Ch. Mercier (ed.), Paris: Cerf, SC 153, 1969.

Irénée de Lyon, *Démonstration de la prédication apostolique*, A. Rousseau (éd.), Paris: Cerf, SC 406, 1995.

Jamblico, *Vida pitagórica*, M. Periago Lorente (trad.), Gredos, Madrid 2003.

Théophile d'Antioche, *Trois livres à Autolycus*, G. Bardy (éd.) et J. Sender (trad.), Paris: Cerf, SC 20, 1948.

Travaux

Arótzegui M., *La amistad del Verbo con Abraham según san Ireneo de Lyon*, Roma: AnGr 294, PUG, 2005.

Orbe A., *Teología de san Ireneo III. Traducción y comentario al libro V del "Adversus Haereses"* Madrid: BAC–Estudio Teológico San Ildefonso, 1988.

CHAPTER 7

Pourquoi l'anthropocentrisme des Pères ? Réflexions sur le concept de création chez les Pères Cappadociens

Françoise Vinel

L'anthropocentrisme des Pères, un fait massif, qui sera mon point de départ, pourrait peut-être se résumer dans l'affirmation irénéenne si souvent convoquée : « Dieu s'est fait homme pour que l'homme devienne Dieu » – pour qu'il soit sauvé – et s'il fallait répondre brièvement à la question que nous avons retenue pour le titre de notre colloque : « La restauration de la création : quelle place pour les animaux ? », la réponse des Pères pourrait être : aucune !

L'incarnation, voire l'acte créateur lui-même, aurait ainsi une finalité exclusivement anthropocentrique ; mais l'Écriture ne dit peut-être pas seulement cela, les exposés de nos collègues biblistes l'ont montré, et il faudrait voir comment les Pères considèrent ces références à l'Écriture, au livre d'Isaïe et au chapitre 8 de l'épître aux Romains. Le titre de ma communication associe anthropocentrisme et création, car il me semble qu'il y a là comme un « gap », un « saut » que je me propose d'analyser. On pourrait dire : c'est comme si quelque chose n'était pas pensé – toute la distance entre le premier récit de la création – les six jours s'achevant dans la création de l'homme (le second récit est déjà anthropocentrique) – et d'autre part l'accomplissement du salut dans l'incarnation – mort – résurrection du Christ. Et je pourrais ajouter que ce « gap », précisément, pèse sans aucun doute sur l'histoire de la théologie postérieure. Peut-être plus encore avec le déplacement occidental qui met en place la série : création – chute – incarnation – rédemption ; en Orient, la place centrale faite à la théologie de la divinisation, déjà chez les Cappadociens, pose différemment la question, me semble-t-il, bien que les aspects cosmiques de la théologie de la divinisation ne soient véritablement développés qu'après le quatrième siècle.

L'hypothèse qui va me guider est la suivante : la triple dimension de la réflexion des Cappadociens, scripturaire, philosophique (y compris anthropologique) et théologique, se construit dans le cadre de contraintes – orientations de la pensée liées à la volonté de prendre ses distances à l'égard du système de représentations et concepts de la pensée philosophique profane, et, *ad intra*, distances à l'égard des doctrines considérées comme hérétiques, en l'occurrence, au 4ème s. essentiellement l'arianisme et ses représentants sur plusieurs générations. Quant à l'Écriture, le fondement, les Pères s'appuient sur des règles herméneutiques telles que celles développées par Origène, un de leurs maîtres, et, d'autre part des choix, implicites ou explicites, sont faits : il est toujours difficie d'interpréter des silences, mais il est notable, par exemple, que les versets de Rm 8, 22s. sont bien peu cités par les Cappadociens[1]. Ajoutons que la contrainte dans l'interprétation de l'Écriture (la foi dans la Révélation !) est elle-même soumise à la confession de foi : surtout à partir du concile de Nicée en 325 – mais la règle de vérité d'Irénée de Lyon a aussi son poids, la confession de foi est pour ainsi dire normative pour l'interprétation de l'Écriture.

Restera à examiner, ce sera ma dernière partie, si d'autres approches du lien création – salut ne sont pas ouvertes par les Cappadociens, qui prendraient en compte la totalité de la création.

Plusieurs œuvres me serviront de référence privilégiée : les homélies sur l'*Hexaéméron* de Basile de Césarée, et le traité du même titre de son frère Grégoire de Nysse ; d'eux encore les écrits sur la création de l'homme qui font suite à l'*Hexaéméron*, ainsi que deux autres œuvres de Grégoire de Nysse, le *Discours catéchétique* et les volumes *Contre Eunome*. Pour Grégoire de Nazianze, je privilégierai les *Poèmes dogmatiques*, édités par C. Moreschini, avec une traduction anglaise de Sykes[2]. Ces huit poèmes dogmatiques sont datés de la dernière période de sa vie, c'est-à-dire postérieurs au premier concile de Constantinople de 381. Avec d'autres poèmes, ils sont intitulés par Nicétas *aporrhèta, arcana* – c'est-à-dire le cœur de la foi qui exige, pour être compris, une conversion. Ce sont les termes employés par Grégoire au début du premier poème, *Sur les principes* ; un tel titre ne peut manquer de faire penser au traité du même nom d'Origène, et l'ordre des poèmes lui-même en donne confirmation[3]. Il s'agit de poèmes dogmatiques, à visée didactique, et ils représentent la synthèse de la pensée de Grégoire de Nazianze.

---

[1] Voir dans ce volume la contribution de D. Gerber sur l'exégèse de ces versets pauliniens.
[2] Grégoire de Nazianze, *Poemata arcana*, (Poèmes dogmatiques), édition de C. Moreschini, introduction, traduction et commentaire de D.A. Sykes, Oxford : Clarendon Press, 1997.
[3] Les titres sont, successivement : *les premiers principes ; le Fils ; l'Esprit ; le monde ; la providence ; les natures intelligibles ; l'âme ; les testaments et la venue du Christ*.

1 Contraintes du rapport à l'Écriture – «selon les Écritures» – et anthropocentrisme

Le mot contrainte n'est sans doute pas le plus approprié puisqu'il s'agit d'abord d'un rapport de foi dans la révélation telle qu'elle s'est écrite dans l'Ancien et le Nouveau Testaments – et à ce titre, tout est vrai dans l'Écriture – mais on peut parfois se demander si ce rapport à l'Écriture n'est pas ressenti comme une contrainte, surtout lorsque le contenu est obscur, selon la constatation souvent faite par Origène[4], et à première appréciation très loin du lexique et de la culture philosophique qui sont ceux des Pères.

Le respect de la lettre et de l'ordre du texte

Il s'agit sur ce point du traitement du premier récit de la création: la création selon un mode narratif. Le respect de la lettre n'exclut d'ailleurs pas en un second temps le passage à l'interprétation allégorique. Comme on sait, c'est un véritable genre littéraire qui se développe avec les commentaires de *Gn* 1–2, les traités sur l'*Hexaemeron*[5]. Qu'impose ce respect de la lettre? Prenons un extrait de l'homélie IX de Basile sur l'*Hexaéméron*:

> Ἃς οἱ μὴ καταδεχόμενοι τὰς κοινὰς τῶν γεγραμμένων ἐννοίας, τὸ ὕδωρ οὐχ ὕδωρ λέγουσιν, ἀλλά τινα ἄλλην φύσιν, καὶ φυτὸν καὶ ἰχθὺν πρὸς τὸ ἑαυτοῖς δοκοῦν ἑρμηνεύουσι, ... Ἐγὼ δὲ χόρτον ἀκούσας, χόρτον νοῶ, καὶ φυτὸν, καὶ ἰχθύν, καὶ θηρίον, καὶ κτῆνος, πάντα ὡς εἴρηται οὕτως ἐκδέχομαι. Καὶ γὰρ οὐκ ἐπαισχύνομαι τὸ εὐαγγέλιον.

> Ceux qui n'acceptent pas d'entendre les Écritures dans leur signification commune, disent que l'eau n'est point de l'eau, mais quelque autre substance; les mots: plantes, poissons, ils les interprètent comme bon leur semble ... Pour moi, quand j'entends parler d'herbe, je pense à de

---

4 Origène, *Traité des Principes*, II, IV, 1, Introduction et Traduction par M. Harl, G. Dorival et A. Le Boulluec, Paris: Études Augustiniennes, 1976; *Sur les Écritures*, Philocalie 1–20, éd. et trad. M. Harl, SC 302, Paris, 1983. Voir M. Harl, «Origène et les interprétations patristiques grecques de l'"obscurité" biblique», dans *Le déchiffrement du sens. Études sur l'herméneutique chrétienne d'Origène à Grégoire de Nysse*, Paris: Études Augustiniennes, 1993, p. 89–126 [l'article est d'abord paru en 1982 dans *Vigiliae christianae*]; Dorival G., Le Boulluec A. eds., *Origeniana Sexta, Origen and the Bible. Origène et la Bible*, EthL 118, Louvain: Peeters, 1995.

5 Notons au passage que si Philon commente bien ces mêmes versets dans son traité sur la création du monde – *De opificio mundi* (OPA 1), le titre dit autre chose de l'intention de Philon, même si le commentaire qu'il fait du 6ème jour va dans un sens anthropocentrique.

l'herbe; ainsi fais-je de plante, poisson, bête sauvage, animal domestique : je prends toutes choses comme elles sont dites. *Car je ne rougis pas de l'Évangile* (Rm 1, 16).

> BASILE, *Homélies sur l'Hexaéméron*, IX, 1, éd. et trad. S. GIET

Le principe affiché par Basile de Césarée est le refus de l'allégorie (ou de ses excès) et la revendication d'une univocité du texte – quitte à ce que le même Basile se contredise d'ailleurs dans d'autres passages. Le récit de la création, dans les neuf homélies sur l'*Hexaéméron*, donne lieu à une explication elle-même narrative, portée par une rhétorique de l'amplification, mais sans s'écarter des termes propres de l'Écriture; cependant Basile se plaît aussi à nourrir sa lecture de références présentées comme les données de la science de son temps – et là, on est souvent à la limite d'un certain concordisme. Basile, un lettré, s'adressant à ses pairs, s'approprie les versets bibliques, les inculture en quelque sorte en traçant des ponts avec l'environnement gréco-romain. Développements sur les plantes et les animaux, où l'on trouve, d'ailleurs, comme on le verra dans la dernière partie, des points de départ d'une réflexion sur le concept d'être animé. Les homélies se font éloge de la création parce qu'elle est l'œuvre du Créateur. Autrement dit : de la narration à l'éloge. Et en ce sens, il faut conclure que le respect de la lettre a ses limites : la création, l'acte créateur n'est pas pensé (est-il pensable ?), mais raconté et loué.

Nos commentateurs respectent aussi l'ordre du texte et, à propos des deux termes *eikôn* et *homoiôsis* en Gen 1, 26, l'on sait tous les commentaires et la diversité d'interprétation que ces deux termes ont suscités. Après le résumé de l'œuvre des cinq premiers jours, le passage que nous allons lire montre ce respect de l'ordre du texte, utilisé pour affirmer la place de l'homme comme roi de la création :

> Οὔπω γὰρ τὸ μέγα τοῦτο καὶ τίμιον χρῆμα ὁ ἄνθρωπος τῷ κόσμῳ τῶν ὄντων ἐπεχωρίαζεν. Οὐδὲ γὰρ ἦν εἰκὸς τὸν ἄρχοντα πρὸ τῶν ἀρχομένων ἀναφανῆναι, ἀλλὰ τῆς ἀρχῆς πρότερον ἑτοιμασθείσης, ἀκόλουθον ἦν ἀναδειχθῆναι τὸν βασιλεύοντα, ἐπειδὴ τοίνυν οἷόν τινα βασίλειον καταγωγὴν τῷ μέλλοντι βασιλεύειν ὁ τοῦ παντὸς ποιητὴς προηυτρέπισεν. Αὕτη δὲ ἦν γῆ τε καὶ νῆσοι, καὶ θάλαττα, καὶ οὐρανὸς ὑπὲρ τούτων ὀρόφου δίκην ἐπικυρτούμενος· πλοῦτος δὲ παντοδαπὸς τοῖς βασιλείοις τούτοις ἐναπετέθη. Πλοῦτον δὲ λέγω πᾶσαν τὴν κτίσιν, ὅσον ἐν φυτοῖς καὶ βλαστήμασι, καὶ ὅσον αἰσθητικόν τε καὶ ἔμπνουν καὶ ἔμψυχον.

> À ce moment-là, cette grande chose, et précieuse, qu'est l'homme, n'avait pas encore pris sa place dans le monde. Il n'aurait pas été naturel, en effet, que le maître parût avant les sujets : mais il fallait d'abord que fût préparé

> le royaume, après quoi il était logique qu'apparût le roi, quand le créateur de l'univers eut préparé un trône pour le futur. Voici la terre et les îles, la mer, et, au-dessus de la courbe du ciel, comme un toit; toutes sortes de richesses avaient été déposées dans la demeure royale. Quand je parle de richesses, j'entends toute la création, toutes les plantes et toute ce qui pousse, tout ce qui possède des sens, une respiration, une âme.
> GRÉGOIRE DE NYSSE: *Sur la création de l'homme*, 2, PG 44, 132CD – trad. J. LAPLACE

Bien que la chronologie des œuvres de Grégoire de Nysse, frère de Basile, soit toujours objet de discussions[6], les indications données par Grégoire lui-même au début de son traité soulignent que son développement sur la création de l'homme est censé compléter les homélies sur l'*Hexaéméron* de Basile. Dans le prologue adressé à leur frère Pierre, destinataire de l'œuvre, Grégoire fait l'éloge de l'*Hexaéméron* de Basile et situe ainsi son propre projet:

> On sait qu'il manque à ses *Six jours* l'étude de l'homme: si aucun de ses disciples ne se chargeait du soin de combler cette lacune, cela ne manquerait pas de donner prise aux reproches contre la gloire du grand Basile. J'affronte donc ici la tâche d'exposer ce qui manque à son traité.

L'Écriture inspirée fait de la création de l'homme l'œuvre du 6ème jour et cela est bien le signe du projet particulier du Créateur pour l'homme. Ainsi s'affirment, comme on le voit dans le passage cité plus haut, la royauté de l'homme et son rôle de gouvernement de l'univers. C'est comme si le respect de l'ordre du texte imposait l'anthropocentrisme. Et, notons aussi, dans la dernière phrase, la succession d'appositions qui donnent un contenu à « toute la création ».

Dans un passage de son poème *Sur l'âme*, où il se réfère aux deux récits de la création, Grégoire de Nazianze ne reprend pas la lettre du texte mais en suit l'ordre: le passage qui nous intéresse a été précédé par une présentation et une réfutation de quelques doctrines sur l'âme et l'aspect polémique de la com-

---

[6] Depuis les articles de J. Daniélou, « La chronologie des œuvres de Grégoire de Nysse », *Studia Patristica* 7, 1966, p. 159–169, et de G. May, « Die Chronologie des Lebens und der Werke des Gregor von Nyssa » (dans M. Harl éd., *Écriture et culture philosophique dans la pensée de Grégoire de Nysse*, Leiden: Brill, 1971, p. 51–66), il faut reconnaître peu d'avancées décisives dans l'établissement de cette chronologie. Voir cependant l'état de la question proposé par P. Maraval dans l'article *Chronology of works* du *Brill Dictionary of Gregory of Nyssa*, F. Mateo-Seco et G. Maspero eds., translated by S. Cherney, Leiden, 2010, p. 153–169.

paraison se manifeste bien dans l'expression: «le meilleur récit, pourrais-tu dire, le nôtre – Ἡμέτερον δ' ἀΐοις ψυχῆς πέρι μῦθον ἄριστον» – avec le possessif en tête du vers qui introduit cette section du poème. Grégoire de Nazianze y propose un résumé synthétique des *cinq premiers jours*, et, à l'inverse, pour le sixième jour, celui de la création de l'homme, le poète imagine un discours prêté au Créateur, une amplification qui paraît mêler et lier Genèse 1, 26 («Créons l'homme à notre image et ressemblance») et Genèse 2, 7 («Dieu modela ...»). Avec ce *muthos* poétique et ces paroles, Grégoire de Nazianze, c'est important, se met au diapason des païens et de leurs poèmes cosmogoniques pour affirmer la spécificité – et la vérité – de l'explication biblique.

Pourtant, il n'est pas sûr que cette façon de s'en tenir à l'ordre et la littéralité du texte biblique suffise aux Cappadociens, en particulier à Grégoire de Nysse. Je tire parti ici de ce qui m'apparaît comme un changement de méthode, d'approche du récit de la création par Grégoire de Nysse. Son traité sur la création de l'homme s'inscrivait à la suite de l'*Hexaéméron* de Basile. Or, sans doute quelques années plus tard, Grégoire écrit à son tour un traité *In hexaéméron* – sans doute un an ou deux après, au moment même où il est occupé avec la réfutation d'Eunome (v. 380). Il est remarquable que cet *Hexaéméron* se démarque du récit biblique et de l'ordre des versets. Il met davantage l'accent sur des hypothèses et son maître mot est: «conjecture» (στοχασμός), souvent répété[7]. La perspective se fait beaucoup plus philosophique, comme il le souligne expressément: «Εἴπως ἡμῖν γένοιτο δυνατὸν συμμαχίᾳ θεοῦ μενούσης τῆς λέξεως ἐπὶ τῆς ἰδίας ἐμφάσεως συνηρτημένην τινὰ καὶ ἀκόλουθον ἐν τῇ κτίσει τῶν γεγονότων ἐπινοῆσαι τὴν θεωρίαν – Peut-être nous sera-t-il possible, avec l'aide de Dieu, tout en conservant à l'expression son sens propre, de concevoir une théorie liée et ordonnée de la création de ce qui existe» (Grégoire de Nysse, *In hexaéméron*, GNO IV/1, p. 14, 10–12). Une «*theôria*» qui dise autrement la lettre du texte, c'est toute l'ambition de Grégoire, qui l'amène, particulièrement dans ce traité, à une œuvre non narrative, posant la question des éléments, de la matière, etc[8].

Avec la question de la création, ce sont donc plutôt les questions philosophiques et la réponse à donner aux doctrines existantes qui guident Grégoire de Nysse, autrement dit les débats en cours avec la tradition philosophique,

---

[7] Par ex., sous forme adverbiale, en *In Hexaem.*, GNO IV/1, p. 13, 17, ed. H. Drobner, Leiden: Brill, 2009.

[8] Un paradoxe qui, je crois, traverse largement l'œuvre de Grégoire, il suffit de rappeler ici la structure en deux parties de la vie de Moïse, une de ses dernières œuvres: *historia* (reprise de la lettre) puis *théôria*, «contemplation», interprétation spirituelle.

voire les contemporains, tels l'empereur Julien, comme ceux avec les ennemis de l'intérieur, en l'occurrence Eunome, qui constituent un second type de contrainte, et on peut à présent les examiner. Ainsi, après ce que j'ai appelé après les contraintes scripturaires, Grégoire affronte une seconde série de « contraintes », la réponse à donner à l'environnement philosophique et théologique.

2   Contraintes philosophiques et théologiques

Ma seconde partie sera centrée sur Grégoire de Nysse et sa compréhension du concept de création, plus précisément de l'opposition entre créé et incréé – une opposition dont l'histoire de la théologie lui est grandement redevable. Si je m'en tiens, pour la comparaison avec les autres cappadociens, à des données statistiques d'après les références du *TLG*[9], cela donne : très peu d'occurrences des adjectifs κτιστός / ἄκτιστος chez Basile et Grégoire de Nazianze et un emploi plus large du substantif κτίσις, mais bien moindre que chez Grégoire de Nysse (125 occurrences / contre une trentaine chez Basile et une vingtaine chez Grégoire de Nazianze); et chez Grégoire de Nysse, κτιστός / ἄκτιστος, souvent pris ensemble, sont fréquents surtout dans le *Contre Eunome* et les autres traités trinitaires.

Essayons de définir à partir de quelques textes ce qui oriente l'intérêt de Grégoire pour le concept de création.

Au plan philosophique, d'abord, c'est moins la hiérarchie des êtres que la radicalité de la distinction entre créé et incréé qui est soulignée. On peut s'en rendre compte dans les lignes du *Contre Eunome* I où la distinction apparaît sans doute pour la première fois après le rappel, cependant, de la distinction entre sensible et intelligible : si Grégoire se réfère explicitement au verset de l'épitre aux Colossiens mentionnant les réalités visibles et invisibles, c'est pour introduire une distinction beaucoup plus importante pour lui, celle entre créé et incréé :

Contre Eunome I, 270–271. 295

Πάντων τῶν ὄντων ἡ ἀνωτάτω διαίρεσις εἴς τε τὸ νοητὸν καὶ τὸ αἰσθητὸν τὴν τομὴν ἔχει. Καὶ ἡ μὲν αἰσθητὴ φύσις γενικῶς ὑπὸ τοῦ ἀποστόλου ὁρατὴ κατωνόμασται· ἐπειδὴ γὰρ πᾶν σῶμα ἐν χρώματι, τούτου δὲ ἡ ὅρασις τὴν ἀντίληψιν

---

9   Et, pour Grégoire de Nysse, au *Lexicon Gregorianum* établi par F. Mann, 10 vol., Leiden : Brill, 1998–2014.

ἔχει, καταλιπὼν τὰς ὑπολοίπους ποιότητας, ὅσαι οὐσιωδῶς συμπεφύκασιν, ἐκ τοῦ προχείρου κατὰ τὴν αἴσθησιν ὁρατὴν προσηγόρευσε. Τῆς δὲ νοητῆς φύσεως πάσης ὄνομα μὲν κοινόν ἐστι, καθώς φησιν ὁ ἀπόστολος, τὸ ἀόρατον· τῇ γὰρ ὑπεξαιρέσει τῆς αἰσθητικῆς καταλήψεως ἐπὶ τὸ ἀσώματόν τε καὶ νοητὸν χειραγωγεῖ τὴν διάνοιαν. Ὁ δὲ λόγος εἰς δύο τέμνει καὶ ταύτης τὴν ἔννοιαν. Ἡ μὲν γὰρ ἄκτιστος ἡ δὲ κτιστὴ ὑπὸ τῆς ἀκολουθίας καταλαμβάνεται, ἄκτιστος μὲν ἡ ποιητικὴ τῆς κτίσεως, κτιστὴ δὲ ἡ διὰ τῆς ἀκτίστου φύσεως τὴν αἰτίαν καὶ τὴν δύναμιν τοῦ εἶναι ἔχουσα …

Καὶ τῆς μὲν ἀκτίστου φύσεως τὴν ἁγίαν τριάδα εἶναι διωρισάμεθα, τῆς δὲ κτιστῆς πάντα ὅσα μετ' ἐκείνην λέγεταί τε καὶ ἔστι καὶ ὀνομάζεται.

La distinction la plus fondamentale valant pour l'ensemble des êtres est celle qui établit une séparation entre l'intelligible et le sensible. La nature visible est appelée d'un terme générique «visible» par l'Apôtre (Col 1, 16); puisque tout corps comporte une couleur et que la vue en a la perception, l'Apôtre omet les autres qualités qui sont naturellement inhérentes à l'essence, et appelle visible tout simplement ce qui tombe normalement sous la perception des sens. Le nom commun de toute la nature intelligible est, d'après ce que dit l'Apôtre, «l'invisible». En faisant abstraction de la saisie par les sens, l'Apôtre dirige notre esprit vers ce qui est incorporel et intelligible. Mais la raison distingue encore deux aspects de cette notion d'intelligible. En effet, au nom de la cohérence logique, l'intelligible est saisi soit comme incréé soit comme créé, la nature incréée qui a effectué la création, la nature créée qui trouve dans la nature incréée sa cause et sa capacité d'être …

Et nous avons établi que la Sainte Trinité est de l'ordre de la nature incréée, alors que tout ce qui est mentionné, est et est nommé après celle-ci, est de l'ordre du créé.

SC 524, trad. R. WINLING, p. 88-91

L'enjeu de cette distinction radicale, maintes fois reprise dans les traités dogmatiques de Grégoire, est double: philosophiquement, une prise de position contre la philosophie païenne sur la question du κόσμος et de son origine (mais cela ne l'empêche pas de s'approprier bien des aspects du platonisme). Cette volonté de répondre aux objections des philosophes est clairement exprimée dans un passage du chapitre 5 du *Discours catéchétique*, une sorte de synthèse de sa pensée doctrinale, malheureusement difficile à dater; Grégoire de Nysse y exprime clairement sa recherche d'une méthode de discussion et, sans doute, un certain respect de l'interlocuteur:

Grégoire de Nysse, *Discours catéchétique* V, 1

Ἀλλὰ τὸ μὲν εἶναι Λόγον Θεοῦ καὶ Πνεῦμα διά τε τῶν κοινῶν ἐννοιῶν ὁ Ἕλλην καὶ διὰ τῶν γραφικῶν ὁ Ἰουδαῖος ἴσως οὐκ ἀντιλέξει· τὴν δὲ κατὰ ἄνθρωπον οἰκονομίαν τοῦ Θεοῦ Λόγου κατὰ τὸ ἴσον ἑκάτερος αὐτῶν ἀποδοκιμάσει ὡς ἀπίθανόν τε καὶ ἀπρεπῆ περὶ θεοῦ λέγεσθαι. Οὐκοῦν ἐξ ἑτέρας ἀρχῆς καὶ εἰς τὴν περὶ τούτου πίστιν τοὺς ἀντιλέγοντας προσαξόμεθα· Λόγῳ τὰ πάντα γεγενῆσθαι καὶ σοφίᾳ παρὰ τοῦ τὸ πᾶν συστησαμένου πιστεύουσιν, ἢ καὶ πρὸς ταύτην δυσπειθῶς ἔχουσι τὴν ὑπόληψιν.

Qu'il existe un Logos de Dieu et un Pneuma de Dieu, le grec à partir des notions communes et le juif à partir des Écritures ne le contesteront peut-être plus; mais chacun des deux rejettera également l'économie de l'incarnation du logos de Dieu sous prétexte qu'elle est invraisemblable et que c'est une manière indigne de parler de Dieu. C'est pourquoi nous partirons d'un principe différent pour amener nos adversaires à accepter aussi cet aspect de notre foi. Croient-ils que tout a été créé par le Logos et la Sagesse de celui qui a organisé l'univers ou bien donnent-ils difficilement leur adhésion à cette conception?

Mais c'est au plan théologique que cette distinction prend tout son sens. En effet, dans le contexte du débat avec Eunome, l'enjeu de la distinction entre créé et incréé est l'affirmation de la divinité du Fils et de son incarnation, de sa venue dans la création, dans le créé, « pour notre salut ». Vraiment le Verbe Dieu s'est fait chair, répond Grégoire à Eunome. Dès lors ce n'est plus, pourrait-on dire, le « contenu » de la création, plantes, animaux, hommes, qui retient l'attention de Grégoire mais cette opposition radicale incréé/créé, avec laquelle il situe le Verbe (celui de *Jn* 1, 1 : « Au commencement était le Verbe ») du côté de l'incréé, si l'on peut dire. Cette approche globale du concept de création pourrait trouver confirmation, je crois, dans la manière dont sont étroitement associés κτίσις et διαστῆμα, un concept emprunté au stoïcisme: il désigne l'extension spatio-temporelle, ce qui permet le mouvement, le changement – là encore ce n'est pas le « contenu » qui intéresse Grégoire de Nysse mais les modalités de l'opposition entre créé et incréé.

Et lorsqu'il aborde l'incarnation, l'anthropocentrisme se trouve adossé, si je peux employer une telle métaphore, au christocentrisme, la venue du Fils, sa mort et sa résurrection. « L'image du Dieu invisible », c'est le Christ, et l'homme est image de l'image – il faudrait analyser de plus près les implications, pour notre thème, de l'association établie entre *Gn* 1, 26 et *Col* 1, 15 : « Il est l'image du Dieu invisible, le premier né de toute créature ». J'ajoute que cependant

Grégoire de Nysse n'élabore pas, comme pourra le faire Augustin, une réflexion à partir de l'opposition paulinienne entre le « premier Adam » et le « dernier Adam » en *Rm* 5[10] – toute l'histoire du salut se jouant dans le passage de l'un à l'autre.

Une thèse a été soutenue en 2012 à Angers par Xavier Batllo sous le titre « Ontologie scalaire et polémique trinitaire : le rôle de la distinction κτιστόν / ἄκτιστον dans la première réfutation d'Eunome par Grégoire de Nysse[11] », c'est à dire le *Contre Eunome* I. Puis lors d'un colloque sur le *Contre Eunome* III, X. Batllo a essayé de cerner une évolution de Grégoire dans le recours à cette distinction, trois années sans doute séparant les deux œuvres, de 380 à 383 – le concile de Constantinople I s'étant tenu en 381. La comparaison des deux passages du *Contre Eunome* I et du *Contre Eunome* III montre la priorité définitive donnée à la distinction créé/incréé[12], et on peut y voir un éloignement clair de l'approche platonicienne ou néoplatonicienne de la hiérarchie entre sensible et intelligible. Il y a là, sans doute, un changement du modèle philosophique, mais, comme le souligne X. Batllo, la controverse théologique est aussi dirimante.

Reprenons quelques phrases du passage du *Contre Eunome* I cité plus haut :

Contre Eunome I, 270.271

Πάντων τῶν ὄντων ἡ ἀνωτάτω διαίρεσις εἴς τε τὸ νοητὸν καὶ τὸ αἰσθητὸν τὴν τομὴν ἔχει [...] Ὁ δὲ λόγος εἰς δύο τέμνει καὶ ταύτης τὴν ἔννοιαν. ἡ μὲν γὰρ ἄκτιστος ἡ δὲ κτιστὴ ὑπὸ τῆς ἀκολουθίας καταλαμβάνεται, ἄκτιστος μὲν ἡ ποιητικὴ τῆς κτίσεως, κτιστὴ δὲ ἡ διὰ τῆς ἀκτίστου φύσεως τὴν αἰτίαν καὶ τὴν δύναμιν τοῦ εἶναι ἔχουσα.

La distinction la plus fondamentale valant pour l'ensemble des êtres est celle qui établit une séparation entre l'intelligible et le sensible [...] Mais

---

10   On peut comparer, à partir de *Biblindex*, les références à Rm 5 chez Grégoire de Nysse par comparaison avec Augustin.
11   X. Batllo, *Ontologie scalaire et polémique trinitaire. Le subordinationisme d'Eunome et la distinction* κτιστόν / ἄκτιστον *dans le* Contre Eunome I *de Grégoire de Nysse*, Jahrbuch für Antike und Christentum, Münster: Aschendorff, 2013.
12   X. Batllo, « Une évolution de Grégoire ? La distinction κτιστόν / ἄκτιστον du *CE I* au *CE III* », dans J. Leemans et M. Cassin ed., Gregory of Nyssa *Contra Eunomium* III. An English Translation with Commentary and Supporting Studies. Proceedings of the 12th International Colloquium on Gregory of Nyssa (Leuven, 14–17 September 2010), VCS 124, Leiden : Brill, 2014, p. 489–499.

> la raison distingue encore deux aspects de cette notion d'intelligible. En effet, au nom de la cohérence logique, l'intelligible est saisi soit comme incréé soit comme créé, la nature incréée qui a fait la création, la nature créée qui trouve dans la nature incréée sa cause et sa capacité d'être ...
>
> SC 524, trad. R. WINLING, p. 88–91

Par contraste, la phrase qui suit, extraite du *Contre Eunome* III, montre le déplacement qui s'est opéré :

> *Contre Eunome* III, 6, 66
>
> Τῶν γὰρ ὄντων πάντων ἡ ἀνωτάτω διαίρεσις εἰς τὸν κτιστὸν καὶ ἄκτιστον τὴν τομὴν ἔχει, τὸ μὲν ὡς αἴτιον τοῦ γεγονότος, τὸ δὲ ὡς ἐκεῖθεν γενόμενον.
>
> De tous les êtres, en effet, la distinction la plus haute est la division entre le créé et l'incréé, l'un comme cause de ce qui est advenu, l'autre comme advenu à partir de là.

Comme on le voit, avec le même vocabulaire dans les deux extraits, Grégoire passe d'une distinction à l'autre et, plus encore sans doute dans la deuxième affirmation, on est dans une opposition radicale entre deux concepts théologiques très éloignée de toute différenciation à l'intérieur du monde créé.

J'ajoute, en complément à ces deux textes, un bref commentaire de la citation du traité dogmatique *Sur la foi* : vous y noterez la répétition du terme κτίσις, avec une allusion à *Rm* 8, mais, à l'inverse du passage du *De hominis opificio* cité plus haut[13], ce n'est pas ce que contient la « création » qui retient l'attention de Grégoire – je rejoins là les questions posées par D. Gerber aux versets de *Rm* 8[14] :

> *À Simplicius, sur la foi*
>
> Καὶ περὶ τοῦ πνεύματος δὲ τοῦ ἁγίου οἱ βλασφημοῦντες τὸ αὐτὸ λέγουσιν ὃ καὶ περὶ τοῦ κυρίου, ὅτι ἐστὶ καὶ τοῦτο κτιστόν, καὶ ἡ ἐκκλησία ἐπίσης ὡς περὶ τοῦ υἱοῦ, οὕτως καὶ περὶ τοῦ ἁγίου πνεύματος πιστεύει, ὅτι ἐστὶν ἄκτιστον· διότι πᾶσα ἡ κτίσις ἐκ τῆς τοῦ ὑπερκειμένου ἀγαθοῦ μετουσίας γίνεται ἀγαθή, τὸ δὲ πνεῦμα τὸ ἅγιον οὐ προσδεές ἐστι τοῦ ἀγαθύνοντος (ἀγαθὸν γὰρ τῇ

---

13   Voir *supra*, p. 115–116.
14   Voir *infra*, p. 36–49.

φύσει ἐστί, καθὼς ἡ γραφὴ μαρτυρεῖ)· καὶ ὅτι ἡ κτίσις ὁδηγεῖται παρὰ τοῦ πνεύματος, τὸ δὲ πνεῦμα τὴν ὁδηγίαν χαρίζεται· ἡ κτίσις ἡγεμονεύεται, τὸ δὲ πνεῦμα ἡγεμονεύει· ἡ κτίσις παρακαλεῖται, τὸ δὲ πνεῦμα παρακαλεῖ· ἡ κτίσις δουλεύει, τὸ δὲ πνεῦμα ἐλευθεροῖ· ἡ κτίσις σοφίζεται, τὸ δὲ πνεῦμα τὴν τῆς σοφίας δίδωσι χάριν· ἡ κτίσις μεταλαμβάνει τῶν χαρισμάτων, τὸ δὲ πνεῦμα κατ' ἐξουσίαν χαρίζεται.

Au sujet de l'Esprit saint aussi, les blasphémateurs disent la même chose qu'au sujet du Seigneur, à savoir qu'il est créé, lui aussi; et l'Église également croit, au sujet du Saint-Esprit, la même chose qu'au sujet du Fils, à savoir qu'il est incréé. Parce que toute la création devient bonne par la participation au bien transcendant, et que l'Esprit saint n'a pas besoins de bienfaiteur – car il est bon par nature, comme en témoigne l'Écriture; et parce que la création est guidée par l'Esprit, et que l'Esprit fait la grâce de guider; la création est conduite, et l'Esprit conduit; la création est consolée, et l'Esprit console; la création est dans la servitude, et l'Esprit libère; la création devient sage, et l'Esprit donne la grâce de la sagesse; la création prend part aux dons, et l'Esprit a le pouvoir de donner. « Tout cela, en effet, c'est le même et unique Esprit qui l'opère, distribuant à chacun en particulier, comme il le veut »[15].

1 Co 12, 11

Au terme de ces quelques remarques sur la double série de contraintes qui encadrent la réflexion de Grégoire de Nysse, on peut exprimer deux conclusions: le récit de *Genèse* 1, et la lecture de *Gn* 1, 26 à la lumière de l'incarnation, tout cela confirmé dans la confession de foi, de Nicée en 325 puis de Constantinople I en 381, imposent une supériorité de l'homme et un salut qui lui est réservé; le Christ s'est incarné « pour nous les hommes et pour notre salut », selon la confession de foi du concile de Contantinople I, dont Grégoire de Nysse a été un artisan. Et d'autre part, on vient de voir que la notion du créé/de la création est surtout antithétique, sans que son contenu ne soit détaillé – c'est là ce que je nommais l'impensé dans mon introduction … Il reste la question de notre colloque: « la restauration de la création: quelle place pour les animaux? », et dans mon troisième point, je vais tâcher de nuancer ma réponse à l'emporte pièce en commençant: aucune place.

---

15 *Ad Simplicium. De fide*, GNO III/1, p. 65, 25–66, l2. Traduction française inédite de Th. Ziegler, J.-M. Prieur et F. Vinel.

3   Ouvertures ...

On peut nommer, avec quelques exemples, trois ouvertures, trois interstices appelant des développements sur la création et le rapport aux animaux:

1) Une ouverture que je qualifie de liturgique, avec un extrait du *Sermon sur l'Ascension* de Grégoire de Nysse:

> Διὰ τοῦτο παρ' ἐκείνων ἡ ἐρωτηματικὴ αὕτη φωνὴ πρὸς τοὺς προπομπεύοντας γίνεται· Τίς ἐστιν οὗτος ὁ βασιλεὺς τῆς δόξης; εἶτα ἡ τούτων ἀπόκρισις οὐκέτι· ὁ *Κραταιὸς καὶ δυνατὸς ἐν πολέμῳ*, ἀλλά· *Κύριος τῶν δυνάμεων* ὁ τοῦ παντὸς ἐξημμένος τὸ κράτος, ὁ ἀνακεφαλαιώσας τὰ πάντα ἐν ἑαυτῷ, ὁ ἐν πᾶσι πρωτεύων, ὁ εἰς τὴν πρώτην κτίσιν ἀποκαταστήσας τὰ πάντα *Αὐτός ἐστιν ὁ βασιλεὺς τῆς δόξης*.

C'est pourquoi les portiers posent cette question à ceux qui l'escortent: « Quel est ce roi de gloire ? » (*Ps* 23, 10). Leur réponse n'est plus alors : « Le fort, le héros au combat » (cf. *Ps* 23, 8), mais « le Seigneur des puissances » (*Ps* 23, 10), celui qui s'est attaché le pouvoir sur l'univers, celui qui a récapitulé toutes choses en lui, qui occupe en tout le premier rang, qui a tout ramené à la première création, c'est lui le « roi de gloire ».

> GNO IX, p. 326–327 – traduction de M. CANÉVET – légèrement modifiée – dans *Le Christ pascal*, Paris 1994

Ce n'est pas une homélie parmi d'autres, et son importance tient ici au fait qu'elle est considérée comme le premier sermon pour la fête de l'Ascension (de ce fait distincte de Pâques) qui nous soit parvenu et Maraval[16] donne pour date entre 388 et 391 – donc dans la dernière partie de la vie de Grégoire, postérieurement au combat contre Eunome (mais on ne sait pas grand chose sur cette dernière partie de la vie de Grégoire!). Comme vous le voyez dans le passage, Grégoire cite *Éphésiens* 1, 10: « le Christ récapitulant toutes choses » – mais on en reste à la célébration; et de même que *Romains* 8 («la création tout entière gémit») est très peu cité, et encore moins commenté par les Cappadociens, de même pour *Éphésiens* 1, 10[17]. Dans son sermon, Grégoire fait le lien avec *Actes* 3, 21: « Il enverra alors le Christ qui vous était destiné, Jésus, celui que le ciel doit garder jusqu'au temps de la restauration universelle dont Dieu a parlé par

---

16   Cf. article cité note 6; sur ce sermon: p. 163.
17   D'après *Biblia Patristica*, 3 occurrences seulement pour l'ensemble de l'œuvre des trois Cappadociens: la seconde est une simple allusion dans la 3ème homélie sur le Ct (p. 97, 1) et la troisième chez Grégoire de Nazianze, Hom. 6, 22 (PG 35, 749 C 9; SC 405).

la bouche des prophètes». On voit que l'association des deux versets n'est pas faite du tout au hasard, puisque Grégoire, au lieu de «la restauration de tout» d'*Actes* 3, 21, dit «en vue de la première création – εἰς τὴν πρώτην κτίσιν». Le terme reprenant le τὰ πάντα, «tout», précisé par «les êtres célestes comme les êtres terrestres» en *Éphésiens* 1, 10, donne une dimension cosmique à l'œuvre de salut, et si l'on assimile les «célestes» aux êtres incorporels, le «contenu» des terrestres comme celui de κτίσις reste à penser. C'est ce que Mateo Seco nomme le pouvoir récapitulatif de la croix[18]. – On peut se demander si à cause des «contraintes» philosophiques et exégétiques liées à l'environnement du 4ème s., Grégoire de Nysse n'est pas comme en deçà d'une pensée comme celle d'Irénée au sujet de la récapitulation – en réponse aux exégèses gnostiques. Je rappelle seulement qu'Irénée cite quatre fois le verset d'*Éphésiens* 1, 10 dans son *Contre les hérésies*, sans compter plusieurs allusions – la différence quantitative est donc déjà sensible par rapport aux Cappadociens. Mais le texte le plus contrastant avec nos écrivains du 4ème siècle est dans le *Contre les Hérésies*, III, 16, 6: «Il n'y a donc qu'un seul Dieu, le Père, comme nous l'avons montré, et un seul Christ, Jésus, notre Seigneur, qui est passé à travers toutes les "économies" et qui a tout récapitulé en lui-même. Dans ce "tout" est aussi compris l'homme, cet ouvrage modelé par Dieu» – Irénée affirmant ensuite au nom de cette récapitulation la primauté du Christ sur «les êtres visibles et corporels».

2) Deuxième question ouverte aussi, et je ne peux que la signaler, la question de l'âme[19], c'est-à-dire de ce qui pourrait être une sorte de dénominateur commun entre les animaux et les hommes; encore faudrait-il, cependant, s'entendre sur la définition de cette ψυχή. Il y aurait bien des passages à relire chez les Cappadociens, j'en ai retenu deux: quelques lignes des homélies sur l'*Hexaéméron* de Basile[20], puis la définition de l'âme que donne Grégoire de Nysse dans son traité *Sur l'âme et la résurrection* (approximativement daté

---

18 «Gregory manifests the recapitulative power of the Cross. It is logical that he accentuates even more the recapitulating power of Christ's exultation. This is evident, for example, in the homily of the Ascension (*Ascens*, GNO IX, 326–327). At the end of this homily we find a beautiful text on Christ, Recapitulator of the universe» dans L.F. Mateo Seco, «*Sárkosis* and *enanthrópesis*. The Christological Hymns in Gregory of Nyssa», en Elías Moutsoulas (ed.) *Jesus Christ in St. Gregory of Nyssa's Theology*, Athènes: Eptalofos, 2005, p. 197–216.
19 Elle est abordée par plusieurs contributions dans la suite de ce volume.
20 SC 26bis, édition et traduction de S. Giet.

entre 381–383, c'est-à-dire la période du *Contre Eunome*). Voici les passages de Basile, dans la traduction de S. Giet:

> **Basile, *Hom.* 7, 1**: *Que les eaux produisent, des reptiles animés.* C'est pour la première fois qu'est créé un être animé et pourvu de sentiment. Quoique les plantes et les arbres vivent en quelque manière, puisqu'ils sont de nature à se nourrir et à croître, ce ne sont cependant pas des êtres vivants et animés
>
> *Que la terre produise une âme vivante.* Pourquoi la terre produit-elle une âme vivante? C'est afin que vous appreniez la différence qu'il y a entre l'âme de la bête et celle de l'homme. Je vous dirai ci-après comment l'âme de l'homme a été formée; écoutez maintenant ce qui regarde l'âme des bêtes. Comme, d'après l'Écriture, l'âme de tout animal est son sang (Lv 17, 11), que le sang épaissi se change ordinairement en chair, que la chair corrompue se résout en terre, les bêtes sans doute n'ont qu'une âme matérielle et terrestre. *Que la terre produise une âme vivante.* Voyez l'affinité qu'il y a de l'âme avec le sang, du sang avec la chair, de la chair avec la terre; et ensuite revenant, par un ordre inverse, de la terre avec la chair, de la chair avec le sang, du sang avec l'âme, voyez, dis-je, cette affinité, et vous trouverez que la terre constitue l'âme des bêtes.
>
> ***Hom.* 8, 5**: ... la manière dont se comportent les cigognes n'est pas loin non plus de l'intelligence raisonnable.

J'ai retenu ces deux passages des *Homélies* 7 et 8 sur l'*Hexaéméron* pour montrer, mais c'est peut-être forcer le texte, une sorte d'hésitation ou une interrogation latente sur la nature de l'âme animale: dans l'homélie 7, 1, la césure est marquée entre les plantes et les êtres vivants animés (ζῶα ἔμψυχα); dans l'homélie 8, 2, la césure, là, est marquée entre âme des bêtes et âme humaine, avec la référence à *Lévitique* 17, 11, rappelant l'affirmation de *Genèse* 9, 4–5: «Seulement, vous ne mangerez pas la viande avec le sang de l'âme. Car votre sang aussi, celui de vos âmes, je le réclamerai, à toutes les bêtes sauvages je le réclamerai, et à la main de l'homme frère, je réclamerai le sang de l'âme» – deux versets que les Cappadociens ne citent pas! Dans le Lévitique (*Lv* 17, 11), on est en contexte sacrificiel, ce qui peut inviter à faire le lien avec *Mt* 20, 28: le Fils de l'homme est venu donner son âme en rançon pour la multitude – son âme, c'est-à-dire son sang. La question est donc: l'association âme/sang concerne-t-elle seulement l'âme animale, une âme inférieure et donc mortelle? Même sous l'angle narratif de l'homélie de Basile qui se plaît dans les paragraphes qui suivent à montrer l'intelligence et le savoir-faire des animaux, la phrase que j'ai retenue à propos des cigognes attribue une sorte de raison (συνέσεως λογικῆς) aux animaux – est-ce à dire que la frontière avec l'homme n'est pas si radicale, pas si évidente[21] ?

La définition de l'âme que Grégoire attribue à sa sœur Macrine, qui l'enseigne dans ce dialogue platonicien qu'est le *De anima et resurrectione*, est unique dans son œuvre, comme le signale le traducteur Bernard Pottier, et elle est aussi très complexe. Lisons d'abord le passage :

> Καὶ ἡ διδάσκαλος· Ἄλλοι μὲν ἄλλως, φησί, τὸν περὶ αὐτῆς ἀπεφήναντο λόγον, κατὰ τὸ δοκοῦν ἕκαστος ὁριζόμενοι, ἡ δὲ ἡμετέρα περὶ αὐτῆς δόξα οὕτως ἔχει· Ψυχή ἐστιν οὐσία γενητή, οὐσία ζῶσα, νοερά, σώματι ὀργανικῷ καὶ αἰσθητικῷ δύναμιν ζωτικὴν καὶ τῶν αἰσθητῶν ἀντιληπτικὴν δι' ἑαυτῆς ἐνιοῦσα, ἕως ἂν ἡ δεκτικὴ τούτων συνέστηκε φύσις.
>
> GNO III, III, ed. A. SPIRA et E. MUHLENBERG, Brill, Leiden, 2014, p. 15, 4-9

> Chacun, répondit notre pédagogue [Macrine], a formulé à son gré sa définition de l'âme. Quant à nous, voici notre opinion : l'âme est une substance créée, une substance vivante, intelligible, qui introduit de soi dans un corps organisé apte et apte à sentir, une puissance vitale capable de percevoir le sensible, et cela aussi longtemps que la nature réceptrice se montrera fermement constituée.
>
> trad. J. TERRIEUX et B. POTTIER, p. 76

Une remarque sur le texte et la traduction : pour « substance créée », le grec a οὐσία γενητή, ce qui devrait plutôt se traduire « née » ou « venue à l'existence », mais l'expression est difficile dans la phrase. Le contexte, il est vrai, impose de comprendre qu'il s'agit de l'âme humaine, et pourtant la définition est très large : « substance intelligible », on est loin du lien entre âme et sang, mais aussi « substance vivante ... puissance vitale capable de percevoir le sensible » – la place faite au sensible exclut-elle les animaux, les *zôa empsucha* dont parlait Basile ?

Ce n'est là que l'esquisse d'une réflexion à mener mais une partie de la question de la place des animaux dans l'eschatologie chrétienne pourrait bien se jouer sur la ou les définition(s) de l'âme.

---

21 Voir *infra* les questions développées dans ce sens par J. Toivanen à partir d'auteurs médiévaux.

3) Troisième ouverture, la plus concrète, avec la lecture de deux autres textes de Basile de Césarée[22], extraits des homélies *Sur l'origine de l'homme*, d'une authenticité problématique, cependant, et de la deuxième *Homélie sur le jeûne*. Il s'agit de la voie éthique et spirituelle, ou encore ascétique, en tant qu'elle est associée à la perspective eschatologique du salut. Cette voie passe par des préceptes alimentaires, et l'important ici est qu'elle associe le commencement – la nourriture paradisiaque – et l'espérance d'un salut qui implique, du côté de l'homme, un chemin de perfection. La sobriété de la nourriture en est un des modes préparatoires et elle est recommandée dans la deuxième homélie *Sur l'origine de l'homme*. Continuant à interpréter le récit de la création, Basile s'arrête à *Gn* 1, 29 (« Voilà que je vous ai donné tout arbre portant du fruit par lui-même, ce sera pour votre nourriture ») ; il rappelle aussitôt : « Que l'Église ne néglige rien : tout est loi. Dieu n'a pas dit : "Je vous ai donné les poissons pour nourriture, je vous ai donné le bétail, les reptiles, les quadrupèdes" » puis présente comme une « concession » (συγχώρησις – le verbe puis le nom sont utilisés pour les hommes puis pour les animaux) de Dieu après le déluge, le droit à toute forme de nourriture en *Gn* 9, 3 : « Mangez de tout cela au même titre que les plantes comestibles. Par cette concession, les autres animaux reçurent aussi la liberté d'en manger[23]. » La nourriture carnée des animaux est ainsi une conséquence du péché de l'homme – une manière d'attester encore la responsabilité de l'homme à l'égard de la création. Basile, en fin observateur de la nature, note la manière dont « les chiens broutent du chiendent en guise de médecine » et se place alors dans une perspective diététique mais c'est pour se situer à l'horizon de l'attente eschatologique, où le salut sera « restauration – ἀποκατάστασις » de la première création, et inviter les hommes à ce régime paradisiaque :

---

22   Les deux passages cités ont attiré mon attention grâce à l'article de J. Jones, « Humans and Animals : St Basil of Cesarea's Ascetic Evocation of Paradise », *Studia Patristica* LXVII, 2013, p. 25–31.

23   Basile de Césarée, *Sur l'origine de l'homme*, éd. et trad. A. Smets et M. Van Esbroeck, SC 160, Paris, 1970, p. 241. – L'attribution à Basile de ces deux homélies est discutée et les deux éditeurs s'étonnent en particulier du silence de Grégoire de Nysse à leur sujet, alors que le frère de Basile est si attentif à souligner la grandeur de l'œuvre et de la pensée de ce dernier. La riche tradition manuscrite permet de comprendre comment elles ont pu être aussi attribuées à Grégoire de Nysse, car elles sont souvent associées à son traité *Sur la création de l'homme*. (voir le tableau synthétique proposé par les éditeurs, p. 40–41). Une longue étude des gloses dans les manuscrits et de la réception de ces deux homélies pendant la période patristique conduit cependant Smets et Van Esbroeck à plaider pour leur authenticité basilienne.

Πλὴν ἀλλὰ καὶ νῦν κατὰ μίμησιν τῆς ἐν τῷ παραδείσῳ ζωῆς ἑαυτοὺς ἄγειν βουλόμενοι, φεύγοντες ταύτην τὴν πολύυλον τῶν βρωμάτων ἀπόλαυσιν, ἐπ' ἐκεῖνον τὸν βίον καθώς ἐστι δυνατὸν ἑαυτοὺς ἄγωμεν, καρποῖς καὶ σπέρμασι καὶ τοῖς ἐκ τῶν ἀκροδρύων εἰς διαγωγὴν χρώμενοι, τὸ δὲ περισσὸν τούτων, ὡς οὐκ ἀναγκαῖον ἀποπεμπώμεθα. Οὐ γὰρ βδελυκτὰ διὰ τὸν κτίσαντα, οὐ μὴν οὐδὲ αἱρετὰ διὰ τὴν τῆς σαρκὸς εὐπαθείαν.

... Seulement, puisque nous voulons maintenant nous conduire en imitant la vie du paradis, évitons cette jouissance surabondante des nourritures et conduisons-nous, autant qu'il est possible, d'après cette vie-là ; utilisons pour notre entretien produits de la terre, graines et fruits secs, et le superflu, rejetons-le comme inutile ; car ce qui n'est pas abominable au Créateur n'en est pas pour autant rendu souhaitable par le plaisir qu'y prend le corps[24].

Basile emploie le terme βρωμάτων (« cette jouissance surabondante des nourritures »), qui ne signifie pas spécifiquement viande (κρέας) mais désigne « les vivres » ; pourtant l'opposition dans la phrase entre βρωμάτων et la série καρποῖς καὶ σπέρμασι καὶ τοῖς ἐκ τῶν ἀκροδρύων invite à comprendre une opposition entre viandes d'un côté et fruits, légumes et légumineuses, de l'autre.

Cette sobriété alimentaire devient prescription du jeûne dans les deux homélies de Basile sur le jeûne[25] ; c'est, comme on sait, un des moyens privilégiés, dans toute la tradition ascétique et monastique, du combat spirituel, à l'imitation de Jésus lors des quarante jours au désert (cf. *Mt* 4, 2) ou de personnages vétérotestamentaires comme Moïse, Élie ou Daniel, ainsi pour Basile et dans les *Hymnes* de son contemporain Éphrem[26]. Jeûne spirituel avant tout, et Basile affirme dans sa deuxième homélie que « le jeûne véritable, c'est de s'abstenir de ce qui est mal[27] ». La réflexion sur le régime alimentaire est surtout développée dans la première homélie sur le jeûne, à nouveau en lien avec le mode de vie paradisiaque ; mais la recommandation de sobriété s'inscrit aussi

---

24 Ibid., p. 244–247.
25 *Homélie* I, PG 31, 164–184 ; *Homélie* II, PG 3, 185–197. Extraits traduits par F. Vinel.
26 Voir Éphrem le Syrien, *Hymnes sur le jeûne*, traduction de D. Cerbelaud, coll. Spiritualité Orientale, n° 69, Bégrolles-en-Mauges, 1997. Dans ces dix éloges du jeûne, seule l'évocation des « pénitents de Sion, avec leurs légumes » (*Hymne* IX, p. 84) se traduit dans quelques strophes de la septième hymne opposant la légereté de la nourriture végétarienne et donc spirituelle de ces derniers aux trop riches nourritures offertes par le roi de Babylone (*Hymne* VII, 2–4), ibid., p. 67–68.
27 Ἀληθὴς νηστεία ἡ τοῦ κακοῦ ἀλλοτρίωσις (PG 31, 196 C).

dans une critique des pratiques religieuses païennes. On retiendra deux brefs extraits de cette première homélie :

> Ἀλλὰ καὶ ἡ ἐν παραδείσῳ διαγωγὴ νηστείας ἐστὶν εἰκών, οὐ μόνον καθότι τοῖς ἀγγέλοις ὁμοδίαιτος ὢν ὁ ἄνθρωπος, διὰ τῆς ὀλιγαρκίας τὴν πρὸς αὐτοὺς ὁμοίωσιν κατώρθου, ἀλλ' ὅτι καὶ ὅσα ὕστερον ἡ ἐπίνοια τῶν ἀνθρώπων ἐξεῦρεν, οὔπω τοῖς ἐν τῷ παραδείσῳ διαιτωμένοις ἐπενενόητο· οὔπω οἰνοποσίαι, οὔπω ζωοθυσίαι, οὐχ ὅσα τὸν νοῦν ἐπιθολοῖ τὸν ἀνθρώπινον.
> Ἐπειδὴ οὐκ ἐνηστεύσαμεν, ἐξεπέσομεν τοῦ παραδείσου· νηστεύσωμεν τοίνυν, ἵνα πρὸς αὐτὸν ἐπανέλθωμεν.

La vie au paradis est un modèle du jeûne, non seulement parce que le premier homme vivait comme les anges, et qu'il parvenait à leur ressembler en se contentant de peu ; mais encore parce que la pensée des hommes n'avait pas encore conçu dans la vie paradisiaque tout ce qu'elle a inventé par la suite : pas encore de beuveries, pas encore de sacrifices d'animaux, rien pour tourmenter l'esprit des malheureux mortels.

C'est parce que nous n'avons pas jeûné que nous avons été chassés du paradis : jeûnons donc pour y rentrer.

PG 31, 168 AB

Et, un peu plus loin :

> Οὐδὲν ζῷον ὀδύρεται θάνατον, οὐδαμοῦ αἷμα, οὐδαμοῦ ἀπόφασις παρὰ τῆς ἀπαραιτήτου γαστρὸς ἐκφερομένη κατὰ τῶν ζώων. Πέπαυται μαγείρων ἡ μάχαιρα· ἡ τράπεζα ἀρκεῖται τοῖς αὐτομάτοις. Τὸ Σάββατον ἐδόθη τοῖς Ἰουδαίοις, ἵνα ἀναπαύσηται, φησί, τὸ ὑποζύγιόν σου καὶ ὁ παῖς σου. Γινέσθω ἡ νηστεία ἀνάπαυσις ἐκ τῶν συνεχῶν πόνων τοῖς διὰ τοῦ ἐνιαυτοῦ παντὸς ὑπηρετοῦσιν οἰκέταις. Ἀνάπαυσόν σου τὸν μάγειρον, δὸς ἄδειαν τῷ τραπεζοποιῷ· στῆσον τὴν χεῖρα τῷ οἰνοχόῳ· παυσάσθω ποτὲ καὶ ὁ τὰς ποικιλίας τῶν πεμμάτων ἐπιτηδεύων. Ἡσυχασάτω ποτὲ καὶ ὁ οἶκος ἀπὸ τῶν μυρίων θορύβων, καὶ τοῦ καπνοῦ, καὶ τῆς κνίσσης, καὶ τῶν ἄνω καὶ κάτω διατρεχόντων, καὶ οἱονεὶ ἀπαραιτήτῳ δεσποίνῃ τῇ γαστρὶ λειτουργούντων.

[Grâce au jeûne], aucun animal ne déplore sa mort, nulle part du sang, nulle part une sentence contre les animaux portée par un ventre impitoyable. Le couteau des cuisiniers se repose ; la table se contente des fruits que donne la nature. Le sabbat avait été donné aux Juifs, pour qu'ils laissent reposer tes bêtes de somme et ton serviteur, est-il écrit (cf. Ex 20, 10). Qu'on n'entende plus dans ta maison tout ce tumulte, que la fumée et l'odeur des viandes en soient bannies; que cette foule d'hommes diversement employés au service de la table, qui vont et qui viennent sans cesse tour exécuter les ordres du ventre, de ce maître dur et sans pitié, se tiennent enfin tranquilles.

Homélie I sur le jeûne, PG 31, 176A

On voit bien se développer, surtout dans le second passage, la critique des festins – et on n'est pas loin de la critique philosophique, chez Platon par exemple, de la *gastrimargia*, la gloutonnerie. Mais avec le terme ζωοθυσίαι (168 B), il y a sans doute une pointe contre les sacrifices de l'ancienne alliance, et on peut retenir aussi l'expression qui fait de l'animal un sujet – « nul animal ne déplore sa mort ». Qu'on lise le traité *Sur l'abstinence* de Porphyre ou la *Vie de Pythagore* de Jamblique, on y trouve un mode de vie végétarien mais les viandes sacrifiées peuvent être consommées. Jamblique cite ainsi, dans la liste des maximes qui indiquent « ce qu'il faut faire ou ne pas faire » : « "Il n'est permis d'offrir en sacrifice que ceux des vivants en qui l'âme humaine n'entre pas; c'est pourquoi il ne faut manger que des vivants sacrifiables" (c'est-à-dire ceux qu'il convient de manger), et aucun autre[28] ». Jamblique ne dissocie donc pas préceptes alimentaires et rituels sacrificiels. Dans les *Homélies sur le jeûne* de Basile, l'accent est mis sur une certaine sobriété alimentaire et, ce qui n'est pas sans polémique à l'adresse des païens, sur le respect de la création introduit par la cessation des sacrifices d'animaux. Mais il ne faudrait pas forcer les textes: s'il encourage le jeûne – ce qui sera largement reçu, dans la vie monastique en particulier, comme une invitation à s'abstenir de nourriture carnée –, Basile vise, outre la question des sacrifices, les excès des banquets des païens, un argument déjà présent chez Paul et amplifié par Clément d'Alexandrie, par exemple, dans Le *Pédagogue*[29]. La deuxième *Homélie sur l'origine de l'homme* apporte cependant une précision intéressante en mentionnant légumes et fruits secs[30].

Dans l'article déjà mentionné (« Humans and Animals: St Basil of Cesarea's Ascetic Evocation of Paradise »), Jan Jones note en particulier: « The Christian tradition, particularly in its ascetic aspect, contains a rich theology of creation allowing for a higher view of animals, without heedlessly blurring the

---

28 Jamblique, *Vie de Pythagore*, traduction de Luc Brisson, La Roue à Livres, Paris: Belles Lettres, 1996, §85.

29 Clément d'Alexandrie, *Le Pédagogue*, II, 1: « Comment se comporter en ce qui concerne la nourriture », traduction de C. Mondésert, SC 108, Paris, ²1991.

30 Voir *supra* p. 129.

line between human and non-human beings[31] ». Sans doute a-t-on dans cet article l'effet d'une relecture des Pères dictée par les préoccupations contemporaines concernant les animaux – et c'est aussi le cas de notre colloque ! mais cela dit bien aussi que les lectures qui en ont été faites antérieurement, très affirmativement anthropocentriques, ont peut-être négligé une perception plus large de ce qui est inclus dans la « création » appelée à être renouvelée.

Quelques remarques conclusives

En travaillant sur le sujet que j'avais choisi pour notre colloque, j'étais consciente du risque d'anachronisme, mais au fond j'arrive presque à une conclusion inverse – les questions contemporaines venant renouveler nos lectures des Pères ...

On peut retenir deux prises de position décisives dans l'élaboration du lien entre création et salut chez les Pères cappadociens : d'une part, l'acte herméneutique, passant, on l'a vu, par le respect de la lettre des textes bibliques, conduit, avec les récits de la création, à des positions anthropocentriques que vient confirmer la compréhension du salut opéré par le Christ, dût-on faire l'impasse sur des versets comme *Rm* 8, 18–22 ou *Éph* 1, 10 ; et, d'autre part, le dialogue, le plus souvent critique, avec ceux du dehors et les hérétiques dans une période où les débats théologiques se centrent sur la divinité du Fils. On a vu la radicalité de la distinction créé/incréé chez Grégoire de Nysse : elle éloigne de façon nette toute représentation du Fils comme quelque émanation du divin ou même comme simple créature – le concept de « création » n'est alors que le contrepoint inégal de l'ineffable incréé. Par le biais de l'ascèse seulement s'introduit la réflexion sur les modes de conduite de l'homme dans la création, dans son rapport à la nourriture : la simplicité et la modération recommandées se traduiront dans l'histoire du monachisme (ou plus largement dans le mode de vie chrétien) par des périodes d'abstinence d'alimentation carnée. Mais cela même reste encore une approche largement anthropocentrique (le jeûne en vue de la purification, voire de la sainteté), idéalement magnifiée, pourrait-on dire, par l'image des saints ascètes reconnus comme amis par les animaux[32].

---

31 Jan Jones, article cité, p. 128 (voir note 22).
32 Voir *infra* la contribution de S. Paschalidis.

Sources

Basile de Césarée, *Homélies sur l'Hexaéméron*, édition et traduction de S. Giet, Paris: Cerf, SC 26bis, 1949.
Basile de Césarée, *Homiliae de jejunio*, I, PG 31, 164–184; II, PG 31, 185–197.
Basile de Césarée, *Sur l'origine de l'homme*, édition et traduction de A. Smets et M. Van Esbroeck, Paris: Cerf, SC 160, 1970.
Clément d'Alexandrie, *Le Pédagogue*, II, 1: « Comment se comporter en ce qui concerne la nourriture », traduction de C. Mondésert, Paris: Cerf, SC 108, ²1991.
Éphrem le Syrien, *Hymnes sur le jeûne*, traduction de D. Cerbelaud, coll. Spiritualité Orientale, n° 69, Bégrolles-en-Mauges, 1997.
Grégoire de Nazianze, *Poemata arcana*, (Poèmes dogmatiques), édition de C. Moreschini, introduction, traduction et commentaire de D.A. Sykes, Oxford: Clarendon Press, 1997.
Grégoire de Nysse, *In Hexaemeron*, GNO, IV/1, ed. H. Drobner, Leiden: Brill, 2009.
Grégoire de Nysse, *Contre Eunome* I, traduction de R. Winling, 2 vol., Paris: Cerf, SC 521 et 524, 2008–2010.
Contre Eunome III, GNO II, édition W. Jaeger, Leiden: Brill, 1960 [traduction anglaise de S. Hall dans *Gregory of Nyssa, Contra Eunomium III*, An English Translation with Commentary and Supporting Studies, J. Leemans & M. Cassin ed., Leiden: Brill, 2014, SVC 124, p. 37–233].
Grégoire de Nysse, *De anima et resurrectione*, GNO, III/III, ed. A. Spira et E. Muhlenberg, Brill: Leiden, 2014. [traduction française de B. Pottier et J. Terrieux, Bruxelles: Lessius, 2011].
Grégoire de Nysse: *De hominis opificio*, PG 44 [traduction française de J. Laplace, Paris: Cerf, 1943, SC 6].
Grégoire de Nysse, *Discours catéchétique*, traduction de R. Winling, Paris: Cerf, SC 453, 2000.
Grégoire de Nysse, *Ad Simplicium. De fide*, GNO III/1, p. 65, 25–66, l2. [traduction française inédite de Th. Ziegler J.-M. Prieur et F. Vinel.
Grégoire de Nysse, *Sermo in Ascensionem*, GNO IX, ed. W. Jaeger, p. 323–327, Brill: Leiden, 1967. [traduction française de M. Canévet dans *Grégoire de Nysse, Le Christ pascal*, Paris 1994].
Jamblique, *Vie de Pythagore*, traduction de Luc Brisson, La Roue à Livres, Paris: Belles Lettres, 1996.
Origène, *Traité des Principes*, Introduction et Traduction par M. Harl, G. Dorival et A. Le Boulluec, Paris: Études Augustiniennes, 1976.
Philon d'Alexandrie, *De Opificio Mundi*, Œuvres de Philon d'Alexandrie, vol. 1, édition et traduction de R. Arnaldez, Paris: Cerf, 1961.

Travaux

Batllo X., *Ontologie scalaire et polémique trinitaire. Le subordinationisme d'Eunome et la distinction* κτιστόν / ἄκτιστον *dans le* Contre Eunome I *de Grégoire de Nysse*, Jahrbuch für Antike und Christentum, Münster: Aschendorff, 2013.

Batllo X., « Une évolution de Grégoire ? La distinction κτιστόν / ἄκτιστον du CE I au CE III », dans J. Leemans et M. Cassin ed., Gregory of Nyssa *Contra Eunomium* III. An English Translation with Commentary and Supporting Studies. Proceedings of the 12th International Colloquium on Gregory of Nyssa (Leuven, 14–17 September 2010), VCS 124, Leiden: Brill, 2014, p. 489–499.

Dorival G., Le Boulluec A. ed., *Origeniana Sexta, Origen and the Bible. Origène et la Bible*, EthL 118, Louvain: Peeters, 1995.

Harl M., « Origène et les interprétations patristiques grecques de l'"obscurité" biblique », dans *Le déchiffrement du sens*. Études sur l'herméneutique chrétienne d'Origène à Grégoire de Nysse, Paris: Études Augustiniennes, 1993, p. 89–126.

Jones J., « Humans and Animals: St Basil of Cesarea's Ascetic Evocation of Paradise », *Studia Patristica* LXVII, 2013, p. 25–31.

Lexicon Gregorianum F. Mann dir., 10 vol., Leiden: Brill, 1998–2014.

Maraval P., « Chronology of works » dans: *Brill Dictionary of Gregory of Nyssa*, F. Mateo-Seco et G. Maspero eds., translated by S. Cherney, Leiden, 2010, p. 153–169.

Mateo Seco L.F., « *Sárkosis* and *enanthrópesis*. The Christological Hymns in Gregory of Nyssa », in: Elías Moutsoulas (ed.) *Jesus Christ in St. Gregory of Nyssa's Theology*, Athènes: Eptalofos, 2005, p. 197–216.

CHAPTER 8

La question de l'âme des animaux dans le *De Opificio Mundi* de Jean Philopon (VIe s.): entre révélation biblique et psychologie aristotélicienne

Pascal Mueller-Jourdan

1   Considérations initiales: contextualisation

Jean Philopon, parfois dit le grammairien, parfois simplement appelé Jean d'Alexandrie, fut l'un des personnages les plus complexes du VIe siècle byzantin[1]. À cela sans doute deux raisons historiques. La première concerne l'histoire de la philosophie et en particulier l'histoire du commentarisme d'Aristote et de Platon. La seconde relève de l'histoire de l'Église et du dogme.

Au regard de l'histoire de la philosophie, le statut de Philopon n'est pas dépourvu d'ambiguïtés. Les premières informations qui le concernent le voient en charge de certaines responsabilités dans l'École platonicienne d'Alexandrie qui était alors l'un des principaux foyers intellectuels de l'Empire de Justinien[2]. On pouvait y croiser des étudiants venus d'horizons divers, de Rome à l'Arménie, des étudiants païens et des étudiants chrétiens.

---

1   Voir la récente contribution de G. Benevich qui résume clairement la situation de Philopon: G. Benevich, «John Philoponus and Maximus the Confessor at the Crossroads of Philosophical and Theological Thought in Late Antiquity», *Scrinium* VII–VIII.1 (2011–2012). Ars Christiana, p. 102–130. Les travaux sur la vie complexe de Philopon et sur son œuvre sont redevables depuis 1990 aux recherches de Verrycken qui a considérablement fait progresser la question. Voir: K. Verrycken, «The development of Philoponus' thought and its chronology», in: R. Sorabji éd., *Aristotle Transformed. The Ancient Commentators and Their Influence*, London, Duckworth, 1990, p. 233–274.

2   Le programme de cette école, sans doute très proche de celui de l'Académie restaurée d'Athènes, reposait sur un standard que les travaux d'érudition font remonter à Jamblique. Pour faire bref, on peut dire que le cursus était divisé en deux cycles. Dans le premier, on y opérait une lecture commentée d'Aristote, de la logique à la métaphysique en passant par l'éthique et la physique (Cf. I. Hadot, in: Simplicius, *Commentaire sur les Catégories*, fasc. I, Leiden: Brill, 1990, p. 63–93). Dans le second cycle, on commentait des dialogues de Platon, selon un ordre qui voyait tant le professeur que les étudiants progresser de l'éthique à la théologie en passant par la logique et la physique (Cf. *Prolégomènes à la philosophie de Platon*, L.-G. Westerink éd., intro, p. LXXIII).

Le maître de l'École d'Alexandrie était alors Ammonius fils d'Hermeias, l'un des commentateurs platoniciens d'Aristote les plus influents de son temps. Il semble, du moins la tradition manuscrite permet-elle de le penser, que Philopon occupa la fonction de *reportator*. Autrement dit, il fut chargé ou se chargea lui-même de la prise de notes aux séminaires dispensés par Ammonius dans le cadre de ses commentaires d'Aristote et ce en vue de les éditer. Philopon s'autorisa, comme il l'indique dans le titre de ces cours publiés, à y ajouter des observations personnelles[3]. Mais l'image que Philopon laissa dans le milieu des commentateurs platoniciens d'Aristote, qu'ils fussent d'Athènes ou d'Alexandrie, est plus que mitigée en raison du fait que, polémiste radical, il s'opposa violemment à un certain nombre de thèses qui se voulaient relever d'une lecture orthodoxe de Platon[4]. Parmi ces thèses, on trouve celle de l'Éternité du monde, ou, pour être plus exact, la thèse de la production 'éternelle' de l'Univers physique par un démiurge qui ne saurait à aucun moment avoir été privé de son activité créatrice[5]. Cette opposition ouverte à la théologie de l'ancien maître d'Ammonius, Proclus de Lycie, qui soutenait une telle thèse, autant que son opposition tout aussi explicite à la théorie de la substance éternelle du ciel qu'autorisait la théorie de la *quinta essentia* d'Aristote, lui valurent les plus fermes inimitiés des cercles de professeurs des Écoles d'Athènes et d'Alexandrie qui, jamais, ne le reconnurent comme l'un des leurs[6].

---

3 (1) De Jean grammairien d'Alexandrie. Notes scolaires sur le premier livre des *Premiers Analytiques* à partir des séminaires d'Ammonius d'Hermeias (*Commentaria in Aristotelem Graeca* [= CAG] 13. 2); (2) Jean d'Alexandrie. Notes scolaires à partir des séminaires d'Ammonius d'Hermeias, avec quelques observations personnelles, sur le premier livre des *Analytiques Postérieurs* d'Aristote (CAG 13.3); (3) De Jean grammairien d'Alexandrie. Notes scolaires à partir des séminaires d'Ammonius d'Hermeias, avec quelques observations personnelles, sur le premier des livres *De la génération et de la corruption* d'Aristote (CAG 14.2); (4) De Jean d'Alexandrie. Sur le traité *De l'âme* d'Aristote, notes scolaires à partir des séminaires d'Ammonius d'Hermeias, avec quelques observations personnelles (CAG 15).

4 Sur ces questions, voir: K. Verrycken, «Philoponus' Interpretation of Plato's Cosmogony», *Documenti e Studi sulla Tradizione Filosofica Medievale* VIII (1997), p. 269–318.

5 Voir l'argument 'trois' de Proclus et la réfutation qu'en fait Philopon, in: Jean Philopon, *De Aeternitate Mundi. Contra Proclum* [42.1–55.23], H. Rabe éd., Leipzig: Teubner, 1899 (repr. Hildesheim, Olms, 1984).

6 Le meilleur article sur la question reste celui de Philippe Hoffmann, in: Ph. Hoffmann, «Sur quelques aspects de la polémique de Simplicius contre Jean Philopon: De l'invective à la réaffirmation de la transcendance du ciel», dans: *Simplicius, sa vie, son œuvre, sa survie*. Actes du colloque international de Paris (28 sept.–1er oct. 1985), I. Hadot éd., Berlin-New York: De Gruyter, 1987, p. 183–221.

Au regard de l'histoire de l'Église, la réputation de Philopon ne valut guère mieux. Il fut rangé à juste titre parmi les représentants du parti anti-chalcédonien d'Alexandrie plutôt florissant au VIᵉ siècle et même au-delà. Bien que venu sur le tard à la théologie, monophysite de conviction, il apparaît là encore comme un redoutable polémiste prêtant souvent à ses adversaires des conclusions que parfois leurs propos n'appelaient pas. Dans une Église qui, sous l'influence semble-t-il déterminante de Maxime le Confesseur, un siècle plus tard, optera définitivement pour la christologie chalcédonienne, on peut dire que l'apport de Philopon fut nul sur le plan de la théologie officielle ou, au mieux, réduit à enrichir la longue liste des opinions théologiques anathématisées par les Conciles œcuméniques[7].

Honni, tant de la théologie chrétienne validée par les Conciles œcuméniques, que de l'orthodoxie platonicienne, Philopon allait rester pour une part en marge des circuits officiels de transmission de la pensée. Son œuvre pourtant témoigne de l'immense foisonnement de recherches, d'essais, d'ébauches de système qui ressortent de ce siècle de transition.

À ce titre, il est utile de se pencher sur cet essai de cosmogonie et de cosmologie qu'est le traité *De la création du monde* qui se veut solidement ancré dans l'observation des faits et dans la raison. Il pourrait être le premier document chrétien d'importance affichant un concordisme aussi puissant par sa volonté non dissimulée de faire coïncider le récit biblique révélé et l'ordre des phénomènes attesté par les théoriciens de la nature, l'autorité de Moïse et celle d'Aristote.

2 La visée du traité *De la création du monde*

Philopon exprime, dès les premières lignes, le but de ce commentaire du premier chapitre de la *Genèse*, commentaire que les travaux d'érudition datent des années précédant le deuxième Concile de Constantinople en 553[8]. On peut résumer cette visée comme suit : il avait par le passé longuement bataillé contre la cosmologie païenne avec des arguments tirés de la philosophie[9]. Certains

---

7 Cf. U.M. Lang, *John Philoponus and the Controversies over Chalcedon in the Sixth Century*. A Study and Translation of the *Arbiter*, Leuven: Peeters, 2001.

8 Voir en particulier : J. Schamp, « Photios et Jean Philopon : sur la date du *De opificio mundi* », *Byzantion* 70 (2000), p. 135–154.

9 Ses positions radicales étaient connues et il n'est pas improbable qu'elles aient contribué à précipiter, en 529, sous Justinien, la fermeture de l'Académie d'Athènes restaurée près d'un siècle plus tôt, à moins qu'il n'ait tiré parti de cette décision politique pour publier une

chrétiens se chargèrent de lui reprocher son désintérêt pour les paroles inspirées du grand Moïse sur la production du Monde[10]. C'est afin de démontrer que les paroles de Moïse, bien que ne relevant pas du même genre littéraire que les exposés des théoriciens de la nature, étaient parfaitement conformes aux réalités du monde et à son ordre qu'il entreprit à son tour une interprétation du texte sacré. Philopon soutint par ailleurs que la visée du Législateur biblique était différente de celle des théoriciens de la nature en ce que ces derniers se cantonnaient à l'explication des phénomènes naturels, alors que Moïse, par ses paroles inspirées, avait pour but de conduire les âmes, même dépourvues de l'intelligence des rapports de causalité physiques, à la connaissance du Dieu invisible, et ce à partir d'une certaine contemplation de la nature et de son ordre[11]. Nous pourrions préciser que la teneur du traité est à la fois 'scientifique' en ce qu'il vise à démontrer la coïncidence du récit biblique et de la réalité naturelle, et polémique en ce qu'il apparaît comme une critique de la critique que Théodore de Mopsueste adressait au commentaire de Basile de Césarée sur les six premiers jours de la Création. Le reproche que Philopon adresse à Théodore et à ceux qui se reconnaissent de sa doctrine porte également sur l'absurdité de leur théories cosmologiques en ce que, par leur manque de rigueur 'scientifique', ils vont jusqu'à exposer inutilement le dogme chrétien aux critiques et au mépris[12].

Laissant résolument de côté ce caractère polémique qui ne porte pas sur l'âme des animaux qui seule intéresse cette contribution, il convient de commencer par présenter brièvement les principaux éléments de la cosmogonie mosaïque et leur coïncidence avec une description de la nature telle qu'elle ressort d'un aristotélisme largement partagé dans l'Empire byzantin dès lors qu'il

---

réfutation technique de l'interprétation que faisait de Platon Proclus, la plus haute autorité morale du platonisme athénien dans son *De Aeternitate Mundi. Contra Proclum.*

10 Cf. Philopon, *De Opificio Mundi* (= *De Opif.*) 1.17–2.1.

11 Il est à noter qu'une position similaire, position qui sous-tend la possibilité d'une théologie naturelle, est tenue quelques décennies plus tôt par Proclus, le maître de son propre maître Ammonius. Il est évident que pour Proclus, c'est le *Timée* de Platon qui tient lieu de cadre référentiel induisant une remontée des phénomènes naturels, à la théorie de la nature et de la théorie de la nature à la théologie. « *Si en effet*, affirme Proclus, *l'Univers est créé, il a été créé par une cause : il y a donc une Cause Démiurgique de l'Univers. S'il existe un Démiurge, il existe aussi un Modèle du Monde d'après lequel a travaillé Celui qui a construit l'Univers. C'est ainsi que, une chose à la suite de l'autre, se déroule à nos yeux le discours sur ces problèmes et que s'achève, pour notre bonheur, en théologie la théorie de la nature* », Proclus, *In Tim.* 1.226.29–227.3.

12 Cf. Philopon, *De Opif.* 126.14–24.

est question de statuer sur la nature du vivant. C'est d'ailleurs un cadre nécessaire pour comprendre le fait que l'animation, ou l'attribution d'une âme et de fonctions psychiques au monde animal, est une théorie qui fait consensus dans l'Antiquité. En effet, attribuer à l'animal de la sensibilité et de l'imagination s'approchant parfois de la rationalité n'implique pas *de facto* qu'on lui concède une existence post-mortem, existence qui ressort d'un autre principe, comme le note Philopon.

3 La création *en archè*: premier 'maintenant' et configuration générale du monde

Pour comprendre le cadre général de l'ébauche d'une théorie du vivant dans le traité de Philopon, il faut commencer par le commentaire qu'il propose de la première proposition du texte biblique.

Philopon commentant le texte de la LXX commence naturellement par le premier verset: « *Au commencement* (en archè) *Dieu fit le ciel et la terre* » (*Gn* 1, 1).

Le premier acte divin de création a lieu *en archè*. Or le sens d'*archè* excède très largement le sens de commencement habituellement retenu. Le nom *archè* recoupe de nombreuses significations. Pour Philopon qui les recense[13], il désigne un point initial limite dans lequel se produit un acte premier et unique. Tous les actes qui suivront et qui ne sont que le déploiement de cet acte premier sont de nature différente. Pour Philopon, en effet, dans cet acte premier, dans ce premier instant, ou dans ce premier maintenant [νῦν] du temps, le démiurge fit le ciel et la terre. Ciel et terre désignent les limites ultimes d'un espacement sphérique, vers la périphérie ou vers le haut pour le ciel, vers le centre ou vers le bas pour la terre. Mais Philopon précise et ajoute que dans le même instant, dans cette *archè* qu'il dit 'infiniment petite et inétendue' [ἀκαριαίαν καὶ ἀδιάστατον], se trouve constituée avec le ciel et la terre, autrement dit en même temps [ἅμα] qu'eux, la nature des quatre éléments[14] à partir desquels adviendront les corps composés. Le feu, l'air, l'eau et la terre, qui sont des éléments simples, sont, *en archè*, dans le principe. Peut-être sont-ils déjà situés dans ce qui constitue leur lieu naturel respectif car il n'est fait par la suite nulle

---

13 Cf. Philopon, *De Opif.* 7. 8–11.3. Il imite en cela Basile de Césarée dans le sillage duquel il s'inscrit, voir: Basile de Césarée, *Homélies sur l'Hexaéméron* (= *In hexaem.*) I. 5–6, St. Giet éd., Paris: Cerf, SC 26bis, 1968.

14 Cf. Philopon, *De Opif.* 15. 5–6: "Ὥστε ἅμα τῷ οὐρανῷ καὶ ἡ τῶν τεσσάρων στοιχείων συνυπέστη φύσις, ἐξ ὧν τὰ σύνθετα γέγονεν.

mention d'une telle répartition[15]. Nous aurions donc *en archè*, dans l'instant, dans ce point inétendu et principe du temps, l'apparition immédiate d'une étendue spatiale sphérique tridimensionnée, le ciel et la terre comme limites ultimes du cosmos et des éléments distribués dans des lieux qui sont conformes à leur nature[16].

Mais Philopon apporte davantage de précisions, car, dès cet instant unique et premier qui voit se produire l'acte de création par excellence, il affirme que Dieu a déposé, dans les éléments primitifs, les raisons spermatiques des êtres futurs[17]. Une telle affirmation permet par anticipation de comprendre la raison pour laquelle la génération première des êtres vivants ressort d'une injonction donnée 'au milieu naturel' des êtres à produire[18] qui ne sont plus au sens strict créés *ex nihilo*. À ce titre seul sont produits, dans l'absolu, *ex nihilo*, en une fois et simultanément, ciel, terre, éléments et les raisons spermatiques de tous les êtres à venir.

---

15 On peut d'ailleurs déduire la possible réalité de cette répartition en s'appuyant sur le propos de Philopon pour qui Moïse « *fut le seul à transmettre avec exactitude la position* (θέσις) *naturelle des éléments et leur rang* (τάξις), *en disant que l'eau est située au-dessus de la terre, et l'air non illuminé au-dessus de l'eau* », in : Philopon, *De Opif.* 164. 1–4. On notera que curieusement, il n'est fait nulle mention du feu, à moins qu'on ne considère implicitement que la mention primitive du ciel en tient lieu. Sur la place des éléments chez les physiciens, voir : Aristote, *Meteorologica* 354b3–26 : τοῦ γὰρ ὕδατος περὶ τὴν γῆν περιτεταμένου, καθάπερ περὶ τοῦτο ἡ τοῦ ἀέρος σφαῖρα καὶ περὶ ταύτην ἡ λεγομένη πυρός (τοῦτο γάρ ἐστι πάντων ἔσχατον, εἴθ' ὡς οἱ πλεῖστοι λέγουσιν εἴθ' ὡς ἡμεῖς).

16 Cette répartition originelle des éléments primitifs ne contrevient pas au fait qu'ils feront l'objet d'une réorganisation *économique* spécifique dans le but d'accueillir les êtres, animés ou non d'ailleurs. On voit par exemple que dans la disposition originelle des éléments, toute l'eau entoure toute la terre qui de ce fait est invisible. Il faudra une injonction divine à l'eau qui est au-dessous du ciel pour que, rassemblée en un rassemblement unique, elle laisse apparaître la terre sèche qui recevra à son tour l'injonction divine pour qu'elle fasse pousser une pâture d'herbe (*Gn* 1, 11). Voir par exemple : Philopon, *De Opif.* 161. 22ss.

17 Cf. Philopon, *De Opif.* 216. 24–25 : τοὺς σπερματικοὺς ἄρα τῶν ἐσομένων λόγους ἐν τοῖς στοιχείοις ὁ θεὸς ἐξ ἀρχῆς ἐναπέθετο.

18 Par exemple : « *que la terre fasse germer une pâture d'herbe et la suite* (*Gn* 1, 11) ; *au moment où Dieu dit cela, ce qu'elle était en puissance, elle le devint en acte* », Philopon, *De Opif.* 162. 9–11 (voir également : *De Opif.* 167. 11–16 ; 176. 19–20 ; 177. 26–178. 2 ; 182. 17–24 ; 189. 14–15). Cet exemple indique que la parole divine convoque les raisons spermatiques précontenues dans les éléments en les faisant passer de la puissance à l'acte. Comparer à propos de la terre : Basile de Césarée, *In hexaem.* II. 3. 38–42 : « ⟨*la terre*⟩ *portait en son sein le germe de toutes choses, en vertu de la puissance déposée en elle par le Créateur, mais elle attendait le temps où elle devrait, selon l'ordre divin, produire ses fruits à la lumière* ».

Mais alors, si tous les êtres à venir sont en un sens déjà là quant à leur forme essentielle, c'est que le premier instant inétendu du temps précontient, sous la forme de leurs raisons spermatiques, toutes les réalités qui occuperont ces 'lieux naturels'. Parmi ces réalités, il faut compter tous les êtres vivants qui apparaîtront successivement selon un ordre naturel dont témoigne non seulement l'observation empirique, celle en particulier dont ressort le traité *De l'âme* d'Aristote, mais dont témoignent également les séquences ordonnées du récit biblique, attestant, pour Philopon, de leur accord foncier.

4 La création : progression ordonnée du vivant

Dieu appelle à l'existence substantielle les raisons spermatiques précontenues dans les éléments.

Du traité *De la création du monde* de Philopon ressortent, sur le schéma de l'arbre dit de Porphyre, deux niveaux de réalités corporelles : les corps inanimés et les corps animés[19]. La différence spécifique entre ces deux réalités tient à ce que l'une est pourvue d'un principe d'animation tandis que l'autre en est dépourvue. Pour faire simple, le principe d'animation porte le nom d'âme. Autrement dit, être animé c'est être doté d'une âme. N'être pas animé c'est n'avoir pas d'âme. Il faut préciser que, pour un corps, n'être pas ou n'être plus pourvu d'âme, n'implique pas *de facto* qu'il soit dépourvu de mobilité et de changement.

Pour Philopon, les corps inanimés, parmi lesquels il compte les éléments simples, leur organisation en masse terre, en masse eau, en masse air, et en masse feu, ainsi que les luminaires et tous les astres qui apparaissent un peu plus tard dans le récit mosaïque, ne sont pas animés au sens strict mais ils sont mobiles. On les dit alors emportés par des forces qui ne relèvent pas d'un principe d'animation. Il n'y a ainsi pour le Philopon du *De Opificio Mundi* pas d'âme du monde, pas plus que d'âme du ciel et de ce qu'il contient car les mouvements qui entraînent les corps inanimés ne sont causés que par l'impulsion première qui les mit en mouvement à l'origine et qui constitue dorénavant une qualité, cette forme de mobilité là, qui leur est intrinsèque, peut-être faudrait-il dire qualité substantielle[20]. Une telle théorie atteste d'une très nette rupture d'avec la tradition philosophique de son siècle pour laquelle

---

19 Τῶν ἐν τοῖς ὑπὸ σελήνην σωμάτων τὰ μέν ἐστιν ἔμψυχα, τὰ δὲ ἄψυχα ..., Philopon, *De Opif.* 206. 5ss.

20 Cf. Philopon, *De Opif.* 28. 20–29.9 ; 233. 10–17. Pour un commentaire précis de ces deux passages, voir : Ch. Wildberg, *John Philoponus' Criticism of Aristotele's Theory of Aether*,

tout mouvement céleste régulier résulte d'un principe moteur en acte, d'une âme, imitant l'intellect.

Laissant de côté les réalités corporelles dépourvues d'âme, Philopon s'intéresse à la classe des corps animés, autrement dit à la classe des corps vivants.

Il commence par noter que l'activité démiurgique présentée par le récit biblique progresse du vivant moins parfait au vivant plus parfait en passant par des degrés intermédiaires de vivant[21].

a La forme limite de la vie : les végétaux

Après avoir créé les éléments qui sont des corps dépourvus d'âme mais non de mouvement, Dieu ordonne que la terre fasse germer les plantes les premières[22]. L'appel divin convoque les raisons spermatiques précontenues dans l'élément 'terre' que l'acte premier de création y avait introduit. L'apparition du végétal signifie pour Philopon l'apparition du premier degré de l'animé et donc du premier degré de la vie[23]. Il y a vie dès lors qu'il y a âme au sens strict, et il y a âme dès lors qu'il y a vie. Mais cette forme première limite de la vie se décline surtout par des fonctions et des opérations fondamentales et premières attestant pour telle réalité corporelle de la capacité à se nourrir, de la capacité à croître et de la capacité à se reproduire. La tradition issue d'Aristote – que Philopon retrouve dans cette première séquence de vie dans le récit biblique – appelle ce premier niveau de principe d'animation : 'âme végétative' [ψυχὴν ἔχειν τὴν φυτικήν (De Opif. 206. 14)]. Elle est coordonnée aux besoins du corps d'une

---

Berlin – New York : De Gruyter, 1988 (en particulier : 8. 3 « The Application of Impetus Theory to the Celestial Spheres », p. 239–246).

21 Philopon, De Opif. 206. 22ss.

22 La forme βλαστησάτω à la 3e personne du singulier de l'impératif, forme que l'on trouve dans la Septante (Gn 1, 11–12), est mentionnée six fois dans le traité de la création : De Opif. 162.9–10 ; 167.11–16 ; 176.19–20 ; 177.26–178.2 ; 182.17–24 ; 189.14–15.

23 Basile de Césarée considère que les végétaux ne sont stricto sensu ni des vivants [ζῷα], ni des êtres animés [ἔμψυχα]. Voir : Basile de Césarée, In hexaem. 7. 1.25–27. À la différence de Basile, Philopon fait entrer les végétaux dans la classe des êtres animés [ἔμψυχα] et bien qu'il ne les appelle pas proprement des 'vivants' [ζῷα], il ne leur récuse pas le fait d'être vivants (cf. De Opif. 206. 24–207.3) ; sur ce point il s'approche de la position de Basile qui leur concède tout de même de ressortir du domaine de la vie. Comparer Platon pour lequel « tout ce qui participe à la vie, nous pouvons proprement l'appeler vivant … Ainsi végétal vit, et n'est pas autre chose qu'un vivant [ζῷον] » (Platon, Timée 77bc), mais aussi Aristote qui affirme qu'il est manifeste que les plantes vivent ([φαίνεται γὰρ τά τε φυτὰ ζῆν] Aristote, De Anima 410b22–23). L'hésitation de Philopon à appeler les végétaux des vivants pourrait ressortir du souci de ne pas forcer sur ce point le texte de la Genèse qui ne fait pas usage du terme 'vivant' pour les désigner.

réalité singulière. Elle est attachée à son autoconservation, à sa croissance et à la perpétuation de l'espèce en raison de sa fécondité. Cette âme dite 'végétative' est commune à tous les corps vivants, du végétal à l'homme en passant par le corps de l'animal. Pour Philopon, l'existence de l'âme végétative ressort du phénomène naturel observable et elle coïncide avec la première séquence d'apparition du vivant telle qu'elle est rapportée par le récit biblique.

b *Du végétal à l'animal*

Viennent ensuite, en un degré de perfection supplémentaire, les êtres vivants possédant la capacité d'opérations psychiques spécifiques que ne possèdent pas les végétaux.

Parmi les opérations psychiques propres à la nature animale et qui viennent compléter les fonctions de nutrition, de croissance et de reproduction que l'animal a en commun avec le végétal, il y a (1) la sensation, autrement dit les opérations résultant de la présence d'organes spécifiques et de fonctions plus complexes, telle la vision, l'audition, le toucher, l'olfaction et le goût, ces facultés perceptives sont dites – pour Philopon – pourvoir à la sauvegarde du corps[24]. Outre la sensation, il y a (2) l'imagination, la *phantasia*, qui est pour l'animal vivant la capacité de représentation mentale de ce qui a fait, d'abord, l'objet d'une activité perceptive. Autrement dit, l'imagination est ici l'empreinte dans l'âme de l'objet perçu, comme le rappelle Philopon[25], restant sauve la capacité, propre à la *phantasia*, de modifier ou de créer des représentations mentales indépendamment d'une activité perceptive. Elle est, après la perception, le second degré du cognitif, propre à tous les animaux. Il y a enfin (3) le déplacement local. Il s'agit en ce cas de la capacité à se mouvoir localement, soit pour se porter vers ce qui contribuera à la vie, à son

---

24   « Toutes les facultés perceptives pourvoient à la sauvegarde du corps [αἵ τε αἰσθητικαὶ δυνάμεις ἅπασαι τῆς σωτηρίας προνοοῦνται τοῦ σώματος]. Le toucher [ἁφή] en effet étant propre à appréhender [ἀντιληπτική] des choses chaudes ou froides, sèches ou humides, du rugueux et du lisse, du dur et du mou, et les choses de même sorte, il enseigne à choisir les choses salutaires [τὰ σῴζοντα], mais à fuir celles qui menacent et sont nuisibles. Le goût quant à lui, étant apte à distinguer les saveurs [ἡ γεῦσις χυμῶν οὖσα διακριτική], est des plus utiles pour la nourriture, enseignant ce qui est comestible et ce qui ne l'est pas; l'odorat est le moyen de juger [κριτήριον] des odeurs; certaines d'entre elles sont utiles et nous les choisissons, d'autres sont manifestement nuisibles et nous les fuyons; pour ceux qui se meuvent localement, si la vue [ἡ ὄψις] devait manquer, le mouvement serait pour eux cause de perte; l'ouïe [ἡ ἀκοή] quant à elle ne s'occupe de rien d'autres que des bruits ressortant du choc qui se produit dans l'un et l'autre des corps qui se rencontrent », Philopon, *De Opif.* 227. 11–25.

25   Cf. Philopon, *De Opif.* 207. 12ss.

développement et à sa protection, soit pour fuir au contraire ce qui pourrait l'entraîner à l'inverse, à savoir, à sa propre destruction. On peut noter que le mouvement local résulte en amont d'un processus cognitif, de l'opération imaginative, car l'animal se représente d'abord l'objet à atteindre ou à fuir[26]. Ces trois opérations psychiques fondamentales propres à tous les animaux sont coordonnées.

Il y a donc un niveau supérieur de fonctions et d'opérations psychiques qui concernent ce qu'on appelle de façon générique le règne animal. Là encore, pour Philopon, le récit biblique s'accorde avec le donné empirique tel qu'il fut observé par le Stagirite. Il s'y accorde également dans le sens où tant Aristote que le récit biblique conviennent du fait qu'il y a dans le domaine de l'animal lui-même des degrés et comme une hiérarchie qui relève non *stricto sensu* de la possession et de la privation des opérations propres au monde animal, mais du degré de possession et du degré de privation de ces opérations. Ces variations sont en grande partie liées au milieu dans lequel s'exerce l'activité perceptive de chacune de ces classes d'animaux. Autrement dit, si tous les animaux ont ce qu'on appelle l'âme sensitive, ils n'ont pas les puissances qui en

---

26 On peut noter que dans le traité de *La création du monde*, Philopon mentionne *a minima* ce qui constitue pourtant l'un des points de compréhension les plus importants du mouvement des animaux. Il s'agit de la place faite au *désir* [ὄρεξις] comme 'cause ultime du mouvement' (Cf. Aristote, *De Motu Anim.* 701a34–35 [τῆς μὲν ἐσχάτης αἰτίας τοῦ κινεῖσθαι ὀρέξεως οὔσης]). Comme le précise Aristote, si l'animal se meut, c'est sous l'effet du désir, après avoir reçu des modifications qui ressortent, elles, de la sensation et/ou de l'imagination (Cf. *De Motu Anim.* 701a4–6). Pour la présence de l'ὄρεξις dans le traité de *La création du monde*, voir: Philopon, *De Opif.* 222. 27–223.1; 223.5–6. Dans ces deux occurrences, le *désir* est associé à la sensation que seule éprouvent les animaux. Ils sont de ce fait les seuls à voir leur mode de reproduction enté sur l'attraction exercée entre sexes opposés et ce à la différence du mode de reproduction des végétaux, eux dépourvus de sensation et donc de désir. Voir également *De Opif.* 232. 1–10. Philopon rappelle alors qu'à la différence du mouvement des êtres inanimés, que ce soit le mouvement linéaire vers le haut et le bas, que ce soit le mouvement circulaire comme pour le combustible, l'air qui lui est contigu et les astres – tout mouvement qui ressort de leur qualité intrinsèque – le mouvement des corps animés, ici les animaux, se produit du fait de l'âme selon le désir, l'imagination mettant en branle les parties mobiles des vivants. Il va sans dire que dans son commentaire au *De Anima* d'Aristote, Philopon s'attarde longuement sur la place du désir, mais aussi sur la place de la *proairesis*, et sur leur connexion avec les opérations cognitives. Il est tout à fait vraisemblable que pour le Philopon du traité de *La création du monde*, «le mouvement local de l'animal est la conséquence d'un désir préparé par une opération cognitive», pour reprendre une expression de P.-M. Morel qui introduit le *De Motu Animalium* d'Aristote. Voir: Aristote, *Le Mouvement des animaux* suivi de *La locomotion des animaux*, P.-M. Morel éd., Paris, GF, 2013, p. 45–46.

découlent avec la même intensité, ni au même degré. Philopon distingue trois cas progressifs : les animaux aquatiques, les animaux volants et les animaux terrestres. Il ne fait en cela que reprendre une distinction qui provient du *Timée* de Platon que Philopon cite dès les premières pages de son traité. En effet, dans ce que l'on peut convenir appeler la seconde démiurgie, le Démiurge-père confie à ses enfants, dieux qui sont issus d'un Dieu, la tâche de produire des êtres vivants mortels et de les répartir en fonction des lieux naturels déjà prédisposés : les volatiles pour habiter l'air, les animaux aquatiques l'eau et les animaux terrestres la terre[27]. Platon aurait – aux dires de Philopon – imité en cela la cosmogonie mosaïque[28].

c   *Les animaux aquatiques*

Pour Philopon : «Les animaux aquatiques [τὰ ἔνυδρα] prennent la deuxième place dans la genèse des êtres animés, puisque l'eau est le second élément après la terre ; ils ont une vie plus parfaite que les plantes ; car ils ont part à la sensation et au mouvement local, mais ils ont ces facultés de façon plus obscure que les êtres aériens, puisque la faculté qu'a l'eau de laisser passer la lumière, le son et les odeurs est bien moindre que celle de l'air, à cause de la subtilité du corps de l'air, et de l'épaisseur de celui de l'eau. Il s'ensuit que les poissons ont une imagination plus faible, en rapport avec la façon dont les sensations s'impriment et demeurent en eux. Que les poissons aussi ont une imagination ⟨autrement dit, que les poissons ont capacité à se représenter quelque réalité à atteindre ou à fuir⟩, c'est évident par le fait qu'ils changent de lieux pour en trouver qui soient adaptés selon les époques, qu'ils connaissent ceux qui leur sont néfastes et qu'ils les fuient. Mais du fait du caractère obscur de leur imagination, ils sont craintifs et peureux et sauvages. Il leur manque aussi la voix[29] [φωνή], qui sert à échanger les impressions [παθήματα] qui sont dans leur imagination[30] ».

---

27   Cf. Platon, *Timée* 41bd, cité par Philopon, *De Opif.* 4.25–5.15.
28   Cf. Philopon, *De Opif.* 4.17–24.
29   «Ainsi ce qui n'est pas éclairé, ce qui est privé de lumière, ne possède pas une qualité contraire à la lumière, que l'on appellerait ténèbre, de même que l'absence de vue est nommée cécité, la privation de l'ouïe, surdité, celui qui ne peut pas parler, muet, comme le sont les poissons ; on dit de tel individu qu'il est sourd et muet du fait qu'il est amputé de la capacité à émettre des sons, c'est-à-dire, de la voix [ἡ τῆς ἀκοῆς στέρησις κωφότης καὶ ὁ μὴ φωνεῖν δυνάμενος ἄφωνος, οἷοίπερ εἰσὶν οἱ ἰχθύες· τὸν δὲ τοιοῦτον καὶ κωφὸν καλοῦσι παρὰ τὸ ἐκκεκόφθαι τὴν ὄπα τουτέστιν τὴν φωνήν] ; ainsi donc ce qui est sans lumière est appelé ténèbre», Philopon, *De Opif.* 71. 10–17.
30   Philopon, *De Opif.* 207.4–20. Suit une courte digression sur l'exception du veau marin qui émettrait un son vocal [φωνή] pour annoncer la mort qui s'approche à ceux qui

L'avènement de cette première classe d'animaux, les poissons, n'est pas aussi clairement mentionné dans le récit de la *Genèse* que ne le laisse supposer le propos de Philopon bien qu'il paraisse évident que la première phase d'apparition du monde animal découle de la convocation des raisons spermatiques précontenues dans l'eau; l'Écriture mentionne également, comme ressortant de l'eau, les êtres rampants et les volatiles.

Les habitants de l'élément 'eau' sont dotés, comme tous les animaux, de la sensation et de l'imagination mais ils les possèdent à un degré moindre en raison du milieu qui a une importance capitale dans la théorie de la perception que développe le *De Anima* d'Aristote[31].

Philopon ajoute d'ailleurs une autre difficulté limitant cette classe. Il s'agit de l'absence de voix, de *phonè*, réduisant leur capacité à se communiquer entre eux les impressions qui sont dans leur imagination. Nous apprenons par là une autre aptitude ressortant du monde animal en général mais dont semblent dépourvus les poissons, c'est la capacité à communiquer des impressions, des *pathèmata*, localisées dans l'imagination. Les sons vocaux porteurs de significations aptes à communiquer des impressions, des images mentales, sont, pour Philopon, un propre du monde animal supérieur. La voix, qu'on ne saurait confondre avec la parole ou le langage articulé, apparaît ici comme une sorte d'image sonore de l'image mentale, elle-même image de la réalité perçue.

d   L'avènement des êtres rampants et ailés

Cette première phase étant réalisée, Philopon en suivant l'ordre naturel et en mobilisant cette fois-ci l'Écriture, affirme: « Après cela viennent les animaux volants [τὰ πτηνά][32]: 'Que les eaux, dit l'Écriture, fassent sortir celles des âmes vivantes qui sont des êtres rampants, et des volatiles volant sur la terre le long du firmament du ciel' (Gn 1, 20). Ces derniers ont des sensations et des imaginations plus aiguisées que les animaux aquatiques. Cependant ils sont pour la plupart sauvages, principalement tous ceux qui, allant à travers les airs, s'élèvent très haut[33] ».

---

sont capables de l'entendre, exception qu'on retrouverait chez le scare et dans le cas du bogue; mais conclut Philopon: « *Il n'y a rien d'une voix dans tout cela* [φωνὴ δὲ τούτων ἐστὶν οὐδέτερον] ».

31   Cf. Aristote, *De Anima* 418a26–422a7.

32   Traduire πτηνά par oiseaux comme on le fait parfois et non sans raison, nous semble ici quelque peu réducteur. Aristote étend πτηνά à tous les animaux volants. Il l'applique notamment aux insectes pourvus d'ailes. Cf. Aristote, *Hist. Anim.* 532a19–26.

33   Philopon, *De Opif.* 208. 5–11.

Cette seconde classe comprend donc les êtres rampants qui ont affinité avec l'eau et avec la terre ainsi que les êtres volants qui occupent la partie située entre la terre et le firmament, autrement dit la masse 'air' juste au-dessous du firmament[34]. Le milieu 'air' dans lequel les êtres volants exercent le plus naturellement leur acuité perceptive est plus propice à l'exercice des sens que ne l'est l'eau. Les êtres volants ont donc des sensations et des imaginations plus aiguisées ou plus précises que celles des êtres aquatiques. Ces indications rappellent l'importance du milieu sur le développement des capacités perceptives et imaginatives. Cette seconde classe apparaît à l'appel divin sur les eaux qui précontiennent les raisons spermatiques, ici des êtres rampants et des êtres ailés. Philopon tentera de valider le fait qu'outre les poissons et les animaux rampants, les animaux ailés aussi proviennent de l'eau et non de l'air. Il conjecturera plusieurs solutions pour résoudre cette difficulté qui rompt avec une certaine logique du propos: (1) appel à la terre, germination des végétaux; (2) apparition des animaux aquatiques dans l'eau puisque l'eau vient naturellement après la terre qui en est entourée; (3) appel aux eaux pour qu'elles fassent sortir des âmes vivantes qui sont les rampants et les oiseaux, habitants de l'espace aérien qui n'est pas dit produire, qui ne reçoit aucune injonction. Il aurait pourtant été légitime, selon l'ordre naturel, qu'après la terre et l'eau, l'air soit à son tour producteur. Il n'en est rien. Philopon veut voir dans cette omission de Moïse qui ne mentionne pas l'air dans la création du monde le fait de la grande communauté de nature entre l'eau et l'air. L'un et l'autre sont en effet humides et fluides, diaphanes, conducteurs des odeurs et des sons, à quoi Philopon ajoute que l'air et l'eau se transforment facilement l'un en l'autre[35].

---

34 À propos du firmament, Philopon affirme: «... quelle est son essence, nous l'avons dit de façon modérée, en le conjecturant d'après les phénomènes, les démonstrations de Platon et ce que nous a donné à penser Moïse: son existence précède à juste titre celle des luminaires puisqu'ils ont leur siège en lui – où se seraient-ils trouvés s'il n'existait pas encore? – et il précède ce qui est sur la terre et dans les eaux, puisqu'il les contient et qu'il est avec elles cause de ce qui est en elles. C'est la raison pour laquelle, je pense, on nomme le firmament 'ciel' comme le premier. En effet, de même que le premier ciel est l'enveloppe de tout l'univers et la limite du firmament lui-même, le firmament l'est de même pour toutes les choses qui sont à l'intérieur de lui et qui connaissent génération et corruption, et avec lesquels, il est cause de ce qu'il en soit ainsi. Mais il est possible que le firmament soit appelé 'ciel' pour une autre raison. C'est qu'à partir de lui, tous peuvent voir, car Dieu a placé en lui tous les luminaires», Philopon, *De Opif.* 158. 1–17.

35 Cf. Philopon, *De Opif.* 210.2 2–211.27. Pour l'analyse et la recension des éléments communs aux êtres qui nagent et aux êtres qui volent, voir: Philopon, *De Opif.* 212. 3–213. 14.

e   *L'avènement des animaux terrestres*

Respectant l'ordre de complexité et de performance progressive dans l'apparition du vivant, Philopon poursuit avec la prochaine classe des animaux. Les animaux terrestres ressortent eux aussi d'une injonction divine prononcée sur la terre:

> 'Que la terre fasse sortir une âme vivante', et des milliers de genres d'êtres vivants créés apparurent partout, et surtout ceux qui correspondaient aux lieux à partir desquels par la suite la génération par mode de reproduction du semblable devait exister[36].

Pour Philopon, s'ils sont nommés 'âme vivante', c'est selon la règle qui veut qu'un être soit désigné par sa partie supérieure[37] ou sa forme puisque, pour Aristote, en une définition admise par Philopon, l'âme est «l'entéléchie ou réalisation d'un corps naturel possédant la vie en puissance»[38], c'est-à-dire, précise Philopon, «la forme, et l'achèvement et la cohésion du corps.» Dire 'âme', c'est dire un corps vivant au regard de ses fonctions et opérations psychiques qui ne sauraient être, même pour un seul instant, séparées du corps.

Selon Philopon donc, «les animaux terrestres [τὰ χερσαῖα] sont plus parfaits que les autres, ont des sensations et l'imagination plus aiguisée et s'approchant de la raison. Certains d'entre eux sont prudents [φρόνιμα], d'autres sont rusés et industrieux [δόλιά τε ἄλλα καὶ πανοῦργα], d'autres prévoient l'avenir [προνοητικὰ τοῦ μέλλοντος], beaucoup sont domestiqués et vivent avec les hommes et les soulagent de leurs peines. 'Le bœuf connaît son propriétaire et l'âne la crèche de son maître' (Is 1, 3). Et que dire des chiens, qui ont une si grande tendresse et une si grande bienveillance pour leurs maîtres? Beaucoup sont morts pour leurs maîtres, en repoussant ceux qui les attaquaient[39] [...].

---

36   Philopon, *De Opif*. 176. 26–29. Philopon poursuit ainsi: «Il est logique et conforme à la nature et à la divine activité démiurgique que les produits achevés précèdent les inachevés [εὔλογον γὰρ καὶ τῇ φύσει πρέπον καὶ τῇ θείᾳ δημιουργίᾳ τῶν ἀτελῶν προηγεῖσθαι τὰ τέλεια]; car la production de semence vient de produits achevés [ἡ γὰρ τοῦ σπέρματος πρόοδος ἐκ τῶν τελείων ὑφίσταται]; il faut donc que les produits achevés existent en premier; il était en effet impossible que la création parvienne, à partir des êtres indéterminés, jusqu'à ce qui existe maintenant, nous l'avons souvent montré dans d'autres cas», Philopon, *De Opif*. 176. 29–177. 6.

37   Cf. Philopon, *De Opif*. 220. 3–4; 225. 13–14.

38   Aristote, *De Anima* 412a19–412b6; voir: Philopon, *De Opif*. 278. 3–6.

39   Philopon, *De Opif*. 208. 12–21.

Beaucoup d'animaux aussi peuvent être instruits par l'habitude, et davantage encore par l'effort et par le jeu. Des chevaux et des éléphants ont appris l'art de la guerre ; ainsi ils s'approchent presque de la raison [οὕτω τῷ λόγῳ σχεδὸν πλησιάζουσιν]⁴⁰ ».

Cette section qui porte sur les animaux terrestres, espèce dans laquelle, ultérieurement, viendra se classer l'homme, veut voir en eux des fonctions plus achevées, des sensations et imaginations plus aiguisées s'approchant presque de la raison. Pour Philopon, dans la catégorie des animaux terrestres, il y a, comme dans la classe plus générale du règne animal, de nombreux degrés de capacité sensitive plus ou moins performante, degrés desquels résultent proportionnellement des degrés dans l'exercice de la capacité imaginative. Ce qu'il faut toutefois retenir du propos de Philopon, c'est que du développement de la faculté sensitive, conséquemment du développement du degré cognitif supérieur, l'imagination, résultent certaines dispositions qui s'approchent de la raison pratique que Philopon circonscrit par quatre attributs. Certains animaux en effet sont prudents [φρόνιμα], rusés [δόλια], industrieux [πανοῦργα] et capable d'anticiper les choses à venir [προνοητικὰ τοῦ μέλλοντος]. De tels qualificatifs veulent dire qu'ils sont capables de sentir, de connaître, de se mouvoir et d'agir de façon autonome dans un environnement complexe non déterminé. Il dira aussi que certains d'entre eux ont capacité à être instruits de certains arts qui sont par nature plutôt associés à l'homme, ici l'habileté guerrière. Philopon fait découler une seconde fois, cette fois-ci de la capacité d'apprentissage de disciplines qui ne leur sont pas naturelles, le fait que certains animaux s'approchent presque de la raison. Il précise ailleurs qu'en matière de capacité créatrice ou démiurgique et de capacité relevant d'une *technè*, d'un art, certains animaux se montrent supérieurs à l'homme sans pour autant avoir eu à apprendre de tels arts et ce à la différence de l'homme. Philopon fait alors mention du caractère industrieux, prévoyant et technique des abeilles, fourmis, hirondelles et également des araignées desquelles il dira qu'elles surpassent le géomètre dans la réalisation et la précision de leur toile⁴¹. Et à la différence du géomètre, elles connaissent les rapports géométriques sans les avoir appris.

Philopon ajoute également que ce n'est pas au regard de la sensation que l'homme manifeste son excellence car là encore, certains animaux le surpassent par l'acuité de l'une ou l'autre capacité sensorielle⁴².

---

40   Philopon, *De Opif.* 209. 17–21.
41   Cf. Philopon, *De Opif.* 257. 1–258. 4.
42   L'aigle pour la vue, les oies et les ânes pour l'ouïe, et le chien pour l'odorat. Ce ne serait,

Quand bien même il s'agit là, pour les animaux terrestres, d'un niveau psychique, sensitif et cognitif, relativement élevé, presque s'approcher de la raison ne saurait être identique, pour Philopon, à 'être doué de raison'. Car cette spécificité humaine ressort d'un autre principe que celui qui préside à la psychologie animale. Ce point, pour lui comme pour la psychologie et la zoologie tardo-antique, fait largement consensus.

f   *L'avènement de l'homme ; comparaison avec le cas des animaux*
On ne saurait en effet traiter du statut de l'âme des animaux sans le comparer au cas de l'homme qui s'en détache spécifiquement. Au sommet des animaux terrestres apparaît donc l'homme, le plus achevé des animaux, qui récapitule tout l'ordre naturel qui l'a précédé. Non seulement il le récapitule, mais en un sens, son propre développement, du sperme à l'embryon formé, joue et rejoue, et dans l'ordre, chacune des étapes de l'avènement du vivant. Ainsi, pour Philopon, « le sperme tombe inanimé dans la matrice, là il reçoit la vie végétative : il se nourrit et croît ; puis selon la progression de la génération, il est modelé et animé et il devient un vivant ⟨c'est précisément le moment où, les organes étant formés, lui surviennent les capacités sensitives correspondant et conjointement l'imagination⟩ ; ensuite en dernier il reçoit l'âme rationnelle, ⟨dans la matrice, précisera Philopon[43]⟩ et il est mis au monde tel un homme achevé[44] ».

Mais l'avènement de l'homme, pour Philopon, ressort d'un événement tout à fait singulier. Certes, sa condition corporelle animée est similaire à celle des animaux terrestres, il est issu de la terre comme eux et, comme pour eux, surviennent progressivement les fonctions et opérations psychiques, au rythme de la formation des organes qui leur correspondent. Une différence toutefois doit être signalée car le corps 'de terre' du premier homme ne ressort pas d'une injonction faite à la terre mais d'un modelage divin. Mais pour expliquer la supériorité de l'homme sur les autres vivants Philopon fait appel à un autre principe attesté par les Écritures :

> Pour les autres êtres vivants, l'Écriture dit : 'Que les eaux fassent sortir celles des âmes vivantes qui sont des êtres rampants ; que la terre fasse sortir une âme vivante' (*Gn* 1, 20. 24), le tout étant advenu comme à partir d'un seul principe. Car leurs âmes, qui ont commencé à exister avec l'harmonie des corps, périssent en même temps que les corps. Mais l'âme

---

pour Philopon, que par le toucher que l'homme se distinguerait des autres animaux. Voir : Philopon, *De Opif.* 258. 27–259. 11.

43   Philopon, *De Opif.* 210. 3–4 : τὴν λογικὴν ἐν τῇ μήτρᾳ ψυχὴν τὸ ἔμβρυον δέχεται.
44   Philopon, *De Opif.* 209. 24–210. 1.

> des hommes vient à l'être à partir d'un autre principe ; car ayant une substance séparable des corps [χωριστὴν γὰρ σωμάτων ἔχουσα τὴν οὐσίαν], elle est insufflée de l'extérieur en eux après le modelage. En effet, 'Dieu insuffla sur sa face une haleine de vie, et l'homme devint une âme vivante' (*Gn* 2, 7). Si donc elle est insufflée de l'extérieur dans le corps aussitôt qu'il est modelé, il est évident qu'elle a une substance séparée de lui. Et pour cette raison, quand il est corrompu elle se sépare de lui et elle ne se dissout pas avec le corps qui se dissout. Mais le mode de sa génération nous a indiqué clairement sa substance[45].

Ce texte comporte deux thèses fondamentales concernant l'âme de l'homme et ce, par opposition à l'âme de l'animal.

(Thèse 1) L'âme de l'homme, issue de l'insufflation divine, est séparable du corps ; l'âme de l'animal, issue de l'injonction faite à la terre ou à l'eau et de l'éveil des raisons spermatiques qu'ils contenaient, ne l'est pas. La destinée de l'âme de l'homme et celle de son corps sont dissociables car l'âme est immortelle, le corps lui en revanche est mortel. La corruption du corps n'entraîne donc pas la disparition de l'âme. La destinée de l'âme de l'animal et celle de son corps en revanche sont la même. Ils sont l'un et l'autre mortel.

(Thèse 2) Le mode de génération de l'âme de l'homme nous indique clairement sa substance. Elle est incorporelle, rationnelle, intellective et spirituelle, comme Philopon le précisera par la suite[46].

Cette façon d'attribuer à l'âme de l'homme la séparabilité et l'incorporéité n'est pas totalement dépourvue d'ambiguïté dans la mesure où le récit biblique de la création de l'homme ne dit rien des fonctions vitales et cognitives qui ne sauraient faire défaut à l'homme en raison de sa condition corporelle. Le récit biblique de la génération de l'homme passe sous silence ses fonctions et opérations naturelles en nommant l'homme par la forme qui le spécifie et le

---

45   Philopon, *De Opif.* 276. 19–277. 7.
46   « Quant au fait qu'elle est raisonnable, intellective, invisible et apparentée aux substances incorporelles et à Dieu [τὸ δὲ λογικὸν καὶ νοερὸν αὐτῆς καὶ ἀόρατον καὶ ἐγγίζον ταῖς ἀσωμάτοις οὐσίαις καὶ θεῷ], c'est évident de par la phrase : 'Il lui insuffla une haleine de vie'. Car la partie par laquelle il l'insuffla, comme la parole elle-même l'a parfaitement énoncé, est l'organe de la parole, car le Seigneur a pris esprit [πνεῦμα] au sens de incorporel : 'Dieu est Esprit, et ceux qui l'adorent doivent l'adorer en esprit et en vérité' (*Jn* 4, 24), il nommait ainsi le Dieu invisible et incorporel. C'est de façon équivalente qu'il parlait de notre âme : car il dit que le semblable doit être adoré par le semblable. Moïse a donc bien fait d'ajouter de vie à haleine, à cause de l'homonymie du souffle aérien, qui n'est pas vivant », Philopon, *De Opif.* 277. 9–20.

fait différer du reste des animaux, à savoir la nature rationnelle qui est à la fois pratique et théorique.

Si le récit biblique ne parle d'âme pour l'homme qu'en pointant son caractère spécifique résultant de l'insufflation divine, l'observation empirique de la condition corporelle dans laquelle l'homme s'inscrit contraint à lui conférer des fonctions et des opérations psychiques qui ressortent de son appartenance au genre animal[47].

Mais il n'est pas impossible que sur un plan plus strictement philosophique, Philopon puisse, au-delà du texte biblique, avoir à l'esprit une distinction devenue, semble-t-il, classique dans la tradition des commentateurs d'Aristote. En effet, pour Jamblique, qui est à l'origine de cette distinction, les fonctions sensorielles de l'animal dépourvu de raison et les fonctions sensorielles de l'animal raisonnable n'opèrent pas exactement de la même façon. Simplicius, qui commente Jamblique, commence par rappeler que l'homme a la sensation en commun avec les autres animaux mais précise aussitôt : « Sentir que nous sentons, c'est le privilège de notre nature : car c'est le propre de la faculté rationnelle de pouvoir se tourner vers soi-même. On voit que la raison s'étend ainsi jusqu'à la sensation, puisque la sensation propre à l'homme se perçoit elle-même. En effet, le principe qui sent se connaît lui-même dans une certaine mesure quand il sait qu'il sent, et, sous ce rapport, il se tourne vers lui-même et s'applique à lui-même[48] » et Simplicius ajoute : « La sensation qui est nôtre est donc rationnelle : car le corps lui-même est organisé rationnellement. Cependant, comme le dit Jamblique, la sensation qui est nôtre porte le même nom que la sensation irrationnelle, sensation qui est tout entière tournée vers le corps, tandis que la première se replie sur elle-même. Sans doute, elle ne se tourne pas vers elle-même comme l'intelligence ou la raison : car elle n'est point capable de connaître son essence ni sa puissance, et elle ne s'éveille pas d'elle-même ; elle connaît seulement son acte et elle sait quand elle agit ; or, elle agit quand elle est mise en mouvement par l'objet sensible[49] ». Ce que nous pourrions appeler le caractère proprement autoréflexif de la sensation humaine ouvrirait un dossier que le Philopon du *De Opificio Mundi* n'envisage pas distinctement. Des recherches complémentaires que le présent travail ne peut engager s'imposeront sans doute.

---

47 La dominante 'élément terre' dans leur constitution corporelle leur est commune quand bien même l'opération qui a vu l'avènement de leur corps respectif diffère. Une fois encore, l'animal terrestre ressort de l'injonction divine faite à la terre, le corps de l'homme non, car il ressort d'un modelage divin.
48 Simplicius, *In de anima* 187. 27–32.
49 Simplicius, *In de anima* 187. 35–188.3.

Pour Philopon, il est manifeste que l'homme est le seul vivant à voir converger en lui deux natures d'âme, ou pour être plus exact, deux catégories de fonctions dont certaines sont inséparables du corps, tandis que telle autre, au contraire, peut en être séparée dans la mesure où son existence lui vient du Souffle divin et non de la nature. On pourrait dès lors admettre que dans les conditions d'existence terrestre, cette âme 'spirituelle' habite un corps animé et habite donc en un sens de façon toute personnelle et toute rationnelle les fonctions et opérations psychiques inférieures auxquelles elle peut conférer un mode d'être qui soit conforme à la nature supérieure de l'homme, d'où le fait que – du moins pour l'anthropologie philoponienne – seul l'homme est, en tant que doué de raison, doué de libre-arbitre et qu'il est, par conséquent, sujet moral destiné à l'excellence, à la vertu jusqu'au cœur de sa condition corporelle.

Ce n'est cependant pas sur la destinée de l'homme au regard de son âme séparable, rationnelle, intellective et spirituelle qu'il nous faut maintenant tenter de conclure mais sur l'âme des animaux et sur leur destinée ainsi que pour une part sur les fonctions et opérations psychiques auxquelles l'homme a part du fait de son lien générique avec l'animal.

5 Conclusion

Nous avons vu que les fonctions et opérations psychiques du corps vivant adviennent au moment où les organes de ces fonctions apparaissent selon un ordre naturel établi une fois pour toutes au commencement.

Nous avons vu que les fonctions de nutrition, de croissance et de reproduction impliquent des organes d'alimentation et de reproduction qui permettent des rapports avec un environnement et des corps où ces fonctions puissent opérer.

Nous avons vu que les fonctions sensitives de l'âme des animaux présupposent la constitution des divers organes sensoriels en l'absence desquels la fonction n'a simplement pas lieu d'être.

Nous avons vu que la perception sensorielle vient s'imprimer dans la faculté imaginative, qui présuppose elle aussi un organe, que ce soit le cerveau ou le cœur. Bien que premier degré d'une fonction mentale, l'imagination n'en demeure pas moins totalement dépendante, et donc inséparable, de l'organe physique dans lequel s'effectue l'opération imaginative.

Nous avons vu que ces opérations cognitives pouvaient presque s'approcher de la raison pratique qui, bien que spécifiquement humaine, n'en paraît pas moins, parfois, étrangement présente sous forme de traces dans certains comportements des animaux. Mais dans tous les cas, même pour l'homme, la raison pratique a à voir avec la condition corporelle, avec un environnement contingent et changeant dans lequel l'être humain doit organiser son espace vital, sa survie, sa perpétuation et son développement. Cette fonction 'logistique' elle-même a affinité avec le devenir et surtout avec la corporéité en l'absence de laquelle elle n'a plus lieu d'être.

Pour Philopon donc, quand bien même l'âme des animaux est dotée de fonctions et d'opérations psychiques élevées, elle n'en demeure pas moins inséparable du corps animal doté d'organes dont elle est l'entéléchie ou la réalisation. Lorsque le corps et ses organes se corrompent, les opérations qui leur sont associées s'éteignent naturellement, rendant caduque la fonction qui disparaît. Cette thèse fait écho à la lointaine position défendue par Simmias dans le *Phédon* de Platon[50]. C'est la thèse de l'âme harmonie du corps qui, à l'instar des autres harmonies, dont l'harmonie musicale, périt lorsque l'instrument périt.

Rien dans le propos de Philopon ne peut laisser supposer une quelconque permanence, voire restauration de l'âme de l'animal et de ses fonctions une fois le corps de l'animal disparu car cette dernière n'a plus lieu d'être.

Seule l'âme de l'homme qui ressort d'un autre principe et qui est insufflée de l'extérieur est séparable. Sa destinée n'est dès lors pas assimilable à la destinée du composé vivant et de ses fonctions et opérations qui nécessairement s'achèvent lorsque le corps se corrompt. Sur ce dernier point, le corps mortel de l'homme ne peut se prévaloir d'une destinée différente de celle du corps de l'animal. Tous deux retournent à la poussière.

Il semblerait d'ailleurs que ces éléments soient cohérents avec ce que l'on croit savoir de la doctrine de la Résurrection du même Philopon; doctrine qui a été condamnée par l'Église de Constantinople au point que nous en sommes réduits à n'avoir conservé que quelques fragments de la doctrine de ce dernier, dont certains ne sont véhiculés qu'en syriaque[51].

En effet pour Philopon, ce n'est pas le corps par nature et par définition mortel qui apparaît à la Résurrection mais un corps par nature et par définition immortel. Les deux corps ne sauraient avoir la même raison de nature car pour Philopon, en bonne logique apprise à l'école d'Ammonius, la corruptibilité

---

50 Cf. Platon, *Phédon* 85c–86d.
51 Sur Jean Philopon et sa doctrine de la Résurrection : Th. Hainthaler, « Jean Philopon, philosophe et théologien à Alexandrie », in : A. Grillmeier, *Le Christ dans la tradition chrétienne*, II. 4 : L'Église d'Alexandrie, la Nubie et l'Éthiopie après 451, Paris : Cerf, Cogitatio Fidei, 1996, p. 205–209. Voir tout de même : Jean Damascène, *De Haeresibus* 83 addit., in : *Die Schriften des Johannes von Damaskos*, vol. 4. Liber de haeresibus. Opera Polemica, B. Kotter éd., Berlin : De Gruyter, 1981, p. 50–55.

et l'incorruptibilité ne sont pas des attributs accidentels des corps auxquels ils sont prédiqués mais des attributs essentiels. Mortel en effet entre dans la définition de l'homme : animal, sensible doué de raison et mortel. Retirer une seule de ces déterminations essentielles revient à détruire la réalité définie pour le cas échéant en désigner une autre.

Pour reprendre et gloser une formule de Theresa Hainthaler[52] à propos de Philopon, il ne peut donc concevoir la transformation d'un corps mortel en un corps immortel, d'un corps corruptible en un corps incorruptible, sans que soit détruit le corps ancien et qu'un nouveau corps soit créé, ce qui implique la perte de l'identité formelle du corps terrestre avec le corps de la résurrection. Ce qui implique également la perte des opérations et fonctions vitales qui étaient chevillées à la vie et à la sauvegarde du corps terrestre.

Résolument aristotélicien en ces matières, Philopon n'aurait sans doute jamais fait usage de la notion de 'restauration' elle-même. Le bonheur de l'animal et de la partie animale de l'homme, ou l'absence d'un tel bonheur, ne pouvant se cantonner qu'à la seule durée de l'existence terrestre d'un vivant singulier.

Restant sauve la destinée singulière de l'âme de l'homme, dorénavant séparée du corps corruptible et engagée dans un corps incorruptible du fait de la Résurrection.

Sources

Aristote, *De l'âme*, R. Bodeüs éd., Paris : Garnier Flammarion, 1993.
Aristote, *Le Mouvement des animaux* suivi de *La locomotion des animaux*, P.-M. Morel éd., Paris : Garnier Flammarion, 2013.
Basile de Césarée, *Homélies sur l'Hexaéméron*, St. Giet éd., Paris : Cerf, SC 26bis, 1968.
Jean Philopon, *De Opificio Mundi*, G. Reichhardt éd., Leipzig : Teubner, 1897 (traduction française : *La création du monde*, M.-CL. Rosset & M.-H. Congourdeau trad., Paris : Migne, Les Pères dans la foi, 2004).
Jean Philopon, *De Aeternitate Mundi. Contra Proclum*, H. Rabe éd., Leipzig : Teubner, 1899 (repr. Hildesheim, Olms, 1984).

---

52 Th. Hainthaler, « Jean Philopon, philosophe et théologien à Alexandrie », p. 207.

Travaux

Benevich G., « John Philoponus and Maximus the Confessor at the Crossroads of Philosophical and Theological Thought in Late Antiquity », *Scrinium* VII–VIII.1 (2011–2012). Ars Christiana, p. 102–130.

Bodeüs R., « Les considérations aristotéliciennes sur la bestialité: traditions et perspectives nouvelles », in: G.R. Dherbey dir., *L'animal dans l'Antiquité*, Paris: Vrin, 1997, p. 247–258.

Fladerer L., *Johannes Philoponos. De opificio mundi. Spätantikes Sprachdenken und christliche Exegese*, Stuttgart-Leipzig: Teubner, 1999.

Giardina G.R. et al., Philopon (Jean-), dans *DPhA* Va (2012), p. 455–502.

Golitsis P., *Les Commentaires de Simplicius et de Jean Philopon à la Physique d'Aristote*, Berlin-New York: Walter de Gruyter, 2008.

Hainthaler Th., « Jean Philopon, philosophe et théologien à Alexandrie », in: A. Grillmeier, *Le Christ dans la tradition chrétienne*, II.4: L'Église d'Alexandrie, la Nubie et l'Éthiopie après 451, Paris, Cerf, Cogitatio Fidei, 1996, p. 165–215.

Labarrière J.-L., « Imagination humaine et imagination animale chez Aristote », *Phronesis* 29 (1984), p. 17–49 (repris dans: J.-L. Labarrière, *La condition animale*. Études sur Aristote et les Stoïciens, Louvain-La-Neuve: Peeters, 2005, p. 85–120).

Labarrière J.-L., « Aristote et la question du langage animal », *Mètis*. Anthropologie des mondes grecs anciens, vol. 8 n°1–2 (1993), p. 247–260.

Lefebvre D., « Aristote, le syllogisme pratique et les animaux », *Revue de métaphysique et de morale* 60 (2008/4), p. 535–550.

Scholten Cl., *Antike Naturphilosophie und christliche Kosmologie in der Schrift 'De opificio mundi' des Johannes Philoponos*, Berlin-New York: Walter De Gruyter, 1996.

Verrycken K., The development of Philoponus' thought and its chronology, in: R. Sorabji éd., *Aristotle Transformed. The Ancient Commentators and Their Influence*, London: Duckworth, 1990, p. 233–274.

Verrycken K., « Philoponus' Interpretation of Plato's Cosmogony », *Documenti e Studi sulla Tradizione Filosofica Medievale* VIII (1997), p. 269–318.

SECTION 2

Moyen-Âge

∴

CHAPTER 9

Entre hiérarchie, partage et transgression, l'iconographie médiévale du monde animal: une communauté en chemin

Christian Heck

Il est juste que le regard de l'historien de l'art ait été inclus dans le bouquet des questionnements réunis dans ce volume. L'iconographie médiévale fournit en effet un nombre considérable d'œuvres où les animaux sont présents, et ces représentations sont des apports essentiels. Mais ce sont aussi des témoignages spécifiques, qu'il faut considérer dans leurs enjeux propres. Les images médiévales sont en effet le fruit d'élaborations complexes, nourries le plus souvent par des sources textuelles mais aussi des exemples figurés multiples, comme par l'invention de l'artiste, et ce serait une grande erreur que de penser qu'elles dépendent avant tout du texte qu'elles illustrent. C'est précisément là que réside un des immenses intérêts de l'étude des œuvres d'art, le fait que leur analyse permet de faire émerger des significations que l'on ne peut absolument pas superposer directement à ce qu'apportent les sources.

J'ai donc repris, face aux œuvres d'art médiévales, la double question qui s'inscrit dans la problématique de ce volume, d'une part le statut des animaux dans la spéculation chrétienne selon une perspective eschatologique, d'autre part le salut des animaux dans le projet divin. Face à cette interrogation, nous rencontrons un certain nombre d'images qui expriment une signification très précise, que l'on peut certainement, dans bien des cas, relier à des positions du dogme, de la spiritualité, de la morale. Et l'on observe en même temps un corpus d'images dont l'ensemble dresse une vaste conception du monde, avec des différences selon les périodes, les contextes, les types d'œuvres. On doit reconnaître, à l'examen de ces œuvres d'art, qu'elles ne proposent absolument pas une réponse claire à la double question qui est au cœur de ce volume, et que je viens de rappeler. Mais elles apportent indiscutablement de solides et riches axes de signification, annoncés dans le titre que j'ai donné à cette étude[1].

---

[1] Il n'est pas possible de donner ici une bibliographie, même sommaire, sur l'animal dans l'iconographie médiévale. On trouvera un grand nombre de références dans notre ouvrage

Je voudrais introduire mon propos en partant d'un petit nombre d'exemples, en illustration de quatre notions. La première est celle de la nature profondément différente du monde animal et du monde humain, et de leur appartenance à des niveaux différents du monde créé. Voici d'abord une enluminure du *Ci nous dit* dans le manuscrit de Chantilly, vers 1340, et qui propose un cycle iconographique exceptionnel[2]. C'est un texte en français, écrit pour des laïcs, offrant environ huit cents très courts chapitres, fondés sur des passages bibliques, des extraits de récits hagiographiques, de fables, des évocations de la liturgie, des *exempla*, au total une compilation tenant à la fois du recueil d'instruction chrétienne, du traité de spiritualité, et de l'encyclopédie moralisée[3]. Sur dix-huit manuscrits conservés, seul celui de Chantilly offre une illustration à peu près systématique, et son intérêt est immense, témoignage d'un cycle enluminé de la culture chrétienne qu'un laïc aisé, seigneur ou de milieu princier, peut avoir à sa disposition dans la première moitié du XIVe siècle. Je ne peux m'étendre ici sur ce point, mais il faut signaler qu'alors que l'on s'attendrait, pour un ouvrage en français pour des laïcs, à trouver des thèmes plutôt communs, dans une iconographie banale, l'on a au contraire un nombre important d'images d'une grande rareté, parfois uniques dans l'art médiéval, et souvent très neuves par rapport à la date de réalisation du manuscrit. Sans suivre une chronologie régulière, le *Ci nous dit* commence tout de même à la Création, pour finir avec le Jugement Dernier.

Les deux premiers chapitres sont consacrés à la Création du monde et la Chute des anges rebelles, puis à la création de l'homme, et la séquence narrative s'interrompt alors pour un chapitre d'exégèse théologique et morale, autour de l'idée que « Dieu veut que nous soyons du ciel ». L'enluminure[4] est en rapport étroit avec le texte, qui propose de comparer l'homme aux arbres, au feu, aux oiseaux, aux mammifères et aux pierres. Certaines de ces explications sont des modèles, ainsi de même que la nature du feu le fait monter vers le ciel, de même l'homme doit désirer, par nature, monter au ciel. Le passage inclut des métaphores un peu alambiquées : l'homme a deux ailes pour voler dans le ciel à la manière des oiseaux ; nos mains sont nos ailes, et les bonnes pensées et les bonnes œuvres en sont les plumes ; de même que l'oiseau ne peut voler sans

---

récent : Ch. Heck et R. Cordonnier, *Le Bestiaire médiéval. L'animal dans les manuscrits enluminés*, Paris : Citadelles & Mazenod, 2011.

2 Ch. Heck, *Le Ci nous dit. L'image médiévale et la culture des laïcs au XIVe siècle : les enluminures du manuscrit de Chantilly*, Turnhout : Brepols, 2011.

3 Le texte a été publié : *Ci nous dit. Recueil d'exemples moraux*, éd. par Gérard Blangez, 2 vol., Paris, 1979–1986 (Société des Anciens Textes Français).

4 Chantilly, Bibl. du Musée Condé, ms. 26, folio 3ᵛ ; Heck, *Le Ci nous dit*, figure 4 et p. 85.

plumes, l'homme ne peut aller au ciel sans les bonnes œuvres. Mais d'autres comparaisons sont de vrais contre-modèles. L'arbre dirige ses fruits vers le bas, alors que le fruit des œuvres des hommes doit monter vers le ciel. La pierre jetée en l'air retombe sur la terre qui est son pays, et l'homme doit désirer retourner dans son pays qui est le ciel. J'en viens aux animaux d'une manière générale, représentés par le mouton de l'enluminure :

> Les singes et quelques autres bêtes savent bien marcher sur deux pattes, mais ils ne le font que si on les y oblige, parce qu'ils ne sont pas doués de raison [...] Dieu nous fait grandir en nous approchant du ciel ; il montre ainsi qu'il nous a faits pour y monter ; au contraire il fait grandir les bêtes en les allongeant sur la terre. Il montre ainsi que c'est bien leur pays[5].

Nous avons là deux thèmes essentiels pour le rapport entre l'humain et l'animal, celui de la présence ou l'absence de raison, et celui de la verticalité par rapport à l'horizontalité.

Je complète ce premier exemple par l'iconographie de Nabuchodonosor condamné à passer sept ans parmi les bêtes, après avoir refusé de tenir compte du songe prémonitoire de l'arbre et des avertissements du prophète, en Daniel 4. La Bible catalane de San Pere de Roda, du milieu du XIe siècle, montre Nabuchodonosor à quatre pattes, la chevelure et les ongles étant conformes au texte biblique[6]. Sous l'arbre du songe qui occupe la moitié supérieure de la page, les deux registres sont une séquence narrative, la chute du souverain occupant déjà la moitié du premier. Mais à la fin du XIVe siècle, une enluminure des *Petites Heures du duc de Berry* (Fig. 9.1) fait de cet épisode une leçon sur la hiérarchie du monde et des créatures[7]. Le premier grand texte des *Petites Heures*, l'*Estimeur du monde*, est conçu pour l'éducation des puissants, et une des trois enluminures qu'il contient représente un dominicain enseignant un jeune prince. Il lui montre de l'index tendu de ses deux mains les directions du haut et du bas ; et à l'espace céleste s'oppose la partie inférieure, occupée par Nabuchodonosor, couronné, mais à quatre pattes et en train de brouter l'herbe au milieu des bêtes. Le passage correspondant, dans le texte, parle de Nabuchodonosor pour évoquer les nourritures terrestres et spirituelles, et la

---

5 *Ci nous dit*, éd. Blangez, t. 1, p. 37.
6 Paris, BnF, ms. lat. 6-III, folio 65ᵛ ; Ph. Lauer, *Les enluminures romanes des manuscrits de la Bibliothèque Nationale*, Paris, 1927, p. 44–45 et pl. X.
7 Paris, BnF, ms lat. 18014, folio 9ᵛ ; F. Avril, L. Dunlop, Y. Yapp, *Les Petites Heures de Jean, duc de Berry. Introduction au manuscrit latin 18014 de la Bibliothèque Nationale, Paris*, Lucerne, 1989 (Commentaire du volume de facsimilé, 1988), p. 65–66 et 222–227.

FIGURE 9.1 Petites Heures du duc de Berry (Paris, BnF, ms lat. 18.014), folio 9ᵛ, Paris, vers 1385, Un dominicain enseignant un jeune prince, sous le monde céleste, et au-dessus de Nabuchodonosor parmi les bêtes.

reconnaissance nécessaire, par l'homme, de sa dignité et de sa place dans la Création, au-dessus des bêtes. On pense ici à ces paroles du *Cantique d'Adam*, passage de certaines versions des *Meditationes Vitae Christi*, et qui réunit des versets des psaumes : « Vous avez tout placé sous mes pieds, toutes les brebis et tous les bœufs, avec toutes les bêtes des champs. Cet honneur, je ne l'ai pas compris ; je me suis abaissé au rang des animaux sans raison, je suis devenu leur pareil »[8]. Au thème de la verticalité, opposée à l'horizontalité de l'animal,

---

8 Le passage n'est inclus que dans les versions longues du chapitre 92, ou 93 selon les éditions

et relié à l'idée du désir du ciel, s'ajoute donc ici celui de la superposition des plans, dans le rappel de la hiérarchie voulue par le Créateur, et le respect indispensable des niveaux du cosmos. Animaux et humains doivent vivre dans les espaces qui leur ont été assignés.

À ce premier thème doit s'ajouter celui de la transgression, du non-respect des niveaux dans des situations parfois extrêmes. Un des exemples les plus spectaculaires est celui donné dans des enluminures anglaises de la *Topographia Hibernica*, la *Description de l'Irlande*, de Giraud de Barri, ou Giraud le Cambrien, vers 1220[9]. C'est l'histoire d'un prêtre qui passe la nuit avec un couple de loups-garous. Il ne s'agit pas d'un épisode incertain transmis par le savoir populaire, mais d'un récit très développé, de Giraud de Barri, légat de l'archevêque de Cantorbéry puis archidiacre, et qui, en 1185 et 1186, visite longuement l'Irlande où il a été envoyé par le roi Henri II d'Angleterre. Un prêtre en voyage, passant la nuit dans une forêt, voit arriver un loup qui se met à lui parler, et qui devant ses questions « répond en tous points comme un bon catholique »[10]. Il lui précise que les habitants de la contrée d'Ossory, à la suite d'une malédiction lancée par saint Natal, doivent tous les sept ans bannir deux individus, un homme et une femme, qui se dépouillent de leur forme humaine pour revêtir celle des loups. Ils retrouvent leur nature après sept ans s'ils sont encore en vie, puis sont remplacés par un autre couple. Mais sa compagne, dit-il, est gravement malade, et le loup demande au prêtre de lui donner le viatique. Giraud ne manque pas de poser la question essentielle :

> Mais dira-t-on d'un être de ce genre qu'il est une bête brute ou un homme ? Un être doué de raison semble bien éloigné de la bête brute. Mais d'un autre côté, qui associera à la nature humaine un être qui

---

(« Dans le cénacle, Jésus apparaît aux dix, portes closes »). Il ne figure pas dans toutes les versions françaises modernes du texte, mais on le trouve dans la traduction de P. Bayart, *Méditations sur la Vie du Christ*, Paris : Éditions franciscaines, 1958, p. 268. Il est présent par exemple dans une version manuscrite en moyen français, vers 1422, et conservée à Londres, Brit. Libr., ms. Royal 20 B IV ; le passage est aux folios 150–150ᵛ. Sur ce manuscrit et son illustration, voir A. Legner, « Christus, Christusbild », dans LCI (*Lexikon der christlichen Ikonographie*), 1, 1968, col. 420.

9   Londres, Brit. Libr., ms. Royal 13 B VIII, folios 17ᵛ–18 ; N. Morgan, *Early Gothic Manuscripts II, 1250–1285* (A Survey of Manuscripts illuminated in the British Isles, 4, 2), Londres, 1988, n° 59a, p. 104–105.

10 Pour tous les passages cités de ce récit, voir J.-M. Boivin, *L'Irlande au Moyen Age. Giraud de Barri et la "Topographia Hibernica"*, Paris : Champion (Nouvelle Bibliothèque du Moyen Âge, 18), 1993, p. 211–215.

FIGURE 9.2 *Pseudo-Matthieu,* Evangile de l'Enfance du Christ, *Italie, fin du XIIIe siècle (Paris, BnF, ms lat. 2.688), folio 7, Jésus et les bêtes sauvages.*

marche à quatre pattes, courbé vers la terre, et qui n'est pas capable de rire ? De même dira-t-on du meurtrier d'un tel être qu'il est homicide ? Mais les miracles divins doivent être admirés, non discutés et interprétés par un esprit humain.

L'hybridation et la transgression posent des questions fondamentales, et c'est à nouveau la question de la présence ou non de la raison, et celle de la verticalité, qui sont convoquées pour tenter d'y répondre, avant de laisser la place au respect silencieux devant le miracle.

La troisième notion que je veux évoquer est celle du partage, de la réconciliation entre les catégories d'êtres vivants. L'*Évangile du Pseudo-Matthieu*, de la fin du VIe siècle, est la source du thème iconographique rare de *Jésus adoré par les bêtes sauvages*, épisode de la Fuite en Égypte, ainsi dans un manuscrit italien de la fin du XIIIe siècle (Fig. 9.2)[11]. Non seulement l'enfant Jésus, âgé de moins

---

11   Paris, BnF, ms. lat. 2688, folio 7 ; *Dix siècles d'enluminure italienne* (VIe–XVIe siècles), catalogue d'exposition, Paris, Bibliothèque Nationale, 1984, p. 48–49.

de deux ans, calme la grande peur de sa mère, et est adoré par les dragons qui sortent de la grotte où la famille voulait se reposer. Mais le miracle se prolonge :

> De même, des lions et des léopards l'adoraient et l'escortaient dans le désert [...] inclinaient leurs têtes avec une profonde révérence, et manifestaient leur empressement en remuant gentiment la queue [...] Et ainsi des lions, des ânes, des bœufs et des bêtes de somme faisaient route avec eux et portaient leurs bagages [...] Il y avait même de paisibles chèvres qui avaient quitté la Judée avec eux et les suivaient ; elles aussi marchaient sans peur parmi les loups. Personne ne craignait personne, et personne ne faisait de mal à personne. Alors fut accompli ce que disait Isaïe : « Le loup paîtra avec l'agneau, et le lion et le bœuf mangeront ensemble de la paille ». Il y avait en effet des bœufs de trait que les lions dirigeaient le long de la route[12].

La réconciliation entre les créatures ne se situera donc pas uniquement dans la Fin des temps, mais elle s'est déjà opérée dans des moments exceptionnels, lors du passage du Christ sur la terre.

La dernière notion que je veux évoquer dans ces propos introductifs, est celle de la communauté de créatures, non pas prise au sens théologique, ni comme le résultat d'épisodes particuliers tels celui que je viens de présenter, mais dans un profond sentiment de partage à travers la vie quotidienne, et dans l'expression d'une cohabitation partout affirmée. Dans l'exemple des enluminures du *Ci nous dit* dans le manuscrit de Chantilly, nous voyons que sur un total d'environ huit cents enluminures, près de cent cinquante, soit plus d'un sixième de l'ensemble, incluent un animal, qu'il soit domestique, sauvage ou imaginaire. C'est bien là le signe d'une présence familière, et de l'intimité de la relation entre l'homme et le monde animal, tant dans la vie de tous les jours que dans le domaine de l'imaginaire sacré et profane.

Boccace rédige en 1361 son *De mulieribus claris*, dont une traduction française, *Des Cleres et nobles femmes*, est faite vers 1400. On y lit l'épisode de Circé qui transforme en animaux les compagnons d'Ulysse, et ni le texte originel, dans l'*Odyssée*, ni sa reprise dans les *Métamorphoses* d'Ovide, ne sont plaisants. On y décrit la transformation des hommes en porcs, qui ne font plus entendre que de rauques grognements, qui se baissent vers la terre, la tête en avant, la bouche durcie sous la forme d'un groin retroussé. Mais dans l'enluminure

---

12   *Écrits apocryphes chrétiens*, t. I, dir. François Bovon et Pierre Geoltrain, Paris : Gallimard (Bibliothèque de la Pléiade), 1997, p. 137–138.

de l'exemplaire fait en 1402 pour Philippe le Hardi, duc de Bourgogne[13], si un homme est transformé en porc, un autre en cerf, ces êtres déchus dans une forme animale sont représentés dans une proximité totale avec l'humanité, dans une connivence, un partage, une délicatesse d'aspect et de manières. Au-delà de toutes questions théologiques sur les catégories d'êtres vivants, se montre ici le profond amour de toutes les créatures, et l'affirmation qu'elles constituent d'abord une communauté.

1 Coexistence et harmonie

Cette communauté, on peut dire qu'elle est en chemin, car c'est ainsi que nous la montrent les œuvres d'art qui l'inscrivent triplement dans une histoire, dans une grille du monde, et dans une lecture symbolique de l'animal.

Elle s'inscrit dans une histoire qui installe une vraie communauté de créatures dans les premiers temps du monde créé. Dès le départ, une prééminence de l'homme est affirmée, puisque c'est à lui que revient la responsabilité de donner leurs noms aux animaux, selon Genèse 2, et comme on peut le voir dans l'enluminure d'un bestiaire anglais de la fin du XIIe siècle[14]. Or, le nom exprime profondément la qualité d'une chose, comme le rappelle Isidore de Séville dans ses *Étymologies*: «C'est Adam qui, pour la première fois, imposa des noms à tous les êtres animés, appelant chacun, par une institution immédiate, d'un vocable conforme à la condition naturelle à laquelle il était assujetti»[15]. Adam connaît donc et comprend la nature propre de chacun des animaux. Ici, le phylactère qu'il tient montre aussi que sa parole est appelée à se conserver dans l'écrit, ce qui le distingue là encore de l'animal. Et la répartition des séries d'espèces en registres successifs exprime un vaste ordre du monde, selon un classement établi par l'homme, et dont Dieu lui a confié le soin.

Cette prééminence de l'homme s'accompagne d'une coexistence dans la plus parfaite harmonie. Dans un manuscrit, vers 1415, du *Livre des propriétés des choses*, de Jean Corbechon, les animaux sont les témoins du mariage d'Adam

---

13   Paris, BnF, ms. fr. 12.420, folio 54ᵛ; *Paris 1400. Les arts en France sous Charles VI*, catalogue d'exposition, Louvre, 2004, n° 160 p. 264.

14   Saint-Pétersbourg, Bibl. Nat., ms. lat. Q. v. v, 1, folio 5; N. Morgan, *Early Gothic Manuscripts I, 1190–1250* (A Survey of Manuscripts illuminated in the British Isles, 4,1), Londres-New York: Harvey Miller-Oxford University Press, 1982, n° 11, p. 56–57.

15   Isidore de Séville, *Étymologies*, Livre 12, *Des animaux*, texte établi, traduit et commenté par Jacques André, Paris: Belles Lettres, 1986 (Auteurs latins du Moyen Âge, 6), chapitre 1, p. 37–38.

et Ève, et à l'intérieur de l'enceinte règnent la paix et la sérénité[16]. L'agneau se trouve sans crainte aux côtés des bêtes sauvages, et l'ours semble même brouter comme il le fera à la fin des temps selon Isaïe 11. L'ange à l'épée flamboyante n'a pour l'instant qu'un rôle de spectateur, et c'est un moment de grâce. Cette affirmation d'une communauté de créatures est réaffirmée dans le cycle du déluge, Noé complétant en quelque sort l'action d'Adam, en sauvant le règne animal. Le thème, relativement rare, de la sortie de l'arche, ainsi dans un manuscrit anglais du troisième quart du XIVe siècle[17], peut être compris comme un nouveau départ pour le monde animal, nouveau départ dans lequel l'homme, sur l'ordre divin, a joué un rôle central.

Cette communauté n'est bien sûr pas égale, et je ne reprends pas ici les nombreux exemples iconographiques rappelant qu'une partie du monde animal est faite d'ennemis de l'homme, que celui-ci doit combattre, ainsi le lion auquel font face, entre autres, David, Samson, ou Benayahu (ce dernier selon 2 Samuel 23, 20). Je rappelle également que ce classement du monde animal inclut aussi celui opéré par la loi mosaïque. Les enluminures des *Grandes Heures de Rohan*, vers 1430–1435, leur consacrent tout un cycle, où Moïse est représenté à côté des animaux dont la consommation est autorisée ou interdite, et on le voit par exemple sur une page où la rubrique précise que, sur le commandement de Dieu selon le Lévitique, il maudit le griffon, le héron, l'aigle, le corbeau et la huppe[18].

Pour ce qui est de l'histoire du monde dans les récits néo-testamentaires ou les textes apocryphes, j'ai déjà évoqué l'enfant Jésus respecté par les bêtes sauvages pendant la Fuite en Égypte. Cette modification dans l'ordre du monde, et dans les catégories opérées au sein du monde animal, se voit dans un thème rare, celui de la vision de saint Pierre à Joppé. Une enluminure de la *Bible de Souvigny*, à la fin du XIIe siècle[19], montre l'apôtre couché sur le sol, endormi et

---

16 Cambridge, Fitzwilliam Museum, ms. 251, folio 16 ; *The Cambridge Illuminations. Ten Centuries of Book Production in the Medieval West*, éd. par Paul Binski et Stella Panayotova, catalogue d'exposition, Fitzwilliam Museum et Cambridge University Library, Londres : Harvey Miller, 2005, n° 152 p. 316 et ill. p. 296.

17 Londres, Brit. Libr., ms. Egerton 1894, folio 4 ; J. Backhouse, *The illuminated page. Ten centuries of manuscript painting in the British Library*, Londres, 1997, n° 104 p. 126–127 (avec ill.).

18 Paris, BnF, ms. lat 9.471, folio 221^v ; F. Avril et N. Reynaud, *Les manuscrits à peintures en France 1440–1520*, cat. d'exposition, Paris, Bibl. Nationale, 1993, n° 4 p. 26.

19 Moulins, Bibl. mun., ms. 1, folio 342^v ; Ch. Heck, « Montrer l'invisible », dans Jacques Dalarun, dir., *Le Moyen Âge en lumière. Manuscrits enluminés des bibliothèques de France*, Paris : Fayard, 2002, p. 277.

levant une main vers ce qui fait l'objet de sa vision (Actes des apôtres 10, 10–16) : deux anges descendent vers lui un tissu où sont représentés des têtes de divers animaux, alors qu'une voix va lui dire qu'aucun des animaux n'est impur, car « Ce que Dieu a purifié, toi, ne le dis pas souillé », Pierre comprenant peu après, en visitant le centurion Corneille, que c'est un signe pour qu'il ne considère aucun homme comme impur. Une double leçon est tirée : l'ensemble du règne animal doit être vu comme réconcilié ; et d'autre part il existe une analogie qu'il faut accepter entre l'ordre à l'intérieur du monde animal, et l'ordre à l'intérieur de l'humanité.

Dans une troisième étape de l'histoire du monde, celle qui suit l'instauration du christianisme, après la période décrite dans les Évangiles, les récits hagiographiques proposent de nombreux exemples de relations privilégiées et totalement apaisées entre les saints et le monde animal. Ce volume pose la question de savoir si cette forme d'anticipation de la restauration de l'harmonie des origines n'est pas simplement un motif hagiographique. Même s'il constitue un poncif de ce genre littéraire, il est profondément porteur de sens. Il ne s'agit pas simplement d'une gentillesse de comportement des animaux, mais d'une modification de leur statut. À propos de saint François, et peu après avoir rappelé qu'il prêchait aux oiseaux, Jacques de Voragine, dans la *Légende dorée*, nous dit que le saint « avait rencontré une multitude d'oiseaux et il les avait salués comme des créatures douées de raison »[20]. Nous sommes à l'opposé du thème si fréquent des « animaux privés de raison ». Et dans les *Belles Heures du duc de Berry*, vers 1404–1408, lorsque deux lions aident saint Antoine à creuser la tombe de saint Paul[21], c'est bien sûr le signe d'une fraternité entre l'homme et l'animal, mais c'est aussi la participation de l'animal à l'accomplissement d'une pratique religieuse, ce qui le fait donc, d'une certaine manière, changer de statut.

2 Répartition et hiérarchies

Cette communauté en chemin s'inscrit aussi dans une grille du monde, un vaste système où les places comme les fonctions peuvent être définies. Dans

---

[20] Jacques de Voragine, *La légende dorée*, éd. Alain Boureau *et alii*, Paris : Gallimard (Bibliothèque de la Pléiade), 2004, p. 830. Voir aussi la contribution de Sylvain Piron à ce volume.

[21] New York, Metropolitan Museum, The Cloisters, *Belles Heures du duc de Berry*, folio 193ᵛ ; E. König, *Die Belles Heures des Duc de Berry. Sternstunden der Buchkunst*, Stuttgart : Theiss, 2004, p. 120.

l'arche de Noé du *Beatus Rylands*[22], peint en Castille vers 1175, les animaux ne se présentent pas comme un vaste troupeau disparate, mais dans un strict agencement par espèces réparties dans des petites cases. Mais à la distribution dans les niveaux de l'image correspond aussi la répartition entre trois rôles possibles. La majorité des animaux, dans l'arche, servent le monde de manière passive, pour la préservation des espèces. Le corbeau qui se nourrit des morts du Déluge, en commençant par les yeux selon le texte d'Isidore de Séville, est situé au plus bas. Et à cet oiseau noir, à la fonction négative, s'oppose la colombe blanche, dans l'espace supérieur, et qui participe du salut des êtres vivants en rapportant le rameau à Noé. Cet agencement des espèces animales dans une répartition cohérente peut prendre la forme d'une distribution plus «encyclopédique». Dans un *Livre des propriétés des choses*, de Barthélémy l'Anglais dans la traduction de Jean Corbechon, enluminé en 1447, le frontispice du chapitre XVIII, consacré aux animaux terrestres (Fig. 9.3), les place autour d'un rectangle central où se situe le griffon[23].

À cette répartition dans un vaste schéma correspond aussi une répartition des fonctions. Pour l'aspect positif, l'animal est souvent un acteur qui est là pour servir les desseins de Dieu, et je ne fais que rappeler, avec des enluminures du *Ci nous dit*, des épisodes vétéro-testamentaires très connus comme le grand poisson pour l'histoire de Jonas, les deux ours qui tuent les enfants qui se sont moqués du prophète Elisée, ou l'ânesse de Balaam[24]. On pourrait évidemment citer bien d'autres exemples. Dans les récits néo-testamentaires, de tels épisodes sont moins fréquents, mais non absents, comme lorsque, dans un Évangéliaire de Mayence[25], vers 1250, un poisson joue un rôle finalement très passif, en ayant avalé le statère que Pierre, sur l'ordre du Christ, pourra récupérer pour payer la redevance du Temple, selon Matthieu 17.

Passionnants pour le propos de ce volume, quelques thèmes iconographiques plus rares mais très significatifs offrent des exemples dans lesquels l'animal participe de la vie de l'Église, ou a en tout cas la capacité d'avoir un jugement exact et respectueux sur la liturgie et les sacrements, ce qui boule-

---

22 Manchester, John Rylands University Library, ms. lat. 8, folio 15; J. Williams, *The illustrated Beatus. A corpus of the illustrations of the Commentary on the Apocalypse*, vol. 5, *The twelfth and thirteenth centuries*, Londres: Harvey Miller, 2003, fig. 33.

23 Amiens, Bibl. mun., ms 399, folio 241; Heck et Cordonnier, *Le Bestiaire médiéval*, p. 82.

24 Chantilly, Bibl. du Musée Condé, ms. 26, folios 193, 170, 245; Heck, *Le Ci nous dit*, figures 317, 279, 391, et p. 146, 140, 160.

25 Aschaffenburg, Hofbibliothek, ms. 13, folio 31; H. Wolter-von dem Knesebeck, *Das Mainzer Evangeliar. Strahlende Bilder, Worte im Gold*, Lucerne et Ratisbonne: Schnell & Steiner, 2007, p. 105 et 108.

FIGURE 9.3 *Barthélémy l'Anglais,* Livre des propriétés des choses, *traduit par Jean Corbechon, Paris, 1447 (Amiens, Bibl. municipale, ms 399), folio 241, Frontispice du Livre XVIII, les animaux terrestres.*

verse l'emplacement de la barrière traditionnelle entre l'homme et l'animal. J'en prends trois exemples dans les enluminures du *Ci nous dit* de Chantilly[26]. Une enluminure montre le chien d'un juif, à qui son maître a voulu, par blasphème, faire manger une hostie chrétienne. Le chien s'agenouille devant l'hostie, et lorsque son maître veut ensuite mettre l'hostie au feu, le chien

---

26   Chantilly, Bibl. du Musée Condé, ms. 26, folio 97ᵛ, ms. 27, folios 137, 16 ; Heck, *Le Ci nous dit*, figures 154, 648, 454 et p. 119, 209, 172.

lui saisit la main sans la lâcher, ce qui provoque la conversion de toute la famille. Selon un autre récit, au couvent de Sainte-Agnès de Rome, les nonnes nourrissent des agneaux, en l'honneur de leur patronne, et le jour de Pâques Dieu fait qu'un des agneaux, jamais le même, s'agenouille lorsqu'une nonne reçoit l'hostie. Mais l'animal peut même reconnaître une excommunication, et la respecter, comme cela est décrit dans l'histoire d'un homme riche qui meurt excommunié. Ses amis demandent au prêtre de l'enterrer dans le cimetière, et celui-ci, qui n'ose refuser, leur dit de l'installer sur l'âne qui mange tous les jours les chardons du cimetière. Il sera enterré là où l'âne l'aura emmené, et ils pourront tous jurer que ce n'est pas eux qui l'ont mené là. Mais aussitôt qu'on met sur son dos le corps de l'homme excommunié, l'âne le porte tout droit au gibet.

Cette reconnaissance, par l'animal, du caractère sacré de l'eucharistie, peut même s'inscrire dans l'évocation de la liturgie. Les *Très riches Heures du duc de Berry*, dans une des miniatures réalisées vers 1485 par Jean Colombe pour compléter l'œuvre enluminée vers 1411–1416 par les frères Limbourg, nous montre la mule de saint Antoine de Padoue, qui, ayant le choix, méprise l'avoine et s'agenouille devant l'hostie[27]. Mais la présence de cette peinture directement sous la représentation des fidèles qui s'approchent du sanctuaire, vu à travers un jubé, fait de l'animal le modèle direct de la piété que l'homme est appelé à manifester.

Nous venons de voir des animaux qui expriment une sagesse, mais il faut préciser que même pour les êtres les plus éloignés des catégories raisonnables ou au moins acceptables, tout espoir n'est pas perdu. Je n'ai pas terminé l'histoire du loup-garou rencontré par un prêtre dans une forêt d'Irlande. Le loup dit en effet que sa compagne est gravement malade, et il demande au prêtre de lui donner le viatique.

> Sur ces mots le loup passa devant, et le prêtre le suivit en tremblant jusqu'à un arbre assez proche. Dans le creux de l'arbre, il aperçut une louve, qui sous son apparence de bête, gémissait et se plaignait comme un être humain. Dès qu'elle vit le prêtre, elle le salua tout comme l'aurait fait un humain et rendit grâce à Dieu de ce que, dans cette extrémité, Il l'avait jugée digne d'une si grande consolation[28].

---

27   Chantilly, Bibl. du Musée Condé, ms. 65, folio 129ᵛ ; R. Cazelles et J. Rathofer, *Illuminations of heaven and earth. The glories of the Très Riches Heures du Duc de Berry*, New York : Harry N. Abrams, 1988, p. 138.
28   Sur ces passages, voir J.-M. Boivin, *L'Irlande au Moyen Âge*, p. 211–215.

Alors que le prêtre ne veut cependant pas lui donner le viatique, le loup désigne la besace contenant un livre liturgique et quelques hosties consacrées, que le prêtre portait à son cou quand il voyageait. Le prêtre finit par donner à la louve la communion qu'elle demandait avec ferveur et qu'elle reçoit avec dévotion. Le loup tient ensuite compagnie au prêtre et à son serviteur, toute la nuit auprès du feu « se comportant comme un homme, non comme une bête », et les guide au matin sur une longue distance.

La catégorie des hommes sauvages pose un dilemme analogue. Faut-il les classer parmi les bêtes ou parmi les hommes ? Dans le *Roman d'Alexandre* est évoqué l'épisode d'Alexandre le Grand qui a fait capturer un homme sauvage qui s'est présenté à son armée sans volonté de nuire, et qui ne cherche pas à s'enfuir. Pour savoir que penser de cette créature, Alexandre lui fait amener une femme nue, pour tester sa réaction. Le récit n'est pas très clair, et le souverain finit par décider que l'homme sauvage est un être « sans entendement » et le fait brûler[29]. Mais comme pour les loups-garous, de telles créatures ne sont pas nécessairement perdues, et les tapisseries rhénanes du XVe siècle présentent de nombreuses pièces qui mettent en scène des hommes sauvages, et où ceux-ci s'adonnent à des activités cohérentes, efficaces, et tout à fait analogues aux occupations des humains, comme celle, vers 1460, où ils travaillent dans les champs[30]. À tous les niveaux de la hiérarchie animale l'espoir est permis, et certains animaux peuvent même être comparés aux êtres humains les plus méritants. Pour le *Ci nous dit*, « Dans les trois étages de l'arche de Noé, les bêtes sauvages et venimeuses de l'étage inférieur signifient les plus grands pécheurs ; les animaux domestiques signifient les gens simples, et les oiseaux les religieux et contemplatifs »[31].

3 Symbolisme et polysémie

La communauté en chemin que je me propose d'évoquer s'inscrit enfin dans une lecture symbolique, psychologique et allégorique, du monde animal. J'examinerai ces points plus rapidement, et je ne cite que pour mémoire le genre

---

29   Sur ce passage, et l'enluminure correspondante, je renvoie à l'ouvrage en préparation de Maud Pérez-Simon, *L'iconographie du* Roman d'Alexandre *en prose* (Corpus du RILMA).

30   *Hommes sauvages occupés aux travaux agricoles*, tapisserie, Bâle, vers 1460, Vienne, Österreichische Museum für angewandte Kunst ; A. Rapp Buri et M. Stucky-Schürer, *Zahm und wild. Basler und strassburger Bildteppiche des 15. Jahrhunderts*, Mayence : Philipp von Zabern, 1990, n° 16 p. 149–153.

31   Chantilly, Bibl. du Musée Condé, ms. 27, folio 170 ; Heck, *Le Ci nous dit*, figure 709 et p. 222.

littéraire des bestiaires, reprenant l'héritage du *Physiologus*, et dans lequel les caractères physiques des animaux et leurs traits de comportement, réels ou légendaires, permettent de préciser des traits psychologiques et de morale, qui servent de base à des enseignements pour la vie des hommes. Ce genre littéraire connaît un développement considérable à partir du XIIe siècle. Pour revenir à cette lecture symbolique et psychologique, il faut préciser qu'il s'agit d'abord d'une lecture globale: la division animal-homme à l'intérieur des êtres créés sert de modèle à la division corps-âme à l'intérieur de l'homme. Pour le *Ci nous dit*, l'homme a en lui une partie animale, le corps, et s'il confond les niveaux en lui – l'âme et le corps – il vit dans un monde à l'envers. L'homme qui couche son âne dans son propre lit, et s'en va dormir dans l'étable de l'âne, est l'image de celui qui traite son corps avec soin, et laisse son âme dans le fumier[32]. La plupart des exemples, très nombreux, que l'on peut citer dans cette lecture symbolique des traits ou des comportements du monde animal n'affirment rien de particulier sur le statut de l'animal dans une perspective eschatologique, mais ils montrent que l'animal participe avec l'homme à un même ordre du monde, que l'animal, dans sa vie, peut respecter une compréhension juste de l'univers créé, et enfin qu'il peut être un modèle pour l'homme, et souvent se comporter de manière plus juste.

Cette lecture du monde animal peut servir à exprimer des mouvements de l'être. C'est le cas pour les fameux versets du psaume 41, «Comme le cerf soupire après les eaux vives, de même mon âme languit vers toi, ô mon Dieu», et l'iconographie en témoigne abondamment, ainsi dans les *Très riches Heures du duc de Berry*, dans une autre des miniatures réalisées vers 1485 par Jean Colombe[33]. Cette lecture sert également à définir des qualités abstraites, comme les Vices et les Vertus. Dans le *Missel Stammheim*, enluminé à Hildesheim dans les années 1170, on retrouve parmi les Vertus cardinales le motif fréquent de la Prudence tenant un serpent[34], sur la base de l'injonction de Matthieu 10, 16 («Soyez prudents comme les serpents»). Cette lecture symbolique du monde animal peut aussi servir à annoncer ou révéler des évènements ponctuels, en particulier des récits décrits dans les Évangiles. La croyance que les petits lionceaux sont morts-nés quand la lionne les met bas, et que le lion les ramène à la vie en rugissant, trois jours plus tard, sert évidemment de comparaison avec le Père qui appelle le Christ à la vie trois jours après la mort sur la

---

32   Chantilly, Bibl. du Musée Condé, ms. 26, folio 117ᵛ; Heck, *Le Ci nous dit*, figure 188 et p. 125.
33   Chantilly, Bibl. du Musée Condé, ms. 65, folio 97ᵛ; Cazelles et Rathofer, *Illuminations of heaven and earth*, p. 124.
34   Malibu, Musée Getty, ms. 64, folio 84ᵛ; E.C. Teviotdale, *The Stammheim Missal*, Los Angeles: Getty Publications (Getty Museum Studies on Art), 2001, p. 24.

croix. Le thème iconographique n'est pas rare; un exemple un peu subtil, dans le *Missel de Henry de Chichester*, vers 1250, sert à annoncer le destin du Fils de Dieu alors qu'il est encore enfant dans les bras de sa mère[35].

Je cesse là cette série d'exemples, en rappelant simplement un élément essentiel, qui est que cette lecture des qualités ou comportements du monde animal est polysémique, mais absolument pas aléatoire, et très précise selon le contexte. Un même animal peut être porteur de symbolismes opposés. Je n'en présente qu'un – animal imaginaire – la licorne qui, en se réfugiant dans le sein d'une vierge si elle est chassée, symbolise le Christ, ainsi dans le même *Missel Stammheim* (Fig. 9.4)[36]. Alors qu'une signification très négative de la licorne se maintient parallèlement, sur la base des textes de l'Ancien Testament: «Sauve-moi de la gueule du lion et de la corne de la licorne» (Ps 21, 22), par exemple vers 820–830 dans une enluminure du Psautier de Stuttgart (Fig. 9.5)[37].

Cette mise en exergue des qualités que l'on peut trouver chez les animaux participe incontestablement à une réhabilitation de la communauté animale. Ainsi, dans le *Ci nous dit*, de nombreux passages évoquent le Christ, sur la base de la qualité la plus juste d'un animal. Je n'en cite qu'un: comme le cerf, qui pourrait en courant échapper aux chiens, mais se laisse prendre, le Christ, en écoutant la plainte des âmes en enfer, se laissa volontairement prendre[38]. Et si le Christ lui-même est comparé à des exemples du monde animal, à plus forte raison les animaux peuvent être des modèles pour les hommes. Un autre des chapitres du *Ci nous dit* nous précise:

> Dieu ne se contente pas de nous prêcher par lui-même ni par sa douce mère ni par ses anges ni par ses saints [...] Il nous prêche de plus par les oiseaux, les quadrupèdes ou les poissons, ainsi par les cerfs. Quand le cerf est vieux, il mange un crapaud; et quand il est bien enflé il se plonge dans une source d'eau vive et recouvre ainsi sa jeunesse. L'aigle se complaît à regarder la beauté du soleil [...] Ces deux exemples nous enseignent à avaler la honte de dire nos péchés en confession [...] nous recouvrerons ainsi notre jeunesse devant Dieu[39].

---

35 Manchester, John Rylands Lib., ms. 24, folio 150; Morgan, *Early Gothic Manuscripts II*, n° 100 p. 57–59 et fig. 5.

36 Malibu, Musée Getty, ms. 64, folio 92; Teviotdale, *The Stammheim Missal*, p. 67.

37 Stuttgart, Würt. Landesbibl., ms Bibl. fol. 23, folio 27; W. Irtenkau, *Suttgarter Zimelien. Württembergische Landesbibliothek. Aus den Schätzen ihrer Handschriftensammlung*, Stuttgart: Württembergische Landesbibliothek, 1985, n° 3 et ill. p. 18–19.

38 Chantilly, Bibl. du Musée Condé, ms. 26, folio 31ᵛ; Heck, *Le Ci nous dit*, figure 58 et p. 99.

39 Chantilly, Bibl. du Musée Condé, ms. 27, folio 7; Heck, *Le Ci nous dit*, figure 436 et p. 168.

ENTRE HIÉRARCHIE, PARTAGE ET TRANSGRESSION 175

FIGURE 9.4 Missel Stammheim, *Hildesheim*, vers 1170–1180 (*Malibu, Musée Getty, ms 64*), folio 92, La Nativité, avec motifs typologiques.

FIGURE 9.5 Psautier de Stuttgart, *Saint-Germain-des-Près*, vers 820–830 (*Stuttgart, Württembergische Landesbibl., ms Bibl. fol. 23*), fol. 27, La Crucifixion en illustration du psaume 21, 22.

Il n'est pas aisé de parler de la place que l'iconographie accorde, ou n'accorde pas, aux animaux dans le Paradis futur, élément qui serait précieux pour une discussion sur la situation de l'animal dans le plan divin du Salut. Je n'ai jamais eu l'occasion de me pencher d'un peu près sur les thèmes paradisiaques dans l'art médiéval, mais les quelques dépouillements – certainement pas exhaustifs – que j'ai faits pour cette étude ont été négatifs[40]. Et lorsque

---

40 Voir entre autres M.L. Gatti Perer, dir., *Immagini della Gerusalemme celeste dal III al XIV*

l'on voit des animaux dans les représentations de la Jérusalem céleste, il s'agit de figures allégoriques, et non de catégories d'espèces en tant que telles. On peut penser à l'agneau, qui se réfère directement au motif sans cesse cité dans l'Apocalypse, ou aux quatre figures du tétramorphe comme symboles des évangélistes. Si l'on passe au thème de la Fontaine de vie, la question est encore plus complexe. L'enluminure carolingienne nous en fournit deux superbes exemples, l'un vers 800 dans les *Évangiles de Saint-Médard de Soissons*, réalisés pour Charlemagne[41], l'autre légèrement antérieur dans l'*Évangéliaire de Godescalc*[42]. Mais il faut noter que d'une part les animaux sont ici essentiellement allégoriques, ainsi les cerfs qui viennent boire à la source d'eau vive, et que d'autre part l'interprétation du thème, souvent présenté comme symbole des Évangiles source de la vie éternelle, est incertaine.

On retrouve une iconographie relativement proche à la fin du XIIIe siècle dans les mosaïques romaines, ainsi dans le décor réalisé par Torriti en 1291 à l'abside de Saint-Jean-du-Latran[43], mais on ne peut être sûr qu'il s'agisse d'une image du Paradis futur. La présence de quatre fleuves renvoie plus aux quatre fleuves du paradis originel selon Genèse 2, qu'au fleuve de vie d'Apocalypse 22, et les agneaux et les cerfs sont avant tout allégoriques; la croix dressée au centre renvoie plus à un signe éternel du Christ qu'à un lieu précis; rappelons enfin que ce que nous voyons est le résultat d'une forte restauration des années 1883–1884. La reprise de ce motif par Torriti, dans la bande inférieure de la mosaïque absidale de Sainte-Marie-Majeure[44], achevée en 1296, n'apporte pas d'éléments plus précis. Je ne peux donc, pour ma part, apporter de témoignages iconographiques sur la présence ou non des espèces animales dans le Paradis des fins dernières.

---

secolo, catalogue d'exposition, Milan: Università cattolica del Sacro Cuore, 1983; et Peter Jezler, *Himmel, Hölle, Fegefeuer. Das Jenseits im Mittelalter*, catalogue d'exposition, Zurich: Schweizerisches Landesmuseum, 1994.

41   Paris, BnF, ms. lat 8850, folio 6ᵛ; *Trésors carolingiens. Livres manuscrits de Charlemagne à Charles le Chauve*, catalogue d'exposition, Paris: BnF, 2007, n° 10 et ill. p. 97–100.

42   Paris, BnF, n. acq. lat. 1203, folio 3ᵛ; *Trésors carolingiens*, n° 8 et ill. p. 92–94.

43   J. Poeschke, *Mosaïques italiennes. Du IVe au XIVe siècle*, Paris: Citadelles et Mazenod, 2009, p. 45–46.

44   J. Poeschke, *Mosaïques italiennes*, p. 378–395.

Conclusion: de la faute à la réconciliation finale

Pour conclure, je présenterai quatre œuvres. Dans la *Genèse de Caedmon*, manuscrit anglais vers l'an mille, contenant entre autres une paraphrase passionnante, en vieil anglais, des livres de la Genèse, de l'Exode, et de Daniel, la Genèse est illustrée par un important cycle iconographique souvent original. Après la Chute, Dieu s'adresse au serpent pour le condamner. Le texte biblique « Tu marcheras sur ton ventre et tu mangeras de la terre tous les jours de ta vie » (Gn 3, 14) est ici compris littéralement. Le serpent qui vient se présenter devant le Créateur a en effet l'apparence d'un bâton impeccablement dressé. Mais il repart, après la punition divine, complètement allongé sur le sol[45]. Il n'y a pas de meilleur exemple de l'animalité fautive comprise comme inscrite dans l'horizontale, dans le seul plan terrestre, et sans espoir immédiat de vivre la direction du ciel.

La seconde œuvre de ma conclusion est une enluminure du *Psautier de Munich*, œuvre anglaise vers 1200–1210, et qui présente un des plus riches cycles bibliques illustrés du XIIIe siècle. La suite des Psaumes s'y clôt par une séquence de six enluminures centrées sur la louange à Dieu et le Jugement, et servant d'illustrations littérales aux trois derniers psaumes (148 à 150), exclusivement dédiés à la gloire du Seigneur. L'une d'elles[46] répartit sur six médaillons, en trois niveaux superposés, les acteurs d'une composition unique, selon le psaume 148 : « Louez Dieu depuis les cieux, louez-le dans les hauteurs, louez-le, tous ses anges [...] Louez Dieu depuis la terre [...] bête sauvage, tout le bétail, reptile, et l'oiseau qui vole, rois de la terre, tous les peuples, princes, tous les juges de la terre ... ». C'est dans un des deux médaillons du haut que sont regroupés les animaux, directement voisins de la figure divine et tournés vers elle. Cette place du règne animal est peut-être à lier ici à son antériorité sur l'homme dans l'ordre chronologique de la Création, ordre par ailleurs respecté dans le psaume.

Dans un feuillet isolé, peint à Cologne au tout début du XVe siècle (Fig. 9.6)[47], et dont le manuscrit dont il proviendrait reste inconnu, saint Antoine abbé

---

45   Oxford, Bodleian Lib., ms. Junius XI, p. 41; E. Temple, *Anglo-Saxon Manuscripts 900–1066* (A Survey of Manuscripts illuminated in the British Isles, 2), Londres: Harvey Miller, 1976, n° 58 p. 76–78 et ill. 191.

46   Munich, Bayerische Staatsbibliothek, ms. Clm. 835, folio 146ᵛ; Morgan, *Early Gothic Manuscripts II*, n° 23, p. 68–72 et ill. 84.

47   Malibu, Musée Getty, ms. Ludwig Folia 2; 83.MS.49, leaf 2; Th. Kren *et alii*, *Masterpieces of the J. Paul Getty Museum. Illuminated Manuscripts*, Los Angeles: Getty Publications, 1997, n° 28 et ill. p. 70–71.

FIGURE 9.6 *Feuillet détaché, Cologne, vers 1400–1410 (Malibu, Musée Getty, ms Ludwig Folia 2 ; 83.MS.49, leaf 2), Saint Antoine abbé bénissant les animaux, les pauvres et les malades.*

bénit les animaux, les pauvres et les malades. Cologne avait une importante église à saint Antoine, avec un hôpital attenant, et des documents attestent que l'abbé bénissait les animaux, chaque année, le 17 janvier, jour de la fête du saint. Une telle enluminure constitue à la fois la reprise d'une paix disparue, et l'annonce d'une harmonie à venir.

Je termine avec l'enluminure de Jean-Baptiste dans le désert, dans les *Belles Heures du duc de Berry*[48], qui évoque un moment charnière de l'histoire du monde, le temps de la venue du Christ. Au contraire des deux prophètes représentés sur les côtés, Jean-Baptiste reconnaît la réalité du Messie. Mais cette image renvoie aussi à la fois à des épisodes passés et des espérances ultimes. Au début des psaumes dans la *Bible de Winchester*, vers 1150–1180, les deux versions du psautier (d'après la Septante ou gallican, et aux Hébreux) présentent chacune une initiale du *Beatus vir*, ce qui permet une iconographie typologique[49]. À David vainqueur de l'ours et du lion correspond le Christ qui guérit l'enfant possédé par le démon, et force la gueule de l'enfer pour en libérer les justes. Dans notre enluminure des *Belles Heures du duc de Berry*, l'agneau de Dieu, présenté et béni par Jean, est aussi le nouveau David qui vainc, mais sans violence, les bêtes sauvages que l'on distingue sous les arbres. Ici, dans la forêt qui apparaît à l'arrière, les sangliers, les ours et le lion semblent les voisins immédiats de l'agneau tenu par Jean. On ne peut que penser à la prophétie : « Le loup habitera avec l'agneau, la panthère se couchera avec le chevreau. Le veau, le lionceau et la bête grasse iront ensemble, conduits par un petit garçon. La vache et l'ourse paîtront, ensemble se coucheront leurs petits. Le lion comme le bœuf mangera de la paille » (Is 11, 6–7). La paix, pour David, a été obtenue par le combat, alors que la coexistence chaleureuse des espèces, promise pour la fin des Temps, sera librement consentie par chacune, et dans la soumission au plan divin. À droite de Jean, l'ours semble à la fois paître l'herbe, et s'abaisser par humilité devant l'agneau du centre de la composition. Et c'est à ce dernier, l'agneau, et non au lion, qu'appartient désormais la royauté. Dans l'iconographie médiévale, la grande aventure du monde animal est bien inscrite dans le cycle des temps, depuis la Création, et à travers tous les conflits, jusqu'à la réconciliation finale.

---

48   New York, Metr. Museum, The Cloisters, *Belles Heures du duc de Berry*, folio 211 ; König, *Die Belles Heures*, p. 128.

49   Winchester, Bibl. de la Cathédrale, folio 218 (tome 2) ; C. Donovan, *The Winchester Bible*, Toronto et Buffalo : University of Toronto Press, 1993, p. 9 et 50.

Sources écrites

Écrits apocryphes chrétiens, t. I, dir. François Bovon et Pierre Geoltrain, Paris: Gallimard (Bibliothèque de la Pléiade), 1997.

Isidore de Séville, *Étymologies*, texte établi, traduit et commenté par Jacques André, Paris: Belles Lettres, 1986.

Jacques de Voragine, *La légende dorée*, éd. Alain Boureau *et alii*, Paris: Gallimard (Bibliothèque de la Pléiade), 2004.

Travaux

F. Avril, L. Dunlop, Y. Yapp, *Les Petites Heures de Jean, duc de Berry. Introduction au manuscrit latin 18014 de la Bibliothèque Nationale, Paris*, Lucerne, 1989.

F. Avril et N. Reynaud, *Les manuscrits à peintures en France 1440–1520*, catalogue d'exposition, Paris, Bibl. Nationale, 1993.

J. Backhouse, *The illuminated page. Ten centuries of manuscript painting in the British Library*, Londres, 1997.

P. Bayart (trad.), *Méditations sur la Vie du Christ*, Paris: Éditions franciscaines, 1958.

G. Blangez (éd.), *Ci nous dit. Recueil d'exemples moraux*, 2 vols, Paris, 1979–1986.

J.-M. Boivin, *L'Irlande au Moyen Age. Giraud de Barri et la « Topographia Hibernica »*, Paris: Champion (Nouvelle Bibliothèque du Moyen Âge, 18), 1993.

The Cambridge Illuminations. Ten Centuries of Book Production in the Medieval West, éd. par Paul Binski et Stella Panayotova, catalogue d'exposition, Fitzwilliam Museum et Cambridge University Library, Londres: Harvey Miller, 2005.

R. Cazelles et J. Rathofer, *Illuminations of heaven and earth. The glories of the Très Riches Heures du Duc de Berry*, New York: Harry N. Abrams, 1988.

Dix siècles d'enluminure italienne (VIe–XVIe siècles), catalogue d'exposition, Paris, Bibliothèque Nationale, 1984, p. 48–49.

C. Donovan, *The Winchester Bible*, Toronto et Buffalo: University of Toronto Press, 1993.

M.L. Gatti Perer (dir.), *Immagini della Gerusalemme celeste dal III al XIV secolo*, catalogue d'exposition, Milan: Università cattolica del Sacro Cuore, 1983.

Ch. Heck, « Montrer l'invisible », dans Jacques Dalarun (dir.), *Le Moyen Âge en lumière. Manuscrits enluminés des bibliothèques de France*, Paris: Fayard, 2002.

Ch. Heck, *Le Ci nous dit. L'image médiévale et la culture des laïcs au XIVe siècle: les enluminures du manuscrit de Chantilly*, Turnhout: Brepols, 2011.

Ch. Heck et R. Cordonnier, *Le Bestiaire médiéval. L'animal dans les manuscrits enluminés*, Paris: Citadelles & Mazenod, 2011.

W. Irtenkau, *Suttgarter Zimelien. Württembergische Landesbibliothek. Aus den Schätzen ihrer Handschriftensammlung*, Stuttgart: Württembergische Landesbibliothek, 1985.

Peter Jezler, *Himmel, Hölle, Fegefeuer. Das Jenseits im Mittelalter*, catalogue d'exposition, Zurich : Schweizerisches Landesmuseum, 1994.

E. König, *Die Belles Heures des Duc de Berry. Sternstunden der Buchkunst*, Stuttgart : Theiss, 2004.

Th. Kren *et alii*, *Masterpieces of the J. Paul Getty Museum. Illuminated Manuscripts*, Los Angeles : Getty Publications, 1997.

Ph. Lauer, *Les enluminures romanes des manuscrits de la Bibliothèque Nationale*, Paris, 1927.

A. Legner, « Christus, Christusbild », dans *Lexikon der christlichen Ikonographie*, 1, 1968, col. 420.

N. Morgan, *Early Gothic Manuscripts II, 1250–1285* (A Survey of Manuscripts illuminated in the British Isles, 4, 2), Londres, 1988.

Paris 1400. Les arts en France sous Charles VI, catalogue d'exposition, Louvre, 2004.

J. Poeschke, *Mosaïques italiennes. Du IVe au XIVe siècle*, Paris : Citadelles et Mazenod, 2009.

A. Rapp Buri et M. Stucky-Schürer, *Zahm und wild. Basler und strassburger Bildteppiche des 15. Jahrhunderts*, Mayence : Philipp von Zabern, 1990.

E. Temple, *Anglo-Saxon Manuscripts 900–1066* (A Survey of Manuscripts illuminated in the British Isles, 2), Londres : Harvey Miller, 1976.

E.C. Teviotdale, *The Stammheim Missal*, Los Angeles : Getty Publications (Getty Museum Studies on Art), 2001.

Trésors carolingiens. Livres manuscrits de Charlemagne à Charles le Chauve, catalogue d'exposition, Paris : BnF, 2007.

J. Williams, *The illustrated Beatus. A corpus of the illustrations of the Commentary on the Apocalypse*, vol. 5, *The twelfth and thirteenth centuries*, Londres : Harvey Miller, 2003.

H. Wolter-von dem Knesebeck, *Das Mainzer Evangeliar. Strahlende Bilder, Worte im Gold*, Lucerne et Ratisbonne : Schnell & Steiner, 2007.

CHAPTER 10

Cave canem! Notes sur le rejet du salut des animaux chez quelques auteurs syriaques

*Flavia Ruani**

L'*Histoire des Sept dormants d'Éphèse* dans la version homilétique syriaque de Jacques de Saroug (ca. 450–521)[1] – la première en date, toutes langues confondues, qui nous soit parvenue – met en scène un ange veillant sur les jeunes protagonistes, qui s'étaient réfugiés dans une caverne afin d'échapper aux persécutions de l'empereur Dèce[2]. Ils y dormirent pendant deux siècles, pour ensuite se réveiller et témoigner de la sorte de la résurrection et de l'incorruptibilité des corps[3]. Une autre version de l'histoire est connue à la fin de l'antiquité, ayant la même trame à l'exception d'un détail: c'est un chien, et

---

* Je souhaite remercier le European Research Council (ERC Starting Grant, Grant Agreement 337344, projet «Novel Saints», Université de Gand) d'avoir subventionné ces recherches. J'exprime aussi toute ma gratitude envers Yonatan Moss (Université Hébraïque de Jérusalem), qui m'a signalé plusieurs auteurs dont il est question dans cet article, en partageant avec moi ses recherches en cours, et m'a fait de précieuses suggestions.

1 Il s'agit d'un récit très répandu dans la chrétienté tant orientale qu'occidentale, qui circula sous forme de narrations plus ou moins développées à partir sans doute du monde grec, mais dont la première version qui nous soit parvenue est celle de l'homélie de Jacques de Saroug. Pour une présentation des différentes versions (grecques, coptes, éthiopiennes, arabes, arméniennes, latines, syriaques), je renvoie à F. Jourdan, *La tradition des sept dormants: une rencontre entre chrétiens et musulmans*, Paris: Maisonneuve et Larose, 1983.

2 Jacques de Saroug, *Homélie sur les Sept Dormants*:
 «Le Seigneur vit la foi des charmants agneaux.
 Il vint leur donner bon salaire en récompense:
 Il prit leurs esprits qu'il fit monter jusqu'au Ciel,
 Et laissa un ange pour garder leurs membres.» (traduction par F. Jourdan, *La tradition des sept dormants*, p. 63). Voir aussi S. Brock, «Jacob of Serugh's Poem on the Sleepers of Ephesus», dans P. Allen, M. Franzmann, R. Strelan (éd.), *'I Sowed Fruits into Hearts' (Odes Sol. 17:13). Festschrift for Professor Michael Lattke* (Early Christian Studies 12), Strathfield: St Pauls Publications, 2007, p. 13–30; et W. WITAKOWSKI, «Sleepers of Ephesus, Legend of the», dans GEDSH, p. 380–381.

3 C'est précisément là que réside la signification théologique de l'*Histoire*. Elle fut adoptée comme preuve de la résurrection des corps dans le contexte de la polémique anti-julianiste du VIe siècle, reprise en milieu syriaque en version anti-origéniste par Babaï le Grand, par

non pas un ange, qui accompagne les sept sages dans la grotte. Cette version est retenue par le Coran, sourate 18[4], mais elle est aussi déjà attestée en contexte chrétien au VIe siècle : un jeune chien nommé Viricanus, dormant aux pieds des sept jeunes gens, est mentionné par le pèlerin d'Afrique du Nord Théodosius, qui visita la ville d'Éphèse et le tombeau des dormants aux alentours de 530, et rapporta une version orale de la légende[5].

Or, la présence ou l'absence d'un chien dormant aux côtés des sept jeunes gens n'est pas un détail marginal, et encore moins dans le cadre de ce colloque : le chien peut-il, comme les jeunes gens, ressusciter ?

C'est là que notre enquête commence. Je me propose de parcourir la littérature syriaque à la recherche de la conception du salut des animaux telle qu'elle est élaborée au sein de cette tradition[6]. En feuilletant les pages des auteurs syriaques, je n'ai pas trouvé de texte qui soit exclusivement et directement consacré à la question, susceptible de nous renseigner sur la position « traditionnelle » à suivre. J'ai pu seulement relever quelques passages, défendant tous, unanimement, la thèse que les animaux sont exclus de la résurrection ; pour eux, pas de salut, ni de châtiment[7]. En omettant le chien de son récit (de façon consciente ou non, nous ne saurions le dire), Jacques de Saroug se ralliait en tout cas au discours dominant de sa tradition[8].

---

exemple. Voir N. Afif, « Un nouveau témoin de l'*Histoire des Sept Dormants d'Éphèse*. Le manuscrit *Cambridge Syr. Add. 2020*. Texte et traduction », *Babelao* 1 (2012), p. 25–76.

4 Dans la tradition musulmane, on a également des récits plus élaborés qui reprennent la version coranique et dont l'origine est attribuée à l'un des compagnons de Mahomet. Voir F. Jourdan, *La tradition des sept dormants*, p. 15. Pour une étude des relations entre la tradition syriaque et la tradition coranique de l'*Histoire des Dormants*, voir S. Griffith, « Christian Lore and the Arabic Qur'ān. The 'Companions of the cave' in Sūrat al-Kahf and in Syriac Christian Tradition », dans G.S. Reynolds (éd.), *The Qur'ān in its Historical Context*, Londres-New York : Routledge, 2008, p. 109–137.

5 Théodosius, *De Situ Terrae Sanctae* : *In prouincia Asia ciuitas Epheso, ubi sunt septem fratres dormientes et catulus Viricanus ad pedes eorum*. [...] (texte édité par J. Gildemeister, *Theodosius. De situ Terrae sanctae im ächten Text und der Breviarius de Hierosolyma*, Bonn : Adolph Marcus, 1882, p. 27).

6 En général, on consultera avec profit B.E. Daley, *The Hope of the Early Church. A Handbook of Patristic Eschatology*, Cambridge : Cambridge University Press, 1991, qui offre une présentation chronologique et par aires linguistiques des conceptions de l'au-delà élaborées par les auteurs chrétiens des premiers siècles, dont des auteurs syriaques.

7 Je me réfère, bien entendu, au discours théologique savant, et non pas à des textes d'autre nature, comme les écrits apocryphes et hagiographiques, où les animaux ressuscitent, prennent la parole, etc.

8 Il ne s'agit pas d'une position originale de Jacques de Saroug, ni du christianisme syriaque.

Le nombre modeste de passages retrouvés montre, d'un côté, que le rejet d'un salut pour les animaux était une doctrine considérée en quelque sorte comme acquise, qui ne nécessitait pas d'explication ni de justification. D'un autre côté, la présence de ces occurrences chez des auteurs spécifiques et dans des périodes historiques bien déterminées acquiert une signification particulière. En d'autres termes, il devient intéressant d'étudier de plus près, non pas la conception en soi, qui n'a pas subi de modification au cours des siècles, comme on le verra, mais plutôt *quand*, *auprès de qui* et *pourquoi* elle apparaît dans les pages de la littérature syriaque. Cela nous permet d'acquérir des connaissances supplémentaires sur l'origine de cette tradition en contexte syriaque, et sur les raisons de sa résurgence à des moments précis de son histoire. On découvrira aussi comment cette doctrine, qui, sur le fond, ne change pas, évolue néanmoins et s'enrichit de nouvelles nuances, selon les justifications théologiques auxquelles elle est associée au fur et à mesure.

D'après ma collecte – qui n'est pas exhaustive, il est important de le préciser –, deux moments en particulier se profilent où le rejet du salut des animaux est évoqué. Le premier comprend le ive et le ve siècle, avec Éphrem le Syrien et Jacques de Saroug lui-même, deux grandes figures de la littérature syriaque, considérés comme les fondateurs de la tradition, qui vécurent dans la région d'Édesse (actuelle Salinurfa, Turquie du Sud-Est). La deuxième période, c'est la fin du viiie siècle et le ixe siècle, dans la région correspondant à l'Irak actuel, avec un groupe de penseurs, comme le patriarche Timothée I et Moïse bar Kepha, qui réagirent à la domination arabe en rassemblant les doctrines traditionnelles de leur confession. Ces deux époques se démarquent comme deux noyaux historiques où la pensée théologique des chrétiens syriaques est fondée et refondée, et ce de façon stratégique, en réponse à des défis religieux précis. La doctrine relative aux animaux apparaît dans les deux moments, non pas comme un sujet à traiter à part entière, mais plutôt comme un argument participant à des discussions doctrinales plus larges, sur des thèmes différents, selon les époques et les auteurs.

L'absence du chien est partagée par toutes les autres versions chrétiennes de l'histoire, que ce soit le texte latin composé par Grégoire de Tours (en 587) ou les récits hagiographiques syriaques plus tardifs. Le rejet du salut des animaux fait, bien entendu, aussi partie du discours théologique d'autres traditions chrétiennes au-delà de la tradition syriaque. Ce qui nous intéresse ici est d'analyser les textes qui ont contribué à l'établissement, à la consolidation et à la perpétuation de ce discours traditionnel, particulièrement au sein du contexte syriaque.

1 Les IVe et Ve siècles : fonder la tradition

a *Éphrem, les animaux et les hérétiques*

Éphrem le Syrien (ca. 306–373) est sans doute l'auteur le plus connu de la littérature syriaque, dont il est aussi l'un des premiers représentants[9]. Extrêmement prolifique, il s'illustra dans plusieurs champs doctrinaux en composant surtout des hymnes. Il est regardé par les auteurs postérieurs comme la figure de référence à différents niveaux, notamment pour son interprétation de la *Genèse*. C'est dans ce cadre, et particulièrement dans ses *Hymnes sur le Paradis*, qu'il traite de la question du salut des animaux, en résonance avec ce qu'il écrit dans son *Commentaire de la Genèse* en prose.

D'abord, Éphrem établit un lien entre péché et animaux : pour lui, ce monde-ci, le monde d'après la chute d'Adam, opposé au Paradis d'Éden, est la « demeure des animaux », et Adam, auparavant seigneur de toutes les bêtes (selon *Gen.* 2, 19–20), devient un habitant de cette terre, c'est-à-dire une bête à son tour :

> David versa des pleurs sur Adam
> En voyant quelle chute fut sienne :
> De sa demeure royale
> À la bauge des bêtes.
> C'est pour s'être laissé tromper par une bête
> Qu'il fut rendu semblable aux animaux.
> La malédiction fit
> Qu'ensemble ils vinrent à se nourrir
> D'herbes et de racines [*Gen.* 3, 18].
> Il mourut comme les bêtes.
> Béni soit Celui qui par la résurrection
> Vint le séparer d'elles ![10]
>
> *Par.* 13, 5

---

[9] Pour une présentation succincte de sa vie et de ses œuvres, voir S. Brock, « Ephrem », dans *GEDSH*, p. 145–147.

[10] Ici, comme ailleurs, je cite les *Hymnes sur le Paradis* dans la traduction française suivante : Éphrem de Nisibe, *Hymnes sur le Paradis*, traduction du syriaque par R. Lavenant, introduction et notes par F. Graffin (SC 137), Paris, 2011². Le texte est édité par E. Beck, *Des heiligen Ephraem des Syrers Hymnen de Paradiso und Contra Julianum*, CSCO 174 / Syr. 78 (trad. allemande CSCO 175 /syr. 79), Louvain, 1957.

La résurrection est mentionnée à la fin de cette strophe comme l'élément qui permettra à l'homme de regagner sa supériorité par rapport aux animaux, dont il partage, sur terre, la nature mortelle. Le Paradis eschatologique est pour l'homme comme un « retour » vers sa demeure propre et originaire[11]. On comprend aussi que ce qui différencie homme et bêtes est ici la possibilité de ressusciter, seul l'homme en étant le bénéficiaire.

Dans la pensée d'Éphrem, la fin fait écho au commencement, résurrection et création sont liées[12] : la destinée différente de l'homme par rapport aux animaux, et leur totale séparation, remonterait aux origines. Les animaux n'auront pas accès au Paradis eschatologique, tout comme ils n'avaient pas accès au Paradis d'Éden[13] :

> Le Serpent n'ayant droit
> D'entrer au Paradis
> – Car, ni les animaux
> Ni même les oiseaux
> À son pourtour externe
> Ne pouvant accéder,
> Adam, vers eux,
> Était sorti, –
> En interrogeant Ève,
> Habilement apprit
> Le fait du Paradis,
> Quel et comment il est.
>   *Par.* 3, 4

L'explication de cette altérité radicale entre hommes et animaux, devenue traditionnelle par la suite dans la réflexion eschatologique des chrétiens syriaques postérieurs, est que les animaux ne sont pas doués de rationalité, dont le signe extérieur est la parole, et sont par conséquent privés de volonté. Leurs actions ne relevant pas du libre-arbitre, ils ne peuvent pas aspirer à la rédemption ni être soumis à la punition. Éphrem exprime cette croyance de façon poétique :

---

11   Voir aussi *Par.* 13, 8.
12   Voir aussi *Carmina Nisibena* 43, 19.
13   Voir aussi *Commentaire de la Genèse* I, 27 : « les animaux sauvages et les bestiaux avaient été faits à l'écart du Paradis. »

Dieu, en toute justice,	Le sot qui ne veut pas
Offrit à l'animal des voluptés multiples :	Sentir sa dignité
Point de honte pour lui, au sein de l'adultère,	Se contenterait
Ni honte à dérober.	D'être animal et non homme,
Plaisir qui se présente,	Pour pouvoir satisfaire au moins ses appétits
Il le prend sans vergogne,	Sans ⟨peur du⟩ jugement.
Par-dessus ⟨tout⟩ scrupule	Mais si les animaux avaient aussi reçu
Et ⟨toute⟩ confusion :	Quelque discernement
Profiter du plaisir	Il y aurait beau temps
Suffit à son bonheur.	Que les ânes se seraient mis à gémir et pleurer :
Lui qui ne connaîtra la résurrection,	« Ah ! Pourquoi
Ne connaîtra non plus la réprobation.	Ne sommes-nous pas des hommes ? »
	(*Par.* 12, 19–20)

La nécessité de souligner l'irrationalité des animaux sert sans aucun doute à magnifier la supériorité de l'homme, qui est fait à l'image de Dieu. La rationalité, la faculté de parole et la volonté qui leur est associée sont le contenu même, selon Éphrem, de la définition de l'homme en tant qu'image du divin[14].

De nombreuses études récentes ont mis en évidence qu'une telle importance accordée à la volonté humaine chez le poète syriaque reflète la nécessité pour lui de réagir à des propositions religieuses alternatives présentes à son époque et qu'il se doit de combattre. Son affirmation de la volonté souveraine de l'homme s'oppose au déterminisme astral prêché par les chaldéens, ainsi qu'aux doctrines de Marcion, Bardesane et Mani, les trois « hérésiarques » principaux des IIe et IIIe siècles contre lesquels Éphrem dirige sa polémique[15].

Ce contexte polémique multiple se trouve également, à mon avis, derrière l'insistance avec laquelle Éphrem nie la résurrection des animaux et affirme

---

14   Cette conception est exprimée en détail dans le *Premier Discours* de ses *Réfutations en prose de Mani, Marcion et Bardesane*. Ce lien indissoluble est manifesté ensuite par l'incarnation du Fils. Anthropologie, théologie et christologie sont par conséquent intrinsèquement liées dans la pensée éphrémienne.

15   Voir, par exemple, les travaux de T. Bou Mansour, comme « La défense éphrémienne de la liberté contre les doctrines marcionite, bardesanite et manichéenne », *Orientalia Christiana Periodica* 50 (1984), p. 331–346 ; et M. Bierbaums, « Ephraim the Syrian on Freedom of Will in Manichaeism (PR I I–XXVIII: *First Discourse to Hypatios*) – Reference to Manichaean Common Property ? », *Aram* 16 (2004), p. 263–277.

la supériorité de l'homme. Je crois plus précisément qu'Éphrem propose une distinction insurmontable entre homme et créatures, reflétée par la distinction entre volonté et nature, pour anéantir, et en quelque sorte remplacer, la distinction entre bien et mal, lumière et ténèbres, corps et âme proposée par le manichéisme[16].

Selon les manichéens, le monde est formé du mélange de bien et mal, lumière et ténèbres, les deux principes originaires[17]. Éphrem transmet cette croyance manichéenne en disant, en divers passages des *Réfutations en prose*, que la lumière se trouve « mélangée partout[18] » : « dans la mer et la terre ferme et le ciel et la terre et tout ce qui est en eux, et dans les sept régions et les dix firmaments[19] » ; dans « tous les fleuves, sources et fontaines », dans « toute chose, les fruits, les produits, les semences, les légumes, les poissons et les oiseaux[20] ». Il s'agit de la doctrine manichéenne connue comme la doctrine de « la Croix de lumière », qui enseigne la présence de parcelles lumineuses « crucifiées » dans chaque recoin de l'univers. Il est du devoir de tout manichéen de concourir à purifier cette lumière retenue captive – l'âme prisonnière de la matière – et de prendre garde à ne pas la heurter. Éphrem se moque de cette conception

---

16 Le rôle de polémiste d'Éphrem, en particulier contre les manichéens, a fait l'objet de mes recherches doctorales : *Le manichéisme vu par Éphrem le Syrien : analyse d'une réfutation doctrinale*, thèse soutenue à l'École Pratique des Hautes Études, Paris, 2012.

17 Cette conception dérive directement du mythe du salut manichéen, connu aussi, d'après ses sources directes et indirectes, comme la révélation des « deux principes en trois temps » : voir H.-Ch. Puech, *Le manichéisme : son fondateur, sa doctrine*, (Musée Guimet, bibliothèque de diffusion 56), Paris : Civilisations du Sud (s. A. E. P.), 1949 (1967²), p. 157–159, n. 284, qui donne une liste abondante de textes mentionnant explicitement cette révélation. Le moment « médian » de la lutte entre Bien et Mal, Lumière et Ténèbres, raconte précisément une série de tentatives de la part du principe du Bien pour extraire les particules de Lumière avalées à la fin du moment « initial » par les Ténèbres. Parmi ces tentatives se trouve la création du monde, qui serait alors composé de la double nature lumineuse et ténébreuse, aussi appelées âme et matière.

18 *Réfutations en prose* I, 108, 45–109, 7 et 109, 16–22. Cet ouvrage, qui se compose de plusieurs traités, a été édité et traduit en anglais par C.W. Mitchell, A.A. Bevan, F.C. Burkitt (éd.), *Saint Ephraim's Prose Refutations of Mani, Marcion and Bardaisan*, Londres-Oxford, 2 t., 1912/1921 (les références sont au volume, à la page et à la ligne de cette édition).

19 *Réfutations en prose* II, 204, 41–46 : ܒܝܡܐ ܘܒܝܒܫܐ ܘܒܫܡܝܐ ܘܒܐܪܥܐ ܘܒܟܠ ܕܒܗܘܢ ܘܒܫܒܥ ܐܩܠܝܡܝܢ ܘܒܥܣܪ ܪܩܝܥܝܢ. Comme ici, j'indiquerai le texte syriaque en note chaque fois que je proposerai une traduction française personnelle.

20 *Réfutations en prose* II, 205, 44–47 : ܒܟܠ ܡܕܡ ܘܒܐܒܐ ܘܒܥܠܠܬܐ ܘܒܙܪܥܐ ܘܒܝܪܩܐ ܘܒܢܘܢܐ ܘܒܦܪܚܬܐ.

quand il écrit, en référence à Mani, dans cette strophe tirée des *Hymnes contre les hérésies* :

> Sachons que ces choses étaient négligeables
> pour cet impudent et que c'était peu pour lui
> d'ouvrir sa bouche pour le blasphème
> et d'aiguiser sa langue pour le mensonge :
> **« Même l'âme qui est dans le chien**
> **est issue de la nature de la divinité ».**
> Alors il ne lui aurait pas été difficile
> s'il avait prétendu être un dieu,
> puisqu'il fit habiter dieu dans un chien !
> Béni soit le Juste qui n'en fut pas courroucé ![21]
>
> HcH 22, 15

La conception dichotomique du monde prêchée par les manichéens n'a rien de commun avec celle d'Éphrem, selon lequel tout a été créé à partir du néant, tout est création de Dieu, tout a été créé au service de l'être humain, premier d'entre les créatures[22]. La primauté que possède le principe de la Lumière dans la doctrine des adversaires est absolument incompatible avec la croyance d'Éphrem que le but ultime de la création et du salut est l'homme.

---

21   Traduction personnelle. Le texte syriaque est édité par E. Beck, *Des heiligen Ephraem des Syrers Hymnen contra Haereses*, CSCO 169 / Syr. 76 (trad. allemande CSCO 170 / Syr. 77), Louvain, 1957 :

[texte syriaque]

D'autres références à l'âme des animaux en contexte manichéen se trouvent dans les *Kephalaia* coptes (par exemple, *Keph.* 85) et dans la littérature de polémique, par exemple Titus de Bostra, *Contre les Manichéens* II, 61–62.

22   Cette conception est exprimée en particulier dans le *Quatrième Discours* des *Réfutations en prose*.

La création pour Éphrem ne dérive pas de deux natures fixes, à partir desquelles la colombe serait « belle », « la vipère mordante », « l'agneau pur » et « le serpent immonde », selon les images de l'hymne *HcH* 17, 3[23]. Aucune créature n'est à son avis bonne ou mauvaise en soi, elle dépend entièrement de la volonté du Créateur et sa qualité réside dans son utilité pour l'homme.

Dans la lignée de ces réflexions s'inscrivent la déclaration éphrémienne que le péché est volontaire, et non pas dérivé d'une essence mauvaise, et la croyance en l'union harmonieuse, et non pas conflictuelle, comme Éphrem le fait dire à ses opposants, entre âme et corps. Dans cette vision unitaire de l'homme[24], le corps est collègue et compagnon de l'âme, et il est pur, étant l'objet des sacrements du baptême et de l'eucharistie, ainsi que de l'incarnation du Christ. La résurrection vient sceller cette pureté dont bénéficie le corps.

---

23 Et si la volonté du Démiurge
n'a pas nivelé leur nature,
ce serait, donc, ⟨toujours⟩ selon sa volonté
que leur nature, voici, serait encline
à toute sorte de changement ; elle aurait ainsi entraîné vers le mal
les espèces de toute sorte :
la belle colombe
et la vipère mordante,
l'agneau pur
et le serpent immonde.
« La racine de tous les corps est la Ténèbre », prêchent-ils ;
mais les fruits témoignent,
mais les corps démontrent
qu'ils ne sont pas une seule et même nature !

24 Les *Hymnes sur le Paradis* sont peut-être le texte qui exprime le mieux la conception anthropologique d'Éphrem (cf. en particulier *Par.* 8 et 9). Les *Réfutations en prose* et les *Hymnes contre les hérésies* aussi constituent une bonne source à ce propos : cf. surtout le *Troisième* et le *Cinquième Discours* (où l'on peut lire les belles pages 148 à 154) ; dans le volume II, les traités contre Bardesane (p. 148–158) ; *HcH* 42 et 48 (dans le cadre de la critique anti-marcionite). Voir aussi les études de T. Bou Mansour, *La pensée symbolique de Saint Éphrem le Syrien* (Bibliothèque de l'Université du Saint-Esprit 16), Kaslik : Université du Saint-Esprit, 1988, p. 407–490, et à T. Koonammakkal, « Ephrem's Polemics on the Human Body », *Studia Patristica* 35 (2001), p. 428–432.

Là, Éphrem combat la croyance adverse, manichéenne, selon laquelle seule la résurrection de l'âme est possible, car tout corps est impur (cf. *HcH* 17, 4)[25].

En conclusion, l'importance du rejet du salut des animaux dans le système éphrémien se comprend à l'intérieur de cette question complexe, où les conceptions du monde, de l'homme, du salut et de l'Église se trouvent entremêlées. Éphrem ne s'oppose pas directement à une opinion qui dirait le contraire, à savoir que les animaux ressuscitent. Mais il réfute fondamentalement la vision dichotomique manichéenne de la relation entre le corps et l'âme (qui s'applique tant à l'homme qu'aux animaux et au reste de la création), et la croyance manichéenne dans l'emprisonnement de la lumière à l'intérieur de toute la création, et dans sa purification. Il semble promouvoir, à la place, une distinction différente, celle entre les hommes et les animaux, et prêcher la résurrection, corps et âme, seulement des premiers, au détriment des seconds, définis comme radicalement inférieurs, dans leur âme comme dans leur corps : une distinction sur laquelle se fondent les conceptions cosmologique, anthropologique, sotériologique, christologique et sacramentelle de l'Église d'Éphrem.

b *Jacques de Saroug, moyen terme entre miaphysites et dyophysites*

Nous retrouvons ce thème de la supériorité de l'homme un siècle plus tard, chez Jacques de Saroug, dans sa quatrième *Homélie sur la création*[26]. La grandeur d'Adam est signifiée, ici aussi, par sa résurrection, que l'écrivain syriaque présente dans le scénario apocalyptique suivant, construit sur l'opposition chute/élévation :

> **Le monde tombe et Adam ressuscite de sa chute,**
> **Pour hériter le trésor qui lui a été préparé dès le début.**
> Une voix et une agitation intense et un tumulte,
> Car par un seul signe sont reliés et le début et la fin.
> **Par un seul commandement ⟨viennent⟩ à l'être la résurrection et la chute.**
> **La création tombe et Adam ressuscite, comme on l'a dit.**
> **Par ce même signe par lequel se dissolvent toutes les créatures,**
> **Par lui se fortifie le corps de l'homme pour se tenir en vie.**

---

25 Voir par exemples les nombreuses sources manichéennes en copte, comme les *Kephalaia*, le *Psautier* et les *Homélies*.

26 Sur la vie et les œuvres de Jacques de Saroug, voir S. Brock, «Ya'qub of Serugh», dans *GEDSH*, p. 433–435.

> C'est elle la voix qui suscite et renverse, lie et délie,
> Corrompt et reconstruit, commence et finit sans qu'elle se fatigue.
>> Homélie IV, *Sur l'agencement d'Adam*, vv. 393–402[27]

Le thème de la mortalité des créatures est développé plus longuement dans une autre homélie qui discute de la mortalité ou de l'immortalité d'Adam. Là, ce thème est inséré dans une démonstration qui défend la thèse de l'« état intermédiaire » de la nature d'Adam avant le péché. En cela, Jacques suit une conception déjà exprimée par Éphrem et s'oppose à la fois aux opinions des chrétiens dyophysites qui, à la suite de Théodore de Mopsueste, croyaient en la mortalité d'Adam et aux thèses des théologiens miaphysites tels que Julien d'Halicarnasse, Sévère d'Antioche et Philoxène de Mabboug, qui considéraient Adam immortel par nature[28].

Pour Jacques, Adam fut créé « et mortel et immortel » et il fut le seul à avoir été ainsi fait, composé de la nature vivante, l'âme insérée dans de « la glaise morte », le corps. Pour étayer cette conception intermédiaire, Jacques pose et décrit les deux extrêmes dont le moyen terme est l'homme : d'un côté se trouvent les créatures uniquement immortelles, à savoir anges et démons ; de l'autre, les créatures uniquement mortelles, les animaux. Ces deux états seraient voulus par le créateur, et ne dépendent pas de l'observance ou de la transgression des commandements :

> **Les bêtes et les reptiles sont toujours soumis à la mort,**
> ⟨Cependant⟩ ils meurent quoiqu'ils n'aient pas transgressé le commandement d'Adam.
> **Les animaux n'ont pas mangé des fruits de cet arbre** [cf. *Gen.* 2, 17],
> Cependant la mort ⟨les⟩ massacre et les tue en masse.
> L'essence de leur nature a été établie ainsi de par le Créateur
> Pour qu'il n'y ait pas possibilité qu'une bête vive éternellement.
> L'être qui, dès le commencement, était immortel,
> La mort ne peut s'approcher de lui, même s'il pèche.
> Observe, toi aussi, les races et les familles de toutes les créatures :
> **Elles ne vivront pas comme les anges, même si elles gardent le commandement.**

---

27   Jacques de Saroug, *Quatre homélies métriques sur la création*, éditées par K. Alwan, CSCO 508 / Syr. 214, Louvain, 1989. La traduction française de ce passage ainsi que du suivant, est prise du volume CSCO 509 / Syr. 215, Louvain, 1989, toujours par les soins de K. Alwan.

28   Voir Jacques de Saroug, *Quatre homélies métriques sur la création*, CSCO 509 / Syr. 215, p. xxii–xxiii.

> Je n'ai pas parlé d'Adam ; ceci ne s'applique
> Qu'aux races des reptiles et des oiseaux car ils sont mortels.
> La question d'Adam sera éclairée dans ce traité :
> Nous allons voir sur quelles races la mort a pouvoir.
> **⟨Sur⟩ les bœufs, les chevaux, les moutons, les pourceaux et tous les animaux**
> **La mort a pouvoir et elle les réduit à rien.**
> **Pour les diables et les démons ainsi que pour Satan, leur maître de perversité,**
> **Il n'y a pas moyen que la mort pénètre leur assemblée.**
> **Ce n'est pas parce que les animaux ont erré que la mort les a fait périr**
> **Et ce n'est pas non plus parce que les diables ont observé ⟨la loi⟩ qu'ils sont restés vivants.**
> [...] [*et en parlant de l'homme, le sujet étant Dieu*]
> **Il ne l'avait pas scellé du sceau de la maison de Michel,**
> **Pour qu'il ne soit pas immortel, même s'il avait péché.**
> **Il ne l'avait pas frappé du sceau de tous les animaux,**
> **Pour que le mort ne le détruise pas, même s'il avait péché.**
> Il éleva sa poussière plus que celle des animaux, alors qu'elle était ⟨de⟩ la terre,
> Et il abaissa son âme plus que celle des anges, alors qu'elle était très spirituelle.
> Il le fit pour qu'il ne soit pas spirituel du fait de son corps,
> Ni tout entier corporel du fait de son âme.
>
> Homélie II, *Adam a-t-il été créé mortel ou immortel*, vv. 49–68 et 179–186

Chez Jacques, c'est la nature mortelle des animaux qui est mise en avant. Elle joue un rôle indispensable pour comprendre théologiquement l'unicité de l'homme et, finalement, sa supériorité[29], en réaction aux autres conceptions anthropologiques de l'époque.

Le rejet du salut des animaux acquiert alors, dans la pensée de Jacques de Saroug, une nuance supplémentaire par rapport à son élaboration antérieure chez Éphrem, même si les sujets de référence restent les mêmes (supériorité de l'homme, interprétation correcte de la Bible, union âme et corps dans la résurrection). Ici, Jacques réagit aux opinons divergentes miaphysite et dyophysite, qui feraient de l'homme une créature immortelle ou bien mortelle dès le début, respectivement, rendant l'homme semblable soit aux anges et aux

---

29   Sur la supériorité d'Adam auquel sont soumises les créatures, voir *Homélie* I, vv. 253–274.

démons, soit aux animaux, et vaine la promulgation de la Loi. Avec Jacques de Saroug, nous avons la tentative de promouvoir une position intermédiaire qui soit aussi «un moyen de réconciliation entre monophysites et chalcédoniens» dans l'Antioche de la fin du Ve siècle[30], une position fondée sur une tradition très ancienne remontant, au-delà d'Éphrem, à des penseurs du IIe siècle comme Théophile d'Antioche[31].

2   L'âme et la résurrection à la fin du VIIIe et pendant le IXe siècle: une réaction à l'Islam

La question du salut des animaux refait surface à la fin du VIIIe et au cours du IXe siècle chez des auteurs actifs dans les régions de Bagdad et de Mossoul, sous domination abbasside. Le répertoire des textes recueillis ici ne prétend pas à l'exhaustivité, mais il offre un éventail d'exemples assez large permettant d'observer comment le rejet du salut des animaux appartient aux thèmes des discussions savantes propres à ce nouveau contexte – un contexte qui, pour les chrétiens syriaques, est marqué à la fois par la nécessité de réagir au nouveau défi religieux et culturel représenté par l'islam, et par l'adaptation, dans le style et les sujets traités, au courant philosophique musulman prédominant appelé *kalam*, pratiqué à cette époque par l'école de pensée connue sous le nom de mutazilisme[32].

---

30   Voir Jacques de Saroug, *Quatre homélies métriques sur la création*, CSCO 509 / Syr. 215, p. xxiv, où K. Alwan suggère que cette position intermédiaire appelée par Jacques de Saroug «nouveau formulaire de foi commun» et soutenue à maintes reprises dans cette homélie en tant que garante de la paix, coïncide notamment avec l'*Hénotique* de Zénon, édit promulgué à Constantinople en 482 mais soussigné à Antioche par le patriarche Pierre le Foulon en 484. Cf. aussi G.A. Kiraz (ed.), *Jacob of Serugh and his times. Studies in Sixth-Century Syriac Christianity* (Gorgias Eastern Christian Studies, 8), Piscataway: Gorgias Press, 2010.

31   Ibid., p. xxiii.

32   Voir S. Griffith, «Disputes with Muslims in Syriac Christian Texts: from Patriarch John (d. 648) to Bar Hebraeus (d. 1286)», dans B. Lewis, F. Niewöhner (ed.), *Religionsgespräche in Mittelalter*, Wiesbaden: Harrassowitz, 1992, p. 251–273 (ré-impr. dans Idem, *The Beginnings of Christian Theology in Arabic: Muslim-Christian Encounters in the Early Islamic Period*, Aldershot: Ashgate/Variorum, 2002, V). Le *kalam* peut être défini comme une science religieuse visant à expliquer des aspects de la théologie à travers l'argumentation rationnelle et la dialectique (voir H.A. Wolfson, *The Philosophy of Kalam*, Cambridge (Mass.): Harvard University Press, 1976, et M. Fakhry, *A History of Islamic Philosophy*, New York: Columbia University Press, 2004).

Les textes sélectionnés ont en commun le fait d'appartenir au genre de l'apologétique chrétienne vis-à-vis de l'islam, un genre qui se rencontre au-delà des frontières confessionnelles entre syro-orthodoxes et syro-orientaux, miaphysites et dyophysites. Comme pour Éphrem et Jacques de Saroug quatre siècles auparavant, la question du salut des animaux n'est pas prioritaire en soi, mais elle est un élément du débat religieux plus vaste de l'époque.

a   *Théodore bar Konai,* Livre des Scolies *(792)*

Le *Livre des Scolies* de Théodore bar Konai, enseignant à l'école exégétique de Kashkar à la fin du VIIIe siècle, peut être considéré comme un manuel de théologie de l'Église syro-orientale qui entend éclairer le sens de certains passages bibliques sous la forme de questions-réponses[33]. Le thème des animaux est abordé indirectement à deux reprises. La première est la réponse à la question:

> Pourquoi Dieu réclama-t-il absolument d'eux [des hommes] des sacrifices? Premièrement, pour les lier avec lui dans l'amour par des choses corporelles; **deuxièmement, pour enseigner que les animaux n'ont pas en eux la nature des âmes**; troisièmement, pour blâmer Satan qui avait usé de ruse pour attirer les hommes à l'adorer par les blandices de la débauche.
>
> *Memra* III, 42[34]

La nature non spirituelle des animaux affirmée ici se double de la conception de leur nature fixée à l'avance par le Créateur, proclamée dans le deuxième passage, où elle est présentée en opposition avec la volonté libre de l'homme. Dans la réponse à la question: « Comment Dieu a-t-il donné une volonté libre aux rationnels? », Théodore écrit en parlant des animaux:

> Et que ce soit sans notre volonté que deviennent notre beauté et notre formation ne lui a pas paru bon, car ce qui est accompli par la domination du maître et sans la volonté du serviteur nous n'en honorons ni n'en louons l'effet et cela ne satisfait ni ne réjouit celui qui en donne l'ordre. Et si peut-être il s'était fait que les belles actions avaient été implantées en

---

[33] Sur sa vie et son œuvre, voir A.M. Butts, « Theodorus bar Koni », dans GEDSH p. 405–406.

[34] Édition du texte syriaque par A. Scher, *Theodorus bar Kōnī. Liber Scholiorum.* CSCO Syr. 11.65–66. Paris, 1910–1912, et traduction française par R. Hespel, R. Draguet, *Théodore bar Koni. Livre des Scolies (recension de Séert)*, CSCO 431–432, Syr. 187–188, Louvain, 1981–1982.

nous pas nature, nous n'aurions pas différé, ni des abeilles dont la beauté du travail est établie dans leur nature elle-même, ni des fourmis dont l'application de l'adresse est implantée dans leur nature et en elles, ni de l'araignée dont le raffinement de la toile a été créé avec elle, ni non plus du ver et de l'huître dont l'un donne naissance au fil ⟨de soie⟩ et l'autre fait croître les perles. **Mais parce que leurs belles activités sont fixées dans leur nature, l'éloge n'est pas décerné à leurs peines ni les félicitations à leur rendement ; et alors que les effets de leurs labeurs sont précieux, ils sont privés ⟨du fruit⟩ du labeur dû à leur application. Tels auraient été aussi les rationnels si leurs bonnes actions avaient été implantées dans leur nature et si leur volonté avait été spoliée de la liberté ; c'est pour que notre honneur apparût, pour que notre volonté fût louée et que notre rémunération fût magnifiée que la miséricorde de Dieu ne nous a pas faits comme des reptiles méprisables ou des objets inanimés,** mais il nous a conféré un acquis supérieur qui est la connaissance par laquelle nous discernons le bien du mal.

recension d'Urmiah, 196H[35]

Nous retrouvons la dichotomie éphrémienne libre-arbitre de l'homme / nature fixée des animaux, qui marque la séparation nette entre hommes et animaux, laquelle se résout à son tour dans la possibilité ou l'impossibilité de recevoir l'« éloge », c'est-à-dire la résurrection.

Une fois encore, donc, ce réseau de concepts est utilisé pour promouvoir la supériorité de l'homme, mais la question du libre-arbitre est, cette fois, prioritaire. Cela s'explique aisément par le nouveau contexte où évolue Théodore bar Konai. La volonté libre de l'homme est en effet peut-être le sujet principal des débats entre chrétiens et musulmans pendant la période abbasside, à côté de l'intégrité et de l'authenticité de l'Ancien et du Nouveau Testament, du mystère de la Trinité et de l'incarnation du Christ[36].

b   *Timothée I (727/8–823),* **Lettre II à Rabban Boktisho, diacre et médecin du roi**

Contemporain de Théodore, le célèbre Timothée I est le patriarche de l'Église syro-orientale, basée à Bagdad, et le principal défenseur des doctrines et pra-

---

35   R. Hespel (éd. et trad.), *Théodore bar Koni. Livre des Scolies (recension d'Urmiah)*, CSCO 447–448, Syr. 193–194, Louvain, 1983.
36   Voir S. Griffith, « Disputes with Muslims in Syriac Christian Texts », p. 254.

tiques chrétiennes à la cour des califes abbassides[37]. Son dialogue avec le calife Al-Mahdi (775–785), conservé en arabe et en syriaque, montre ses capacités diplomatiques, qui facilitèrent le développement de son Église sous le califat[38]. Grand promoteur des sciences et des lettres, Timothée est l'auteur de nombreuses épîtres qui témoignent des urgences pastorales auxquelles il était confronté ainsi que de ses conceptions en matière de théologie et de philosophie[39]. La *Lettre 11 à Rabban Boktisho, diacre et médecin du roi* peut être considérée comme un petit traité sur l'âme[40]. Elle est divisée en sept questions relatives à l'âme, par exemple : où se trouve-t-elle à l'intérieur du corps (n° 2) ? Où migre-t-elle après la mort (n° 3) ? C'est dans cette lettre que Timothée approuve et explique la théorie du «sommeil de l'âme», ou *hypnopsychisme*, qu'il déclare aussi dogme de son Église lors du synode de 786–787 : les âmes des morts seraient en sommeil ou sans conscience jusqu'à leur résurrection, l'âme ne pouvant pas agir sans le corps.

La première question qui ouvre la lettre définit les concepts traités : «Qu'est l'âme et pourquoi ?». La réponse, très articulée, établit tout d'abord la distinction fondamentale entre l'âme des hommes et les âmes des animaux :

> Les âmes sont donc, certaines visibles, d'autres invisibles, certaines corporelles et même composites, d'autres incorporelles et non composites. Les ⟨âmes⟩ composites sont solubles, celles non composites sont non solubles. Celles qui sont solubles sont aussi mortelles et corruptibles, celles qui ne sont pas solubles, ne sont pas non plus mortelles, c'est-à-dire corruptibles. **Les âmes raisonnables des hommes sont invisibles, immortelles et incorruptibles ; les âmes visibles des animaux sans parole sont mortelles et corruptibles.** Même notre seigneur le Christ nous

---

37   Voir D. Bundy, «Timotheos I», dans GEDSH, p. 414–415, pour une présentation de sa vie et de son œuvre.

38   Voir S. Griffith, «Disputes with Muslims in Syriac Christian Texts», p. 262–264.

39   Voir, par exemple, S. Griffith, «The Syriac Letters of Patriarch Timothy I and the Birth of Christian Kalām in the Muʿtazilite Milieu of Baghdad and Basrah in Early Islamic Times», dans H.J. Van Bekkum, J.W. Drijvers, A.C. Klugkist (éd.), *Syriac Polemics : Studies in Honour of Gerrit Jan Reinink*, Louvain : Peeters, 2007, p. 105–115.

40   L'œuvre épistolaire de Timothée est éditée par O. Braun, *Timothei Patriarchae I Epistulae*, CSCO 74 / Syr. 30, Paris, 1914 (traduction latine dans CSCO 75 / Syr. 31, Paris, 1915). La Lettre 11 a fait l'objet d'une première traduction en français, précédée d'un commentaire, par V. Berti, *L'au-delà de l'âme et l'en-deçà du corps. Approches d'anthropologie chrétienne de la mort dans l'Église syro-orientale* (Paradosis 57), Fribourg : Éditions universitaires, 2015 (*non vidi*).

> a enseigné au sujet de l'âme qu'elle n'est ni mortelle ni soluble, quand il parla ainsi avec ses disciples: *Ne craignez pas ceux qui tuent le corps; l'âme, elle, ils ne peuvent pas la tuer.*
>
> *Mt* 10, 28[41]

Il s'agit du premier texte, parmi ceux commentés jusqu'à présent, qui déclare que les animaux ont une âme et qui définit la nature particulière de cette âme. Celle-ci se comprend pleinement en relation avec une âme de nature en tout point opposée, l'âme des hommes. L'âme des animaux est, selon Timothée, visible, corporelle, composite, et donc soluble, mortelle et corruptible. En d'autres mots, elle ne survit pas à la mort du corps et se dissout avec lui en poussière au moment de la mort. Cette conception, exposée peut-être pour la première fois si clairement en contexte syriaque[42], est traditionnelle chez les auteurs chrétiens des premiers siècles, comme Basile de Césarée (330–379), par exemple, qui écrivit en commentant *Gen.* 1, 24 dans sa huitième *Homélie sur l'Hexaéméron*, traduite en syriaque dès le ve siècle:

> *Que la terre produise donc une âme vivante* [*Gen.* 1, 24]. Vois l'affinité de l'âme avec le sang, du sang avec la chair, de la chair avec la terre et, revenant par les mêmes étapes, remonte de la terre à la chair, de la chair au sang, du sang à l'âme; et tu reconnaîtras que l'âme des bêtes n'est que

---

41 Traduction personnelle du texte syriaque (O. Braun, *Timothei Patriarchae I Epistulae*, CSCO 74 / Syr. 30, p. 43, lignes 12–27):
ܥܠ ܗܟܝܠ ܡܢ ܢܦܫܬܐ ܗܢܝܢ ܡܢ ܡܬܚܙܝܢܝܬܐ: ܗܠܝܢ ܕܝܢ ܠܐ ܡܬܚܙܝܢܝܬܐ ܐܢܝܢ.
ܘܗܢܝܢ ܡܢ ܓܘܫܡܢܝܬܐ ܘܐܦ ܡܪ̈ܟܒܬܐ. ܗܠܝܢ ܕܝܢ ܕܠܐ ܓܘܫܡ ܘܠܐ ܡܪ̈ܟܒܬܐ. ܘܗܢܝܢ
ܡܢ ܡܪ̈ܟܒܬܐ ܡܫܬܪ̈ܝܢܝܬܐ. ܗܠܝܢ ܕܝܢ ܠܐ ܡܪ̈ܟܒܬܐ ܠܐ ܡܫܬܪ̈ܝܢܝܬܐ. ܘܗܢܝܢ ܡܢ
ܡܫܬܪ̈ܝܢܝܬܐ ܘܐܦ ܡܝܘ̈ܬܬܐ ܘܡܬܚܒܠܢܝܬܐ. ܗܠܝܢ ܕܝܢ ܠܐ ܡܫܬܪ̈ܝܢܝܬܐ: ܘܐܦܠܐ
ܡܝܘ̈ܬܬܐ ܟܝܬ ܘܠܐ ܡܬܚܒܠܢܝܬܐ ܐܝܬܝܗܝܢ. ܢܦܫܬܐ ܡܢ ܐܝܟ ܡܠܐܟܝܬܐ ܕܒܢܝ̈ܢܫܐ
ܕܠܐ ܡܬܚܙܝܢ: ܘܠܐ ܡܝܘ̈ܬܬܐ ܟܝܬ ܘܠܐ ܡܬܚܒܠܢܝܬܐ. ܢܦܫܬܐ ܕܝܢ ܡܬܚܙܝܢܝܬܐ
ܕܚܝ̈ܘܬܐ ܕܠܐ ܡܠܠܬܐ: ܘܡܝܘ̈ܬܬܐ ܟܝܬ ܐܝܟ ܘܡܬܚܒܠܢܝܬܐ ܐܝܬܝܗܝܢ. ܚܠܦ ܕܝܢ
ܘܐܦ ܡܪܢ ܡܫܝܚܐ ܥܠ ܢܦܫܐ ܕܠܐ ܡܝܘܬܐ ܗܝ ܘܠܐ ܡܫܬܪܝܢܝܬܐ. ܟܕ ܐܡܪ ܠܬܠܡܝ̈ܕܘܗܝ،
ܗܟܢܐ. ܠܐ ܬܕܚܠܘܢ ܡܢ ܐܝܠܝܢ ܕܩܛܠܝܢ ܦܓܪܐ: ܢܦܫܐ ܕܝܢ ܠܐ ܡܫܟܚܝܢ ܠܡܩܛܠܗ.

42 Pour une étude de l'affirmation de cette doctrine en relation aux milieux médicaux et de son interaction avec la pratique médicale de l'époque, voir V. Berti, «Provvidenza, libertà e legame anima-corpo nella lettera 2 di Timoteo I a Rabban Bokhtišoʿ, archiatra di Hārūn al-Rašīd», dans C. Noce, M. Pampaloni, C. Tavolieri (ed.), *Le vie del sapere in area siro-mesopotamica dal III al IX secolo. Atti del convegno internazionale tenuto a Roma nei giorni 12–13 maggio 2011* (OCA 293), Rome: Pontificium Institutum Orientalium Studiorum, 2013, p. 149–175, et Idem, *L'au-delà de l'âme et l'en-deçà du corps.*

terre. Ne crois donc pas qu'elle ait existé avant la substance de leur corps, ni qu'elle subsiste après la dissolution de leur chair[43].

Timothée est certainement conscient de cet héritage culturel et se conforme aux traditions théologiques chrétiennes. Il les réutilise néanmoins en prenant position face à des problèmes qui lui sont contemporains et qu'il perçoit comme urgents[44]. C'est sans doute à l'intérieur du débat de cette époque entre chrétiens sur l'état de l'âme après la mort, qu'il faut lire sa déclaration que seule l'âme des animaux est corruptible et meurt, au contraire de celle des hommes, immortelle, et qui subsiste après la mort du corps dans un état semblable à celui du sommeil. Lors du synode où la doctrine de l'*hypnopsychisme* fut officialisée, Timothée condamna également la pensée du mystique Jean de Dalyatha, en l'accusant d'«origénisme», c'est-à-dire de croire que l'âme humaine est créée avant le corps et reste pleinement sensible après la mort[45]. D'autre part, dans la première moitié du VIIIe siècle, Jean Damascène dénonçait l'existence d'une hérésie de chrétiens arabes qu'il accusait de *thnetopsychisme*. Ces «hérétiques» auraient prêché que l'âme humaine meurt «comme celle des animaux» (*De Haeresibus* 90)[46]. Il se peut que Timothée réagisse

---

43   Basile de Césarée, *Homélies sur l'Hexaéméron*, éditées par S. Giet (SC 26bis), Paris, 1968, p. 437. Voir aussi R.W. Thomson (éd.), *The Syriac Version of the Hexaemeron by Basil of Casarea* (CSCO 550 / Syr. 222), Louvain, 1995, p. 133. Je donne ici la traduction anglaise du passage cité dans sa version syriaque, fournie dans CSCO 551 / Syr. 223, Louvain, 1995, p. 109, puisqu'il est vraisemblable que Timothée ait eu accès à la version syriaque de l'ouvrage de Basile: «The creation of animals then is from earth, and their flesh was established from earth; and from their flesh appeared their blood, and from their blood derived their animate nature. By the fact that their life came forth with completeness of their person from earth, it is clear that their soul is earth through their blood. For you should not suppose that the soul of animals is prior to the formation of their limbs, nor did it come into being later in the body that was fashioned. Nor again should you think that after the dissolution of animals their soul remains as an entity, or that it moves from the body in which it was.».

44   Voir V. Berti, «Provvidenza, libertà e legame anima-corpo nella lettera 2 di Timoteo I a Rabban Bokhtišoʻ, archiatra di Hārūn al-Rašīd», article cité, p. 149–175, en particulier p. 153–160 (voir note 42).

45   Voir V. Berti, «Les débats sur la vision de Dieu et la condamnation des mystiques par Timothée Ier: la perspective du patriarche», dans A. Desreumaux (éd.), *Les mystiques syriaques* (Études syriaques 8), Paris: Geuthner, 2011, p. 151–176.

46   *Patrologia Graeca* 94, col. 757: Θνητοψυχῖται οἱ τὴν ἀνθρωπείαν ψυχὴν εἰσάγοντες ὁμοίαν τῆς τῶν κτηνῶν, καὶ τῷ σώματι λέγοντες συναπόλλυσθαι αὐτήν.

aussi à cette croyance en décrétant comme vérité dogmatique le sommeil de l'âme après la mort. Enfin, l'élaboration du lien âme-corps sauvegardé par cette doctrine trouve sa place, chez Timothée, à l'intérieur d'une apologie de la croyance à la fois en le libre-arbitre humain et en la providence divine, ce qui est révélateur du contexte culturel et religieux plus large dans lequel agit et écrit Timothée. Ces thèmes étaient centraux dans les discussions des cercles philosophiques musulmans des époques omeyyade et puis abbasside, et les chrétiens syriaques, ainsi que melkites, participèrent activement à la réflexion en rassemblant leurs croyances traditionnelles et en leur donnant une forme adaptée à la pratique philosophique dominante, le *kalam*[47].

c *Job d'Édesse (ca. 760–835)*, Livre des Trésors
La même exigence culturelle marque les écrits de Job d'Édesse, philosophe et médecin, de confession probablement syro-orientale, actif à Bagdad sous le calife al-Ma'mun (813–833)[48]. Son *Livre des Trésors* est un travail encyclopédique, abordant des sujets scientifiques (anatomie, zoologie, métallurgie, etc.), qu'il utilise pour traiter de concepts théologiques tels que l'existence de Dieu[49]. De ce fait, cette œuvre révèle la familiarité de Job avec le courant mutazilite contemporain. Quand il traite de conceptions chrétiennes comme l'existence des anges, la résurrection, et la fin du monde, Job choisit délibérément de ne pas s'appuyer sur les Écritures, mais préfère évoquer des arguments tirés des phénomènes naturels, acceptables par tous, alors que l'autorité des livres sacrés chrétiens ne serait pas reconnue par le public musulman. Job composa en effet son *Livre* afin de fournir à son audience chrétienne de Bagdad les moyens philosophiques et scientifiques nécessaires pour discuter avec des savants musulmans, dans une visée apologétique de la religion chrétienne comme vérité logique et rationnelle[50]. Dans ce sens, ce traité constitue une

---

47 Voir V. Berti, «Provvidenza, libertà e legame anima-corpo», p. 159, qui renvoie à S. Griffith, «Free Will in Christian Kalām: The Doctrine of Theodore Abū Qurrah», *Parole de l'Orient* 14 (1987), p. 79–107 (particulièrement p. 81).
48 Sur sa vie et son œuvre, voir B. Roggema, «Iyob of Edessa», dans GEDSH, p. 225–226.
49 Le texte a été édité et traduit en anglais par A. Mingana, *Encyclopaedia of Philosophical and Natural Sciences as Taught in Baghdad about A.D. 817 or Book of Treasures by Job of Edessa*, Cambridge: Heffer, 1935.
50 Voir G. Reinink, «The 'Book of Nature' and Syriac Apologetics Against Islam. The Case of Job of Edessa's *Book of Treasures*», dans A. Vanderjagt, K. Van Berkel (éd.), *Book of Nature in Antiquity and the Middle Ages* (Groningen Studies in Cultural Change, 16), Louvain: Peeters, 2005, p. 71–84, particulièrement p. 74.

réponse polémique à certaines doctrines musulmanes. Parmi celles-ci se trouve la conception de la récompense et du châtiment qui va de pair avec la vision du Paradis. Dans le Discours VI, Job aborde les thèmes de la résurrection des corps et de la nature de l'au-delà, et vise implicitement la vision matérialiste du Paradis propre à l'islam – un jardin rempli de désirs terrestres, comme la boisson et la nourriture – lorsqu'il souligne la nature spirituelle du Paradis et l'absence de passions pour l'homme ressuscité.

C'est dans le développement de cette argumentation que nous rencontrons la question des animaux, à laquelle est dédié le chapitre 5. Il s'intitule: *Sur le fait que la résurrection aura lieu, et qu'elle adviendra pour l'homme seul, et non pour les ⟨autres⟩ espèces d'animaux*[51]. Le chapitre commence comme suit:

> Si tu dis que celui qui meurt et se dissout, ressuscite, et que les hommes et tous les animaux meurent et se dissolvent, ⟨et que donc⟩ la résurrection n'est pas l'apanage seulement des hommes, mais aussi de tous les animaux, nous disons que tous les animaux irrationnels sont composés d'une seule nature d'éléments, tandis que l'homme ⟨est composé⟩ de deux natures: de la nature des éléments qui est corporelle, et de l'autre nature qui est incorporelle. Les animaux, en revanche, puisqu'ils dérivent d'un seul élément parmi les éléments, se dissolvent et restent dans les éléments, et auront un renouvellement semblable à celui des éléments en général, et non pas en soi et pour soi. En revanche, l'homme aura une résurrection spéciale, due au fait qu'il est composé de deux natures antagonistes, la corporelle et l'incorporelle[52].

À la différence de Timothée, Job ne prête pas d'âme, pas même corporelle, aux animaux. Pour lui, l'homme serait composé de deux natures, l'âme et le

---

51 Traduction personnelle (A. Mingana, *Book of Treasures by Job of Edessa*, p. 452): ܗ: ܚܠܦ, ܕܩܝܡܬܐ ܗܘܝܐ ܘܗܘܝܐ ܠܗ ܠܒܪ ܐܢܫܐ ܒܠܚܘܕ ܘܠܐ ܠܫܪܟܐ ܕܓܢܣܐ ܕܚܝܘܬܐ.

52 Traduction personnelle du texte syriaque (A. Mingana, *Book of Treasures by Job of Edessa*, p. 452–453):

corps, l'animal seulement du corps. C'est pourquoi la résurrection n'est pas prévue pour les animaux, qui se dissoudront comme les autres éléments dont la création est faite.

Suit un développement sur la relation conflictuelle entre âme et corps chez l'homme, qui est comparée au combat entre deux gladiateurs. Après la mort, l'âme humaine renverserait le sort qu'elle subissait du fait du corps quand l'homme était en vie, et battrait le corps affaibli en imposant ses propres qualités : celles d'être indissoluble, incorruptible et immortelle. Job conclue cette première démonstration par les mots : « En effet il n'y aura pas de résurrection pour les animaux irrationnels, puisqu'ils n'ont pas de nature incorporelle qui sera unie aux corps lors de la résurrection ; mais ⟨il y aura résurrection⟩ pour l'homme, et pour lui seul[53]. » Autrement dit, la résurrection, caractérisée par le rétablissement du lien âme-corps, ne pourra pas avoir lieu pour les êtres qui, comme les animaux, sont dépourvus de l'un des deux termes, à savoir l'âme.

Là-dessus s'enchaîne un deuxième argument, que nous avons déjà rencontré chez Éphrem, mais qui est appliqué maintenant à ce contexte de résurrection : l'idée que les animaux ont été créés au service de l'homme. Lors de leur création, l'homme se serait trouvé dans la nécessité, alors qu'au jour de la résurrection il ne manquera plus de rien, étant donné que la nature spirituelle de l'âme aura triomphé des désirs et des tourments du corps en imposant ses qualités d'immortalité et d'impassibilité[54]. Avec la fin de la nécessité, tombe également la raison de la présence des animaux à côtés de l'homme dans le Paradis eschatologique :

> En effet les animaux vinrent à l'existence pour le secours et le service ⟨de l'homme⟩ dans ce monde imparfait, afin de suppléer à tous ses besoins et nécessités, certains en étant sa monture, d'autres sa nourriture, et d'autre manière encore. Or, quand il ressuscite, cessent pour lui toutes les passions et le désir de nourriture, et donc il n'a plus besoin de l'aide qui lui venait d'eux sous forme de nourriture ou de services. S'ils furent créés ici à cause de lui, pour qu'ils suppléent à ses besoins quotidiens, et que là-bas il n'a plus besoin de rien, ils ne ressusciteront pas lors de la

---

53   A. Mingana, *Book of Treasures by Job of Edessa*, p. 453 :
ܡܛܠ ܗܟܢܐ ܠܝܬ ܩܝܡܬܐ ܠܗܘܢ ܠܚܝܘܬܐ ܠܐ ܡܠܝܠܬܐ܂ ܕܠܝܬ ܠܗܝܢ ܟܝܢܐ ܠܐ ܓܘܫܡܢܝܐ܂
ܕܢܬܚܝܕ ܥܡ ܓܘܫܡܐ ܒܩܝܡܬܐ: ܐܠܐ ܠܒܪ ܐܢܫܐ ܒܠܚܘܕ.
54   Voir G. Reinink, « The 'Book of Nature' and Syriac Apologetics Against Islam », p. 80–81.

résurrection, puisque la cause même de leur existence aura cessé. Dieu en effet ne fit rien en vain[55].

Cette conception s'oppose radicalement à la vision matérialiste des joies du Paradis pour l'islam, faites, entre autres, de nourriture et de boissons[56].

d   Moïse bar Kepha (ca. 813–903)

Le dernier auteur de cette présentation chronologique, Moïse bar Kepha, était évêque syro-orthodoxe de Beth Raman, une ville près de Mossoul, dans la deuxième moitié du IXe siècle. Il composa principalement des œuvres dans le domaine de l'exégèse biblique, de la théologie et de la liturgie, dans un but de systématisation et de synthèse des traditions chrétiennes, comme défense du christianisme vis-à-vis du monde musulman prédominant[57]. Cette *summa* théologique se présente sous forme de compendium traitant de thèmes spécifiques et structurés en questions et réponses.

Deux de ces textes abordent la question du salut des animaux. Précisons d'emblée que si Moïse bar Kepha, comme d'autres avant lui, énonce la distinction entre volonté, propre de l'homme, et nature, propre des animaux, il ne lie pas cet argument à la discussion sur l'éventualité d'une résurrection de ces derniers.

Dans son commentaire *Sur le Paradis* I, 18, encore inédit[58], on retrouve plutôt l'idée, déjà développée par Job d'Édesse, que les animaux ne seront pas présents au Paradis, puisqu'ils furent créés au service de l'homme et que l'homme ressuscité n'aura plus besoin d'eux. Moïse bar Kepha ne limite pas cette conviction, cependant, aux seuls animaux, mais l'élargit à toute la création. Il en parle

---

55   A. Mingana, *Book of Treasures by Job of Edessa*, p. 453–454:

56   Voir G. Reinink, «The 'Book of Nature' and Syriac Apologetics Against Islam», p. 81.

57   Sur cet auteur, voir J.F. Coakley, «Mushe bar Kipho», dans GEDSH, p. 300.

58   Ce texte ainsi que le suivant, le traité *Sur la résurrection*, sont contenus dans le manuscrit syriaque Yale, Beinecke syr. 10 (daté *nisan* [avril] 1225), dont une édition fac-simile est en cours de préparation par Yonatan Moss. Je le remercie beaucoup d'avoir mis à ma disposition des photos de ce manuscrit et d'avoir partagé avec moi une première version de sa traduction anglaise des deux traités.

dans un chapitre qui répond plus généralement à la question de l'existence du Paradis après la résurrection. L'opinion de bar Kepha est que le Paradis, d'abord créé pour la famille d'Adam, puis, après la chute, demeure des âmes des justes, des martyrs et des croyants, n'aura, après la résurrection, plus aucune utilité, et restera vide. Moïse s'attache à défendre cette idée, considérée par certains, non explicitement nommés, comme « une folie honteuse » (*škiruta*), à travers divers arguments, pour la plupart tirés de l'Ancien Testament, mais aussi celui-ci, fondé sur la notion d'utilité : « Cinq. Après la résurrection, le soleil, la lune et les étoiles, et tout le bétail, les animaux et les oiseaux : il n'y aura plus aucun besoin d'eux[59]. »

À côté de l'accent mis sur la nécessité, ici-bas, et l'inutilité, dans l'au-delà, de l'existence des animaux, Moïse bar Kepha laisse entendre ailleurs que le salut des animaux est catégoriquement exclu dans la tradition qu'il reçoit. Dans son traité *Sur la résurrection des corps*, également inédit[60], nous trouvons un passage très intéressant, qui concerne cette question d'une façon indirecte et, pour le moment, originale. Au chapitre 4, l'écrivain syriaque combat les opinions de ceux qui disent qu'il n'y aura pas de résurrection des corps pour les hommes car à la mort ils se décomposeraient de différentes manières (par exemple, la décomposition par le feu). L'une d'elles a trait aux animaux :

> Leur cinquième raison est la suivante. Ils disent que le corps d'un homme est mangé par un lion, et qu'il se transforme et devient ⟨part du⟩ corps du lion. Et le corps d'un autre est mangé par un poisson, et se transforme et devient un poisson. Et un autre ⟨encore⟩ est mangé par un aigle, se transforme et devient un aigle, puisque la nourriture se transforme dans le corps de celui qui mange et s'ajoute à celui-ci. Ils nous disent : « Si le réveil et la résurrection sont prévues pour les corps, comme vous le dites, le corps qui est mangé par le lion, ressuscitera-t-il lion ou homme ? Et celui mangé par le poisson ou par l'aigle, ressuscitera-t-il poisson, aigle ou homme ? » Si nous leur répondons que c'est le corps de l'homme qui ressuscitera, ils nous disent que ces corps se sont transformés dans les corps des animaux depuis longtemps ; et si nous leur répondons que ce sont les corps des animaux qui ressusciteront, ils nous disent : « Alors vous mentez quand vous dites que les corps des animaux ne se réveillent pas

---

59 Ms. Yale, Beinecke syr. 10, f. 38ᵛ, colonne b, lignes 3–7 :

60 Voir note 54.

et ne ressuscitent pas.» Et ils pensent nous tenir des deux côtés, et ils concluent contre nous que les corps de fait ne ressuscitent pas ni ne se réveillent[61].

Moïse bar Kepha ne veut pas admettre la résurrection des animaux; il construit alors une réponse assez originale qui applique au thème de la résurrection, la conception, traditionnelle au sein des sciences naturelles hellénistiques, du corps humain composé de quatre éléments constitutifs principaux[62]. Selon Moïse, le corps est composé de chair, os, nerfs, artères, etc., dont sont faits les membres, comme les mains, les pieds, etc. Mais il y a aussi des parties qu'il appelle «choses en surplus» (*yattirwata*), représentées par la graisse, le sang, le phlegme, les humeurs, la bile, etc. Or ces «choses en surplus» seraient la partie nutritive du corps, les seules qui seraient absorbées une fois ingérées. Tout le reste ne servirait pas de nutriment, mais serait l'objet de l'action vivificatrice de l'«âme rationnelle» – selon sa terminologie – lors de la résurrection[63]. Un homme mangé par un animal pourra donc ressusciter entièrement avec son corps d'avant l'ingestion, grâce à l'intervention restauratrice de l'âme, car l'animal n'aura pris de lui que les éléments nutritifs, à savoir les «choses en

61 Ms. Yale, Beinecke syr. 10, f. 139v, colonne b, ligne 14–f. 140r, colonne a, ligne 21:
ܥܠܬܐ ܕܝܢ ܚܒܝܫܬܐ ܕܐܠܨܘܢ ܐܢܘܢ ܗܕܐ ܀ ܐܡܪܝܢ ܓܝܪ ܕܐܝܟ ܦܓܪܐ ܕܒܢܝܢܫܐ
ܕܐܬܐܟܠ ܡܢ ܐܪܝܐ ܘܐܬܚܠܦ ܗܘܐ ܦܓܪܐ ܕܐܪܝܐ: ܘܐܚܪܢܐ ܐܬܐܟܠ ܡܢ ܢܘܢܐ
ܦܓܪܗ. ܘܐܬܚܠܦ ܗܘܐ ܢܘܢܐ: ܘܐܚܪܢܐ ܐܬܐܟܠ ܡܢ ܢܫܪܐ. ܘܐܬܚܠܦ ܗܘܐ
ܢܫܪܐ: ܡܛܠ ܕܡܐܟܘܠܬܐ ܠܦܓܪܗ ܕܐܟܘܠܐ ܡܬܚܠܦܐ ܘܚܠܘܗܝ ܡܬܬܘܣܦܐ
:ܐܡܪܝܢ ܓܝܪ ܠܘܬܢ. ܕܐܢ ܢܘܣܒܐ ܘܡܫܬܘܬܐ ܗܘܝܐ ܠܦܓܪ̈ܐ ܐܝܟ ܕܐܡܪܝܢ ܐܢܬܘܢ.
ܦܓܪܐ ܕܐܬܐܟܠ ܡܢ ܐܪܝܐ. ܐܪܝܐ ܡܬܢܚܡ ܐܘ ܒܢܝܢܫܐ: ܘܗܘ ܕܐܬܐܟܠ ܡܢ ܢܘܢܐ
ܐܘ ܡܢ ܢܫܪܐ. ܢܘܢܐ ܘܢܫܪܐ ܡܬܢܚܡ ܐܘ ܒܢܝܢܫܐ: ܘܐܢ ܐܡܪܝܢ ܠܗܘܢ ܕܦܓܪܐ
ܕܒܢܝܢܫܐ ܡܬܢܚܡ. ܐܡܪܝܢ ܠܢ ܕܦ̈ܓܪܐ ܗܠܝܢ ܐܬܚܠܦܘ ܠܦܓܪܐ ܕܚܝܘܬܐ ܡܢ ܒܗ: ܘܐܢ
ܐܡܪܝܢ ܠܗܘܢ. ܕܦܓܪܐ ܕܚܝܘܬܐ ܡܬܢܚܡܝܢ. ܐܡܪܝܢ ܠܢ ܕܡܕܡ ܕܟܠܗܘܢ. ܕܐܡܪܝܢܬܘܢ
ܕܦܓܪ̈ܐ ܕܚܝܘܬܐ ܠܐ ܡܬܢܚܡܝܢ ܘܠܐ ܡܬܩܝܡܝܢ: ܘܡܣܬܒܪܝܢ ܕܐܚܕܝܢ ܠܢ ܡܢ ܬܪ̈ܝܗܘܢ
ܓܒ̈ܐ: ܡܣܩܝܢ ܥܠܝܢ ܘܐܡܪܝܢ. ܕܡܕܝܢ ܠܐ ܡܬܢܚܡܝܢ ܦܓܪ̈ܐ ܐܦܠܐ ܡܬܬܥܝܪܝܢ ܀ ܀
Il s'agit d'une discussion traditionnelle dans l'élaboration théologique de la résurrection chez les écrivains chrétiens à partir des IIIe et IVe siècles: voir, parmi de nombreux exemples, Cyrille de Jérusalem, *Catéchèse* 18, 2, et Augustin, *De Civitate Dei* 22, 20. Pour une étude de l'influence que cette conception, telle qu'elle a été exprimée par Moïse bar Kepha en particulier, a exercé sur le savant juif contemporain Saadia Gaon, voir Y. Moss, «Fish Eats Lion Eats Man: Saadia Gaon, Syriac Christianity and the Resurrection of the Dead», *Jewish Quarterly Review*, vol. 106, No. 4, 2016, p. 494–520.

62 La longue réfutation de Moïse bar Kepha se trouve aux folios 140r–142r du ms. Yale, Beinecke syr. 10.

63 Un argument proche se trouve chez le théologien de la deuxième moitié du IIe siècle Athénagore, *Sur la Résurrection*, 5–6.

surplus ». Cela ne s'appliquerait qu'aux hommes, puisque les animaux sont privés de l'« âme rationnelle », et leur corps ne pourra pas être vivifié à nouveau après la mort physique, ou l'ingestion, à l'instar des légumes et de morceaux de pain.

∴

En considérant l'ensemble des textes présentés pour le IXe siècle, tous niant la résurrection des animaux chacun selon son propos, on pourrait penser que ces auteurs chrétiens réagissent, de manière tout à fait indirecte, à la conception opposée qui affirmerait la résurrection des animaux et qui serait éventuellement élaborée en contexte mutazilite. Je n'ai pas trouvé encore de texte musulman explicitant cette conception. Mais des sources juives de la même époque peuvent nous faire pencher pour cette hypothèse et fournir un complément pertinent à notre compréhension de l'atmosphère culturelle de l'époque. Moïse Maimonide, au XIIe siècle, croyait que la Providence divine n'avait pour objet que la seule espèce humaine, récompense et punition étant accordées selon les mérites ou les fautes des individus. Dans le *Guide des égarés*, il déclara comme étrangère à sa tradition l'extension de la loi de rétribution aux animaux :

> Notre loi ne s'occupe que des conditions des individus humains ; jamais, dans les temps anciens, on n'avait entendu parler dans notre communauté de cette compensation ⟨qui serait réservée⟩ aux animaux. Jamais aucun des sages n'en a fait mention ; **mais quelqu'un récemment d'entre les Guéonim, ayant entendu cela des Mutazilites, l'a approuvé et y a cru.**
> *Guide des égarés* III, 17[64]

Maimonide fait sans doute référence à Saadia Gaon (882–942), l'une des plus grandes autorités scientifiques et spirituelles du judaïsme rabbinique babylonien de la fin du IXe siècle connu comme l'époque des Guéonim[65]. Dans son *Livre des croyances et des opinions*, Saadia Gaon défend la thèse de la récompense des animaux accordée par justice divine, laquelle ne pourrait pas réclamer des sacrifices sans compenser l'excès de souffrance subi par les animaux égorgés :

---

64 Moïse Maïmonide, *Le Guide des égarés*, trad. de l'arabe par Salomon Munk, 3 t., Paris, 1856–1866, t. III, p. 128.
65 Voir A. Altmann, *Essays in Jewish Intellectual History*, Hanover-New Hampshire-London : Brandeis University Press, 1981, p. 38.

> Si, néanmoins, leur sacrifice devait entraîner une souffrance plus grande que celle qui est éprouvée dans la mort naturelle, Dieu serait pleinement conscient de cela et, dans cette éventualité, récompenserait sans faute les bêtes selon l'excès de la souffrance[66].

Cette opinion, inouïe selon Maimonide, serait donc entrée dans le judaïsme à travers l'influence exercée par la pensée musulmane mutazilite sur Saadia Gaon.

Conclusion

Il nous est apparu au cours de ces recherches sur le salut des animaux chez quelques auteurs syriaques que ce thème, constant certes dans sa formulation de rejet, est traité différemment selon les auteurs, et appuie tantôt un propos, tantôt un autre. Néanmoins, il apparaît toujours à des moments stratégiques de l'élaboration théologique de la tradition syriaque, à savoir en concomitance et en réaction à des défis posés par des propositions religieuses alternatives. D'abord, Éphrem au IVe siècle fixe la tradition contre les conceptions manichéennes de l'homme et du salut, où le principe de la Lumière est figure prépondérante, et y oppose la supériorité de l'homme fait à l'image de Dieu. Jacques de Saroug, au Ve siècle, établit la croyance en la nature intermédiaire d'Adam, à la fois mortelle et immortelle, devenue traditionnelle pour le courant miaphysite, contre une certaine opinion miaphysite de l'époque, orientée vers l'immortalité d'Adam par nature, et l'opinion dyophysite de sa mortalité. Au IXe siècle, enfin, théologiens syro-orthodoxes et syro-orientaux reprennent le sujet non pas pour argumenter les uns contre les autres, mais, en faisant front commun, pour répondre à certaines conceptions de l'islam relatives au libre-arbitre et au Paradis. Les genres littéraires employés et les domaines du savoir impliqués sont multiples: anthropologie, sotériologie, eschatologie, exégèse biblique, traités philosophiques et scientifiques, hymnes, lettres, compendiums, etc. Mais dans cette diversité, on voit clairement apparaître un fond commun de thèmes et de questionnements qui, à usage interne de la com-

---

66   Saadia Gaon, *The Book of Beliefs and Opinions*, trans. from the Arabic and the Hebrew by S. Rosenblatt, New Haven, 1948, p. 175: «Should their slaughtering, however, entail pain over and above that which is experienced in natural death, God would be fully aware of it and He would, of course, in such an event compensate the beasts in accordance with the excess of the pain.».

munauté chrétienne de référence pour chaque auteur, constitue la structure des débats dès que l'on fait appel à la théorie du non-salut des animaux: la défense du libre-arbitre chez l'homme, s'opposant à la nature fixe des animaux; la supériorité de l'homme sur le reste de la création et l'existence des animaux au service de l'être humain; la séparation nette entre hommes et animaux due à la distinction entre rationalité et irrationalité, parole et absence de parole; la doctrine de la rétribution et de la providence divine; la conception unitaire âme-corps; la nature de l'homme et de l'âme humaine; la vision spirituelle du Paradis. Exclus de l'au-delà, les animaux furent en revanche bien présents dans la pensée ici-bas des théologiens syriaques.

Sources

Athénagore, *Sur la Résurrection des morts*, édition et traduction de B. Pouderon, SC 379, Paris, 1993.

Augustin, *De Civitate Dei*, CCSL XLVII, Turnhout: Brepols, [1955], édition révisée 2003.

Basile de Césarée, *Homélies sur l'Hexaéméron*, éditées par S. Giet (SC 26bis), Paris, 1968; *The Syriac Version of the Hexaemeron by Basil of Caesarea*, R.W. Thomson (éd.), CSCO 550/Syr 222, Louvain, 1995.

Cyrille de Jérusalem, *Catéchèses baptismales et mystagogiques*, traduction française, Paris: Migne, 2009².

Éphrem de Nisibe, *Carmina Nisibena* (I et II), édition et traduction de E. Beck, (I) CSCO 218 (syr. 92), trad. allemande CSCO 219; (II) CSCO 240 (syr. 102), trad. allemande CSCO 241, Louvain, 1961 et 1963.

Éphrem de Nisibe, *Commentaire de la Genèse*, édité et traduit en latin par R.-M. Tonneau dans *Sancti Ephraem Syri In Genesim et In Exodum Commentarii*, CSCO 152–153 / Syr. 71–72, Louvain, 1955.

Éphrem de Nisibe, *Des heiligen Ephraem des Syrers Hymnen contra haereses*, édition et traduction allemande par E. Beck, CSCO 169–170, Syr. 76–77, Louvain, 1957.

Éphrem de Nisibe, *Des heiligen Ephraem des Syrers Hymnen de Paradiso und Contra Julianum*, édition et traduction allemande de E. Beck, CSCO 174 / Syr. 78 (trad. allemande CSCO 175 /syr. 79), Louvain, 1957.

Éphrem de Nisibe, *Hymnes sur le Paradis*, traduction du syriaque par R. Lavenant, introduction et notes par F. Graffin, SC 137, Paris, 2011².

Saint Éphrem de Nisibe, *Prose Refutations of Mani, Marcion and Bardaisan*, C.W. Mitchell, A.A. Bevan, F.C. Burkitt (éd.), Londres-Oxford, 2 t., 1912/1921.

Jacques de Saroug, *Homélie sur les Sept Dormants*, traduction par F. Jourdan, dans: F. Jourdan, *La tradition des "Sept dormants": une rencontre entre chrétiens et musulmans*, Paris: Maisonneuve et Larose, 1983.

Jacques de Saroug, *Quatre homélies métriques sur la création*, éditées et traduites par K. Alwan, CSCO 508–509 / Syr. 214–215, Louvain, 1989.

Job d'Édesse, *Livre des Trésors*, édité et traduit en anglais par A. Mingana dans *Encyclopedia of Philosophical and Natural Sciences as Taught in Baghdad about A.D. 817*, Cambridge: Heffer, 1935.

Képhalaia, traduits en anglais par I. Gardner dans «The Kephalaia of the Teacher. The Edited Coptic Manichaean Texts in Translation with Commentary», *Nag Hammadi and Manichaean Studies* 37, Leiden: Brill, 1995.

Moïse Maïmonide, *Le Guide des égarés*, traduit de l'arabe par S. Munk, 3 t., Paris, 1856–1866.

Saadia Gaon, *The Book of Beliefs and Opinions*, trans. from the Arabic and the Hebrew by S. Rosenblatt, New Haven: Yale University Press, 1948.

Théodore bar Kōnī, *Liber Scholiorum*. CSCO Syr. 11.65–66., éd. A. Scher, traduction française de R. Hespel, R. Draguet, Paris, 1910–1912.

Théodore bar Kōnī. *Livre des Scolies (recension de Séert)*, CSCO 431–432 / Syr. 187–188: traduction française de M. Hespel et R. Draguet, Louvain: Peeters, 1981–1982.

Théodore bar Kōnī, *Livre des Scolies (recension d'Urmiah)*, R. Hespel éd. et trad., CSCO 447–448/ Syr. 193–194, Louvain: Peeters, 1983.

Théodosius, *De situ Terrae sanctae im ächten Text und der Breviarius de Hierosolyma*, J. Gildemeister éd., Bonn: Adolph Marcus, 1882.

Timothée I (Patriarche), *Epistulae*, O. Braun éd., CSCO 74 / Syr. 30, Paris, 1914, traduction latine dans CSCO 75 / Syr. 31, Paris, 1915.

Titus de Bostra, *Contre les Manichéens*, trad. A. Riman, Th.S. Schmidt, P.-H. Poirier, Turnhout: Brepols, 2015.

Travaux

Afif N., «Un nouveau témoin de l'*Histoire des Sept Dormants d'Éphèse*. Le manuscrit *Cambridge Syr. Add. 2020*. Texte et traduction», *Babelao* 1 (2012), p. 25–76.

Altmann A., *Essays in Jewish Intellectual History*, Hanover-New Hampshire-London: Brandeis University Press, 1981.

Berti V., «Les débats sur la vision de Dieu et la condamnation des mystiques par Timothée Ier: la perspective du patriarche», dans: A. Desreumaux (éd.), *Les mystiques syriaques* (Études syriaques 8), Paris: Geuthner, 2011, p. 151–176.

Berti V., «Provvidenza, libertà e legame anima-corpo nella lettera 2 di Timoteo I a Rabban Bokhtišoʻ, archiatra di Hārūn al-Rašīd», dans C. Noce, M. Pampaloni, C. Tavolieri (ed.), *Le vie del sapere in area siro-mesopotamica dal III al IX secolo. Atti del convegno internazionale tenuto a Roma nei giorni 12–13 maggio 2011* (OCA 293), Rome: Pontificium Institutum Orientalium Studiorum, 2013, p. 149–175.

Berti V., *L'au-delà de l'âme et l'en-deçà du corps. Approches d'anthropologie chrétienne de la mort dans l'Église syro-orientale* (Paradosis 57), Fribourg: Éditions universitaires, 2015.

Bierbaums M., « Ephraim the Syrian on Freedom of Will in Manichaeism (PR I I–XXVIII: *First Discourse to Hypatios*) – Reference to Manichaean Common Property? », *Aram* 16 (2004), p. 263–277.

Bou Mansour T., « La défense éphrémienne de la liberté contre les doctrines marcionite, bardesanite et manichéenne », *Orientalia Christiana Periodica* 50 (1984), p. 331–346.

Bou Mansour T., *La pensée symbolique de Saint Éphrem le Syrien* (Bibliothèque de l'Université du Saint-Esprit 16), Kaslik: Université du Saint-Esprit, 1988.

Brock S., « Jacob of Serugh's Poem on the Sleepers of Ephesus », dans P. Allen, M. Franzmann, R. Strelan (éd.), *'I Sowed Fruits into Hearts' (Odes Sol. 17:13). Festschrift for Professor Michael Lattke* (Early Christian Studies 12), Strathfield: St Pauls Publications, 2007, p. 13–30.

Brock S., « Ephrem », dans GEDSH, p. 145–147.

Brock S., « Ya'qub of Serugh », dans GEDSH, p. 433–435.

Bundy D., « Timotheos I », dans GEDSH, p. 414–415

Butts A.M., « Theodorus bar Koni », dans GEDSH p. 405–406.

Coakley J.F., « Mushe bar Kipho », dans GEDSH, p. 300.

Daley B.E., *The Hope of the Early Church. A Handbook of Patristic Eschatology*, Cambridge: Cambridge University Press, 1991.

Fakhry M., *A History of Islamic Philosophy*, New York: Columbia University Press, 2004.

Griffith S., « Christian Lore and the Arabic Qur'ān. The 'Companions of the cave' in Sūrat al-Kahf and in Syriac Christian Tradition », dans G.S. Reynolds (éd.), *The Qur'ān in its Historical Context*, Londres-New York: Routledge, 2008, p. 109–137.

Griffith S., « Disputes with Muslims in Syriac Christian Texts: from Patriarch John (d. 648) to Bar Hebraeus (d. 1286) », dans B. Lewis, F. Niewöhner (ed.), *Religionsgespräche in Mittelalter*, Wiesbaden: Harrassowitz, 1992, p. 251–273 (ré-impr. dans Idem, *The Beginnings of Christian Theology in Arabic: Muslim-Christian Encounters in the Early Islamic Period*, Aldershot: Ashgate/Variorum, 2002, v).

Griffith S., « Free Will in Christian Kalām: The Doctrine of Theodore Abū Qurrah », *Parole de l'Orient* 14 (1987), p. 79–107.

Griffith S., « The Syriac Letters of Patriarch Timothy I and the Birth of Christian Kalām in the Mu'tazilite Milieu of Baghdad and Basrah in Early Islamic Times », dans H.J. Van Bekkum, J.W. Drijvers, A.C. Klugkist (éd.), *Syriac Polemics: Studies in Honour of Gerrit Jan Reinink*, Louvain: Peeters, 2007, p. 105–115.

Kiraz G.A. ed., *Jacob of Serugh and his times. Studies in Sixth-Century Syriac Christianity* (Gorgias Eastern Christian Studies, 8), Piscataway: Gorgias Press, 2010.

Koonammakkal T., « Ephrem's Polemics on the Human Body », *Studia Patristica* 35 (2001), p. 428–432.

Moss Y., « Fish Eats Lion Eats Man : Saadia Gaon, Syriac Christianity and the Resurrection of the Dead », *Jewish Quarterly Review*, vol. 106, No. 4, 2016, p. 494–520.

Puech H.-Ch., *Le manichéisme : son fondateur, sa doctrine*, Paris : Civilisations du Sud (S.A.E.P.) 1949 (1967, 2ème éd.).

Reinink G., « The 'Book of Nature' and Syriac Apologetics Against Islam. The Case of Job of Edessa's *Book of Treasures* », dans A. Vanderjagt, K. Van Berkel (éd.), *Book of Nature in Antiquity and the Middle Ages* (Groningen Studies in Cultural Change, 16), Louvain : Peeters, 2005, p. 71–84

Roggema B., « Iyob of Edessa », dans GEDSH, p. 225–226.

Ruani F., *Le manichéisme vu par Éphrem le Syrien : analyse d'une réfutation doctrinale*, thèse soutenue à l'École Pratique des Hautes Études, Paris, 2012.

Witakowski W., « Sleepers of Ephesus, Legend of the », dans GEDSH, p. 380–381.

Wolfson H.A., *The Philosphy of Kalam*, Cambridge (Mass.) : Harvard University Press, 1976.

CHAPTER 11

Saints et animaux, anticipation du royaume dans la littérature byzantine

Symeon Paschalidis

La relation tourmentée entre l'homme et son environnement, qui constitue actuellement une question majeure dans bien des études et des analyses interdisciplinaires et qui a imposé l'institution de nouvelles branches dans la recherche philosophique et religieuse, telles que l'éthique environnementale[1], se centre généralement sur la gestion et l'abus des ressources et de l'environnement naturels par l'homme de notre temps. Les scientifiques sont préoccupés principalement par la pollution de l'environnement et son impact sur l'apparition de phénomènes comme celui de «l'effet de serre». Telle est la grande question écologique, même au «point zéro» vers lequel ont tendance à être ramenés les équilibres du monde pour éviter la destruction totale de l'environnement; on pourrait la définir comme une question parfaitement «égocentrique», puisqu'elle semble émaner de l'inquiétude de l'homme des sociétés occidentales voraces pour maintenir, ou mieux encore, augmenter les sources d'énergie.

Pour cette raison, l'environnement des animaux et les menaces qu'il reçoit ne sont habituellement examinées qu'en second lieu, comme les conséquences des catastrophes écologiques qui se produisent dans l'atmosphère de la terre, sur le sol et les bio-environnements aquatiques. Quoi qu'il en soit, le mode de vie moderne a largement éloigné l'homme des animaux, en qui il ne considère que la source de sa nourriture, et l'on a ainsi développé de nouvelles branches d'activité, comme la zootechnie, afin d'augmenter la production animale, le «capital» animal, pour reprendre le terme habituellement utilisé par

---

[1] Pour un examen théologique et patristique des grands principes de l'éthique environnementale voir B.W. Anderson, *From Creation to New Creation: Old Testament Perspectives*, Minneapolis: Augsburg Fortress, 1994; H. Afeissa, *Textes clés de l'éthique environnementale*, Paris: Vrin, 2009; J. Schaefer, *Theological foundations for environmental ethics: reconstructing patristic and medieval concepts*, Washington, D.C. 2009: Georgetown University Press; A. Brenner, *Manuel d'éthique de l'environnement, de la théorie à la pratique*, Fribourg: Academic Press, 2010; J. Chryssavgis – B. Foltz (éds.), *Toward an Ecology of Transfiguration. Orthodox Christian Perspectives on Environment, Nature, and Creation*, New York: Fordham University Press, 2013.

les scientifiques de la biotechnologie. Cet aspect supplémentaire constitue également un témoignage explicite de l'altération de la relation entre l'homme et les animaux, un parfait exemple de son aliénation[2].

Les saints, modèles de l'anthropologie patristique

Cependant, dans une perspective chrétienne, cette image de l'homme ne peut exister en dehors du contexte de l'Incarnation du Verbe de Dieu. Ainsi, le modèle de l'anthropologie patristique n'est pas l'homme comme image universelle défini par sa substance hypostatique, mais l'homme de Dieu, l'homme régénéré par le Christ. Pour la théologie patristique, le point de départ est l'interprétation de la création elle-même. C'est pour cela qu'à l'époque des Pères de Cappadoce en particulier et de ceux qui ont repris leur réflexion[3], jusqu'à l'époque de Saint Néophyte le Reclus qui, au 18ème siècle, a écrit une nouvelle interprétation de *l'Hexaéméron*[4], une grande importance a été accordée à l'approche interprétative de la narration provocante de la création du monde et de l'homme dans le livre de la *Genèse*.

Et il n'est pas surprenant que les neuf homélies de Saint Basile le Grand sur *l'Hexaéméron*, au sein desquelles il a intégré d'une manière originale de nombreux éléments des sciences naturelles de son temps[5], aient servi de base

---

[2] Pour ces questions voir le volume collectif de P. Waldau – K. Patton (éds.), *A Communion of Subjects: Animals in Religion, Science, and Ethics*, New York: Columbia University Press, 2006.

[3] Voir H.R. Drobner, *Gregorii Nysseni In Hexaemeron: Opera Exegetica in Genesim*, part I, Leiden – Boston: Brill 2009; E. Amand de Mendieta – S.Y. Rudberg (éds.), *Basilius von Caesarea. Homilien zu Hexaemeron*, [GCS, neue folge 2], Berlin 1997; J. Laplace – J. Daniélou (éd.), *Grégoire de Nysse la création de l'homme*, SC 6, Paris 1943; St. Giet (éd.), *Homélies sur l'Hexaéméron*, SC 26bis, Paris 1968; Cf. M. Alexandre, «La théorie de l'exégèse dans le De hominis opifcio et l'In Hexaéméron», dans M. Harl (éd.), *Écriture et culture philosophique dans la Pensée de Grégoire de Nysse*, Leiden: Brill, 1971, p. 87–110; H. Inglebert, *Interpretatio Christiana: Les mutations des savoirs (cosmographie, géographic, ethnographic, histoire) dans l'Antiquité chrétienne (30–630 après J.-C.)*, [Études Augustiniennes, Série Antiquité 166], Paris: Institut d'Études Augustiniennes, 2001; Is. Sandwell, «How to Teach Genesis 1.1–19: John Chrysostom and Basil of Caesarea on the Creation of the World», *Journal of Early Christian Studies* 19:4 (2011), p. 539–564; E. Nicolaidis, «The Activist and the Philosopher: The *Hexaemerons* of Basil and of Gregory of Nyssa», dans Idem, *Science and Eastern Orthodoxy: from the Greek fathers to the age of globalization*, Baltimore: John Hopkins University Press, 2011, p. 1–23.

[4] Il a été publié dans la nouvelle édition critique des ouvrages de Néophyte par Th. Detorakis, Ἁγίου Νεοφύτου τοῦ Ἐγκλείστου Συγγράμματα, vol. 4, Paphos 2001, p. 1–144.

[5] Cf. E. Amand de Mendieta, «Les neuf Homélies de Basile de Césarée sur l'*Hexaemeron*.

à la rédaction de nombreuses œuvres ultérieures qui ne se présentent pas comme des interprétations du récit biblique de la création, telles que la *Χριστιανικὴ Τοπογραφία* (*Topographia Christiana*) de Cosmas Indicopleustès et le *De opificio mundi* de Jean Philopon au sixième siècle, le Traité *Περὶ ζῴων ἱστοριῶν* (*Excerpta ex libris de animalibus*) de Timothée de Gaza et la *Κοσμουργία* (*Hexaemeron sive Cosmopœia*) de Georges de Pisidès au siècle suivant, ainsi que celui du *Φυσιολόγος* (*Physiologus*) anonyme, où apparaît de façon plus systématique la symbolisation des animaux pour signifier les caractères humains[6], mais aussi les passions humaines et les huit pensées principales qui apparaissent pour la première fois dans l'œuvre d'Évagre le Pontique au quatrième siècle[7]. Cependant, faut-il ajouter, l'utilisation des animaux en tant que symboles a visiblement un socle biblique aussi bien dans l'Ancien Testament que dans le Nouveau, avec le cas caractéristique des quatre évangélistes, dont trois sont symbolisés par des figures animales (lion, veau et aigle), prises à partir du livre d'*Ézéchiel* (1, 5–14)[8] ; et on connaît aussi dans le Nouveau Testament la représen-

---

Recherches sur le genre littéraire, le but et l'élaboration de ces homélies», *Byzantion* 48 (1978), pp. 337–368 ; N. Matsoukas, *Ἐπιστήμη, Φιλοσοφία καί Θεολογία στήν Ἑξαήμερο τοῦ Μ. Βασιλείου*, Thessalonique 1990 ; C. Scholten, «Weshalb wird die Schöpfungsgeschichte zum naturwissenschaftlichen Bericht? Hexaemeronauslegung von Basilius von Cäsarea zu Johannes Philoponos», *ThQ* 177 (1997), p. 1–15 ; M. Kolovopoulou, *Ἡ δημιουργία τοῦ κόσμου στό ἔργο τοῦ Ἰωάννη Φιλόπονου "De opificio mundi" καί ἡ σ' αὐτό ἐπίδραση τῆς "Ἑξαημέρου" τοῦ Μ. Βασιλείου*, [Thèse], Athènes 2004.

6   Cf. G. Dagron, «Image de bête ou image de Dieu. La physiognomonie animale dans la tradition grecque et ses avatars byzantins», *Poikilia. Études offertes à Jean-Pierre Vernant*, Paris : Éditions de l'EHESS, 1987, p. 69–80 ; A. Zucker, «La physiognomonie antique et le langage animal du corps», A. Zucker – M.-C. Olivi (dir.), *Actes du XXXVIIIe Congrès international de l'Association des Professeurs de Langues Anciennes de l'Enseignement Supérieur* (Nice, 27–29 mai 2005), Nice 2006, p. 63–87.

7   Cf. sur ce sujet N. Koutrakou, «"Animal Farm" in Byzantium ? The Terminology of Animal Imagery in Middle Byzantine Politics and the Eight "Deadly Sins"», dans *Zoa kai periballon sto Byzantio (7os–12os ai.)* [*Animals and Environment in Byzantion (7th–12th c.)*] Anagnostakis I., Kolias, T.G., Papadopoulou E. (ed.), Athènes, 2011, p. 319–377. Pour l'enseignement d'Évagre le Pontique sur les huit pensées principales, voir A. et Cl. Guillaumont, *Évagre le Pontique. Traité Pratique ou Le moine*, t. I, SC 170, Paris : Éditions du Cerf, 1971, p. 63–84 ; K. Corrigan, *Evagrius and Gregory: Mind, Soul and Body in the 4th Century*, Farnham : Ashgate, 2009, p. 73–101 ; C. Stewart, «Evagrius Ponticus and the Eastern Monastic Tradition on the Intellect and the Passions», *Modern Theology* 27 (2011), p. 263–275.

8   Voir A.R. Christman, *What did Ezekiel see? Christian exegesis of Ezekiel's vision of the chariot from Irenaeus to Gregory the Great*, [Bible in ancient Christianity 4], Leiden : Brill, 2005, *passim*. Cf. aussi G. Galavaris, *The Illustrations of the Prefaces in Byzantine Gospels*, Wien : Verlag Österreich, 1979.

tation du Christ comme l'agneau de Dieu[9] ou celle du Christ et de ses disciples comme le bon pasteur avec ses brebis (*Jean* 10, 11–16).

Les saints et leur domination sur les animaux

Les témoignages les plus couramment rencontrés et les plus anciens sur la relation des saints avec les animaux attestent la relation de domination des premiers sur les deuxièmes, avec une référence, claire ou non explicite, à la domination d'Adam sur les animaux avant le péché originel. Il s'agit des *Passions* des martyrs chrétiens, de la catégorie des saints la plus ancienne de l'Église, pour la mort desquels on a utilisé le terme «τελείωσις» (perfection), avec la précision que «ils finirent ... en ayant montré un parfait amour». Dans ces textes nous rencontrons plusieurs références à la manière dont ces hommes et ces femmes étaient soumis aux bêtes sauvages dont on se servait dans les arènes pour dévorer les chrétiens. Prenons l'exemple caractéristique de la *Passion de Sainte Tatiana* (BHG 1699) : un énorme lion qui provoquait la terreur de tous, lorsqu'il sortit au centre de l'arène, «rugit, non pour susciter la peur et la menace, mais pour montrer son affection. Et il arriva près de la sainte, il se pencha et lui embrassa les pieds[10]». Nous rencontrons des descriptions similaires dans la *Passion de Saint Mokios* (BHG 1298)[11], où le lion se prosterne devant le martyr, et dans celle de Sainte Euphémie et Sainte Sébastienne. De la même manière dans les *Actes* apocryphes de Paul et de Thècle (BHG 1710), lorsque Thècle est jetée dans l'arène pour être dévorée par les bêtes sauvages, elle est protégée par une lionne, qui «s'approcha et s'assit à ses pieds[12]».

Un exemple très intéressant et rare de cette relation est identifié dans un autre texte de la littérature chrétienne apocryphe, qui fut largement diffusé dans des versions multiples et variées dans le monde ancien, les *Actes de Paul*[13]. Dans ce texte on retrouve le récit du départ de Paul vers Jérusalem

---

9 Voir Ing. Sælid Gilhus, *Animals, Gods And Humans. Changing Attitudes to Animals in Greek, Roman and Early Christian Ideas*, Londres – New York : Routledge, 2006, p. 161–182.

10 F. Halkin, *Légendes grecques de «martyres romaines»*, [Subsidia hagiographica 55], Bruxelles 1973, p. 44 § 15, 26–30 : ἐβρυχήσατο ἐπὶ τὴν μακαρίαν, οὐ φόβῳ ἀπειλῶν, ἀλλὰ στοργὴν ἐνδεικνύμενος ἐσήμαινεν τῇ σοβῇ τὸ πρόσωπον πόθον ἀποδιδούς· καὶ δρόμῳ χρησάμενος ἄπεισιν πρὸς τὴν ἁγίαν· καὶ κύψας περιλαβὼν τοὺς πόδας αὐτῆς κατεφίλει.

11 H. Delehaye, «Saints de Thrace et de Mésie», *Analecta Bollandiana* 31 (1912), p. 173,15–17.

12 R.A. Lipsius – M. Bonnet, *Acta Apostolorum Apocrypha*, vol. 1, Leipzig 1891 (repr. Hildesheim 1972), p. 259, 2–3 : προσδραμοῦσα εἰς τοὺς πόδας αὐτῆς ἀνεκλίθη.

13 Pour les *Acta Pauli* voir M. Geerard (cur.), *Clavis Apocryphorum Novi Testamenti*, Turnhout :

et sa rencontre avec un lion, qui exprima immédiatement sa soumission à l'Apôtre[14]. Dans une autre version, le lion apparaît lors de la rencontre avec Paul dans l'arène, probablement à la suite du récit de 2 *Tm* 4, 17 (« *et j'ai été délivré de la gueule du lion* » – voir *Ps* 22, 22 et *Dn* 6, 21), en train de prier avec lui et l'accompagner dans l'adoration de Dieu. Finalement, dans ce texte Paul effectue un acte extraordinaire, le baptême du lion[15].

Il est certain que cette promotion consciente de la relation des saints de l'ancienne Église avec les lions indique d'un point de vue sémantique la souveraineté suprême de l'homme de Dieu sur les animaux les plus dominateurs parmi les bêtes sauvages.

Un cas particulièrement significatif pour notre sujet est celui de Saint Gérasime du Jourdain, l'un des dirigeants les plus importants du monachisme palestinien au sixième siecle, qui avait guéri un lion[16]. Dans la double version de son synaxaire dans le *Synaxaire de Constantinople* – la collection byzantine la plus importante de courts textes hagiographiques pour tous les saints du calendrier des fêtes de l'Église byzantine du dixième siècle –, son rédacteur note que Gérasime se fixa comme objectif principal de sa lutte ascétique de « se familiariser avec Dieu, se purifier à nouveau, et se préserver dans l'image et à la ressemblance de Dieu ; et il domine ainsi toujours les bêtes sauvages[17] ». D'après les

---

Brepols, 1992, p. 117–126 (nos 211–214). Cf. aussi le précieuse étude antérieure de L. Vouaux, *Les Actes de Paul et ses Lettres apocryphes. Introduction, textes, traduction et commentaire*, Paris : Letouzey et Ané, 1913 et, plus récemment G.E. Snyder, *Acts of Paul. The Formation of a Pauline Corpus*, [Wissenschaftliche Untersuchungen zum Neuen Testament. 2. Reihe, vol. 352], Tübingen : Mohr Siebeck, 2013.

14   Fragmenta papyracea graece (*BHG* 1451/*CANT* 211.I), éd. C. Schmidt – W. Schubart, Πράξεις Παύλου, *Acta Pauli nach dem Papyrus der Hamburg Staats- und Universitäts-bibliothek*, Hamburg : Augustin Verlag, 1936, fragm. 4.28–31 : περιβλεψάμενος γὰρ κύκλῳ ὁ λέων καὶ ὅλον ἑαυτὸν ἐπιδείξας ἦλθε δρομέως καὶ ἀνεκλίθη παρὰ τὰ σκέλη τοῦ Παύλου ὡς ἀμνὸς εὐδίδακτος καὶ ὡς δοῦλος αὐτοῦ.

15   Voir pour cette incident T. Adamik, « IV. The Baptized Lion in the Acts of Paul », dans J.N. Bremmer (éd.), *The Apocryphal Acts of Paul and Thecla*, [Studies on the Apocryphal Acts of the Apostles 2], Kampen : Kok Pharos, 1996, p. 60–74. Voir *Actes de Paul*, IX, 9, dans *Écrits apocryphes chrétiens*, I, édition publiée sous la direction de F. Bovon et P. Geoltrain. Index établis par S.J. Voicu, Paris : Gallimard (La Pléiade), 1997.

16   Selon Ph. Demetracopoulos, Ὅσιος Γεράσιμος ὁ Ἰορδανίτης, Athènes 2008, p. 47–48 le traitement du lion est comparé avec le cas de Androcles dans la fable d'Ésope.

17   H. Delehaye, *Propylaeum ad Acta Sanctorum Novembris. Synaxarium Ecclesiae Constantinopolitanae*, Bruxelles, 1902, col. 507, 23–27 : τὴν πρὸς Θεὸν οἰκείωσιν κτήσασθαι καὶ τὸ κατ' εἰκόνα τε καὶ καθ' ὁμοίωσιν ἀνακαθᾶραί τε καὶ φυλάξαι, ὡς καὶ τῶν ἀγρίων θηρίων κατάρχειν.

sources hagiographiques, Gérasime se servait de ce lion, qui conduisait même l'âne, que le grand ascète utilisait pour transporter de l'eau, jusqu'aux pâturages et qui le ramenait. En effet, après le vol de l'âne par des marchands et la fausse impression créée dans le récit que le lion l'avait mangé, ce dernier accepta avec plaisir sa «condamnation» de se charger lui-même de la tâche du transport de l'eau à l'aide de cruches. Il est important de souligner qu'une fois par semaine le lion se rendait auprès de Gérasime pour s'y prosterner, et que, ayant appris la mort du Saint, il se lamentait avec un léger rugissement, jusqu'à son dernier souffle sur la tombe du vieil homme[18]. Il s'agit d'une restauration directe de la relation dominante de l'homme sur l'environnement avant le péché originel, qui est clairement résumée par les rédacteurs de sa *Vie* et du *Synaxaire* de Saint Gérasime dans sa conclusion : «il prépare ainsi les animaux sauvages à leur obéir (aux saints) puisqu'ils conservent pur et immaculé le 'à notre image, comme notre ressemblance'[19]».

Des cas similaires sont mentionnés dans des textes postérieurs, comme dans la *Vie* de l'athonite d'origine bulgare Saint Kosmas le Zographite (*NABHG* 393d) au quinzième siècle, où on exalte le fait paradoxal du rassemblement d'un grand nombre d'animaux et d'oiseaux du désert au moment où les moines chantaient sa messe funéraire, et qui restaient sur place jusqu'au moment de son inhumation[20].

L'amitié et la miséricorde des saints pour les animaux

Dans plusieurs textes hagiographiques de l'époque byzantine nous identifions également des témoignages sur la relation particulière d'amour et de miséricorde des Saints envers les animaux et inversement, phénomène dont on trouve des exemples comparables même à notre époque chez des ermites

---

18   *Vies de St Gérasime* éd. Ph. Demetracopoulos, Ὅσιος Γεράσιμος, p. 77–83 (*BHG* 696c), 131–132 (*BHG* 693), 139–141 (*BHG* 694), 148–150 (*BHG* 695).

19   H. Delehaye, p. 508, 31–34: οὕτω παρασκευάζει καὶ θῆρας αὐτοῖς ὑπείκειν, ὡς τὸ κατ' εἰκόνα καὶ καθ' ὁμοίωσιν διατηροῦντας καθαρόν τε καὶ ἄσπιλον. Voir aussi *Vie de St Gérasime* (*BHG* 696c), éd. Ph. Demetracopoulos, p. 79: πῶς τὰ ἄλογα ζῷα τὴν κατὰ φύσιν θηριωδίαν ἀφέντα, εἰς τὴν παρὰ φύσιν ἡμερότητα μεταρρυθμίζονται;.

20   Voir I. Dujčev, «La Vie de Kozma de Zographou», *Hilandarski Zbornik* 2 (1971), p. 67, 104–107: Ψάλλοντες δὲ τὸ λείψανον, ἔδειξεν ὁ Θεὸς μέγα θαῦμα· ἐμαζώχθησαν ὅλα τὰ θηρία ἀπὸ τὴν ἔρημον καὶ ἔστεκαν ὁλόγυρα. Καὶ ἀφότου τὸν ἔθαψαν, ἐφώναξε καθένα κατὰ τὴν φωνήν του, καὶ τὸν εὐφήμησαν. Καὶ τότε πάλιν ὑπῆγαν εἰς τὴν ἔρημον.

ascètes ou des moines du Mont Athos et qui constitue l'expression de la célèbre maxime de Saint Isaac le Syrien, à savoir que «le cœur miséricordieux ... est enflammé pour toute la création, pour les hommes et les oiseaux et les animaux ... et c'est pourquoi même aux animaux déraisonnables ... il offre continuellement une prière avec des larmes ... même aux reptiles, en raison de la grande charité [de l'homme miséricordieux]21». On trouve là l'expression de cet amour universel des Saints envers toute la Création, qui est résumé par un Saint russe contemporain du Mont Athos, Saint Silouane l'Athonite, dans la phrase qui dit que les Saints embrassent le monde entier avec leur amour et que nous devons avoir un cœur qui compatit et aime non seulement les hommes, «mais aussi qui respecte toute créature, toute chose créée par Dieu22».

Il est important de souligner le fait que de nombreux Saints aussi bien en Orient qu'en Occident apparaissent dans les sources byzantines en tant que bienfaiteurs et guérisseurs des animaux qui, à leur tour, leur rendent avec gratitude leur bienfaisance. On peut ainsi mentionner le cas du martyr Athénogène de Pédachthoé qui avait élevé une biche et, quand il la rencontra sur le chemin du martyre: «la biche qu'il avait nourrie lorsqu'elle était jeune, s'agenouilla aux pieds du saint martyr Athénogène» pour recevoir d'Athénogène sa bénédiction: «Que le Dieu de tous les siècles te donne de ne pas être la proie des chasseurs23».

Les cas extrêmes des soins portés aux animaux sont sans doute les résurrections enregistrées dans plusieurs textes hagiographiques, expression de la régénération en cours de l'ensemble de la création. Saint Georges qui ressuscite le bœuf d'un agriculteur, Saint Martin évêque de Tours, Saint Sylvestre, Pape de Rome et Saint Modeste patriarche de Jérusalem ne sont que quelques-uns des

---

21 Isaac le Syrien, *Discours Ascétique 62*, éd. M. Pirard, Ἰσαὰκ τοῦ Σύρου Ἀσκητικές Ὁμιλίες, Sainte Montagne 2012, p. 736.13–24: καρδία ἐλεήμων ... καῦσις καρδίας ὑπὲρ πάσης τῆς κτίσεως, ὑπὲρ τῶν ἀνθρώπων καὶ τῶν ὀρνέων καὶ τῶν ζώων ... καὶ διὰ τοῦτο καὶ ὑπὲρ τῶν ἀλόγων ... ἐν πάσῃ ὥρᾳ εὐχὴν μετὰ δακρύων προσφέρει ... καὶ ἕως πάλιν ὑπὲρ τῆς φύσεως τῶν ἑρπετῶν ἐκ τῆς πολλῆς αὐτοῦ ἐλεημοσύνης. Traduction récente de l'archim. Placide Deseille, *Discours ascétiques, Saint Isaac le Syrien*, Monastère St Antoine le Grand et Monastère de Solan, 2006 et 2011.

22 Pour Saint Silouane l'Athonite voir sa *Vie* par l'Archimandrite Sophrony, *Saint Silouane l'Athonite (1866–1938), Vie, doctrine, écrits*, Paris: Éditions du Cerf, 2010. Cf. aussi J.-Cl. Larchet, *Saint Silouane de l'Athos*, Paris: Éditions du Cerf, 2001.

23 P. Maraval, *La Passion inédite de S. Athénogène de Pédachthoé en Cappadoce (BHG 197b): introduction, édition, traduction*, [Subsidia hagiographica 75], Bruxelles: Société des Bollandistes, 1990, p. 58–60 § 28: ἡ ἔλαφος ἣν ἀνεθρέψατο νηπιάσασαν προσεκύνησεν τοῖς ποσὶν τοῦ ἁγίου μάρτυρος Ἀθηνογένους, [...] ὁ Θεὸς τῶν ὅλων αἰώνων μὴ δῴη σοι ὑπὸ κυνηγῶν κυριευθῆναι.

saints qui semblent avoir réalisé des résurrections d'animaux, aussi bien dans le cadre de la régénération spirituelle et de l'incorruptibilité de la Création à la fin du monde que dans la perspective sotériologique des bénéficiaires des miracles.

Les saints, protecteurs et guérisseurs des animaux

En outre, dans la tradition hagiographique byzantine, certains saints ont été reconnus comme protecteurs des animaux[24]. Le cas le plus connu fut celui de Saint Modeste, Patriarche de Jérusalem, qui fut célèbre pour ses miracles touchant du bétail et plus généralement des animaux domestiques. C'est pourquoi dans la tradition orthodoxe, Saint Modeste a été établi protecteur contre l'épizootie et dans l'Euchologe sont transmises deux de ses bénédictions pour la protection et la thérapie des animaux liés aux travaux et à l'alimentation de l'homme.

Le martyr de Césarée de Cappadoce Mamas, qui fut particulièrement honoré par les Pères de Cappadoce, et très vite aussi populaire, dès le 5ème siècle, en Occident, comme dans les villes françaises de Gap, Avignon, Die et Langres[25], apparaît également en tant que protecteur des animaux, très souvent mentionné dans les sources byzantines. Sa relation particulière avec les animaux est déjà inscrite dans ses *Passions* les plus anciennes, le témoignage le plus ancien étant transmis dans un fragment de papyrus d'Oxyrhynque au 5ème/6ème siècle. Le jeune berger Mamas apprivoisait les biches, qu'il trayait d'ailleurs pour fabriquer du fromage qu'il offrait aux gens pauvres de son pays; il apprivoisait aussi les bêtes sauvages grâce à un bâton que Dieu lui avait remis comme symbole de puissance hégémonique sur les animaux[26], faisant ainsi

---

24   Cf. Arch. Damianos of Sinai, « The Medical Saints of the Orthodox Church in Byzantine Art », *Material Culture and Well-Being in Byzantium (400–1453)*. Proceedings of the International Conference (Cambridge, 8–10 September 2001), Wien: Österreisch Verlag, 2007, p. 48–49.

25   Sur le culte de St Mamas en Occident, cf. H. Delehaye, « Passio Sancti Mammetis », *Analecta Bollandiana* 58 (1940) 126–141; J. Durand, « Les reliques de Saint Mammès au trésor de la Cathédrale de Langres », *Travaux et Mémoires* 14 (2002) [= *Mélanges Gilbert Dagron*], p. 181–200; I. Katsaridou, « The spread of the veneration of saint Mamas in the West », *The Veneration of Saint Mamas in the Mediterranean: A Traveller, Border defender Saint (Exhibition Catalog)*, Thessaloniki: Mouseío Vyzantinou Politismou, 2013, p. 134–136.

26   Cf. Alb. Berger, « Die alten Viten des heiligen Mamas von Kaisareia. Mit einer Edition der Vita BHG 1019 », *Analecta Bollandiana* 120 (2002) 292, 14–16: Δέξαι τὴν ῥάβδον ταύτην

référence au bâton de Moïse dans l'Ancien Testament. Le récit de sa Passion (BHG 1019) publié récemment par Alb. Berger est particulièrement impressionnant et unique dans l'ensemble de textes hagiographiques byzantins: Mamas reçoit l'ordre de Dieu de construire une maison avec autel. Lorsque, après avoir obéi à ce commandement, il commença à prêcher au centre de l'église: «(Et) immédiatement tous les animaux sauvages se sont réunis avec lui, et quand ils entendirent sa voix, ils se mirent à genoux et regardèrent vers le ciel[27]». On note également que les bêtes sauvages restèrent auprès de lui avec les animaux domestiques, alors que dans un autre passage on souligne encore plus la relation paradoxale, «rationnelle» (*logikè*) de tous ces animaux avec Mamas, animaux qui «... étaient avec lui et se livraient à la prière[28]». Une place spéciale est occupée par sa relation avec un lion – un thème majeur dans l'iconographie du saint[29] – qui le suivit jusqu'au lieu où il fut conduit au martyre[30].

Un cas moins connu de saint, parmi ceux enregistrés dans les sources byzantines, en tant que protecteur d'animaux, et en particulier de chevaux, est celui de Saint Romain le ἐπὶ τὴν σκλέπαν[31], probablement à identifier avec le martyr d'Antioche qui porte le même nom, qui est mentionné en tant que guérisseur des fistules.

Et, bien sûr, dans le cas de ces saints protecteurs d'animaux nous identifions des éléments communs, certains empruntés à des divinités orientales, comme la Grande Mère des dieux, la déesse Ma, la dame des animaux sauvages, qui est comparée à Saint Mamas[32], mais aussi des mythes et légendes, comme les fables d'Ésope avec Androclès et le lion, considéré comme modèle emprunté

κατερχομένην ἀπὸ τοῦ Κυρίου πρός σε· ἐν αὐτῇ γὰρ τοὺς ἀγρίους θῆρας ἡμερώσεις. Οὐκ ἔλαττον γὰρ ἰσχύσει τῆς κατ' Αἴγυπτον ἐπὶ Μωσέως ῥάβδου. Cf. archim. Ph. Joakeim, «The Life of saint Mamas of Caesarea and the spread of his veneration and relics», *The Veneration of Saint Mamas*, p. 33.

27 Alb. Berger, «Die alten Viten ...», p. 294 §12, 24–26: συνῆλθον πρὸς αὐτὸν πάντα τὰ ἄγρια ζῶα, καὶ ἀκούσαντα τῆς φωνῆς αὐτοῦ ἔκλιναν τὰ γόνατα καὶ ἦσαν ἀτενίζοντα εἰς τὸν οὐρανόν.

28 Alb. Berger, p. 298 §15, 13: ἦσαν σὺν αὐτῷ σχολάζοντα ἐν τῇ προσευχῇ.

29 Pour l'iconographie de St Mamas, voir *The Veneration of Saint Mamas*, p. 76–81, 98–104, 118–125; I. Spatharakis – A. Van Den Brink – A. Verweij, «A Cycle of St. Mamas in a Cretan Church», *Jahrbuch der österreichischen byzantinischen Gesellschaft* 53 (2003), p. 229–238.

30 Alb. Berger, p. 296 §14, 6–8, p. 304–306 §22.

31 Cf. l'article d'I. Anagnostakis et T. Papamastorakis, «St. Romanos *epi tēn sklepan*. A Saint Protector and Healer of Horses», dans I. Anagnostakis – T. Kollias – E. Papadopoulou (éds.), *Animals and Environment in Byzantium (7th–12th c.)*, [NHRF/IBR, International Symposium 21], Athens 2011, p. 137–164.

32 Cf. P. Kambanis, «From ma to Mamas», *The Veneration of Saint Mamas ...*, p. 44–47.

à la culture grecque, et dans d'autres cas, des liens d'un récit à l'autre, ainsi du récit précité des *Actes de Paul* et de la *Vie de Saint Gérasime*.

La relation des saints avec les animaux, conséquence de l'obéissance à Dieu

La situation apaisée de l'homme régénéré par le Christ – et tout spécialement du saint, du martyr ou de l'ascète dans les textes de la période paléochrétienne – avec les animaux est mise dans la littérature patristique et ascétique en lien direct avec la vertu d'obéissance: celle-ci caractérisait Adam au niveau existentiel, dans sa relation, celle d'ascète dans le cas précis, avec la vertu salvifique pour l'homme du péché originel, l'obéissance au commandement de Dieu.

Le discours par lequel commence le chapitre sur l'obéissance dans la collection systématique des *Apophtegmes des Pères*, publiée par Jean-Claude Guy, est caractéristique. Il est attribué à Antoine le Grand et se résume en une seule phrase: «L'obéissance jointe à la continence donne pouvoir sur les bêtes sauvages[33]». Il convient par ailleurs de rappeler un récit intégré dans la même collection des *Apophtegmes*, dans lequel un moine est soumis à des tentations par un autre ascète qui voulait tester son obéissance: «Le frère ascète l'emmena et vint à un fleuve. Il y avait beaucoup de crocodiles et, voulant le mettre à l'épreuve, il lui dit: "Descends dans le fleuve et traverse". Celui-ci descendit, et les crocodiles venaient lui lécher le corps, mais ne lui firent aucun mal[34]». Puis, il procède aussi à la résurrection d'un mort rencontré sur leur chemin. Finalement, le vieillard révèle au moine qui voulait l'éprouver que son frère effectuait les miracles «grâce à son obéissance[35]».

On lit également que la même vertu suprême avait embrasé un autre ascète qui respectait le commandement du silence de son ancien jusqu'à sa mort. Une autre fois, pour tester son obéissance, il l'envoya traverser le fleuve en crue.

---

[33] J.-C. Guy, *Les apophtegmes des Pères. Collection Systématique, chapitres X–XVI*, SC 474, Paris: Cerf, 2003, p. 252 §1: Ὑπακοὴ μετὰ ἐγκρατείας ὑποτάσσει θηρία.

[34] F. Nau, «Histoires des solitaires égyptiens», *Revue de l'Orient Chrétien* 14 (1909), p. 378 apopht. 294; J.-C. Guy, *Les apophtegmes des Pères. Collection Systématique, chapitres X–XVI*, [SC 474], Paris: Cerf, 2003, p. 274 §27, 9–14: Καὶ παραλαβὼν αὐτὸν ὁ ἀσκητὴς ἀδελφὸς ἦλθεν εἰς ποταμόν τινα· εἶχε δὲ πλῆθος κρογr κοδείλων, καὶ θέλων αὐτὸν πειρᾶσαι λέγει αὐτῷ· Κατάβηθι εἰς τὸν ποταμὸν καὶ πάρελθε. Καὶ κατέβη ἐκεῖνος, καὶ ἦλθον οἱ κροκόδειλοι καὶ ἔλειχον αὐτοῦ τὸ σῶμα, καὶ οὐκ ἔβλαψαν αὐτόν.

[35] J.-C. Guy, p. 274 §27, 26: διὰ τῆς ὑπακοῆς αὐτοῦ.

Celui-ci, obéissant à cet ordre, alla au fleuve: « Arrivé au fleuve, comme il ne pouvait pas le traverser, il s'agenouilla, et alors un crocodile vint le prendre et le porta sur l'autre rive ...[36] ».

À travers ces exemples représentatifs, qui font parfois référence à des cas impressionnants de soumission (d'obéissance) d'animaux aux saints, qui impliquent des éléments relevant de la situation antérieure au péché originel, l'obéissance prend une triple signification: elle apparaît d'une part comme l'une vertus monastiques fondamentales, conduisant le moine vers l'humilité, la patience, la longanimité, la fraternité, et finalement l'amour; et d'autre part, comme une abolition de la désobéissance initiale envers Dieu, l'acte déraisonnable par excellence qui introduisit l'état des passions qui est contre nature. Elle est alors rétablissement de la communion entre Dieu et l'homme.

La relation des saints avec les animaux, conséquence de leur franchise (παρρησία) envers Dieu

Un deuxième élément théologique dominant de la vie des Saints, qui constitue un attribut de l'homme avant le péché originel, est sa franchise (παρρησία) envers Dieu. Il s'agit de la franchise (παρρησία) avec laquelle Adam s'entretenait avec son créateur, comme le souligne Grégoire de Nysse[37], un privilège qu'il a perdu immédiatement après le péché originel, qui fit naître en lui la crainte et la perte de la vision de Dieu (« j'entendis ta voix ... et me cachai[38] »).

Cependant, dans les textes de la littérature ascétique est mise en avant la restauration de la « franchise » (παρρησία) de l'homme envers Dieu à travers le repentir et l'humilité[39], et en particulier sa position prépondérante sur toute

---

36 F. Nau, « Histoires des solitaires égyptiens », *Revue de l'Orient Chrétien* 12 (1907), p. 176 apopht. 46; J.-C. Guy, *Les apophtegmes des Pères*, p. 282 § 32, 18–20: ὡς ἦλθεν ἐπὶ τὸν ποταμόν, μὴ δυνάμενος περᾶσαι ἔκλινε γόνυ, καὶ ἰδοὺ ἔρχεται κροκόδειλος, καὶ βαστάζει ἑαυτὸν καὶ ἀποφέρει εἰς τὸ πέραν, ... καὶ ὡς ἐποίησε τὴν ἀπόκρισιν καὶ ἦλθεν ἐπὶ τὸν ποταμόν, πάλιν βαστάζει αὐτὸν ὁ κροκόδειλος εἰς τὸ πέραν.

37 Grégoire de Nysse, *De Virginitate* 12, éd. J. Cavarnos, dans W. Jaeger (cur.), *Gregorii Nysseni Opera*, vol. VIII, 1 Leiden 1952, p. 302.9–11 [= PG 46, 373C]: γυμνὸς μὲν τῆς τῶν νεκρῶν δερμάτων ἐπιβολῆς, ἐν παρρησίᾳ δὲ τὸ τοῦ Θεοῦ πρόσωπον βλέπων.

38 *Gn* 3, 10.

39 Voir. J. Darrouzès, *Syméon le Nouveau Théologien. Traités Théologiques et Éthiques*, SC 129, Paris: Cerf, 1967, p. 416, XIII. 225–228: καὶ ἐξουσίαν δέδωκε παντὶ τῷ βουλομένῳ τοῦ (225) πτώματος ἀνακαλέσασθαι ἑαυτὸν καὶ διὰ ταύτης εἰς τὴν προτέραν εἰσελθεῖν οἰκειότητά τε καὶ δόξαν καὶ παρρησίαν τὴν πρὸς τὸν Θεόν.

autre vertu et sa fonction de représenter la condition qui résulte de la pureté d'esprit et de la «prière pure[40]», fait qui rend les Saints ambassadeurs des demandes des chrétiens à Dieu[41].

C'est essentiellement dans les récits ascétiques des collections ascétiques et hagiographiques anciennes où se traduisent les pratiques sociales d'une époque, que nous rencontrons plusieurs narrations mettant en évidence la relation paisible d'avant le péché originel et hégémonique des grands ascètes avec les animaux. Les abbés et les saints du désert, grâce à ce trait dominant d'avant le péché originel, transforment les grottes de demeures d'animaux sauvages en lieux de culte et de prière. Le témoignage de la *Vie de Saint Euthyme le Grand* mentionne d'une part que dans «la caverne» où il entra pour exercer l'ascétisme, habitaient initialement des bêtes sauvages, mais elles furent apprivoisées grâce aux hymnes divins qu'on y chantait; le confirme aussi le récit d'un vieil homme qui était ascète près du Jourdain, et qui, en entrant dans la grotte ardente, y trouva un lion qui rugissait en montrant ses dents et hurlait. Alors le vieillard dit au lion: «"Pourquoi es-tu affligé? Il y a de la place pour nous deux dans ce lieu. Si tu ne veux pas, tu peux partir". Et le lion partit[42]».

Nous rencontrons fréquemment de tels récits dans *l'Histoire Philothée* de Théodoret de Cyr et *l'Histoire Lausiaque* de Palladios d'Hélénopolis. Mentionnons, dans *l'Histoire Philothée*, le cas de Saint Syméon le Stylite l'ancien, dont la franchise (παρρησία) envers Dieu, définie avec ces mots: «avec le Dieu de toutes choses il s'entretenait soigneusement», avait eu pour effet sa domination totale sur les bêtes sauvages. Théodoret note précisément que «ce rude labeur l'enrichit aussi de la grâce d'En-haut au point qu'il commandait même aux bêtes sauvages les plus fortes et les plus farouches» et il raconte l'aventure de certains Juifs qui, ayant perdu leur chemin, s'étaient retrouvés dans la grotte où vivait Syméon; celui-ci s'offrit à leur donner des instructions pour qu'ils

---

40   Pour ce sujet voir Irénée Hausherr, «Par delà l'oraison pure grâce à une coquille. À propos d'un texte d'Évagre» dans: Idem, *Hésychasme et prière*, [OCA 176], Roma: Pontificium Institutum Studiorum, 1966, p. 8–12; B. Bitton-Ashkelony, «The Limit of the Mind (ΝΟΥΣ): Pure Prayer according to Evagrius Ponticus and Isaac of Nineveh», ZAC 15 (2011) 291–321.

41   Voir Astérius d'Amasée, *Discours X [aux martyrs]*, éd. C. Datema, *Asterius of Amasea. Homilies I–XIV*, Leiden: Brill, 1970, p. 137 §4, 4–5: πρεσβευτὰς αὐτοὺς τῶν εὐχῶν καὶ αἰτημάτων διὰ τὸ ὑπερβάλλον τῆς παρρησίας ποιούμενοι.

42   F. Nau, «Histoires des solitaires égyptiens», *Revue de l'Orient Chrétien* 17 (1912), p. 210, apopht. 333: εἰσελθὼν ἐν καύματι εἰς σπήλαιον, εὗρεν ἔσω λέοντα καὶ ἤρξατο βρύχειν τοὺς ὀδόντας αὐτοῦ καὶ ὠρύεσθαι. Καὶ λέγει αὐτῷ ὁ γέρων· Τί θλίβῃ; ἔνι τόπος χωρῶν ἐμὲ καὶ σέ. Εἰ δὲ οὐ θέλεις, ἀνάστα ἔξελθε. Ὁ δὲ λέων μὴ βαστάξας ἐξῆλθεν.

puissent retrouver la route. Peu de temps après : « Les voilà assis, quand arrivèrent deux lions qui n'avaient pas l'air terrible, mais qui caressaient Syméon comme leur maître pour lui exprimer leur soumission. D'un signe il leur ordonna de guider les étrangers et de les remettre sur la route qu'ils avaient perdue en s'égarant[43] ». C'est-à-dire que la désobéissance des animaux envers l'homme qui a suivi la désobéissance de l'homme envers le commandement de Dieu est annulée, comme il est particulièrement noté par Théophile d'Antioche : « Il les appela bêtes sauvages (θηρία) *les animaux à partir de l'action de chasser* (θηρεύεσθαι), car ils n'étaient pas d'emblée sauvages ou venimeux (parce que Dieu ne créa rien de mauvais au début), mais tout était bon et très bien. Mais c'est le péché de l'homme qui les rendit mauvais. Car dès que l'homme transgressa, eux aussi enfreignirent [les commandements][44] ». Théophile prévoit même le « rétablissement » de la douceur initiale des animaux après le retour de l'homme à sa condition naturelle initiale, celle d'avant le péché originel[45].

Conclusion

Nous pourrions soutenir, à travers les exemples significatifs précités et plusieurs autres identifiés dans des textes patristiques, ascétiques et hagiographiques, que la considération eschatologique de l'homme au sein de la Création ne s'écarte pas de la considération dans laquelle il était tenu avant le péché originel. « L'homme nouveau » de l'Économie de Dieu est celui qui se tient debout face à son Créateur pour le glorifier, en pleine harmonie avec la Création. En outre, les « *nouveaux cieux et la terre nouvelle* » de l'Apocalypse (*Ap.* 21, 1)[46],

---

43 P. Canivet – A. Leroy-Molinghen, *Théodoret de Cyr, Histoire des moines de Syrie, Histoire Philothée*, t. *I*, SC 234, Paris : Cerf, 1977, p. 348–350 cap. VI § 2, 19–23 : καθημένων αὐτῶν ἀφίκοντο δύο λέοντες οὐ βλοσυρὸν βλέποντες, ἀλλ' οἷόν τινα δεσπότην σαίνοντες καὶ τὴν δουλείαν ὑποσημαίνοντες. Τούτοις ἐκέλευσε διανεύων ξεναγῆσαι τοὺς ἄνδρας καὶ εἰς ἐκείνην ἀπαγαγεῖν τὴν ὁδόν.

44 R.M. Grant, *Theophilus of Antioch, Ad Autolycum*, Oxford 1970, livre 2, 17, 14–18 : Θηρία δὲ ὠνόμασται τὰ ζῶα ἀπὸ τοῦ θηρεύεσθαι, οὐχ ὡς κακὰ ἀρχῆθεν γεγενημένα ἢ ἰοβόλα (οὐ γάρ τι κακὸν ἀρχῆθεν γέγονεν ἀπὸ Θεοῦ), ἀλλὰ τὰ πάντα καλὰ καὶ λίαν καλά. Ἡ δὲ ἁμαρτία ἡ περὶ τὸν ἄνθρωπον κεκάκωσεν αὐτά. Τοῦ γὰρ ἀνθρώπου παραβάντος καὶ αὐτὰ συμπαρέβη.

45 R.M. Grant, 17,22–23 : ὁπόταν οὖν πάλιν ὁ ἄνθρωπος ἀναδράμῃ εἰς τὸ κατὰ φύσιν μηκέτι κακοποιῶν, κἀκεῖνα ἀποκατασταθήσεται εἰς τὴν ἀρχῆθεν ἡμερότητα.

46 Ce passage est inspiré par Is. 65,17. Cf. aussi l'analyse de E. Toenges, « 'See, I am making all things new' : New Creation in the Book of Revelation », H.G. Reventlow – Y. Hoffman (éds.), *Creation in Jewish and Christian* Tradition, London : Sheffield Academic Press, 2002, p. 138–

cette nouvelle création, qui a attiré l'intérêt de l'éthique environnementale et de l'éco-théologie, renvoie directement aux références bibliques de la création de l'univers «au commencement Dieu créa le ciel et la terre» (*Gn* 1, 1). L'eschatologie chrétienne fait référence à la protologie chrétienne[47], c'est-à-dire aux interprétations liées aux débuts de l'homme et de la création, qui est incarnée dans la théologie byzantine par l'exploration de la relation de l'homme d'avant le péché originel avec l'environnement naturel et animal, tel que celui-ci est exprimé à travers sa création originelle dans un monde «très bon» (καλὸν λίαν) et à travers sa communion avec la création «dans les délices du paradis» (*Gn* 2, 15–3, 23).

Sources

Acta Apostolorum Apocrypha, R.A. Lipsius – M. Bonnet éd., vol. 1, Leipzig 1891 (repr. Hildesheim 1972).

Amand de Mendieta E. – Rudberg S.Y. (éds.), *Basilius von Caesarea. Homilien zu Hexaemeron*, [GCS, neue folge 2], Berlin, 1997.

Les apophtegmes des Pères. Collection Systématique, chapitres X–XVI, trad. J.-Cl. Guy, Paris: Cerf, SC 474, 2003.

Astérius d'Amasée, *Discours X [aux martyrs]*, éd. C. Datema, *Asterius of Amasea. Homilies I–XIV*, Leiden: Brill, 1970.

Basile de Césarée, *Homélies sur l'Hexaéméron*, édition et traduction par St. Giet, Paris: Cerf, SC 26bis, 1968.

Berger Alb. éd., «Die alten Viten des heiligen Mamas von Kaisareia. Mit einer Edition der Vita BHG 1019», *Analecta Bollandiana* 120 (2002).

Delehaye H. éd., *Propylaeum ad Acta Sanctorum Novembris. Synaxarium Ecclesiae Constantinopolitanae*, Bruxelles, 1902.

Écrits apocryphes chrétiens, I, édition publiée sous la direction de F. Bovon et P. Geoltrain. Index établis par S.J. Voicu, Paris: Gallimard (La Pléiade), 1997.

Évagre le Pontique, *Traité Pratique ou Le moine*, t. I, édition et traduction d'A. et Cl. Guillaumont, Paris: Cerf, SC 170, 1971.

152; J. Behr, «Nature wounded and healed in Early Patristic Thought», *Toronto Journal of Theology* 29 (2013), p. 85–100.

47 Cf. M. Alexandre, «Protologie et eschatologie chez Grégoire de Nysse», dans U. Bianchi – H. Crouzel (éds.), *Arche e telos: l'antropologia di Origene e di Gregorio di Nissa*, [Studia Patristica Mediolanensia, 12], Milano: Vita e Pensiero, 1981, p. 122–159.

Fragmenta papyracea graece (BHG 1451/CANT 211.I), éd. C. Schmidt – W. Schubart, Πράξεις Παύλου, *Acta Pauli nach dem Papyrus der Hamburg Staats- und Universitätsbibliothek*, Hamburg: Augustin Verlag, 1936.

Grégoire de Nysse, *De Virginitate* 12, éd. J. Cavarnos, dans W. Jaeger (cur.), *Gregorii Nysseni Opera*, vol. VIII, I Leiden, 1952.

Grégoire de Nysse, *In Hexaemeron: Opera Exegetica in Genesim*, part I, H.R. Drobner éd. Leiden – Boston: Brill, 2009.

Halkin F., *Légendes grecques de «martyres romaine»*, Subsidia hagiographica 55, Bruxelles, 1973.

Maraval P. éd., *La Passion inédite de S. Athénogène de Pédachthoé en Cappadoce* (BHG 197b): *introduction, édition, traduction*, [Subsidia hagiographica 75], Bruxelles: Société des Bollandistes, 1990.

Nau F. éd., «Histoires des solitaires égyptiens ms. Coislin 126, fol. 213 sqq.», *Revue de l'Orient Chrétien* 14 (1909), p. 357–379.

Syméon le Nouveau Théologien. *Traités Théologiques et Éthiques*, édition et traduction de J. Darrouzès, Paris: Cerf, SC 129, 1967.

Théodoret de Cyr, *Histoire des moines de Syrie*, t. I, édition et traduction de P. Canivet – A. Leroy-Molinghen, Paris: Cerf, SC 234, 1977.

Theophilus of Antioch, *Ad Autolycum*, R.M. Grant ed., Oxford, 1970.

Travaux

Adamik T., «IV. The Baptized Lion in the Acts of Paul», dans: J.N. Bremmer (éd.), *The Apocryphal Acts of Paul and Thecla*, [Studies on the Apocryphal Acts of the Apostles 2], Kampen: Kok Pharos, 1996, p. 60–74.

Afeissa H., *Textes clés de l'éthique environnementale*, Paris: Vrin, 2009.

Alexandre M., «La théorie de l'exégèse dans le *De hominis opifcio* et l'*In Hexaemeron*», dans M. Harl (éd.), *Écriture et culture philosophique dans la Pensée de Grégoire de Nysse*, Leiden: Brill, 1971, p. 87–110.

Alexandre M., «Protologie et eschatologie chez Grégoire de Nysse», dans U. Bianchi – H. Crouzel (éd.), *Arche e telos: l'antropologia di Origene e di Gregorio di Nissa*, [Studia Patristica Mediolanensia, 12], Milano: Vita e Pensiero, 1981, p. 122–159.

Amand de Mendieta E., «Les neuf Homélies de Basile de Césarée sur l'*Hexaemeron*. Recherches sur le genre littéraire, le but et l'élaboration de ces homélies», *Byzantion* 48 (1978), p. 337–368.

Anagnostakis I. et Papamastorakis T., «St. Romanos *epi tēn sklepan*. A Saint Protector and Healer of Horses», dans I. Anagnostakis – T. Kollias – E. Papadopoulou (éds.), *Animals and Environment in Byzantium* (7th–12th c.), [NHRF/IBR, International Symposium 21], Athens 2011, p. 137–164.

Anderson B.W., *From Creation to New Creation: Old Testament Perspectives*, Minneapolis: Augsburg Fortress, 1994.

Behr J., «Nature wounded and healed in Early Patristic Thought», *Toronto Journal of Theology* 29 (2013), p. 85-100.

Bitton-Ashkelony B., «The Limit of the Mind (ΝΟΥΣ): Pure Prayer according to Evagrius Ponticus and Isaac of Nineveh», *ZAC* 15 (2011), p. 291-321.

Brenner A., *Manuel d'éthique de l'environnement, de la théorie à la pratique*, Fribourg: Academic Press, 2010.

Christman A.R., *What did Ezekiel see? Christian exegesis of Ezekiel's vision of the chariot from Irenaeus to Gregory the Great*, [Bible in ancient Christianity 4], Leiden: Brill, 2005.

Chryssavgis J. – Foltz B. (éds.), *Toward an Ecology of Transfguration. Orthodox Christian Perspectives on Environment, Nature, and Creation*, New York: Fordham University Press, 2013.

Corrigan K., *Evagrius and Gregory: Mind, Soul and Body in the 4th Century*, Farnham: Ashgate, 2009, p. 73-101.

Dagron G., «Image de bête ou image de Dieu. La physiognomonie animale dans la tradition grecque et ses avatars byzantins», *Poikilia. Études offertes à Jean-Pierre Vernant*, Paris: Éditions de l'EHESS, 1987, p. 69-80.

Damianos of Sinai (Archim.), «The Medical Saints of the Orthodox Church in Byzantine Art», *Material Culture and Well-Being in Byzantium (400-1453)*. Proceedings of the International Conference (Cambridge, 8-10 September 2001), Wien: Österreisch Verlag, 2007, p. 41-50.

Delehaye H., «Saints de Thrace et de Mésie», *Analecta Bollandiana* 31 (1912).

Demetracopoulos Ph., Ὅσιος Γεράσιμος ὁ Ἰορδανίτης, Athènes 2008.

Dujčev I., «La Vie de Kozma de Zographou», *Hilandarski Zbornik* 2, 1971.

Durand J., «Les reliques de Saint Mammès au trésor de la Cathédrale de Langres», *Travaux et Mémoires* 14 (2002) [= *Mélanges Gilbert Dagron*], p. 181-200.

Galavaris G., *The Illustrations of the Prefaces in Byzantine Gospels*, Wien: Verlag Österreich, 1979.

Geerard M. (cur.), *Clavis Apocryphorum Novi Testamenti*, Turnhout: Brepols, 1992.

Gilhus I.S., *Animals, Gods and Humans. Changing Attitudes to Animals in Greek, Roman and Early Christian Ideas*, Londres – New York: Routledge, 2006.

Hausherr I., «Par-delà l'oraison pure grâce à une coquille. À propos d'un texte d'Évagre» dans: Idem, *Hésychasme et prière*, [OCA 176], Roma: Pontificium Institutum Studiorum, 1966.

Inglebert H., *Interpretatio Christiana: Les mutations des savoirs (cosmographie, géographie, ethnographie, histoire) dans l'Antiquité chrétienne (30-630 après J.-C.)*, [Études Augustiniennes, Série Antiquité 166], Paris: Institut d'Études Augustiniennes, 2001.

Joakeim Ph. (Archim.), «The Life of saint Mamas of Caesarea and the spread of his veneration and relics », in : *The Veneration of Saint Mamas in the Mediterranean : A Traveller, Border defender Saint (Exhibition Catalog)*, Thessaloniki : Mouseío Vyzantinou Politismou, 2013.

Katsaridou K., « The spread of the veneration of saint Mamas in the West », *The Veneration of Saint Mamas in the Mediterranean : A Traveller, Border defender Saint (Exhibition Catalog)*, Thessaloniki : Mouseío Vyzantinou Politismou, 2013.

Kolovopoulou M., *Ἡ δημιουργία τοῦ κόσμου στό ἔργο τοῦ Ἰωάννη Φιλόπονου "De opificio mundi" καί ἡ σ' αὐτό ἐπίδραση τῆς "Ἑξαημέρου" τοῦ M. Βασιλείου*, [Thèse], Athènes, 2004.

Koutrakou N., « "Animal Farm" in Byzantium ? The Terminology of Animal Imagery in Middle Byzantine Politics and the Eight "Deadly Sins" », dans *Zoa kai periballon sto Byzantio (7os–12os ai.)* [*Animals and Environment in Byzantion (7th–12th c.)*] Anagnostakis I., Kolias, T.G., Papadopoulou E. (ed.), Athènes, 2011, p. 319–377.

Larchet J.-Cl., *Saint Silouane de l'Athos*, Paris : Éditions du Cerf, 2001.

Matsoukas N., *Ἐπιστήμη, Φιλοσοφία καί Θεολογία στήν Ἑξαήμερο τοῦ M. Βασιλείου*, Thessalonique 1990.

Nicolaidis E., « The Activist and the Philosopher : The *Hexaemeron* of Basil and of Gregory of Nyssa », dans Idem, *Science and Eastern Orthodoxy : from the Greek fathers to the age of globalization*, Baltimore : John Hopkins University Press, 2011, p. 1–23.

Sandwell Is., « How to Teach Genesis 1.1–19 : John Chrysostom and Basil of Caesarea on the Creation of the World », *Journal of Early Christian Studies* 19 :4 (2011), p. 539–564.

Schaefer J., *Theological foundations for environmental ethics : reconstructing patristic and medieval concepts*, Washington, D.C. : Georgetown University Press 2009.

Scholten C., « Weshalb wird die Schöpfungsgeschichte zum natur-wissenschaftlichen Bericht ? Hexaemeronauslegung von Basilius von Cäsarea zu Johannes Philoponos », *ThQ* 177, 1997, p. 1–15.

Snyder G.E., *Acts of Paul. The Formation of a Pauline Corpus*, [Wissenschaftliche Untersuchungen zum Neuen Testament. 2. Reihe, vol. 352], Tübingen : Mohr Siebeck, 2013.

Sophrony (Archim.), *Saint Silouane l'Athonite (1866–1938), Vie, doctrine, écrits*, Paris : Éditions du Cerf, 2010.

Spatharakis I. – Van Den Brink A. – Verweij A., « A Cycle of St. Mamas in a Cretan Church », *Jahrbuch der österreichischen byzantinischen Gesellschaft* 53 (2003), p. 229–238.

Stewart C., « Evagrius Ponticus and the Eastern Monastic Tradition on the Intellect and the Passions », *Modern Theology* 27 (2011), p. 263–275.

Toenges E., « 'See, I am making all things new' : New Creation in the Book of Revelation », H.G. Reventlow – Y. Hoffman (éds.), *Creation in Jewish and Christian Tradition*, London : Sheffield Academic Press, 2002, p. 138–152.

Vouaux L., *Les Actes de Paul et ses Lettres apocryphes. Introduction, textes, traduction et commentaire*, Paris : Letouzey et Ané, 1913.

Waldau P. – Patton K. (éds.), *A Communion of Subjects: Animals in Religion, Science, and Ethics*, New York: Columbia University Press, 2006.

Zucker A., « La physiognomonie antique et le langage animal du corps », A. Zucker – M.-C. Olivi (dir.), *Actes du XXXVIIIe Congrès international de l'Association des Professeurs de Langues Anciennes de l'Enseignement Supérieur* (Nice, 27–29 mai 2005), Nice 2006, p. 63–87.

CHAPTER 12

François d'Assise et les créatures : le témoignage de la *Vita brevior*

Sylvain Piron

Le 16 janvier 2015, à l'Institut de France, Jacques Dalarun exposa ce qui constitue sans aucun doute l'une des plus belles découvertes textuelles de ces dernières années et assurément la plus importante concernant François d'Assise réalisée depuis près d'un siècle. Un codex manuscrit de petit format, en mauvais état de conservation et de provenance encore indéterminée, mis en vente à l'automne précédent, s'est révélé contenir une version inconnue de la vie du saint. L'identification de l'œuvre ne posait aucune difficulté mais elle avait de quoi surprendre. À nouveau rédigée par Thomas de Celano, l'hagiographe attitré de François, cette nouvelle légende s'intercale entre une première *Vita*, commandée par le pape Grégoire IX lors de la canonisation du saint en 1228, et le *Mémorial*, composé en 1247 afin de tenir compte des nouveaux témoignages des compagnons de François rassemblés au cours des années précédentes. En réalité, Jacques Dalarun lui-même avait déjà fait apparaître la possibilité d'un tel texte. À l'occasion des recherches préparatoires à la traduction française des principaux récits médiévaux de la vie de saint François, il avait observé que deux textes fragmentaires, transmis par des manuscrits liturgiques, pouvaient s'ajointer pour constituer une légende autonome, composée d'un récit des deux dernières années de la vie de François, suivi d'un ensemble de miracles[1]. Stylistiquement, cette œuvre semblait devoir être attribuée à Thomas de Celano. Si le livre publié en 2007 proposait trois hypothèses de datation, la plupart des commentateurs avaient jugé que la seule solution acceptable était celle d'une rédaction au cours des années 1230, répondant à une commande de frère Élie qui fut brutalement destitué de sa charge de ministre général en mai 1239[2]. La découverte d'un nouveau manuscrit ne tombe donc pas du ciel ; elle vient confirmer un long et patient travail d'exploration des sources.

---

1 Jacques Dalarun, *Vers une résolution de la question franciscaine. La* Légende ombrienne *de Thomas de Celano*, Paris : Fayard, 2007. Le travail collectif de traduction a été publié sous le titre : J. Dalarun (dir.), *François d'Assise. Écrits Vies témoignages*, Paris : Le Cerf-Editions franciscaines, 2010 (2 vols.).

2 Voir notamment les comptes-rendus de Michael Blastic, *Franciscan Studies*, 66 (2008), p. 484–

On peut même considérer que ce travail préparatoire a, sinon permis la découverte, du moins facilité la compréhension instantanée de l'importance de ce nouveau témoin.

L'histoire des légendes franciscaines est trop complexe et trop bien connue pour qu'il soit utile de la rappeler ici en détail. C'est pour mettre fin à la profusion de récits de la vie de François dans les décennies qui ont suivi sa disparition que le chapitre général de l'ordre, réuni à Paris en 1266, reconnaissant comme document officiel la *Legenda major* composée par Bonaventure, ordonna la destruction de toutes les biographies antérieures. De ce saccage, seuls quelques rares vestiges ont survécu, que les historiens traquent depuis la fin du XIXe siècle. Certains de ces textes sont à présent devenus des classiques très largement diffusés mais il faut rappeler que le *Mémorial* de Thomas de Celano n'est connu que par trois témoins discordants tandis que les fiches de frère Léon n'ont été transmises que par deux manuscrits lacunaires, et à chaque fois dans des volumes copiés au cours du siècle suivant. Les circonstances qui ont permis la survie d'un manuscrit de poche (120 × 82 mm) n'ont pas encore été parfaitement éclaircies, mais une datation au cours des années 1230 paraît déjà acquise; il s'agirait ainsi du plus ancien manuscrit connu produit au sein du tout jeune ordre des frères Mineurs. Acquis par la Bibliothèque nationale de France, le codex, à présent coté Nouvelles acquisitions latines 3245, fait l'objet d'études approfondies qui devraient livrer d'autres résultats remarquables sur ce premier âge franciscain, très mal documenté[3].

Dans un délai exceptionnellement bref, moins d'un mois après l'annonce de la découverte, une traduction française de la nouvelle *Vita* était publiée, l'édition critique paraissant peu après, selon le rythme plus habituel des publications scientifiques[4]. La lecture de cette œuvre ne peut que confirmer l'enthousiasme de son découvreur. De façon assez inhabituelle dans un texte hagiographique, la *Vita* s'ouvre par une préface dans laquelle le rédacteur s'exprime sur un ton personnel. Adressant le fruit de ses nouveaux efforts à son commanditaire, frère Élie de Cortone, qui est également décrit comme le prin-

---

491; Michael Cusato, Ibid., p. 495–505; S. Piron, *Annales HSS*, 63 (2008), p. 183–185. J. Dalarun s'est rapidement rallié à cet avis.

3   Le codex peut être consulté sur Gallica [en ligne] http://gallica.bnf.fr/. Un colloque international présentera le résultat d'un travail collectif à l'automne 2017.

4   J. Dalarun, *La vie retrouvée de François d'Assise*, Paris: Editions franciscaines, 2015 (l'achevé d'imprimer date du 13 février); Id., « *Thome Celanensis Vita beati patris nostri Francisci (Vita brevior)*. Présentation et édition critique », *Analecta Bollandiana*, 133 (2015), p. 23–86; Id., « Thomas de Celano, *La Vie de notre bienheureux père François*. Traduction française annotée et concordances », dans *Études franciscaines*, n. s., 8 (2015), p. 187–285.

cipal informateur de la première *Vie* de François, Thomas de Celano fait part, non sans une certaine amertume, des critiques qu'a suscitées cette production initiale : « à cause de ceux qui, peut-être à juste titre, lui reprochent son abondance, sur ta prescription, je l'ai maintenant réduite en un plus bref opuscule et j'ai pris soin d'écrire en un discours succinct et en abrégé les seuls points essentiels et utiles »[5]. En raison de l'intention ainsi exprimée dans le prologue, la désignation la plus sûre de cette légende est celle de *Vie abrégée – Vita brevior*.

Ce n'est pas tant les longueurs de son exposé que ses critiques reprochaient à Thomas. La nature de l'abréviation réalisée permet de comprendre que l'objection portait sur le cœur de son travail d'hagiographe. Rapidement envoyé en mission en Allemagne après son entrée dans l'ordre, Thomas de Celano n'avait que peu connu François d'Assise. Il avait composé son œuvre sur la base d'informations transmises par des témoins mieux placés que lui, au premier rang desquels, comme le confirme la préface de la *Vita brevior*, Élie lui-même. Il avait également employé comme source les écrits de François en considérant le *Testament* comme un véritable récit autobiographique. Respectant la commande papale, Thomas avait alors soumis ce matériau à un travail de standardisation, en le faisant entrer dans le canon d'un récit hagiographique comportant les lieux communs attendus[6]. La *Vita brevior* a quelque chose d'exceptionnel pour les historiens, habitués à mener le délicat processus critique de distillation qui permet d'extraire d'un récit standardisé quelques gouttes d'un substrat originel à partir duquel quelque chose d'une expérience authentique se laisse entrevoir. À l'inverse de la démarche habituelle, on voit ici l'hagiographe saborder volontairement son travail d'ornementation. Tel un artiste en proie au remords, Thomas détruit le décor en stuc qu'il avait patiemment élaboré pour découvrir les murs nus de sa construction. Pour ne prendre qu'un exemple, toutes les considérations du chapitre initial qui enjolivaient le récit d'une jeunesse dissolue de François au moyen de citations de Sénèque et de références bibliques se résume au constat, sèchement exprimé, d'une éducation dans le siècle[7].

On comprend ainsi mieux le sens de la critique qui lui avait été adressée. Les frères s'étaient plaints de la normalisation excessive d'un parcours et d'une personnalité hors du commun. Le décapage auquel Thomas se livre dans cette

---

5 *La vie retrouvée*, p. 33.
6 Sur le travail d'écrivain de Thomas, voir l'approche très éclairante de Dominique Poirel, « L'écriture de Thomas de Celano : une rhétorique de la rupture », *Franciscan Studies*, 70 (2013), p. 73–99.
7 Comparer Thomas de Celano, *Vie de François*, dans *Écrits, Vies, témoignages*, p. 461–463 et *La vie retrouvée*, p. 37–38.

abréviation montre qu'il avait bien conscience de l'écart entre différents horizons d'attente. Répondant à une commande papale, il avait dans un premier temps tenté de conformer François à un modèle de sainteté commun. Les frères réclamaient en revanche un portrait de leur fondateur qui rende justice à ce que son expérience avait eu d'exceptionnel et d'unique. C'est vers une telle compréhension de François que se dirige la *Vita brevior*. Thomas de Celano simplifie son expression, concentre l'exposition des faits et met en valeur les traits les plus saillants de l'expérience franciscaine. Il faudra donc désormais privilégier cette version, au détriment de la *Vita* initiale, pour saisir la façon dont les dirigeants de l'ordre voulaient que l'on se souvienne du fondateur quelques années à peine après sa disparition. Réduit de près de moitié par rapport à la version initiale, le texte était cependant encore trop long pour remplir les fonctions liturgiques attendues. Il a dû être à son tour abrégé pour que toute la vie du saint puisse être récitée dans les lectures prévues durant l'office de sa fête[8]. Par ailleurs, ce récit faisait sans doute la part trop belle à Élie dans le récit des dernières années de François[9] et mécontentait d'autres cercles de ses compagnons, qui obtinrent une réouverture du chantier hagiographique dans les années 1240. Bien qu'elle n'ait connu qu'une diffusion et une durée de vie active très limitée, la *Vita brevior* fournit un aperçu infiniment précieux de la réception initiale du message de François d'Assise.

L'analyse des épisodes consacrés aux animaux et aux autres créatures prend alors une valeur de test. S'agissait-il d'anecdotes secondaires qui pouvaient être sacrifiées dans un récit allant à l'essentiel, ou au contraire d'un aspect fondamental de la prédication de François? L'historiographie savante du siècle dernier a souvent eu tendance à pencher du premier côté, en abandonnant à l'imagerie populaire un thème qui semblait de peu d'importance pour comprendre l'engagement et l'impact social du saint. La réponse de Thomas de Celano est pourtant sans équivoque. S'il abrège légèrement les deux chapitres consacrés à ce sujet, il en conserve tous les épisodes. De façon plus remarquable encore, il les met davantage en valeur en développant l'intitulé du chapitre lié à la prédication aux oiseaux et en le faisant suivre d'une phrase ayant valeur d'introduction générale: «Cet homme mérita d'atteindre au plus haut sommet de la perfection quand, tout rempli d'une simplicité de colombe, il sut d'expérience que les oiseaux, les bêtes sauvages et les poissons lui obéissaient fréquemment.»

---

8   La *Vita brevior* est la source directe de la *Légende de chœur*, dans *Écrits, Vies, témoignages*, p. 687–702.
9   *La vie retrouvée*, p. 103–104.

L'obéissance des bêtes sauvages aux ermites installés dans la forêt ou le désert est un motif bien connu de l'hagiographie[10]. La *Vie de saint Antoine* rédigée par Athanase d'Alexandrie au IVe siècle en a fourni le prototype. Cependant, le cas de François est d'une nature assez différente. Il n'accomplit aucune domestication miraculeuse d'un animal féroce, puisqu'il s'adresse exclusivement à des créatures inoffensives. L'épisode célèbre de la pacification du loup de Gubbio, transmis par les *Fioretti*, en serait le seul contre-exemple mais il s'agit d'une extrapolation tardive, fondée sur une confusion entre différentes sources, dont le récit complet ne semble pas avoir été composé avant les années 1330[11]. Les animaux dont parlent les témoignages les plus authentiques sont tous remarquablement paisibles et leur interaction avec le saint n'implique jamais de modification de leur nature. On y observe plutôt une connivence, une tendresse et une compréhension mutuelle. Si le thème de l'obéissance était requis par le genre hagiographique, Thomas de Celano trouve à présent un moyen efficace pour gommer l'écart hiérarchique que suppose cette notion et placer au contraire la communication avec les créatures sous un signe d'égalité. La *columbina simplicitas*, métaphore issue d'un conseil évangélique (*Matthieu* 10,16 : « Soyez rusés comme des renards et candides comme des colombes »), était d'usage courant depuis l'époque carolingienne[12]. Absente de la *Vita prima*, cette expression a été conservée par la suite dans la *Légende de chœur*. Dès la première version, la simplicité était déjà l'une des qualités majeures attribuées au saint – avec des connotations de pureté, d'innocence et d'humilité. En dépit de la banalité de l'expression, son association avec la colombe me semble relever d'un choix bien réfléchi. L'image fonctionne ici dans un sens presque littéral pour suggérer que François partage la simplicité des créatures aériennes.

Pour s'en convaincre, il faut observer dans le détail le remaniement qui affecte le premier épisode de ce chapitre, au sujet de la fameuse prédication aux oiseaux de Bevagna[13]. Thomas en abrège légèrement la narration, pour une meilleure fluidité du récit. Il efface notamment les dénominations des oiseaux rassemblés dans la vallée qui étaient désignés, dans la version initiale, comme

---

10   Pierre Boglioni, « Les animaux dans l'hagiographie monastique », dans *L'animal exemplaire au Moyen Âge (Ve–XVe siècle)*, Jacques Berlioz et Marie-Anne Polo de Beaulieu, éds., Rennes : PUR, 1999, p. 51–80.

11   Le récit des Fioretti provient des *Actes du bienheureux François*, dans *Écrits, Vies, témoignages*, p. 2815–2819.

12   Une vérification dans les bases de données textuelles montre que Bède le Vénérable est le premier à en faire un emploi fréquent.

13   *Vie de François*, in *Écrits, Vies, témoignages*, p. 538–540.

des colombes, corneilles et moineaux. Les phrases qui concluent le récit sont également allégées d'une caractérisation de François qui le décrivait comme « déjà simple, par grâce et non par nature ». Par ces deux petites entailles, avec la subtilité de l'écrivain qui pèse tous ces mots, Thomas a donc extrait de sa première version deux termes clés, qui ne fonctionnaient pas encore ensemble, pour les combiner en une formule qui donne désormais le ton de tout le chapitre.

D'autres interventions significatives apparaissent de façon plus évidente. On voit ainsi s'effacer la nuance de condescendance qui justifiait le mouvement de François vers les oiseaux, « en homme d'une très grande ferveur et qui portait un grand sentiment de piété et de douceur même aux créatures inférieures et privées de raison ». En supprimant ces deux derniers qualificatifs, *inferiores et irrationales*, Thomas de Celano effectue une rectification de fond qui témoigne d'une compréhension nouvelle de la portée de cette scène. Si François court vers les oiseaux, c'est parce qu'il « aimait toutes les créatures en raison de l'amour qu'il portait par-dessus tout au Créateur ». S'approchant d'eux, « il les salua à sa manière habituelle, comme s'ils avaient part à la raison[14] ». Un infime détail montre une volonté délibérée de gommer toute trace de rapport hiérarchique, y compris entre les animaux : les oiseaux ne sont plus décrits comme les plus « nobles » des créatures, mais plus simplement comme « libres »[15]. Une correction de même nature intervient à la fin de l'épisode suivant, à propos des hirondelles d'Alviano qui se turent pour laisser François prêcher au peuple, « comme capables de raison » (*tamquam rationis capaces*). Dans la première *Vita*, une formule de conclusion placée à la suite de ces deux récits, avant de multiplier les exemples d'interactions avec d'autres animaux, soulignait avec étonnement que des « créatures privées de raison elles-mêmes savaient l'affection de sa piété ». La version révisée de cette phrase renverse exactement ces termes, puisqu'elle décrit au contraire des bêtes sauvages qui, « comme si elles jouissaient de la raison, connaissaient le sentiment de piété du bienheureux François envers elles. »

L'histoire du levreau pris au collet libéré par le saint, celle de la tanche du lac de Rieti qui jouait autour de sa barque après avoir été remise à l'eau sont répétées sans modifications, de même qu'un miracle de transformation d'eau en vin. Dans la seconde série d'exemples de ces rapports avec les créatures, placés cette fois à l'enseigne de la charité et de la compassion (chapitre XXIX de

---

14 *La vie retrouvée*, p. 67.
15 *Vie de François*, in *Écrits, Vies, témoignages*, p. 539 « Dieu vous a rendu nobles parmi ses créatures » ; *La vie retrouvée*, p. 67 : « lui qui, parmi toutes les créatures, vous a fait libres ».

la *Vita prima*), les abréviations sont en revanche plus drastiques. Les anecdotes un peu longuettes concernant la brebis d'Osimo qu'adopta François alors qu'elle paissait parmi les chèvres, ou sur les agneaux qu'il racheta pour leur éviter la mort, sont résumées d'une seule phrase[16]. Mais c'est le traitement réservé aux pages suivantes qui est particulièrement remarquable. Dans un premier temps, Thomas avait brodé assez librement à partir du *Cantique de frère Soleil* pour décrire la joie que ressentait François en contemplant les éléments et la gaîté que lui inspirait la beauté des fleurs. Comme l'a noté Jacques Dalarun, sur ce point, le repentir est complet[17]. L'accentuation bascule ici du sublime vers le plus humble. La narration ne conserve que l'exemple des vers de terre retirés de la route pour éviter que les passants les écrasent et celui du soin apporté aux abeilles en hiver. À ce propos, Thomas corrige même sa copie pour ajouter une précision touchante : « il [leur] faisait faire des ruches chaudes ». Tous les astres et les éléments naturels sont ensuite mis en série avec une grande sobriété pour laisser entendre l'égale valeur que François accordait à chacun d'eux, du soleil à l'herbe des jardins. La concentration du discours a pour mérite de faire ressortir de façon bien plus nette la signification de cette habitude de prêcher aux êtres animés et inanimés « comme s'ils jouissaient de la raison ». Dans les créatures, François contemplait « la sagesse du Créateur, sa puissance et sa bonté ». S'il les invitait à célébrer la louange du Seigneur et les appelait toutes du nom de frère ou de sœur, c'est, écrit Thomas d'une formule marquante, « en raison de leur unique principe[18] ».

L'énoncé théologique exprime efficacement le cœur de cette fraternité universelle vécue par François. Quelle que soit la dignité naturelle des êtres, célestes ou sublunaires, animaux, végétaux ou minéraux, ils communient tous dans une même appartenance au monde créé et une même dépendance radicale envers leur créateur. L'exaltation de la transcendance divine conduit ainsi à abaisser les seuils de distinction entre les différents ordres naturels. Ce serait un contre-sens de douter de l'importance et de l'authenticité du souci que François d'Assise a eu des créatures non-humaines. Un point déterminant de son expérience religieuse l'a amené à reconnaître une égalité entre les êtres dans leur commune condition de créatures. Cette égalisation des dignités tolère toutefois certaines prédilections, en faveur des oiseaux, en raison de leur proximité avec l'Esprit, ou des agneaux, en tant qu'images de la vulnérabilité du Sauveur sacrifié. La clause que Thomas de Celano insère de façon répétitive, « comme

---

16 *Vie de François*, in *Écrits, Vies, témoignages*, p. 561–564, à comparer avec *La vie retrouvée*, p. 85–86.
17 *La vie retrouvée*, p. 26–27.
18 *La vie retrouvée*, p. 86.

s'ils avaient part à la raison», cherche à exprimer le fait que François s'adresse à chaque être en raison de son principe divin. Si une relation particulière peut alors se nouer avec certains animaux, c'est que leur capacité expressive leur permet de manifester une gratitude envers celui qui les reconnaît comme créatures du Seigneur. Dans cette communication infra-langagière, pleinement spirituelle, les oiseaux peuvent à leur tour reconnaître François comme l'un des leurs, doué d'une «simplicité de colombe» et dépourvu de la lourdeur du péché qui accable les humains, pleins d'eux-mêmes et attachés au monde par des rapports de domination et de possession.

Les rectifications effectuées par Thomas de Celano témoignent d'une compréhension bien plus profonde de cet aspect de la vie de François. Les scènes dépeintes présentent des gestes hors du commun, qui s'écartent du répertoire classique de la sainteté chrétienne. Ces gestes étaient pourtant très compréhensibles par les contemporains qui y ont perçu l'un des traits essentiels de ce saint d'exception, comme l'atteste le succès iconographique immédiat du thème de la prédication aux oiseaux. Le sens de ces actes était cependant difficile à exprimer dans un langage hagiographique. Les différents épisodes ont ainsi été rangés dans deux chapitres distincts, au titre de l'obéissance des créatures ou de la compassion envers elles. Sans modifier la structure de son récit, Thomas de Celano a repris son texte en harmonisant les formulations, afin de témoigner d'une même marque de sainteté inédite. Il est impossible de juger si cette réécriture est l'aboutissement d'une réflexion personnelle ou le fruit d'échanges avec des lecteurs de sa première version.

Ce point étant acquis, nous aurions tort de nous concentrer uniquement sur certains passages choisis en raison de nos intérêts écologiques contemporains. Le nouveau découpage de la *Vita brevior* a également pour intérêt de rendre plus visible la continuité dans laquelle cette célébration des créatures est placée avec deux autres démarches tout aussi peu communes de la part de François. Après avoir décrit sa dévotion cosmique à l'égard de la création, Thomas de Celano expose une autre forme de louange qui passe cette fois par une dévotion à la révélation du nom de Dieu sur terre. L'hagiographe exprime tout d'abord la jubilation qui remplissait François lorsqu'il prononçait ce nom. De cette jouissance de la parole, le récit passe à une vénération de toute forme d'écriture, en tant qu'elle sert à écrire le nom du Seigneur. Pour cette raison, le saint avait pour habitude de recueillir et de placer dans un lieu convenable, par révérence envers le Sauveur, tout document écrit «que ce soit œuvre divine ou humaine[19]». Les textes normatifs de François confirment l'importance accor-

---

19   Ibid., p. 86–87.

dée à ce soin de collecter et de préserver dans un lieu honnête « les noms et les paroles du Seigneur[20] ». La *Lettre aux clercs* souligne en effet qu'en dehors de la célébration de l'eucharistie, « nous ne voyons rien corporellement du Très-Haut lui-même en ce siècle, sinon [...] le nom et les paroles[21] ». Thomas de Celano élargit pourtant cette sauvegarde de l'écrit à tout type de document, y compris « les textes de païens », en se justifiant au moyen d'une anecdote, certainement recueillie de la bouche d'un frère qui avait interrogé François à ce sujet : « Il y a là les lettres avec lesquelles on compose le nom du Seigneur[22] ». La propension de François à universaliser ses comportements, évidente dans son adresse aux créatures, invite à conclure à l'authenticité de cette conduite à l'égard de toute forme d'écriture : la sacralité n'est pas associée au contenu du texte, mais à chacune des lettres dont il est formé[23]. De même que chaque créature témoigne de la bonté divine, chaque lettre est un instrument de sa révélation. Il est difficile d'ignorer la proximité d'une telle pratique avec la fonction remplie par les guenizot dans les synagogues médiévales, pièces ou réceptacles dédiés à la collecte des manuscrits sacrés abimés ou usés et rituellement mis à l'écart et enterrés. L'hypothèse d'une éventuelle inspiration hébraïque de cette révérence pour l'écrit ne peut être éludée. Les communautés juives étaient nombreuses en Ombrie et entretenaient quotidiennement des contacts pacifiques avec les chrétiens[24]. Sans qu'il y ait besoin de postuler de véritables échanges, on peut simplement penser que François d'Assise a vu faire et que l'observation d'un tel respect pour l'écrit a pu suffire pour le conduire à imiter cette attitude.

Dans sa nouvelle composition, Thomas de Celano supprime ensuite un chapitre entier qui dressait un portrait, physique et spirituel, de François d'Assise. En lieu et place, une seule phrase établit un rapprochement entre ce qui vient d'être dit et l'épisode suivant. La remémoration constante des paroles et des actes du Seigneur produisait chez François un désir fervent de les représenter de quelque façon (*representare per aliquam similitudinem*). C'est de la sorte qu'est introduite une version abrégée du fameux récit de la célébration de la Nativité à Greccio, à l'occasion de laquelle François imagina une mise en scène

---

20   *Lettre aux clercs*, 6 et 12, in *Écrits, Vies, témoignages*, p. 320 ; *Lettre aux custodes*, p. 327 ; *Lettre à tout l'ordre*, 35–36, p. 372 ; *Testament*, 12, p. 309.
21   *Lettre aux clercs*, 3, p. 319.
22   *Vie de François*, in *Écrits, Vies, témoignages*, p. 566 ; *La vie retrouvée*, p. 87.
23   Dans la *Vie de François*, Thomas de Celano livrait un détail, omis dans la *Vita brevior*, pour rappeler que François « ne permettait pas que l'on détruise une lettre ou syllabe » des lettres qu'il dictait.
24   Ariel Toaff, *The Jews in Umbria*, vol. 1, *1245–1435*, Leiden, Brill, 1993.

de la crèche de Bethléem. Sans entrer dans le détail de cet épisode très célèbre, il importe de relever qu'en dehors de l'officiant, les seuls acteurs mobilisés pour représenter la scène sont un bœuf et un âne. Si la prédication de François suscite dans l'assistance une vision de l'enfant Jésus, le véritable miracle qui en résulte affecte le foin disposé dans la crèche, qui peut désormais guérir les animaux malades. C'est à propos de ce foin miraculeux que Thomas de Celano cite le *Psaume* 35: « Le Seigneur sauve les bêtes de somme »[25]. On ne trouve dans aucun autre passage des écrits de François ou des récits de sa vie, d'allusion à un tel salut. Participant à la création, convoqués comme témoins de l'Incarnation, les animaux n'auront pourtant aucune part à la vie future. La conclusion de cet épisode de Greccio en suggère une raison – même si l'on ne peut ici confondre l'explication donnée par Thomas de Celano avec le prêche de Noël délivré par François. Là où les animaux ont mangé une pâture de foin, dans la crèche transformée en église, « les hommes désormais mangent, pour la guérison de l'âme et du corps, la chair de l'Agneau immaculé[26] ».

Au sein du christianisme latin médiéval, François d'Assise était le mieux placé pour envisager une entrée des animaux au paradis – mais, à suivre sa logique, il y eut également fallu y faire entrer la création entière. Il ne l'a pas fait et n'a sans doute jamais été tenté de le faire, pour différents motifs parfaitement compréhensibles. Sa volonté de demeurer dans une position inférieure l'a notamment conduit à refuser l'ordination sacerdotale, pour demeurer simple diacre. Professant un respect des prêtres et des théologiens[27], François n'a jamais placé ses interventions dans le champ doctrinal. Ses innovations sont situées dans le registre d'une prédication par l'exemple, souvent spectaculaire, qui ne vise qu'à tirer toutes les conséquences d'un petit nombre d'enseignements que le *Testament* récapitule avec beaucoup de force. Cette orientation ne laissait aucune possibilité de répondre positivement à la question posée dans le présent volume. La foi et les sacrements sont indispensables au salut, or ceux-ci sont rigoureusement inaccessibles aux animaux. Certains peuvent être doués d'une sensibilité presque spirituelle, tous partagent l'égale dignité de toutes les créatures, mais la voie du salut n'est offerte qu'aux seuls fidèles. Par la radicalité de ses actes et de ses propos, François montre qu'il ne pouvait y avoir, pour un chrétien médiéval, de symétrie entre la création et l'au-delà.

---

25   *Vie de François*, in *Écrits, Vies, témoignages*, p. 572. Cette référence est gommée dans la *Vita brevior*.
26   Ibid., p. 573.
27   *Testament*, 6–13, in *Écrits, Vies, témoignages*, p. 309–310.

Sources

François d'Assise. Écrits Vies Témoignages, 2 vols, dir. J. Dalarun, Paris : Le Cerf-Éditions franciscaines, 2010.

La vie retrouvée de François d'Assise, éd. J. Dalarun, Paris : Éditions franciscaines, 2015.

Thome Celanensis Vita beati patris nostri Francisci (*Vita brevior*), dans J. Dalarun (éd.), *Analecta Bollandiana*, 133 (2015), p. 23–86.

Thomas de Celano, *La Vie de notre bienheureux père François*, dans J. Dalarun (trad. et notes), *Études franciscaines*, n. s., 8 (2015), p. 187–285.

Travaux

P. Boglioni, « Les animaux dans l'hagiographie monastique », dans Jacques Berlioz et Marie-Anne Polo de Beaulieu (éds.), *L'animal exemplaire au Moyen Âge (ve–xve siècle)*, Rennes : PUR, 1999, p. 51–80.

J. Dalarun, *Vers une résolution de la question franciscaine. La* Légende ombrienne *de Thomas de Celano*, Paris : Fayard, 2007.

D. Poirel, « L'écriture de Thomas de Celano : une rhétorique de la rupture », *Franciscan Studies*, 70 (2013), p. 73–99.

A. Toaff, *The Jews in Umbria*, vol. 1, *1245–1435*, Leiden : Brill, 1993.

CHAPTER 13

Embryologie et statut de l'âme sensitive dans la tradition franciscaine au XIIIe siècle : le *suppositum* comme sujet de la béatitude

Isabel Iribarren

Dans leur interprétation de la doctrine paulinienne de la *renovatio mundi* à la fin des temps (*Rm* 8, 19–22), les théologiens médiévaux répètent inlassablement une série d'arguments servant à invalider la présence des animaux dans la gloire. Premier parmi ceux-ci, la théorie néoplatonicienne d'un ordre hiérarchique de l'univers, nourrie à son tour de certains axiomes du naturalisme aristotélicien. Selon cette vision, les créatures sont réparties selon leur degré de perfection le long d'une échelle naturelle qui reconnaît aussi des différences en fonction du type d'âme dont chaque organisme est doté. Dans cette disposition hiérarchique, l'altérité est résorbée à la fois par des médiations garantissant la continuité entre les différentes composantes de l'univers et par la *reductio* de toutes ces gradations possibles à l'*ens perfectissimum*. Selon cette ordination, les créatures non rationnelles sont rétablies *en tant qu'espèce* à leur fin ultime à travers les créatures qui, capables de raison et de libre arbitre, tendent vers Dieu naturellement et immédiatement. Le véritable *medium* qui garantit l'harmonie de l'ensemble est donc l'homme : composé d'âme et de corps, il résume en lui le réseau d'analogies qui composent l'ordre universel. La solidarité entre le sort de l'univers et le destin de l'homme, englobée dans la notion d'homme-microcosme, se manifestera dès lors dans une vision du monde comme symbole des réalités spirituelles. Cette vision s'harmonisait facilement à la lettre de la Genèse, justifiant l'idée d'une création au service de l'homme. Aux fonctions d'ordre théophanique, moral et esthétique qui constituaient l'utilité des animaux avant la chute, se joignent dans un état postlapsaire les fonctions liées à l'indigence corporelle de l'homme. Un passage du *Breviloquium* de Bonaventure rassemble clairement les éléments de cette doctrine :

> C'est dans tout ce devenir de l'univers, harmonieusement ordonné, qu'apparaîtra la sagesse ordonnatrice, la bonté et la grandeur du premier Principe. Dans sa sagesse, Dieu a créé le macrocosme en vue du microcosme, c'est-à-dire l'homme situé au milieu entre le monde inférieur et Dieu. Toutes les parties de l'univers doivent s'harmoniser pour

que l'habitation s'accorde à l'habitant et ce, selon tous les âges du monde : à l'homme créé bon correspondait un monde bon et en repos (*quieto statu*) ; lorsque l'homme chuta, le monde se détériora ; la perturbation profonde de l'homme retentit dans le monde ; lorsque l'homme fut purifié, le monde fut rénové ; et lorsque l'homme sera enfin consommé, l'univers rentrera dans le repos (*quietari*). La perturbation de l'univers doit répondre à celle de l'homme, comme la stabilité (*stetit cum stante*) et l'effondrement correspondaient à l'état d'innocence de l'homme et à sa chute[1].

Les animaux ont donc été créés pour servir l'homme (*non sunt ad ornatum terrae, sed ad hominis obsequium*), mais seulement provisoirement. Car dans la patrie céleste, où cesse tout pèlerinage et gouverne le repos, l'animal perd toute sa signification et raison d'être. Changeants et corruptibles, les animaux servaient l'homme dans son état de *viator*, phase de transition marquée par l'indigence. Dans le *status patriae*, les animaux céderont la place aux astres célestes, dont la nature perpétuelle est plus conforme à l'état de repos (*quies*) de l'univers dans la gloire. Bonaventure semble ainsi opérer une réduction subreptice du *status pertransitorius* à l'état de *natura lapsa* qui a comme consé-

---

1 Bonaventure, *Breviloquium*, VII, ch. 4, dans *Opera omnia*, t. V, Grottaferrata : PP. Collegii a S. Bonaventura, 1891, p. 201–291, trad. J.G. Bougerol, Paris : éd. franciscaines, 1967 : «… [P]rincipium rerum universale cum sit sapientissimum etsi in omnibus quae agit attendat ordinem sapientiae potissime autem in his debet attendere quae spectant ad consummationem ut sic non discordet primum a medio nec medium a postremo sed in cunctis congruentissime ordinatis appareat illius primi principii sapientia ordinans et bonitas et altitudo. Quoniam ergo Deus secundum sapientiam suam ordinatissimam cunctum mundum istum sensibilem et maiorem fecit propter mundum minorem videlicet hominem qui inter Deum et res istas inferiores in medio collocatus est hinc est quod ut omnia sibi invicem congruant et habitatio cum habitatore habeat harmoniam homine bene instituto debuit mundus iste in bono et quieto statu institui homine labente debuit etiam mundus iste deteriorari homine perturbato debuit perturbari homine expurgato debuit expurgari homine innovato debuit innovari et homine consummato debuit quietari. Primo ergo quoniam mundus iste perturbari debet homine perturbato sicut stetit cum stante et quodam modo cecidit cum labente et in futuro iudicio propter severitatem iudicis ostendendam necesse est omnium corda terreri et peccatorum maxime qui universorum dominum contempserunt ut sic omnis creatura divinum accipiat zelum et conformetur auctori conformetur etiam habitatori necesse est totius orbis cardines horribilissime commoveri. » Voir aussi Bonaventure, *Sent* II, d. 19 a. 1 q. 2. Thomas d'Aquin partage l'idée que le renouveau de l'univers advient en fonction de l'homme et que par conséquent il doit se conformer à celui réservé à l'homme : *Sent*. IV, d. 48 q. 2 a. 5 ; *De potentia*, q. 5 a. 9 ; *Compendium theologiae*, I, q. 170.

quence une dépréciation de la valeur ontologique des animaux. Sera ordonné à l'*innovatio* seulement ce qui est ordonné à l'*incorruptio*[2]. Dans cette optique bien augustinienne, la restauration dans la gloire est davantage une garante de subsistance (les termes de *stasis, quies, impassibilitas* abondent dans ces contextes), qu'une promesse de changement[3].

Incorruptibilité et quiétude (*quies*) seront donc les notes essentielles de l'univers rénové[4]. Dans les questions disputées *De anima* composées par Matthieu d'Aquasparta (1237–1302) peu avant la condamnation parisienne de mars 1277, le théologien franciscain reprend à son compte l'interprétation bonaventurienne de la doctrine de l'homme-microcosme, en incorporant plus explicitement la théorie hylémorphique aristotélicienne aux notions néoplatoniciennes d'ordre et de hiérarchie. La perfection de l'univers exige une gradation des formes selon toute la diversité possible, ordonnées entre elles selon des degrés croissants de perfection. De façon analogue, l'âme est le principe formel qui organise et structure le corps, selon une échelle d'êtres allant du moins au plus complexe. De même que dans l'univers la multitude de formes est ramenée à l'unité du premier principe par moyen d'une forme mitoyenne à la fois spirituelle et corporelle, de même chez l'homme les formes inférieures (*corporales et imperfectae*) sont ramenées à l'unité d'une forme supérieure et ultime, l'âme intellective[5]. Matthieu développe ainsi une métaphysique de l'homme-microcosme qui conforte sa conception pluraliste de la composition de l'être, en faisant de l'homme un miroir de la *reductio ad unum* de la diversité de l'univers. La relation entre l'intellect et les facultés inférieures de l'âme dans la composition de l'être humain est dès lors gouvernée par les

---

[2] Hormis les ouvrages cités dans la note précédente, voir aussi Bonaventure, *Sent.* IV, d. 48 a. 2 q. 4. Il existe peu de travaux consacrés à la question de la place des animaux à la fin des temps. Deux études méritent d'être citées, toutes deux parues dans *Micrologus*: L. Cova, «Animali e *renovatio mundi*. I perché di un'assenza», *Micrologus. Natura, scienze e società medievali, Rivista della Società Internazionale per lo Studio del Medio Evo Latino*, 8/1 (2000), p. 177–196; F. Santi, «*Utrum plantae et bruta animalia et corpora mineralia remaneant post finem mundi*. L'animale eterno», *Micrologus*, 4 (1996), p. 231–264.

[3] Voir Augustin, *Sermo* 362, PL 39, col. 1599–1634. Aussi Caroline Walker Bynum, *The Resurrection of the Body in Western Christianity, 200–1336*, New York: Columbia University Press, 1995, p. 102, d'où je tire cette formule.

[4] Bonaventure, *Sent.* IV, d. 48 a. 2 q. 4 ad 5. «Mundus hoc modo innovabitur ut, abiecta omni corruptione, perpetuo maneat in quiete», dira Thomas dans *Sent.* IV, d. 48 q. 2 a. 5. Thomas va plus loin encore: par un acte de volonté divine, le mouvement naturellement perpétuel des astres sera interrompu, car il deviendra inutile lorsque sera réuni le nombre prédéfini des élus.

[5] *De anima*, 412a27 f.

mêmes lois d'ordre, de médiation et de finalité qui régissent le cosmos. Dans la mesure où les formes végétative et sensitive sont imparfaites et instables (*non potest ibi esse status*), elles sont nécessairement ordonnées à une forme supérieure, l'âme intellective, seul principe de vie où le composé humain trouve son *status* – terme que Matthieu emploiera souvent, comme on le verra, pour désigner la subsistance de l'âme intellective par contraste à l'instabilité des formes corporelles imparfaites. De même que l'univers est ordonnée vers le Bien suprême et y trouvera son repos ultime, les créatures réalisent leur destinée chez l'homme, seul être doté d'une nature intellectuelle, et donc capable de béatitude[6]. Ainsi, combinant des éléments de la métaphysique aristotélicienne à une conception bien néoplatonicienne de l'univers et de sa finalité,

---

6   Matthieu d'Aquasparta, *Quaestiones disputatae De anima XIII*, éd. A.-J. Gondras, Paris: J. Vrin, 1961, q. 2, resp., p. 35–36: «1° Ex universi perfectione. Perfectio enim universi consistit in gradata formarum distinctione secundum omnem differentiam possibilem, ut dicit Augustinus [*De libero arbitrio*, III, c. 5, n. 13], et … nihil est vera ratione intelligibile, quod universum non contineat. Cum sint isti gradus formarum in universo invicem ordinti [Bonav., *Sent.*, II d. 1 p. 1 a. 1, q. 2 ad 2] – scilicet forma elementi quae ordinatur ad formam mixtionis, forma mixtionis ordinatur ad formam complexionis, forma complexionis ordinatur ad formam vegetabilem, forma vegetabilis ad formam sensibilem – et istae sunt forma corporales et imperfectae, et ideo non potest ibi esse status; ergo necesse est illas formas ad ulteriorem formam ordinari; ulterior autem nulla est nisi aliqua forma intellectualis; ergo necesse est ad universi perfectionem naturam spiritualem uniri naturae corporeae tamquam perfectionem perfectibili et formam materiae. 2° Ex universi ordine et connexione. Necesse est enim universum esse ordinatum et connexum in partibus suis. Ordo autem, ut dicit Dionysius [*De cael. Hierarchia*, c. 4, § 3; c. 10, § 2 sq.] et Philosophus [*De caelo*, I, t. 2, 268a11–12], consistit in primis, mediis et supremis. Cum autem in universo sit natura corporalis quae est infima, et natura intellectualis quae est suprema, oportet ponere aliquam naturam mediam in qua utraque consistat, ita quod fiat quidam circulus pulcherrimus dum infimo coniungitur umtimum. Hoc autem fit in homine in quo utraque natura convenit. 3° Ex universi consummatione. Cum enim, ut dicitur Proc. 18 [16, 4]: Universa propter semet ipsum operatus est Dominus, tamquam propter finem, necesse est totum universum in finem ultimum, qui est primum principium, ordinatur esse. Ultimus enim finis non est nisi summum bonum: finis enim et bonum idem, ut vult Philosophus [*Physic.* II, 195a23–26; *Metaph.* III, t. 3; V, t. 3, 996a22–26, 1013b25–28; *Eth. Nicom.*, I, c. 2, 1094a18–22; *Rhetoric.*, I, c. 6, 1362a17]; ergo ultimus finis summum bonum est. Istud autem est bonum beatificum. Cum ergo natura corporea, mixta, complexionata, et vegetabilis, et sensibilis, non de se ⟨36⟩ sit ad beatitudinem ordinata, ad perfectam universi consummationem necesse fuit unam naturam fieri, in qua omnes naturae universi, tamquam in quodam parvo mundo, uniretur ut, dum ista creatura beatificaretur, totum universum beatificaretur. Hoc autem esse non posset nisi simul in unum natura corporalis et intellectualis convenirent. Sola enim natura intellectualis de se beatificabilis est [Aug., *Enarr. In Psalmos*, ps. 32, serm. 2, n. 16]. Ergo manifestum est in unum convenire naturam corporalem et intellectualem.»

la théorie de l'homme-microcosme véhicule chez Matthieu une conception de l'âme intellective comme homologue psychologique du repos cosmique.

Dans ce qui suit, je voudrais examiner de plus près le problème du statut et du sort de l'âme sensitive en focalisant sur la solution apportée par Matthieu d'Aquasparta à la question du développement organique de l'embryon. L'argument que présente Matthieu dans ses questions disputées *De anima* m'a paru revêtir un intérêt particulier, car l'embryologie devient ici un lieu théorique pour examiner non seulement la composition de l'être humain avant l'infusion de l'âme rationnelle, mais aussi, et plus en lien avec notre propos, le statut de l'âme sensitive chez les animaux non humains[7]. L'embryon qui meurt prématurément avant l'infusion de l'âme rationnelle est-il condamné, comme les animaux, à la corruptibilité sans appel? Dans la mesure où son être n'est pas achevé, peut-on faire reposer son identité spécifique sur son âme sensitive, comme c'est le cas chez les animaux non humains? Ou encore: l'âme sensitive de l'embryon mort-né atteint-elle le statut d'une forme substantielle? La question du développement de l'embryon sert donc comme cadre pour explorer la relation entre corps et identité, la ligne de partage entre l'intellect et les autres facultés de l'âme dans la composition de l'être et, dans une perspective eschatologique, les conditions de possibilité du salut.

En outre, comme elles forcent le contraste entre l'âme sensitive humaine et l'âme sensitive animale, ces questions font ressortir une tension qui me semble inhérente à la théorie de l'homme microcosme. C'est à savoir la tension entre, d'une part, une approche psychologique qui individualise fortement l'être humain au détriment de considérations possibles sur l'autonomie du corps et sur l'existence d'une communauté biologique avec le genre animal, et d'autre part, une approche métaphysique, qui conduit à privilégier l'accomplissement des plans de la Providence, où toutes les créatures sont nécessairement tournées vers le Bien. Selon que l'on suit l'une où l'autre approche, les animaux sont soit exclus de l'histoire du salut et abandonnés à la corruptibilité ici-bas, soit (et au mieux) invités à rejoindre la restauration cosmique *secundum speciem* et pas *secundum numerum*, comme élément constitutif de l'homme. La première de ces approches me semble primer dans la théorie thomasienne de la forme substantielle unique[8], alors que la deuxième me paraît plus patente

---

[7] On consultera à ce sujet, L. Brisson, M.-H. Congourdeau et J.-L. Solère, éds., *L'embryon, formation et animation, Antiquité grecque et latine, traditions hébraïque, chrétienne et islamique*, Paris, 2008.

[8] Thomas d'Aquin, SCG IV, c. 81: «Oportet igitur, quod corporeitas, prout est forma substantialis in homine, non sit aliud quam anima rationalis ... » Voir aussi A. Boureau, «L'animal dans la

chez les pluralistes, où le primat typiquement néoplatonicien de l'universel sur l'individuel est plus fonctionnel[9].

Il me paraît utile de commencer par un rappel des notes essentielles de la thèse thomasienne de la forme substantielle unique, d'autant plus que l'argument de Matthieu passe par une critique de l'anthropologie thomiste. Dans mon exposé, je prêterai une attention particulière à l'impact de cette dernière sur la question de l'embryogenèse. Dans un deuxième moment, je présenterai l'alternative pluraliste de Matthieu, pour finir, dans un troisième moment, avec un examen de sa solution à la question du rapport entre l'âme intellective et les formes inférieures dans le développement embryologique et chez l'animal non humain. Dans mon examen, je me limiterai à la question du statut de l'âme sensitive d'un point de vue métaphysique et eschatologique, et éviterai, par souci de brièveté et de clarté, des problèmes connexes comme la thèse de l'intellect unique, le statut des corps ressuscités, ou le débat sur la « vérité de la nature humaine ».

1 La thèse thomasienne de la forme substantielle unique

Dans les questions 75 et 76 de la Prima Pars, Thomas postule que l'homme, comme tout existant, est constitué par l'action d'une forme, et d'une seule forme, sur une matière. En tant que potentialité pure, la matière ne contribue en rien à la constitution de l'identité de l'être, à part le fait de lui donner un corps distinct. C'est donc par la matière que l'âme est individualisée. Dans cette optique, le corps est l'expression d'une forme qui le stabilise, plutôt que celle d'une raison séminale qui se développe. Dans l'homme, la forme substantielle est l'âme intellective, qui est infusée divinement. Cette forme lui donne l'être, son actualité, son opération essentielle (penser), et c'est par elle qu'il garde son identité propre, alors qu'il peut se passer de ses accidents ou s'en adjoindre de nouveaux. En évoquant l'axiome aristotélicien *ens et unum*

---

pensée scolastique », dans J. Berlioz et Marie Anne Polo de Beaulieu, dir., *L'animal exemplaire au Moyen Âge. ve–xve siècles*, Presses Universitaires de Rennes, 1999, p. 99–109, ici p. 105.

9 Cette vision était confortée à son tour par la science aristotélicienne, selon laquelle la mortalité des individus est compensée par l'éternité de l'espèce. Ainsi Thomas d'Aquin (SCG, II c. 82), à différence de Bonaventure, admet sans réserves que plantes et animaux périront *secundum numerum*, même s'ils sont par leur nature perpétuels *secundum speciem* et que la préservation sans fin de l'espèce constitue la fin de l'*intentio naturae*.

convertuntur, Thomas veut signifier que l'unité de l'être exige l'unicité du principe formel[10]. En effet, puisque la forme est principe de l'être et de son unité, un être ne peut pas avoir plusieurs formes au risque de se multiplier en plusieurs êtres[11]. L'âme intellective intègre donc les formes mitoyennes communes à tous les êtres vivants (l'âme végétative) et à tous les êtres animés (l'âme sensitive), de sorte qu'une fois infuse, l'âme végétative et l'âme sensitive doivent disparaître[12]. L'âme intellective est ainsi principe explicatif de toutes les opérations de l'homme : son développement, son mouvement et surtout son activité cognitive.

Cette vision était solidaire d'une conception de l'âme, d'origine aristotélicienne, selon laquelle seule l'âme intellective, infuse de façon extrinsèque, réunit les conditions de possibilité l'habitant à jouir d'une vie incorruptible. Aristote fonde cette singularité sur le principe, auquel Thomas adhère, selon lequel tout être est identique à son principe d'opération essentielle[13]. Il s'ensuit que seule l'âme intellective est subsistante dans la mesure où son opération cognitive ne dépend pas des organes sensibles[14]. Par le même mouvement, les âmes des animaux non humains sont condamnées à la corruptibilité, car leur opération (sensation, locomotion, imagination) exige un corps[15].

---

10   Pour les passages principaux dans l'œuvre de Thomas énonçant les prémisses de la thèse de la forme substantielle unique : *Ia Pars*, q.76, a.3 ; SCG, II, c.57 ; *In De anima*, II, lect. 1.
11   Thomas, *De ente et essentia*, c.5 ; *De potentia*, q. 7, 2 ; SCG, II, c.54 ; q.5, a.3.
12   Voir Thomas, *ST* Ia, q.118, a.2, ad 2 ; *De spiritualibus creaturis*, a.3 ; SCG, cc.57 and 58.
13   *De anima*, I, ch. 2, 94–97.
14   *De anima*, II, ch. 2, 413b24ff. Aussi III, ch. 4 et 5 ; 429a24 f., b4 f., 430a7 f. Dans *ST*, Ia q. 75 a. 2 ad 1, Thomas d'Aquin distingue entre deux sens de subsistance : selon un sens faible, quelque chose subsiste même si elle fait partie un être de subsistent (c'est le cas de l'âme humaine ou de la main) ; selon un sens fort, une chose est subsistent si en plus il constitue une substance complète (êtres humains et animaux).
15   Thomas d'Aquin, *ST*, Ia q. 75, a. 2–6 et q. 79 ; *Quodl.* 10, q. 4, a. 2c : « impossibile est in anima separata alicuius potentiae sensitivae actum esse. Quod sic patet. Operatio namque potentiae sensitivae eodem modo perficitur in homine et bruto ; eodem enim modo videt homo per oculum quo equus. Actus autem sensitivae potentiae in bruto non est ipsius animae sensitivae per se, sed mediante organo. Si enim per se haberet operationem anima sensitiva in bruto, per se haberet subsistentiam ; et sic esset incorruptibilis, ut de anima rationali probatum est. Unde, cum sit hoc inconveniens, impossibile est quod in bruto vel in homine potentia sensitiva habeat aliquem actum proprium, sed omnis actus eius est coniuncti. Unde in anima separata remanere non potest. Quidam tamen dicunt, animam sensitivam habere duos actus : unum quem exercet organo mediante, qui post mortem

Or, la thèse thomasienne imposait de sérieuses difficultés pour rendre compte d'une quelconque continuité dans le changement naturel[16], avec des conséquences problématiques pour l'explication du développement organique de l'embryon. Thomas s'intéresse à cette question dans ses questions disputées *De anima*, question 11 (*Utrum in homine anima rationalis, sensibilis et vegetabilis sit una substantia*) et *De potentia*, question 3, article 9 (*Utrum anima rationalis educatur in esse per creationem, vel per seminis traductionem*). Le Dominicain y maintient que la génération naturelle produit successivement plusieurs formes et dispositions préalables (végétative puis sensitive) qui se corrompent tour à tour lors de l'introduction de la forme suivante, jusqu'à ce que l'âme intellective soit infusée et assimile les fonctions des âmes préalables[17]. Sur cette base, Thomas critique quatre positions alternatives: selon la première, dans l'embryon il n'y aurait pas d'âme avant l'arrivée de l'âme rationnelle, mais une certaine efficience (*virtus formativa*)[18] procédant par

---

non manet; alium quem per seipsam agit, et hic manet post mortem. Hoc autem videtur attestari opinioni Platonis de anima, qui ponebat animam sensitivam movere seipsam, et sic movet corpus; et sic illa operatio qua movebat seipsam, erat sibi propria; alia vero, qua movebat corpus, erat coniuncti: et propter hoc Plato ponebat animas etiam brutorum esse incorruptibiles: hoc enim de necessitate sequitur, quod tamen isti non concedunt.» Suivant cette logique, Thomas d'Aquin qualifiera l'âme animale de «forme matérielle», car elles ne subsistent pas au-delà de la matière qu'elles informent. Voir SCG II, q. 51; Commentaire au *De anima*, II, 24, 85–89. Thomas corrige un dualisme strict en affirmant que l'âme humaine n'est pas une sorte différente de l'âme animale, mais elle est différente par l'étendue de son pouvoir: *Sent.*, II d. 1 q. 2 a. 4 ad 4.

16   C'est l'un des reproches que Robert Kilwardby énonce contre la thèse de Thomas. Voir *De 43 quaestionibus*, q. 34, éd. H.-F. Dondaine, *Archivum Fratres Praedicatorum*, 47 (1977), p. 5–50, surtout p. 36–39. La nature ignore la matière brute, mais la thèse thomiste implique la réduction de la matière au statut de matière première à chaque phase de génération et de corruption. À ce sujet, on consultera A. Boureau, *Théologie, science et censure au XIIIe siècle. Le cas de Jean Peckham*, Paris: Les Belles-Lettres, 1999, p. 63–70.

17   Thomas, *Quaestiones disputatae De anima*, q. 11 ad 1: «Et ideo aliter dicendum est quod generatio animalis non est tantum una generatio simplex, set succedunt sibi inuicem multe generationes et corruptiones: sicut dicitur quod primo habet formam seminis, et secundo formam sanguinis, et sic deinceps quousque perficiatur generatio. Et ideo, cum corruptio et generatio non sint sine abiectione et additione forme, oportet quod forma imperfecta que prius inerat abiciatur, et perfectior inducatur; et hoc quousque conceptum habeat formam perfectam. Et ideo dicendum quod anima uegetabilis prius est in semine, set illa abicitur in processu generationis et succedit alia que non solum est uegetabilis set etiam sensibilis, qua abiecta iterum additur alia que simul est uegetabilis, sensibilis et rationalis.»

18   Il s'agit du problème de la relation entre la *virtus formativa* et l'animation de l'embryon.

génération naturelle et qui rendrait compte des opérations de l'embryon. Cette position, soutenue principalement par les Franciscains et inspiré du concept augustinien de *rationes seminales*, identifie la *potentia activa* dans le sperme avec la *virtus formativa* dérivée de l'âme du père. Le germe actif dans le sperme est d'abord le principe qui organise la matière pour en devenir ensuite la forme[19]. Thomas rejette cette opinion, car elle ne permet pas de rendre compte des opérations dans l'embryon qui ne peuvent être attribuées qu'à l'âme, comme croître et sentir.

Une deuxième position, dont l'auteur est probablement Albert le Grand, prône le développement continu d'une forme qui se perfectionne graduellement. Les parties végétative et sensitive de l'âme humaine sont tirées de la matière par la *virtus formativa* de la semence, l'intellect est ensuite infusé par Dieu à partir de l'extérieur[20]. Selon Thomas, cette opinion entraînerait deux conséquences périlleuses: ou bien elle suppose que l'âme selon son espèce pré-existe dans la semence n'ayant pas encore les opérations parfaites à cause de la déficience des organes; ou bien elle postule que dans la semence il y a une forme qui n'a pas encore la nature de l'âme. Quant à la première conséquence, il est absurde de dire que l'âme pré-existe dans la semence. C'est plutôt le contraire: la semence est en puissance vis-à-vis de l'âme, car elle en est privée. La seconde conséquence est fausse, puisque la forme substantielle advient instantanément à l'être et ne peut pas être le résultat d'un processus successif et graduel inscrit dans la nature. En outre, l'âme rationnelle serait une substance corruptible car causée par une vertu immanente à la semence.

La troisième position correspond à la thèse pluraliste dans sa forme la plus courante. Les trois principes vitaux de l'homme sont adjoints de manière suc-

---

Sur ce sujet, on consultera Maaike van der Lugt, *Le ver, le démon et la vierge. Les théories médiévales de la génération extraordinaire*, Paris: Les Belles Lettres (L'âne d'or), 2004, p. 79–87, ici p. 79: «dans le *De la génération des animaux* (II, 3, 736b33–737a6) Aristote explique que l'activité du sperme réside dans un souffle chaud qu'il renferme: le *pneuma*. Le caractère écumeux du sperme indique la présence de ce *pneuma* (*spiritus* en latin). Aristote rajoute que la chaleur contenue dans le sperme n'est pas celle de l'élément feu mais une chaleur solaire (*calor solis*) et une chaleur animale (*calor animalis*). Grâce à ces chaleurs, le sperme possède un principe vital: *principium vitae*. Au Moyen Âge, afin de faire concorder leurs sources diverses, les scolastiques identifient la puissance active du sperme évoquée par Aristote à la *virtus formativa* ou *informativa* dont parlent les sources médicales.»

19   Robert Grosseteste et Bonaventure sont des partisans de cette théorie. Voir Bonaventure, *Sent.* II, d. 15 a. 1 q. 1. Voir aussi M. van der Lugt, *Le ver, le démon et la vierge*, p. 85–86.

20   Thomas, *Quaest. disp. De anima*, q. 11 ad 1; *De potentia*, q. 3 a. 9 ad 9, où Thomas identifie cette position avec celle de Grégoire de Nysse.

cessive lors du développement embryonnaire. Tout en restant réellement distincts, ils sont ordonnés les uns par rapport aux autres afin de former une seule âme. À cet égard, les pluralistes recourent volontiers à l'image aristotélicienne des formes géométriques pour expliquer la hiérarchisation des différents principes : de même que le carré composé de deux triangles est transformé en pentagone par l'addition d'un troisième triangle[21], les formes végétative et sensitive sont tirées de la puissance de la matière avant que le principe intellectuel ne soit infusé par Dieu[22].

Outre la mise en cause de l'unité de l'être par la multiplication des formes, Thomas soutient que l'hypothèse d'une pluralité des formes entraîne des inconvénients d'ordre logique dans le mode de prédication. Si les prédicats de formes diverses sont affirmés d'un sujet, l'un d'eux sera affirmé de l'autre par accident. Par exemple, si Socrate est dit homme et animal selon l'une et l'autre forme, il s'ensuit que la proposition « l'homme est animal » est une proposition accidentelle et que « animal » n'est pas prédiqué de l'homme essentiellement. En effet, tout ce qui advient à l'être après sa forme substantielle est accidentel à sa composition. La distinction entre forme accidentelle et forme substantielle est cruciale pour Thomas et constitue l'une des raisons principales de son rejet de la thèse pluraliste. Alors que le sujet de la forme substantielle est quelque chose de purement potentiel, une forme accidentelle arrive dans un être qui existe déjà actuellement. S'il y avait plus d'une forme substantielle dans le composite, comme le prétendent les pluralistes, la forme inférieure satisferait déjà les conditions d'une forme substantielle. Par conséquent, toute forme supérieure arrivant ultérieurement serait qualifiée d'accidentelle, car elle supposerait une substance actuellement existante. Aux yeux de Thomas, la différence entre une forme substantielle et une forme accidentelle n'est garantie que par la thèse d'un principe formel unique[23].

---

21   *De anima*, II, 3, 414b28–32.

22   Cette position est maintenue, entre autres, par le Franciscain Jean Peckham, *Quodlibeta Quatuor*, éd. G.J. Etzkorn (Quodl. I–III) et F. Delorme (Quodl. IV), Grottaferrata, Collegio S. Bonaventura : Quaracchi (« Biblioteca Franciscana Scholastica Medii Aevi », 25), 1989, *Quodl.* IV, q. 24 et 25.

23   Thomas, *Quaestiones disputatae De anima*, q. 11, resp. : « Sed hoc non potest stare, quia si de aliquo subiecto predicentur aliqua secundum diuersas formas, unum illorum predicatur de altero per accidens : sicut de Sorte predicatur album secundum albedinem et musicum secundum musicam, unde musicum de albo secundum accidens predicatur. Si igitur Sortes dicatur homo et animal secundum aliam et aliam formam, sequetur quod hec predicatio 'homo est animal' sit per accidens, et quod homo non sit uere id quod est animal. Contingit tamen secundum diuersas formas fieri predicationem per se quando

Enfin, une quatrième position à laquelle s'attaque Thomas et assimilée par les scolastiques à la position averroïste[24], postule l'origine naturelle de la part sensitive de l'âme, qui ferait de l'embryon un animal avant d'être homme. Cette thèse suppose que la partie sensitive, dans son statut d'âme et non seulement de *virtus*, précède dans l'embryon l'âme rationnelle[25]. Rejetée unanimement par les scolastiques, cette position semblait compromettre l'union intime des parties sensitive et intellective en postulant une origine naturelle de l'âme sensitive sans enracinement dans l'âme intellective. Contre les dérives averroïstes, Thomas défend la position selon laquelle l'âme sensitive disparaît avant l'introduction de la forme substantielle. La partie sensible chez l'embryon est tirée de la potentialité de la matière par la *virtus formativa* du sperme. Au cours de l'embryogenèse, l'enfant est successivement animé par des âmes différentes, mais il ne contient, à aucun moment, deux formes en même temps[26]. La *virtus generativa* du sperme garde seulement une valeur instrumentale dans la génération, pour se dissoudre une fois achevé l'apport des causes naturelles au moment de l'infusion directe de l'âme intellectuelle, dès lors unie immédiatement au corps comme sa forme. Tout au plus, Thomas concède que

---

habent ordinem ad inuicem, ut si dicatur quod 'habens superficiem est coloratum', nam color est in substantia mediante superficie. Set hic modus predicandi per se non est quia predicatum ponatur in diffinitione subiecti, set magis e conuerso. Superficies enim ponitur in diffinitione coloris sicut numerus in diffinitione paris. Si igitur hoc modo esset predicatio per se hominis et animalis, cum anima sensibilis quasi materialiter ordinetur ad rationalem (si diuerse sint), sequetur quod animal non predicabitur per se de homine, set magis e conuerso »; *ST* Ia, q. 76 a. 3 resp; *De potentia*, q. 3 a. 9 ad 9.

24 Voir le témoignage de Roger Bacon, *Liber primus communium naturalium fratris Rogeri*, Ia, IIa et IIIa, éd. Robert Steele, Oxford : Clarendon Press, 1909–1911, Pars IV, dist. 1, cap. 3 ; Pierre de Jean Olivi, *Summa*, q. 51. Voir à ce sujet, Sylvain Piron, « Olivi et les averroïstes », *Freiburger Zeitschrift für Philosophie und Theologie*, 53/1 (2006), p. 251–309. Les scolastiques rejettent unanimement, avec Aristote, l'idée que la *virtus* soit elle-même une âme. Voir Aristote, *De gen. anim.*, II, 3, 737a ; Albert le Grand, *Quaestiones super De animalibus*, XVI, q. 1 ; Thomas d'Aquin, *ST*, Ia, q. 118, a. 1, ad 3.

25 *De la génération des animaux*, II, 3, 736a–b.

26 Voir M. van der Lugt, *Le ver, le démon et la vierge*, p. 85 : « Selon Thomas, la *virtus formativa* dans le sperme est simplement l'agent et l'instrument de la génération. Il la compare à l'idée présente dans l'esprit de l'artisan qui guide sa main et qui est de ce fait présente dans l'instrument. Avec le concours des astres, la *virtus formativa* tire l'âme végétative et ensuite celle sensitive de la *potentia* de la matière, le sang maternel. Après avoir fini son travail, la *virtus formativa* se dissout avec le sperme. L'apport des causes naturelles étant ainsi achevé, Dieu imprime directement l'âme intellectuelle. » Voir Albert, *De animalibus*, XVI, tr. 1, cap. 7, par. 42–43 ; Thomas, *ST* Ia, q. 118, a. 1, ad 3–4 et a. 2 ; aussi *De potentia*, q. 3 a. 9 ad 16 ; a. 11 ad 8 ; *SCG* II, c. 89, par. 10 ; IV, c. 45, par. 3.

« cette efficience [la *virtus* de l'âme sensitive] a raison d'âme ... et ainsi par elle l'embryon peut être dit animal »[27]. Or, si la thèse averroïste pouvait conduire à la séparation de l'intellect, rejeter d'emblée cette thèse risquait de compromettre l'autonomie du corps et avec elle l'existence d'une communauté biologique entre l'homme et les animaux. Thomas est donc tiraillé par deux impératifs métaphysiques : d'une part, accorder trop d'actualité à l'âme sensitive irait à l'encontre de l'unicité de la forme substantielle ; d'autre part, supprimer toute actualité (et donc toute valeur ontologique) à l'âme sensitive serait réduire l'embryon à une pure potentialité et anéantir les principes explicatifs de ses opérations.

En réponse, Thomas apporte quelques nuances à sa thèse en faisant valoir l'axiome aristotélicien selon lequel l'être est identique à son principe d'opération essentielle : « de même que l'âme est dans l'embryon en acte, mais en acte imparfait (*actu imperfecto*), ainsi elle opère par des opérations imparfaites (*operationes imperfectas*)[28]. » En quoi consiste cette imperfection ? La réponse à une des objections formulées dans la question 11 des questions disputées *De anima* fournit quelques éléments de réponse :

> D'une même et unique forme la matière reçoit divers degrés de perfection ; et selon que la matière est actualisée par un degré de perfection inférieur, elle reste encore matière pour un degré de perfection plus haut. Et ainsi, selon que le corps est actualisé dans l'être sensible par l'âme humaine, il demeure encore matière au regard d'une perfection ultérieure. Pour cette raison, « animal », qui est le genre, est pris de la matière, et « rationnel », la différence, est pris de la forme[29].

L'âme sensitive de l'embryon en formation est une « forme matérielle » dans la mesure où, tout en étant actualisée selon son degré de perfection, elle reste

---

27 *Quaest. disp. De anima*, q. 11 ad 2 et ad 3 : « illa uirtus habet rationem anime, ut dictum est ; et ideo ab ea embrio potest dici animal. »

28 *Quaest. disp. De anima*, q. 11 ad 9 : « sicut anima in embrione est in actu, set imperfecto, ita operatur, set operationes imperfectas. »

29 *Quaest. disp. De anima*, q. 11 ad 18 : « sicut ex superioribus questionibus patet, ab una et eadem forma materia recipit diuersos gradus perfectionis ; et secundum quod materia perficitur inferiori gradu perfectionis, remanet adhuc materialis ad altioris perfectionis gradum. Et sic secundum quod corpus perficitur in esse sensibili ab anima humana, remanet adhuc ut materiale respectu ulterius perfectionis. Et secundum hoc animal, quod est genus, sumitur a materia ; et rationale, quod est differentia, sumitur a forma » ; aussi ad 1 : « [embrio] nondum est anima perfecta, sicut nec embrio est animal perfectum. »

en puissance au regard d'une perfection ultérieure. Pour la même raison, l'âme sensitive dans l'embryon n'a pas le statut d'un être achevé dans sa nature spécifique. La thèse de la forme substantielle unique contraint Thomas à postuler l'identité substantielle entre l'âme sensitive et l'âme rationnelle de l'embryon. Une fois l'âme intellective infuse, la substance de l'âme de l'embryon, tout à la fois végétative, sensible et rationnelle, tirerait son origine d'un principe transcendant, à la différence des brutes, dont l'âme sensible provient d'un principe intrinsèque. Thèse paradoxale, car l'animalité chez l'homme viendrait à être garantie par le même principe (l'âme intellective) qui la met en cause. L'homme ne partage de façon univoque avec les animaux que la *puissance* sensitive, qui reste un accident chez l'un comme chez l'autre. Cela explique que Thomas soit prêt à admettre la corruptibilité des puissances sensitives dans les deux cas, alors qu'il défend l'incorruptibilité de l'âme sensitive chez l'homme du fait de son identité avec l'âme rationnelle[30].

---

30 Thomas, *Quaest. disp. De anima*, q. 11, ad 10–19 : « Ad decimum dicendum quod licet anima sensibilis in brutis sit ab intrinseco, tamen in homine substantia anime que est simul uegetabilis, sensibilis et rationalis, est ab extrinseco, ut iam dictum est. Ad undecimum dicendum quod anima sensibilis non est accidens in homine, set substantia, cum sit idem in substantia cum anima rationali ; set potentia sensitiua est accidens in homine, sicut et in aliis animalibus. Ad duodecimum dicendum quod anima sensibilis est nobilior in homine quam in aliis animalibus quia in homine non tantum est sensibilis, set etiam rationalis. Ad tertium decimum dicendum quod anima sensibilis in homine secundum substantiam est incorruptibilis, cum eius substantia sit substantia anime rationalis ; licet forte potentie sensitiue, quia sunt actus corporis, non remaneant post corpus, ut quibusdam uidetur. Ad quartum decimum dicendum quod si anima sensibilis que est in brutis et anima sensibilis que est in homine collocarentur secundum se in genere uel specie, non essent unius generis, nisi forte logice loquendo secundum aliquam intentionem communem. Set illud quod est in genere uel specie proprie est compositum, quod utroque est corruptibile. Ad quintum decimum dicendum quod anima sensibilis in homine non est anima irrationalis, set est anima sensibilis et rationalis simul. Set uerum est quod potentie anime sensitiue quedam sunt quidem irrationales secundum se, set participant rationem secundum quod obediunt rationi. Potentie autem anime uegetabilis sunt penitus irrationales, quia non obediunt rationi, ut patet per Philosophum in I Ethicorum. Ad octauum decimum dicendum quod, sicut ex superioribus questionibus patet, ab una et eadem forma materia recipit diuersos gradus perfectionis ; et secundum quod materia perficitur inferiori gradu perfectionis, remanet adhuc materialis ad altioris perfectionis gradum. Et sic secundum quod corpus perficitur in esse sensibili ab anima humana, remanet adhuc ut materiale respectu ulterius perfectionis. Et secundum hoc animal, quod est genus, sumitur a materia ; et rationale, quod est differentia, sumitur a forma. Ad nonum decimum dicendum quod sicut animal, in quantum animal, neque est rationale neque irrationale, set ipsum animal rationale est homo, animal uero irrationale est animal brutum, ita anima

2   L'alternative pluraliste de Matthieu d'Aquasparta

Parmi l'ensemble de questions abordées par Matthieu d'Aquasparta dans le *De anima*, quatre prêtent une attention particulière au problème du rôle de l'âme sensitive dans l'embryogenèse : q. 4 (*Utrum anima rationalis sive intellectiva sit perfectio et forma corporis, ita quod det corpori esse corpus*), q. 5 (*Utrum per aliquam formam praecedentem animae rationalis infusionem reponatur homo in esse specifico hominis vel in aliqua alia specie determinata*), q. 6 (*Utrum in homine vegetativa, sensitiva et intellectiva sint eadem secundum substantiam an diversa, ita quod vegetativa et sensitiva educantur de potentia materiae et intellectiva a Deo creetur inmediate*) et q. 9 (*Utrum anima intellectiva sit hoc aliquid*).

Outre la présence de certains traits doctrinaux qui constituent le noyau dur de la thèse pluraliste, la psychologie de Matthieu, surtout en ce qui concerne la question du développement de l'embryon, cultive une ambivalence entre ce qu'il considère comme la position la plus probable du point de vue philosophique et l'opinion acceptée communément par les théologiens. Adressons-nous d'abord aux aspects qui font le consensus des pluralistes[31]. Selon Matthieu, l'être humain est constitué d'une pluralité de formes ordonnées selon une hiérarchie de degrés croissants de complexité et de perfection. Ces formes intermédiaires, nécessaires à l'union du corps et de l'âme, sont bel et bien des formes substantielles, mais seulement dans le sens où elles confèrent l'être substantiel *selon un certain degré* et non pas dans sa détermination ultime (*esse completum [et] hoc aliquid*), garantie par la seule âme intellective. Les formes intermédiaires ne disparaissent pas, mais disposent (*disponitur ; non abiciuntur sed perficiuntur*) la matière à la réception d'une forme ultérieure[32], au regard de laquelle les formes mitoyennes sont dites « matérielles »[33]. À ce propos, Matthieu qualifie ces dernières de floues et instables (*in aliquo*

---

sensibilis, in quantum huiusmodi, neque rationalis est neque irrationalis, set ipsa anima sensibilis in homine est rationalis, in brutis uero irrationalis. »

31   Au sujet des principes métaphysiques sous-jacents à la position pluraliste au XIIIe siècle, voir l'excellente étude de R. Zavalloni, *Richard de Mediavilla et la controverse sur la pluralité des formes*, dans Philosophes Médiévaux 2, Louvain, 1951, surtout p. 310–314.

32   *De anima*, q. 3 resp., p. 45 : « forma exigit materiam sibi proportionatam, coaptam et dispositam, quia proprius actus habet in propria materia fieri ; ista autem proportio et coaptio sive habilitatio non est nisi aliqua dispositione mediante ».

33   *De anima*, q. 3 ad 12, p. 50 : « dispositio, mediante qua unitur, est substantialis et dat substantiale esse in gradu aliquo, in quo tamen non est status ; et ideo forma ultimo adveniens non dat esse accidentale sed completum. »

fluxu et in aliquo decursu), jusqu'à l'infusion de la forme supérieure, où l'être trouve son *status*[34].

L'âme intellective perfectionne l'être non pas à titre de principe unique, mais comme cause partielle à côté de la matière[35]. Le rapport d'équivalence

---

34 Matthieu d'Aquasparta, *Quaestiones disputatae De anima XIII*, éd. A.-J. Gondras, Paris: J. Vrin, 1961, q. 4, resp., p. 65–66: «... hoc indubitanter teneo quod anima intellectiva non dat corpori esse corporeum, neque illa esse superiora, immo oportet necessari in eodem ponere plures formas non, ut existimant [Thomas, *De anima*, q. 11, concl.], per accumulationem, sed per quamdam complexionem, ita quod quaelibet forma det aliquem gradum essendi et perficiat materiam in aliquo gradu; tamen non dat esse completum nec hoc aliquid nisi ultima forma, quia in aliis non stat virtus et operatio naturae; ubi autem stat quidem virtus et operatio naturae, ibi dat completum esse in illo genere, et perficit materiam simpliciter, et facit esse hoc aliquid, et dat esse completum et a quo unum est. Formae tamen in individuo speciei specialissimae aggregantur in actu, in potentia in omnibus generibus superioribus, ita quod quanto magis appropinquant ad istud, plus habent de actu, quanto magis elongantur, minus habent de actu et plus de potentia. Omnes tamen formae superiores praecedentes sunt materiales respectu ultimae, nisi ubi dant esse ⟨66⟩ completum materiae, velut ubi termintur operatio et intentio naturae. Sed in homine non dant esse completum nec terminant materiam, sed materia est in aliquo fluxu et in aliquo decursu usque ad ultimam formam, ibi autem est status. Et ideo illa sola esse simpliciter et facit esse hoc aliquid»; q. 2, p. 35: «Perfectio enim universi consistit in gradata formarum distinctione secundum omnem differentiam possibilem, ut dicit Augustinus, et ... nihil est vera ratione intelligibile, quod universum non contineat. Cum sint isti gradus formarum in universo invicem ordinti – scilicet forma elementi quae ordinatur ad formam mixtionis, forma mixtionis ordinatur ad formam complexionis, forma complexionis ordinatur ad formam vegetabilem, forma vegetabilis ad formam sensibilem – et istae sunt forma corporales et imperfectae, et ideo non potest ibi esse status; ergo necesse est illas formas ad ulteriorem formam ordinari; ulterior autem nulla est nisi aliqua forma intellectualis; ergo necesse est ad universi perfectionem naturam spiritualem uniri naturae corporeae tamquam perfectionem perfectibili et formam materiae»; q. 2 ad 2, p. 36–37: «materia in aliquibus contenta est sola forma corporeitatis, ita quod illa dat completum esse materiae, et ibi est status, et in talibus quicquid advenit post istud esse, accidentale est; in aliquibus autem materia non est contenta corporali forma, sed ordinatur ad ulteriorem perfec⟨37⟩tionem, ita quod illa forma non dat esse completum simpliciter sed in tali gradu, nec ibi est status; ideo materia, una cum forma illa, ordinata ad ulteriorem et nobiliorem, est quasi materia, et forma illa habet rationem dispositionis, sicut patet quod forma elementi in aliquibus complet materiam, in aliquibus ordinat ad formam mixti, et forma miscibilis in aliquibus dat esse completum materiae, ut in congelatis, in aliquibus ordinat materiam et disponit ad formam complexionis, et sic de ceteris usque ad animam rationalem; unde negandum est corpus habere completum esse.» Voir aussi Bonaventure, *Sent.*, II d. 1 p. 1 a. 1, q. 2 ad 2.

35 *De anima*, q. 2 ad 4, p. 37: «anima revera, ut supponimus ad praesens, composita est

établi par Thomas entre forme et actualité est par conséquent déjoué : la forme n'est qu'un principe de détermination qui prépare le composé à des déterminations ultérieures. Dans cette optique, la forme possède une certaine potentialité, car une forme pré-existante peut être suivie et perfectionnée intrinsèquement par une nouvelle[36]. Inversement, la matière contient un principe actif qui permet d'expliquer la génération naturelle comme un processus graduel d'acquisition d'une nouvelle forme par une matière[37]. L'union du corps et de l'âme est dès lors conçue non pas comme l'information d'une pure potentialité par un principe actif, mais comme l'interaction de deux substances en quelque sorte déterminées mais incomplètes.

Suivant une tradition péripatéticienne arabe, Matthieu emploie le terme de *forma corporeitatis* pour désigner la potentialité active dans la matière, permettant d'expliquer comment la forme achevée à la fin du processus génératif existe déjà, quoique incomplète, au sein de la matière[38]. Comme c'est sou-

---

ex vera materia et vera forma, et tamen nihilominus est forma et perfectio corporis et totius, non tamen ratione totius, sed ratione partis alterius, scilicet formae, nec tamen propter hoc sequitur quod una forma perficiat plures materias quia, ut dicutm est, totum perficit. Vel dicendum quod totum perficit et secundum totum sive ratione totius; nec est inconveniens, quia materia illa animae intellectualis est adeo per formam nobilitata et subtilificata quod, etsi non per se nec secundum quod est in potentia, sed secundum quod est per formam completa et in toto potet perficere corporalem materiam.»

36 *De anima*, q. 2 ad 4, p. 37: «Videmus enim aliquam formam quae, quamvis sit in actu, tamen non secundum quod est in actu, sed in quantum est in poetantia, potest esse materialis respectu alterius formae nobilioris; sic materia, non secundum quod est in potentia, sed secundum quod est in actu per formam, poterit esse perfectio inferioris materiae.»

37 À l'appui de cette thèse, les pluralstes citent souvent un passage d'Augustin dans les *Confessions*, XII, 6, PL 32, col. 828, n. 6 (éd. L. Verheijen, Turnhout 1981, CCSL 27, p. 218–219), où il affirme que la matière est « quelque chose d'intermédiaire entre la forme et le néant (*prope nihil*) ». Ailleurs, Augustin maintient également que la matière informe dans la mesure où elle est capable de recevoir la forme: *De vera religione*, c. 18, PL 34, col. 137, n. 36 (éd. J. Martin, Turnhout 1962, CCSL 32, p. 209).

38 Matthieu, *De anima*, q. 4 ad 4, p. 69: « in aliquibus materia est contenta sola forma corporeitatis, ita quod non ordinatur ad perfectionem ultriorem nec ad actum completiorem, et in talibus forma corporea perficit materiam et dat sibi completum esse, adeo ut quicquid advenit post, est sibi accidentali et dat esse secundum quid; in aliis autem materia non est contenta forma corporeitatis, sed ordinatur ad ulteriorem perfectionem. » Pour la tradition péripatéticienne arabe, voir Avicenne, *Al-Shifa*, Métaphysique IV, 2, 85^v, 2; II, 2, 75^r, 2; *Sur la définition*, trad. A.M. Goichon, *Introduction à Avicenne*, Paris 1933, 60, 394–395. Voir aussi Averroès, *De Substantia Orbis* I, V, 320^r, B; *Long Commentary on Physics* I, com. 63, IV, 29^v, D; com. 70, IV, 32^r, C; *Long Commentary on Metaphysics* VII, com. 9. Pour

vent le cas chez les pluralistes, cette notion est assimilée à celle de *rationes seminales*, d'origine augustinienne. L'une comme l'autre confortaient la thèse pluraliste de la perfectibilité de la forme substantielle[39]. Dans cette optique, l'âme est conçue comme une substance susceptible de changement et non pas comme le principe unique et immuable d'être dans le composé[40]. Ainsi, l'âme intellective advient non pas dans une matière brute conçue comme pure potentialité, mais dans un corps vivant, sensible et humain, dans la mesure où la forme végétative est ordonnée à la forme sensitive et celle-ci à la forme intellective[41].

Cette solution accordait une valeur ontologique à l'âme sensitive que la thèse thomasienne infirmait en faveur de l'hégémonie de l'âme intellective. Cela comportait un double avantage: premièrement, le statut de forme sub-

---

d'autres scolastiques qui adhèrent à cette conception, voir Pierre de Tarantasia, *Sent.* II, d.18, q.1; Bonaventure, *Sent.* II, d.18, q.1, a.2.

39 *De anima*, q. 4 resp., p. 67: «Quarta ratio est propter naturalem generationem. Generatio enim, ut vult Philosophus, I *Physicorum* [Text. 75, 191b13–16], non est ex nihilo neque ex ente actu, sed ex non ente actu, ente autem in potentia. Istud autem ens in potentia non est materia nuda, quia ex essentia materiae forma non fit; ergo si sit forma in potentia, quae cum non sit a datore, oportet quod sit in materia; et istud vocat Philosophus [*Metaph.*, VII t. 29; IX, t. 2, 1034a9–21, 1046a4–31] 'potentias activas', sed Augustinus [*de Gen. ad litt.*, IX, c. 17, n. 32] 'rationes seminales'; oportet ergo illas rationes seminales sive illas potentias activas praeexistere in materia, quae excitantu per agens extrinsecum, ut sint in actu; et ista sunt fundamenta formarum corporalium materialiumque, et corrumpi non possunt; ergo, nec abici, advenientibus formis ulterioribus, ut ipsi ponunt.» Selon Augustin, les raisons séminales constituent des germes latents contenant toutes les créatures qui se développeront ensuite dans le temps. Voir *De Trinitate*, III, c. 9, PL 42, col. 877, n. 16 [éd. W.J. Mountain, CCSL 50, Turnhout: Brepols, 1968, p. 143]; *Ad Gen. litt.*, VI, c. 11, PL 34, col. 346, n. 18 [éd. Zycha, p. 183–185].

40 Cette thèse découle de la doctrine de l'hylémorphisme universel, traditionnellement attribuée à Augustin. L'une des sources principales de cette doctrine est Avicebron. Voir *Avincebrolis Fons Vitae ex Arabico in Latinum translatus ab Johanne Hispano et Dominico Gundissalino*, éd. Cl. Baeumker, Münster 1892–1895, I, c. 5, p.7; II, c. 24, p.69; III, c. 23, p.133; III, c. 26, p.142; III, c. 32, pp.154–155; IV, c. 1, p.211; IV, c. 5, p.220; V, c. 12, p.278; V, c. 18, p.290. Voir aussi Zavalloni, *Richard de Mediavilla*, p. 421. Pour Matthieu, voir *De anima*, q. 4 et 10. Voir aussi Bonaventure, *Sent.* II, d.17, a.1, q.2, ad 6. Zavaloni, *Richard de Mediavilla*, p. 311.

41 *De anima*, q. 4 ad 3, p. 69: «propterea forma ultima dat esse simpliciter et hoc aliquid, non corpori ut est corpus, sed corpori ut vivo, vel sensitivo, vel humano, et idem esse corporeum, quod praecedit, simpliciter non est esse»; ad 11, p. 71: «anima intellectiva forma est et perfectio vegetativi, non in quantum vegetativum, sed in quantum ordinatum est ad animale, et ita non est forma corporis simpliciter, sed in quantum ordinatur ad intellectivum».

stantielle attribué à l'âme sensitive permettait de mieux garantir la communauté biologique avec les animaux non humains et de valider la prédication essentielle entre les deux espèces[42]; deuxièmement, le caractère subordonné de l'âme sensitive contrecarrait l'objection thomasienne selon laquelle l'âme intellective ne conférerait qu'une forme accidentelle à l'être déjà constitué par une forme substantielle préalable. En d'autres termes, l'ordre hiérarchique qui gouverne la multiplicité des formes garantit l'unité du composé.

3   Embryogénèse et âme sensitive chez Matthieu d'Aquasparta

En ce qui concerne la question de l'embryogénèse, les pluralistes pensaient d'un commun accord que seule l'âme intellective était infusée, tandis que les âmes végétative et sensitive étaient produites par voie naturelle. Cette thèse se conformait non seulement à la vérité de la foi qui exige que seule l'âme rationnelle soit l'image de Dieu, mais aussi avec Aristote[43], pour qui seul l'intellect a une origine extrinsèque. Sa philosophie naturelle semblait par ailleurs conforter la thèse, aussi typiquement pluraliste, selon laquelle l'acquisition d'une forme substantielle décrit un progrès continu et graduel. En effet, dans *De generatione animalium*[44], Aristote affirme que «l'animal et l'homme ne sont pas

---

42   *De anima*, q. 4 resp., p. 66–67: «Secunda ratio est propter convenientiam realem specierum in una natura generis. Certum enim est quod species conveniunt in una natura et forma generis. Nam sicut omnes homines participatione unius speciei sunt unus homo, ut dicit Porphyrius [*Isag.*, c. 2], ita omnia corpora participatione unius naturae generalis sunt unum corpus, dicamus ita. Si igitur per eamdem formam non possunt convenire et differre, ergo oportet ponere formam generalem, in qua conveniunt, et formas specificas, quibus invicem differunt. Si igitur una sola specie est anima rationalis, cum per illam differat, in nullo igitur conveniet homo cum aliis animalibus, quod est falsum et contra Augustinum [*De quantitate animae*, c. 28 et 33, n. 54 et 71; *De libero arbitrio*, I, c. 8, n. 18; II, c. 6, n. 13; *De civ. Dei*, XI, c. 2; XXII, c. 24 n. 4; *De Trinitate*, XII, c. 1 n. 1] et Philosophum [*Categoriae*, c. 1 et 3; *Anal. Prior.*, I c. 15; *Topic.*, I c. 5]. Tertia ratio est propter substantialem praedicationem generis de speciebus. Si enim est forma per quam homo est homo et animal et vivens et corpus, cum nihil praedicetur nisi forma vel ratione formae, tunc non praedicetur nisi idem de se; idem ⟨67⟩ igitur est dicere: 'homo est animal' et 'homo est homo'; quod si falsum est, necesse est ponere in homine formam per quam est corpus, et formam per quam est homo.»

43   Voir Aristotle, *De generatione animalium*, II, 3, 376a35–b5, dans *The Complete Works of Aristotle*, ed. J. Barnes, Princeton 1984, vol. 1.

44   Aristotle, *De generatione animalium*, II, 3, 736b2: «Non enim simul fit animal et homo, neque animal et equus, similiter autem et in aliis animalibus: postremo enim fit finis,

constitués en même temps», car l'âme sensitive arrive à l'être préalablement comme résultat de la génération naturelle. Suivant cette doctrine, les pluralistes maintiennent que l'âme sensitive est perfectionnée graduellement (ce que Thomas qualifierait d'«altération» et non pas de génération à proprement parler)[45], conformément au développement temporel de l'embryon[46].

Dans son examen de la question[47], Matthieu retient cette solution, à quelques nuances près. Il la considère comme une opinion «très probable et très

---

proprium autem est quod generationis uniuscuiusque finis. Propter quod et de intellectu, quando et quomodo accipiunt et unde participantia hoc principio, habet dubitationem plurimam, et oportet intendere secundum virtutem accipere et secundum quantum contingit. Nutritivam quidem igitur animam spermata et fetus separabiles palam quia virtute quidem habentia ponendum, actu autem non habentia, prius quam quemadmodum separata fetuum trahant alimentum, et faciant talis anime opus: primum quidem enim omnia visa sunt vivere talia plante vitam. Consequenter autem palam quia et de sensitiva dicendum anima, et de activa et de intellectiva: omnes enim necessarium potentia prius habere quam actu. Necessarium autem aut non existentes prius advenire omnes, aut preexistentes omnes, aut has quidem has autem non, et infieri aut in materia non ingressas in spermate masculi, aut hic quidem inde venientes, in masculo autem aut deforis advenientes omnes, aut nullam, aut has quidem, has autem non. Quod quidem igitur non possibile est omnes preexistere, manifestum est ex talibus. Quorumcumque enim principiorum est operatio corporalis, palam quia hec sine corpore impossibile existere, ut ambulare sine pedibus; quare et deforis ingredi impossibile: neque enim ipsas secundum ipsas ingredi possibile inseparabiles existentes, neque in corpore ingredi: sperma enim superfluum permutati alimenti est. Relinquitur autem intellectum solum deforis advenire et divinum esse solum: nichil enim ipsius operationi communicat corporalis operatio. Omnis quidem igitur anime virtus altero corpore visa est participare, et diviniore vocatis elementis: ut autem differunt honorabilitate anime et vilitate invicem, sic et talis differt natura; omnium quidem enim in spermate inexistit quod facit gonima esse spermata, vocatum calidum. Hoc autem non ignis neque talis virtus est, sed interceptus in spermate et in spumoso spiritus aliquis et in spiritu natura, proportionalis existens astrorum ordinationi.»

45   Thomas, *Quodlibet* I, q. 6.
46   Plus tard, Guillaume de la Mare adopte cet argument dans son *Correctorium fratris Thomae*, dans sa solution à la question de l'embryogénèse. P. Glorieux, éd., *Correctorium "Quare"* ..., 1927, a. 102 («Quod impossibile est plures formas substantiales esse in eodem»), p. 395–396. Pour d'autres tenants de cette position, voir Robert Kilwardby, *Littera ad Petrum de Conflans*, éd. F. Ehrle, *Der Augustinismus* ..., p. 627; Roger Bacon, *Commun. Natural.*, I, p. 4, d. 3, c. 1, p. 281; Richard de Mediavilla, *Sent.*, II, d. 17, a. 1, q. 5; *De gradu formarum* (éd. Zavalloni, 1951).
47   *De anima*, q. 5, p. 75–91: *Utrum per aliquam formam praecedentem animae rationalis infusionem reponatur homo in esse specifico hominis vel in aliqua alia specie determinata*; q. 6, p. 93–115: *Utrum in homine vegetativa, sensitiva et intellectiva sint eadem secundum*

rationnelle » du point de vue philosophique⁴⁸, supérieure aux alternatives thomiste⁴⁹ et averroïste. En revanche, il émet quelques réserves du point de vue théologique. En effet, la théorie de trois formes substantielles semble contredire l'opinion d'Augustin, acceptée communément par les théologiens, d'une unité substantielle de l'âme infusée immédiatement par Dieu et dotée de trois puissances (*potentias*) consubstantielles, par lesquelles elle vit, sent et intellige⁵⁰.

---

substantiam an diversa, ita quod vegetativa et sensitiva educantur de potentia materiae et intellectiva a Deo creetur inmediate; aussi *Quodlibet*, III, q. 5; *Sent.*, II d. 18 q. 6.

48 *De anima*, q. 6, 107 : « ista positio sit multum probabilis et communis videtur esse omnum philosophantium secundum veram philosophiam. »

49 *De anima*, q. 6, p. 104–105 : « Nam, ... necesse est ponere in uno et eodem pluralitatem formarum, non per aggregationem seu accumulationeem, sed per quamdam complexionem et ordinem; alias forma ultima daret esse perfectum, sive esset perfectio primae materiae, et anima intellectualis daret corpori esse corpus sive esse corporeum, quod est omnino absurdum ... Quando autem dicunt primo inesse animam vegetativam quae abicitur et corrumpitur, adveniente sensitiva, etc ... manifestam continet falsitatem quia omne quod corrumpitur, corrumpitur a contrario suo; forma autem adveniens non est contraria primae, cum ista praeparet et disponat ad illam. Rursus, forma, et maxime animalis, de se est incorruptibilis, quod autem corrumpatur, hoc est propter defectum materiae; si autem materia non deficit sed melioratur et nobilitatur, nullo ⟨105⟩ modo est conveniens ponere quod, adveniente illa, prima corrumpatur »; p. 105–106 : « ista autem utraque, vel una aggregans in se utramque per quamdam complexionem, organizat et format corpus, quod dum perductum fuerit ad perfectam organizationem et formationem, quae est dispositio ultima, quae vocatur necessitas, ad animam rationalem, tunc secundum dispositionem et providentiam Creatoris creatur et producitur de nihilo anima intellectiva, ita quod creando infunditur et infundendo creatur ... ita quod vegetativum est in sensitivo sicut trigonum in tetragono, vegetativum autem et sensitivum in intellectivo sicut tetragonum in pentagono ... ita quod una forma salvatur in alia, nec abicitur, alia adveniente, et tantum forma ultima dat esse perfectum et completum, et ideo unius unum est esse et una forma ».

50 *De anima*, q. 6, 107–108 : « Quamvis ista positio sit multum probabilis et communis videtur esse omnum philosophantiium secundum veram philosophiam, tamen quia videtur esse contraria dictis Sanctorum et maxime Augustini, qui videtur dicere contrarium, ubicumque loquitur de ista materia [*De quantitate animae*, c. 37, n. 70; *De fide et symbolo*, c. 10, n. 23; *De duabus animabus*, c. 13, n. 19], loquitur non tamquam de tribus formis substantialiter differentibus, sed de tribus potentiis, ideo non est ⟨108⟩ tutum professoribus theologiae positioneem hanc contrariam dictis doctionibus egregii Augustini tenere. Ideo est illa positio communis theologorum, quod una est anima in substantia, habens istas tres potentias sibi consubstantiales et connaturales, per quas vivificat, et sensificat, et dat intellectuale esse, ita quod anima secundum se totam et quantum ad omnes sui potentias immediate a Deo creatur et creando infunditur corpori formato et organizato perfecte;

Quoiqu'il en soit de l'ambiguïté de la position du maître franciscain, les objections qu'il soulève contre la thèse averroïste restent instructives quant à sa conception du statut et du sort de l'âme sensitive. Selon l'opinion qu'il attribue explicitement à Averroès et à « quelques philosophes modernes »[51], l'embryon est constitué dans son être spécifique d'une âme sensitive, résultat de la génération naturelle, avant l'infusion de l'âme intellective par voie extrinsèque. Matthieu rejette cette opinion comme « erronée et absurde », pour deux raisons principalement. La première est d'ordre anthropologique : si l'homme était constitué par son âme sensitive, il ne se différencierait pas spécifiquement de l'animal. Par conséquent, il ne serait pas à l'image de Dieu et son âme périrait sans atteindre la béatitude[52]. Un deuxième argument invoque tacitement la

---

et ista est anima intellectiva ... quod cum anima separatur, trahit secum sensitivum et phantasticum ... » Pour d'autres tenants de cette position, voir Guillaume d'Auvergne, *De anima*, c. 4, p. 3 ; Albert le Grand, *De anima*, tract. 5, q. 4 ; *Summa theol.*, p. 2, tract. 12, q. 70, m. 3 ; *Summa de creaturis*, tract. 1, q. 2, a. 2 ; Jean de la Rochelle, *Summa de anima*, p. 1, c. 24 ; *Summa Hales.*, II-I, n. 332 ; Bonaventure, *Sent.*, II, d. 31, a. 1, q. 1.

51 *De anima*, q. 5, p. 81–82 : « Alii dicunt quod forma specifica hominis, per quam repo⟨82⟩nitur et constituitur in esse specifico, non est humanitas, neque intellectus, sed aliquid aliud, ante adventu intellectus. Et ista positio est Averrois, super II *De anima* [Com. 5, digress., p. 2 et 5], ubi dicit intellectum non esse primam hominis perfectionem, neque advenire ei in primo sed in postremo, mediantibus phantasmatibus. Propriam hominis perfectionem dicunt esse imaginationem, prout ordinatur ad intellectum qui, ut dicunt, est unus in omnibus. Fundamentum autem istius positionis est istud, quod cum homo sit generabilis et corruptibilis non secundum quod animal tantum sed secundum quod homo, intellectus autem omnino est ingenerabilis et incorruptibilis, ideo non potest esse prima perfectio hominis » ; p. 82–83 : « Alii modernorum philosophorum ponunt quod, etsi homo non sit homo nisi per animam rationalem, et per illam constituatur in esse specifico hominis, tamen ante adventum sive infusionem animae rationalis sive intellectivae, per sensitivam ⟨83⟩ constituitur in esse specifico animalis, et per animam vegetativam in esse specifico vegetabilis » ; aussi q. 6, p. 100–102. On trouve une formulation de cette opinion chez Siger de Brabant, *Quaest. de anima*, II, q. 7 et 9, éd. F. Van Steenberghen, *Siger de Brabant d'après ses œuvres inédites*, I, Philosophes Belges, 12, Louvain, 1931, p. 66 sq. : « prius in embryone apparent operationes vegetativae, quia virtutes eius sunt propinquiores generationi ... Vegetativum et sensitivum in homine non inducuntur de potentia materiae per agens materiale : immo tota anima hominis, quae est forma simplex, que est rationativa, educitur ab extrinseco ; istius tamen virtutes sunt vegetativum et sensitivum ».

52 *De anima*, q. 5, p. 82 : « Sed ista positio est erronea et absurda ... Sequitur enim ad hanc positionem quod homo non sit animal rationale nisi forte per accidens, quod est contra omnem philosophiam et contra rationem. Nascitur et ulterius maius inconveniens, quod homo non sit ad imaginem Dei, et quod non sit beatificabilis ; et multa absurda incon-

loi du talion (*Ex* 21, 22–23) afin d'invalider l'idée selon laquelle l'embryon posséderait un être achevé avant l'infusion de l'âme intellective. Ainsi, lorsqu'un homme provoque une fausse couche chez une femme enceinte, il n'est pas accusé d'homicide si l'avortement survient avant la formation complète de l'embryon par l'infusion de l'âme intellective[53].

Le cœur de l'argument de Matthieu repose sur la distinction entre « forme spécifique » et « forme dispositive ou perfective ». La forme spécifique confère à l'être son être déterminé et achevé (*in aliqua specie determinatum et completum*). Dans ce sens, les formes précédentes ne sont pas porteuses d'un être spécifique, car avant l'avènement de l'âme rationnelle le corps humain possède un être encore indéterminé[54]. Quant à la forme dispositive, elle perfectionne

---

venientia sequuntur ad istum errorem per quem omnis fides destruitur; et ideo omnes debent eum horrere »; p. 83–84 : « Quod autem dicit quod sensitivum, quod praecedit animam rationalem, constituit in esse specifico animalis, improbabiliter dicit; ulterius, quod si sibi dimitteretur, remaneret species completa, improbabilius dicit, quoniam, ut ipsimet supponunt, usque ad speciem specialissimam non terminatur nec intentio nec operatio naturae, immo materia semper est in quodam fluxu, nec est aliquid completum, sed totum pendet ab ultima forma, et est in potentia ad illam, sed perficit materiam in tali gradu essendi, quia non est nisi dispositio ad formam ultimam; nam nec corpus nec animal est completum donec adveniat forma ultima, et si sibi dimitteretur, hoc non remaneret, sed periret »; p. 84, n. 3; p. 85, n. 5.

53 *De anima*, q. 6, p. 101 : « est contra legem divinam quae dicit, in Levitico [plutôt *Ex.* 21, 22–23], quod si quis percusserit mulierem praegnantem et passa fuerit abortum ante formationem, quamvis puniri debeat velut homicida si mors eius fuerit subsecuta, tamen homicida non est si ipsa vixerit; esset autem homicida, si esset anima rationalis infusa; ergo manifestum est quod anima intellectiva secundum substantiam suam non infunditur usque ad perfectam formationem. »

54 *De anima*, q. 5, p. 86–87 : « Et propter quod dicendum quod omne sensitivum, unde sensitivum vel in eo quod sensitivum, idem est in genere, sicut omnis homo, unde homo est, est idem in specie et idem per sensitivum; unde sensitivum est, non est repositum aliquid in specie, sed in genere; reponitur autem in specie per aliquam differentiam sive formam specialissimam, vel per ordinem ad illam; unde non est aliquid completum in actu sed est ad aliud ordinatur, ut si non infundatur anima rationalis, non permanebit sed peribit. Tamen distinguendum : quod enim aliqua forma esse specificum conferat, potest intelligi tribus modis : aut qui dat aliquod esse formale et perficit materiam in aliquo gradu, et sic forma praecedens animam rationalem dat esse specificum, ut vocetur et forma, et esse formale vocetur, secundum illud in primo dicitur esse specificum; alio modo potest intelligi esse specificum, esse ad speciem ordinatum, quae ordinat et habilitat materiam ad speciem vel formam specificam, et magis proprie quam prius; alio modo dicitur esse specificum esse in aliqua specie determinatum et completum, et sic nulla forma praecedens

la matière selon un certain degré, c'est-à-dire en l'ordonnant vers la réception d'une forme ultérieure. Ainsi, chez l'embryon, la forme sensitive qui précède l'infusion de l'âme rationnelle dispose le corps à la réception de cette dernière, mais ne lui confère pas son être spécifique. L'embryon est toutefois une vie humaine, car il appartient à l'espèce humaine par réduction (*per reductionem*), comme le mouvement se réduit à la forme spécifique vers laquelle il tend[55]. L'analogie entre le statut de l'embryon non formé et le mouvement est parlante et nous renvoie à la description de Matthieu, déjà évoquée, de la forme

---

dat esse specificum. Ratio autem istius est multiplex: 1° Quoniam esse specificum dicitur esse perfectum, quia in eo aggregantur omnes perfectiones in actu, quae sunt in potentia in omnibus generibus et speciebus superioribus, ita quod ex conformitate plurium in ista natura perfecta accipitur intentio speciei ..., et secundum gradus conformitatum in esse perfecto vel magis vel minus accipiuntur intentiones generum; sola autem rationalis anima dat homini esse perfectum, quia propria materia non perficitur nisi per propriam formam, et quia propria forma corporis humani est anima rationalis, ita quod nec anima habet perfectionem naturae nisi in corpore, ut dicit Augustinus, XII, Super Genesim [cap. 35, n. 68]; ergo ante adventum animae rationalis corpus humanum nullo modo habet esse perfectum, ac per hoc nec habet esse specificum. ⟨87⟩ 3° Quia esse specificum dicit esse ultimum sive ultimatum, et quia sola anima rationalis est ultima et in qua est status et ad quam terminatur intentio et operatio naturae et appetitus materiae; ad nullam autem terminatur animam ante eius adventum, ideo sola anima rationalis dat esse specificum et nulla alia ante ipsam. 4° ... aliae [animae] autem complent vel perficiunt materiam secundum quod exigit ratio motus, qui est actus admixtus potentiae, secundum Philosophum [*Physic.*, III, t. 6, 201a10 sq.]. 5° Quia esse specificum dicit esse ordinatum in finem. Nulla autem forma ante rationalem potest hominem in finem ordinare, immo sola anima rationalis est per quam homo in finem ordinatur, quia finis humanus est habitudo ad quam non ordinatur nisi per cognitionem et amorem, et quia vita beata consistit in cognitione et dilectione summi boni, ideo sola anima rationalis dat homini esse specificum.»

55 *De anima*, q. 5 ad 2, p. 88: «in embryone sunt nobilioris actus et a nobiliori forma, sed quia illi actus non sunt actus specifici, non sunt a forma specifica, nec valet argumentum [selon lequel]: sunt a forma, ergo sunt a forma specifica; sunt enim a forma perficiente materiam ut ordinatur ad formam ulteriorem, et ita magis est forma dispsitiva quam perfectiva»; ad 10, p. 90: «[embryo] si sit animal, non est tamen in aliqua specie animalis determinate, quia ad aliud ordinatur, sed est in genere vel melius in specie hominis per reductionem [cf. ad 8: non ponunt in esse specifico per se, sed per reductionem sunt in illa specie ad quam ordinatae sunt, sicut motus est in specie eius ad quod est motus]»; ad 15, p. 91: «[embryo] habet formam generis non nudam illam et universalem, sed ut est ordinata ad formam speciei, et ideo est in specie per reductionem ad illam ... [Illa forma generis, quae est in embryone] non est illa forma generis et universalis, et ut est in hoc, facit hoc, nisi velimus dicere quod non est animal secundum proprietatem, sed secundum conformitatem per illam virtutem nutritivam et formativam».

dispositive comme étant *in aliquo fluxu et in aliquo decursu*. La différence entre l'embryon doté de la seule âme sensitive et un animal non humain réside dans le fait que l'animal possède une forme substantielle, alors que l'embryon non.

> Dans certains êtres, la matière est contenue par la forme corporelle (*est contenta sola forma corporeitatis*), de sorte qu'elle n'est pas ordonnée vers une perfection ultérieure ni vers une actualité plus achevée (*actum completiorem*). Dans ces cas, la forme corporelle perfectionne la matière et lui confère son être achevé à un tel degré que, si une autre forme venait à arriver ultérieurement, elle serait accidentelle à sa constitution, lui donnant seulement un être relatif (*secundum quid*). Mais dans d'autres êtres, la matière n'est pas contenue par la forme corporelle, mais reste ordonnée vers une perfection ultérieure. Chez ces derniers, la forme ne perfectionne pas la matière ni ne peut lui donner un être achevé, mais elle demeure pour ainsi dire matérielle vis-à-vis d'une forme ultérieure ... jusqu'à l'achèvement complet de l'être ... Par conséquent, la forme qui venait à accomplir (*complens*) le désir (*appetitus*) de la matière ne serait pas [une forme] accidentelle mais substantielle[56].

Alors que chez l'animal l'âme sensitive est bel et bien sa forme substantielle – le principe qui explique son identité spécifique et ses opérations essentielles –, chez l'embryon l'âme sensitive désigne un être inachevé qui dépend, pour son développement et ses opérations vitales, d'une puissance qui ne lui est pas propre. C'est pourquoi l'embryon qui venait à quitter le ventre maternel prématurément serait voué à la mort. En d'autres termes, l'embryon non formé

---

56 *De anima*, q. 4 ad 4, p. 69 : « in aliquibus materia est contenta sola forma corporeitatis, ita quod non ordinatur ad perfectionem ultriorem nec ad actum completiorem, et in talibus forma corporea perficit materiam et dat sibi completum esse, adeo ut quicquid advenit post, est sibi accidentali et dat esse secundum quid ; in aliis autem materia non est contenta forma corporeitatis, sed ordinatur ad ulteriorem perfectionem ; et in talibus forma non perciit materiam, nec potes team complere, immo respectu ulterioris est quasi materialis ; unde igitur in aliquibus forma elementi dat esse completum materiae ita quod est ibi status, in aliquibus autem non dat esse completum sed ordinatur ad actum completionem et disponit materiam ad formam mixti : in aliquibus forma mixti dat esse completu materiae ita quod est ibi status, in aliis autem ordinatur ad ulteriorem perfectionem ita quod disponit materiam ad formam complexionis ; et sic deinceps ita quod forma praecedens est materialis semper respectu sequentis, et est dispositio materiae ; et propterea non est dicendum quod det completum esse ; et ideo forma adveniens complens appetitum materiae non est accidentalis, sed substantialis. »

ne possède pas l'être mais une disposition vers l'être[57]. *Non est ibi status* est la formule que le théologien franciscain emploie à répétition pour décrire

---

57 *De anima*, q. 5, p. 84, n. 1: «Istud praecedens, cum sit aliquod individuum, aut est individuum generis, aut individuum in aliqua specie specialissima: non est individuum completum in aliqua specie specialissima, quia illud est completum in actu, nec ad perfectionem ulteriorem ordinatur; sed nec individuum in genere aliquo tantum, quia illud est indifferens ad individua specierum specialissimarum; ergo si aliquid est, non est nisi individuum generis ut est in motu et ordinatum ad formam speciei specialissime»; p. 85, n. 4: «Quoniam manifestum est quoniam istud sensibile necessario ordinatur ad rationale, cum per illud non compleatur appetitus materiae nec stat ibi intentio sive operatio naturae, sed in potentia est ad istud; quaero igitur, subblato hoc ordine seu circumscripto, utrum differat specie ab aliquo sensibili; necesse est enim quod non distinguatur, vel quod sit necessitas cuius ratione individuum sit in natura; non igitur habet rationem speiciei nisi per ordinem ad rationalem animam»; ad 13, p. 90: «embryo, si dimitteretur sibi, ita quod Creator non infunderet ei animam rationalem, non maneret ... sed periret. Quod autem ante infusionem animae vegetatur, hoc non est ... secundum aliquod, per virtutem propriam quae sit a propria forma, sed quia substantiatur virtute aliena, scilicet decisa vel fluente cum semine, et illa est quaedam influentia, et sicut illa influentia deficit in determinata distantia et determinato tempore, ita deficit illa virtus, et maxime quia corrumpitur deferens. Verumtamen si esset virtus propria, quia non est virtus perfecta nec habet esse nisi in ordine, dico quod ideo, sublato ordine et exeunte extra locum in quo conservetur, deficeret»; q. 1, p. 19–20: «Cum enim sit triplex differentia spiritus, scilicet intellectualis, sensualis et vitalis sive vegetabilis qui improprie dicitur spiritus [Arist., *De anima*, II, t. 13, 413a20 sq.], intellectualis per semet ipsum existit et vitam propriam habet praeter hoc quod alii vitam tribuit; ⟨20⟩ spiritus autem sensualis et vegetabilis non habet existentiam propriam nec vitam propriam, sed in hoc vivit quod vitam alii tribuit, et in eis idem est vivere et vitam aliis tribuere [Bernard, *Sermones in Cant.*, serm. 5, n. 1 et serm. 81, n. 3]; ergo necesse est quod spiritus et corporis una sit vita et unum vitae complementum, hoc autem non est nisi spiritus, ut perfectio et forma, corpori uniretur». Jean Peckham développe un argument similaire dans ses *Quodlibeta Quatuor*, éd. G.J. Etzkorn (Quodl. I–III) et F. Delorme (Quodl. IV), Grottaferrata, Collegio S. Bonaventura: Quaracchi («Bibliotheca Franciscana Scholastica Medii Aevi», 25), 1989, *Quodl.* IV, q. 36, p. 256: «Certum est quod anima rationalis non infunditur donec corpus fiat materia necessitas respectu animae rationalis. Igitur impossibile esset per naturam materiam stare sine forma et corpus sine anima, nisi per infinitam fieret Dei potentiam miraculose continentem materiam sine forma. Quod si fieret, non esset individuum illud genus perfectum, nisi forte dicatur quod esset alterius speciei, iuxta quod dicit Philosophus, I *De animalibus* [*De animal. partibus*, I, c. 3, 643b6–7], quod omnia genera animalium domesticorum inveniuntur agrestia, ut homo, equus, porcus, ovis, etc. Nec tamen credo quod talis fetus esset de genere hominum silvestrium, sed esset res imperfecta in genere sicut est animal antequam sit equus. Nec posset etiam generare nisi per praedictum miraculum. Quod si generaret, generaret sibi simile in imperfectione. Nec tamen, dum huiusmodi esset, haberet virtutem generandi completum in specie humana, ut puto. Quia licet anima rationalis

l'état d'inachèvement des formes dispositives, où l'actualité n'est pas encore coextensive à la potentialité de la matière[58].

Mais le terme *status* chez Matthieu ne se limite pas à qualifier ce qui possède une forme substantielle ; il désigne plus strictement un être *subsistant*. Dans la question 9 du *De anima* (*Utrum anima intellectiva sit hoc aliquid*), le maître franciscain identifie quatre notes essentielles que doit comporter un être pour être qualifié de « subsistant » (*hoc aliquid*), suivant de degrés croissants d'exigence. Premièrement, il doit être stable (*fixum*) et déterminé dans son être. Cela implique l'incommunicabilité, et donc l'irrépétabilité propre aux êtres distincts et singuliers. Les formes singulières, qu'elles soient substantielles ou accidentelles, sont dans ce sens subsistantes, car elles ne peuvent pas être prédiquées de plusieurs. Par là même, les formes universelles, par leur communicabilité même, ne qualifient pas d'êtres subsistants. Deuxièmement, un être subsistant ne peut inhérer. Les formes accidentelles sont donc exclues, car elles inhèrent dans une substance. Selon ce critère, seules les formes substantielles, qu'elles soient matérielles ou immatérielles, corporelles ou incorporelles, qualifient d'êtres subsistants. Matthieu inclut dans cette acception les formes végétative et sensitive, dans la mesure où « elles s'élèvent en quelque sorte au-dessus de la matière ». Une troisième condition exige l'indépendance dans l'être, c'est-à-dire, plus strictement, la subsistence en soi (*per se subsistens*). Selon cette acception, seule l'âme intellective peut être dite *hoc ali-*

---

    sit forma immaterialis, tamen complet omnes formas materiales et perficit eas, ut esse et operari possint operationes consonas specie. »

58 *De anima*, q. 2 ad 2, p. 36–37 : p. 36–37 : «... materia in aliquibus contenta est sola forma corporeitatis, ita quod illa dat completum esse materiae, et ibi est status, et in talibus quicquid advenit post istud esse, accidentale est ; in aliquibus autem materia non est contenta corporali forma, sed ordinatur ad ulteriorem perfec⟨37⟩tionem, ita quod illa forma non dat esse completum simpliciter sed in tali gradu, *nec ibi est status* ; ideo materia, una cum forma illa, ordinata ad ulteriorem et nobiliorem, est quasi materia, et forma illa habet rationem dispositionis, sicut patet quod forma elementi in aliquibus complet materiam, in aliquibus ordinat ad formam mixti, et forma miscibilis in aliquibus dat esse completum materiae, ut in congelatis, in aliquibus ordinat materiam et disponit ad formam complexionis, et sic de ceteris usque ad animam rationalem ; unde negandum est corpus habere completum esse » ; q. 3 ad 12, p. 50 : «... dispositio, mediante qua unitur, est substantialis et dat substantiale esse in gradu aliquo, in quo tamen *non est status* ; et ideo forma ultimo adveniens non dat esse accidentale sed completum » ; q. 5, p. 87, n. 3 : « Quia esse specificum dicit esse ultimum sive ultimatum, et quia sola anima rationalis est ultima et *in qua est status* et ad quam terminatur intentio et operatio naturae et appetitus materiae ; ad nullam autem terminatur animam ante eius adventum, ideo sola anima rationalis dat esse specificum et nulla alia ante ipsam ». (Je souligne.)

quid, car contrairement aux formes matérielles (végétative et sensitive), elle ne dépend pas du corps, même si elle est composée de matière et de forme. Enfin, un quatrième niveau d'exigence réserve le terme *hoc aliquid* au seul *suppositum* ayant un être achevé, absolu (non dépendant) et spécifique. Est par conséquent exclu tout être ayant le statut de partie (*habet rationem partis*), que ce soit par une inclination vers un autre (*inclinatum ad aliud*), ou par l'union à un autre. Dans la mesure où elle fait partie d'un tout avec le corps, l'âme intellective ne constitue pas à elle seule une nature spécifique. Seul l'être humain composé de corps et âme remplit les conditions d'être et la dignité d'un *suppositum*[59].

---

59   *De anima*, q. 9, p. 154-155: «Importat enim hoc aliquid quattuor, ita quod tria tollit et unum ponit. Tollit enim indifferentiam et inhaerentiam et dependentiam, sed ponit perfectam et absolutam existentiam. Tollit indifferentiam, quia dixit quid fixum et determinatum ... Et secundum istud quaecumque exlucidut forma universalis indifferens ad multa, communicabilis multis, et de multis praedicabilis. Secundo, tollit inhaerentiam, quia dicit 'aliquid'. Et per hoc excluditur forma accidentalis, quae non dicit 'quid', sed 'quale' accidens et inhaerens. Tertio, tollit dependentiam, quia dicit quid per se subsistens. Et per hoc excluditur forma materialis quae, quamvis non accidat sive inhaerat, quia est essentialis rei, tamen dependet a materia. Et per istam conditionem, cadit ab ista ratione anima vegetativa et sensitiva. Quarto, ponit absolutam et completam existentiam. Hoc aliquid enim dicit habens esse completum in specie, non inclina⟨155⟩tum ad aliud, nec alii unitum, neque cum alio faciens vere unum. Et secundum istam conditionem excluditur omne quod habet rationem partis. Primo modo, potest dici hoc aliquid omnis forma singularis, sive substantialis sive accidentalis, quia in quantum talis tollit universalitatem, quia dicit aliquid determinatum hic et nunc. Secundo modo [tollit inhaerentiam], potest dici hoc aliquid omnis forma substantialis, sive materialis sive immaterialis, sive corporalis sive incorporalis, et maxime vegetativa et sensitiva quae habent esse quodam modo supra materiam elevatum.

Tertio modo [tollit dependentiam], est hoc aliquid anima intellectiva sive rationalis, quia habet per se esse subsistens et independens, utpote composita ex suis principiis, a materia et forma. Quarto modo, dicitur hoc aliquid solum suppositum completum habens perfectam naturam speciei, sive perfectum esse specificum. Et isto modo deficit a perfecta ratione eius, quod est hoc aliquid, anima rationalis, quae non est individuum completum et absolutum habens perfectam naturam speciei, sed est speciei pars et forma perfectiva, ratione cuius anima separata naturaliter inclinatur ad corpus, sine quod non habet pefectum naturae suae modum, ut dicit Augustinus, XII *Super Genesim*, in fine [cap. 35, n. 68]». Pareillement, Thomas d'Aquin affirme (*ST* Ia, q. 75, a. 4, ad 2) que les substances singulières ne qualifient pas toutes de *supposita*, mais seulement celles qui jouissent de la nature complète de leur espèce. Ainsi, une main ou un pied n'a pas le statut de *suppositum*, tout comme l'âme intellective non plus, car elle constitue seulement une partie de ce qu'est l'homme. Voir aussi *ST*, Ia q. 75, a. 6 et q. 79; *Sent.* I, d. 10, q. 1, a. 5.

À suivre ces critères, l'embryon non formé qualifierait d'être subsistant (*hoc aliquid*) seulement dans un sens très faible, et ce dans la mesure où il possède une forme singulière et donc incommunicable. Dans ce sens, l'animal non humain représenterait un niveau supérieur de subsistance, car contrairement à l'embryon, qui ne possède qu'une forme inachevée et instable, il jouirait en outre d'une forme substantielle. Cependant, loin de contenir une promesse de salut, la forme substantielle de l'animal le condamne à la corruptibilité en raison de sa dépendance vis-à-vis du corps, alors que l'imperfection ontologique de l'embryon le voue à une vie future. Comment comprendre ce paradoxe? Le mot clé est *reductio*: comme on l'a vu, du fait même d'être ordonné vers une forme supérieure, l'être de l'embryon est réductible à celle-ci, tout comme la nature spécifique du mouvement est réductible à son terme et comme l'âme intellective est dite spécifiquement humaine par réduction au composé[60]. Ainsi, quand bien même l'embryon serait ontologiquement dépendant du corps de sa mère, sa disposition vers une âme intellective l'habilite à la gloire. La ligne de démarcation entre l'embryon et l'animal, et ce qui explique le paradoxe eschatologique, se trouve dans la quatrième condition évoquée plus haut. Du fait d'être ordonné à une âme intellective, l'embryon est voué à surpasser son être dépendant et partiel pour devenir un *suppositum* achevé et donc composé d'un corps propre[61]. À suivre Matthieu, l'être humain est destiné à la gloire non pas tant en vertu de sa nature rationnelle que parce qu'il est

---

60 *De anima*, q. 9, p. 155: «In quantum ergo anima intellectiva non habet perfectam naturam speciei, quia pars speciei est, tamquam forma specifica, nec est in specie nisi per reductionem, deficit a perfecta ratione eius quod est hoc aliquid. In quantum vero est natura per se subsistens, non dependens a materia, sed est a materia separabilis, tamen est hoc aliquid, utpote composita ex propriis principiis ex quibus habet esse, et ex quibus individuatur. Ac per hoc quasi media est inter substantias separatas et coniunctas, ita quod videtur esse creata in quodam confinio istarum et illarum, sicut dicit auctor *De causis* [§ 2 : *Est in horizonte aeternitas inferius et supra tempus*, p. 165] quod anima creata est in horizonte aeternitas vel intelligentiae.» Plus loin dans le même corpus de questions disputées, Matthieu qualifie l'âme intellective de *hoc aliquid per se subsistens*. Voir *De anima*, q. 12, p. 202: «Sed formae in tertio ordine, quia a materia non dependent, non habent a materia distingui, neque a materia nobilitari vel ignobilitari, et quia anima rationalis est huiusmodi, quia immediate a Deo producitur et est hoc aliquid per se subsistens, non distinguitur per corpus nec nobilitatur, sed secundum Creatoris dispositionem, ex ipsa sui creatione, una nobilior alia producitur nobilioribus naturalibus praedita»; aussi q. 13 ad 8, p. 220: «de anima possumus loqui dupliciter: vel ut est forma, et sic corrumpitur quia desinit esse forma; vel ut est hoc aliquid et substantia per se stans in actu, et sic non corrumpitur».

61 *De anima*, q. 13 ad 10, p. 221: «si autem forma a materia dependet, forma similiter corrumpitur ad compositi corruptionem, si autem forma non est dependens a materia sed habens

un être subsistant en soi. C'est donc bien la subsistance et non la rationalité qui constitue la condition de possibilité du salut[62].

Un des arguments que Matthieu développe contre la position averroïste peut éclairer notre propos davantage. Si l'embryon était constitué par une âme sensitive préalable et qu'il venait à mourir, son corps, privé pour toujours d'une âme rationnelle, serait réduit au statut d'un corps animal, voué à la corruption. Or, ceci va à l'encontre de la foi, qui postule la résurrection des corps dans la gloire, seulement possible avec le concours de l'âme intellective[63]. Matthieu évoque à ce propos la doctrine, d'origine augustinienne et courante chez les Franciscains[64], du désir de l'âme pour le corps. Or, l'âme ne saurait s'unir à un corps qui n'est pas disposé à l'accueillir. Par conséquent, si l'embryon était constitué par une âme sensitive sans que celle-ci soit ordonnée à une forme supérieure, son âme intellective serait privée pour toujours d'un être parfait, seulement réalisable lorsqu'elle est réunie au corps. Encore une fois, la *quies* qui caractérise la gloire est signifiée par une unité psychosomatique, scellée par l'assouvissement d'un désir d'union que seule l'âme intellective peut garantir[65]. La *reductio* qui promet la gloire à l'être imparfait de l'embryon n'est

---

per se esse subsistens, non corrumpitur, sed manet, licet forte sub ratione partis ... ; talis est anima rationalis quae non tantum est forma sed hoc aliquid. »

62 En ceci, Matthieu se conforme davantage à la définition de personne formulée par Richard de Saint-Victor, mettant l'accent sur l'incommunicabilité, qu'à celle de Boèce, qui insiste sur la notion de rationalité comme signe distinctif. Voir Richard de Saint-Victor, *De Trinitate*, IV, c. 18, p. 181. 1–2 : « [Persona est] divinae naturae incommunicabilis existentia. » Pour Boèce, voir *De persona et naturis duabus*, p. 214, 3. 171–172 : « Persona est naturae rationalis individua substantia. »

63 *De anima*, q. 6, q. 101 : « Est contra fidem catholicam. Dicit enim fides catholica resurrectionem corporum futuram, non nisi propter animarum intellectivarum consortium, alias corpus hominis non magis resurgeret quam alia corpora brutorum; sed, ut dicit Augustinus, *Enchiridion*, cap. 88 [plutpot cap. 85] et *De civitate*, XXII, cap. 19 [plutôt cap. 13], 'informes abortus' pereunt et ad rationem non pertinent, 'sicut semina quae concepta non fuerint'; ad rationem autem pertinet quando incipit vivere vita intellectuali; ergo, si ille fetus pereat, anima ibi creata et infusa perpetuo corpore carebit; ergo perpetuo est aliqua forma sine materia, quod est falsum. »

64 Voir par exemple Bonaventure, *Sent.* IV, d. 45, dub. 1; d. 49, p. 2, a. 1, sectio 1, q. 1; d. 43, a. 1, q. 1. Aussi Caroline Walker Bynum, *The Resurrection of the Body*, p. 248–252.

65 *De anima*, q. 6, p. 100–102 : « Est contra philosophiam, quoniam manifestum est animam partem hominis esse essentialem quae facit cum corpore vere unum; pars autem numquam habet perfectum esse nisi in toto; ergo anima ulla in aeternum carebit naturali perfectione, quod est absurdum. Rursus, anima, hoc ipso quod anima, habet essentialem et naturalem inclinationem ad corpus, alias forma corporis non esset, ⟨102⟩ quia forma naturaliter et essentialiter ad materiam inclinatur; si igitur ille appetitus numquam

autre que l'assouvissement de ce désir de complétude, absent chez l'animal. En d'autres termes, l'animal ne saurait pas être un *suppositum*, ou, pour tout dire, un individu[66]. *Non est ibi status.*

---

complebitur nec terminabitur, erti frustra, quod est falsum et contra Philosophum [*De caelo*, II, T. 59, 219b13–14; *De anima*, III, t. 45 et 60, 432b21, 434a31; *De part. animalium*, II, c. 13; III, c. 1, 658a8–9, 661b23–24; *De animal. gener.*, II, c. 5 et 6, 741b4–5, 744a36–37], nec unquam illa anima poterit beatificari quia, secundum Boethium [*De consol. Phil.* III, prosa 2], beatitudo est completio omnium appetitum, et hoc eniam inconvenienter erit, quoniam natura intellectualis, hoc ipso quod intellectualis, ad beatitudienm ordinatur tamquam in finem»; aussi q. 13, p. 217 : 8° « ex comparatione ipsius ad ipsum universum in quo anima rationalis est forma ultima, perfectissima et nobilissima, ita quod aliae formae, secundum quod magis accedunt ad illam, sunt perfectiores et nobiliores, et forte posset dici quod omnes aliae formae posteriores imperfectae sunt, et esse imperfectum habent, cum ista sit minima in genere formarum, et ideo omnes aliae ad ipsam ordinantur, ad quam intendit tota intentio et appetitus naturae. Nam caelum movetur propter transmutationem elementorum, et forma elementaris ordinatur ad formam mixtionis, et haec ad formam complexionis, et haec ad animam vegetabilem, et haec ad sensibilem, et haec ad rationalem, et est ibi status. Si igitur intentio et appetitus naturae non stat in re corruptibili et mortali, nec ibi terminatur, necesse est animam rationalem esse incorruptibilem et immortalem, aliorum universum esset imperfectum»; q. 13 ad 7, p. 220 : « mors non dicit annihilationem sed unitorum separationem [Aug., *De civitate*, XIII, cap. 2 et 3]. Moritur igitur homo non tantum secundum quod animal, sed secundum quod homo, quia cum anima rationalis, per quam homo est homo, a corpore separatur, in ipsa separatione desinit esse homo, et corpus, quia dependet ab anima, corrumpitur; sed anima, quia est hoc aliquid, secundum quod huiusmodi manet, non corrumpitur. Nec est simile de aliis animabus et de rationali, quia sunt formae tantum, et ideo, quia non habent esse nisi quia formae, cum desinunt esse formae, desinunt esse. »

66 *De anima*, q. 7, p. 115 : « Anima hominis, per quam homo est, est incorruptibilis, quia est hoc aliquid subsistens per se, et ideo dicit quod est substantia, sed animae brutorum sunt corruptibiles, quia dependent a corpore, et ratione istius dependentiae dicit quod non sunt substantiae, non quia sunt accidentia, quia absque dubio formae substantiales sunt, sed quia non subsistunt per se, nec sunt hoc aliquid, sed formae tantum. Quamvis autem illa forma, per quam homo est homo, sit incorruptibilis, non tamen illa per quam est animal vel vivens »; aussi q. 10 ad 12, p. 177 : « ... ubi materia est sub forma perficiente complete et terminante appetitum eius et fluxum, semper remanet appetitus, quantum est de se, et aptitudo ad corruptionem, tamen quia ille appetitus terminatur, quodam modo arctatur et prohibitur illa aptitudo ne veniat ad actum et ne aliam formam actu appetet, et ideo non est causa corruptionis; ubi autem est materia sub forma incompleta nec terminante perfecte appetitum et fluxum eius, quia potentia materiae incompleta est et remanet actualis appetitus ad formam nobiliorem, sub qua materia semper appetit esse, et remanet actualis fluxus, et idem est causa corruptionis. Primo modo est materia in anima ».

4 Conclusion

Au début de cette étude, j'avais parlé d'une tension manifeste au sein de la doctrine de l'homme-microcosme, entre une approche psychologique, qui individualise fortement l'être humain du fait de son âme intellective, et une approche métaphysique, qui tient à maintenir l'échelle de différenciation progressive des créatures rationnelles et non rationnelles dans le cadre d'un plan providentiel de manifestation du divin. La thèse thomasienne de la forme substantielle unique me semble privilégier l'approche psychologique. La défaillance animale quant à la gloire est dès lors expliquée par leur nature non rationnelle et donc par le fait d'une dépendance vis-à-vis du corps dans les opérations essentielles de l'âme sensitive. Dans cet optique, l'âme animale est corruptible parce qu'inséparable du corps.

Suivant un trait doctrinal franciscain, Matthieu d'Aquasparta semble au contraire accorder une plus grande autonomie au corps avant l'infusion de l'âme, en vertu des raisons séminales constitutives de son être spécifique. Réciproquement, l'âme n'est pas tant un principe actif, qu'une substance déterminée mais incomplète tant qu'elle n'est pas unie au corps. Dès lors, l'union des deux principes métaphysiques du composé est articulée en termes de perfectionnabilité, de disposition, de désir de l'un pour l'autre. L'enjeu devient donc davantage métaphysique que psychologique: ce n'est pas tant en vertu de sa nature intellective que l'homme est voué à l'immortalité, que par son statut ontologique de *suppositum*, c'est-à-dire d'être spécifique achevé du fait de l'union de son âme avec un corps. Le désir consommé par l'union psychosomatique devient l'homologue métaphysique du repos cosmique dans un monde conçu comme une hiérarchie. Celle-ci est gouvernée par les lois d'ordre et de médiation, où seule importe la liaison des parties au tout, chaque élément n'ayant de valeur et de signification que par la position qu'il occupe dans l'économie cosmique et psychosomatique. Le moment de gloire chez les animaux se limite à un passage rapide et transitoire ici-bas, avant leur *reductio* au Bien suprême. *Reductio* et non *renovatio* est bien le mot d'ordre en ce qui concerne le sort des animaux dans une vision du monde qui pense l'altérité en termes de relations d'imitabilité et qui privilégie la préservation de l'espèce par-dessus l'individu. Une conception holiste qui gouverne encore de nos jours la démarche des écologistes, entravant une approche véritablement morale de la souffrance des *individus* animaux.

Sources

Albert le Grand, *B. Alberti Ratisbonensis Episcopi, Ordinis Praedicatorum, Opera omnia*, 38 vols, éd. A. Borgnet, Paris, 1890–1899.
Aristote, *De generatione animalium*, éd. H.J. Drossart Lulofs (Aristoteles Latinus XVII 2.v), Turnhout: Brepols, 1966.
Aristote, *The Complete Works of Aristotle*, 2 vols, éd. J. Barnes, Princeton 1984.
Augustin, *Confessiones*, éd. L. Verheijen (CCSL 27), Turnhout: Brepols, 1981.
Augustin, *De vera religione*, éd. J. Martin (CCSL 32), Turnhout: Brepols, 1962.
Augustin, *De Trinitate*, éd. W.J. Mountain (CCSL 50), Turnhout: Brepols, 1968.
Augustin, *Sermones* (PL 39).
Avicebron, *Avancebrolis Fons Vitae ex Arabico in Latinum translatus ab Johanne Hispano et Dominico Gundissalino*, éd. Cl. Baeumker, Münster 1892–1895.
Avicenne, *Sur la définition*, dans A.M. Goichon (trad.), *Introduction à Avicenne*, Paris 1933.
Bonaventure, *Opera omnia*, 11 vols, Grottaferrata: PP. Collegii a S. Bonaventura, 1882–1902.
Le Correctorium corruptorii «Quare», éd. P. Glorieux, Kain (Belgique): Le Saulchoir, 1927.
Guillaume d'Auvergne, *De anima*, dans T. Muckle (éd.), «The *De anima* of William of Auvergne», *Mediaeval Studies*, 2 (1940), p. 23–103.
Guillaume de la Mare, *Correctorium fratris Thomae*, dans P. Glorieux (éd.), *Les premières polémiques thomistes, I. Le correctorium corruptorii "Quare"*, Kain (Belgique): Le Saulchoir, 1927.
Jean Peckham, *Quodlibeta Quatuor*, éd. G.J. Etzkorn (Quodl. I–III) et F. Delorme (Quodl. IV), Grottaferrata, Collegio S. Bonaventura: Quaracchi («Biblioteca Franciscana Scholastica Medii Aevi», 25), 1989.
Matthieu d'Aquasparta, *Quaestiones disputatae De anima XIII*, éd. A.-J. Gondras, Paris: J. Vrin, 1961.
Pierre de Jean Olivi, *Summa*, q. 51.
Richard de Mediavilla, *De gradu formarum*, dans R. Zavalloni (éd.), *Richard de Mediavilla et la controverse sur la pluralité des formes*, dans Philosophes Médiévaux 2, Louvain, 1951.
Robert Kilwardby, *De 43 quaestionibus*, éd. H.-F. Dondaine, *Archivum Fratres Praedicatorum*, 47 (1977), p. 5–50.
Robert Kilwardby, *Littera ad Petrum de Conflans*, dans F. Ehrle (éd.), «Der Augustinismus und der Aristotelismus in der Scholasti gegen Ende des 13. Jahrhunderts», *Archiv für Literatur und Kirchengeschichte des Mittelalters*, 5 (1889), p. 614–632.
Roger Bacon, *Liber primus communium naturalium fratris Rogeri*, éd. Robert Steele, Oxford: Clarendon Press, 1909–1911.

Siger de Brabant, *Quaest. de anima*, dans F. Van Steenberghen (éd.), *Siger de Brabant d'après ses œuvres inédites*, I, Philosophes Belges, 12, Louvain, 1931.

Thomas d'Aquin, *Opera omnia, iussu Leonis XIII edita*, Rome-Paris, 1882–.

Travaux

A. Boureau, «L'animal dans la pensée scolastique», dans J. Berlioz et Marie Anne Polo de Beaulieu, dir., *L'animal exemplaire au Moyen Âge. ve–xve siècles*, Presses Universitaires de Rennes, 1999, p. 99–109.

A. Boureau, *Théologie, science et censure au XIIIe siècle. Le cas de Jean Peckham*, Paris: Les Belles Lettres, 1999.

L. Brisson, M.-H. Congourdeau et J.-L. Solère (éds.), *L'embryon, formation et animation, Antiquité grecque et latine, traditions hébraïque, chrétienne et islamique*, Paris, 2008.

L. Cova, «Animali e *renovatio mundi*. I perché di un'assenza», *Micrologus. Natura, scienze e società medievali, Rivista della Società Internazionale per lo Studio del Medio Evo Latino*, 8/1 (2000), p. 177–196.

F. Santi, «*Utrum plantae et bruta animalia et corpora mineralia remaneant post finem mundi*. L'animale eterno», *Micrologus*, 4 (1996), p. 231–264.

Maaike van der Lugt, *Le ver, le démon et la vierge. Les théories médiévales de la génération extraordinaire*, Paris: Les Belles Lettres (L'âne d'or), 2004.

Caroline Walker Bynum, *The Resurrection of the Body in Western Christianity, 200–1336*, New York: Columbia University Press, 1995.

R. Zavalloni, *Richard de Mediavilla et la controverse sur la pluralité des formes*, dans Philosophes Médiévaux 2, Louvain, 1951.

CHAPTER 14

Entre la raison et la perception. La psychologie animale médiévale et la relation entre les humains et les animaux

Juhana Toivanen

La limite entre les humains et les animaux

Les philosophes médiévaux n'ont pas hésité à proclamer que : « Chaque être humain est un animal. » Pour eux, c'était un fait scientifique et une vérité logique[1], un élément crucial de leur vision du monde dans laquelle toutes les substances sont hiérarchiquement ordonnées selon une taxonomie systématique, appelée l'Arbre de Porphyre. Selon cette classification systématique, les animaux appartiennent au genre des corps vivants, et ils se distinguent des plantes par leur capacité à percevoir. De plus, le genre 'animal' est divisé en deux espèces, les animaux rationnels et irrationnels[2], mais en dépit de cette différence, nous sommes nous aussi des animaux d'un point de vue taxonomique. Cette affinité se manifeste dans le domaine de la psychologie, étant donné que les philosophes médiévaux pensaient que nos vies sont à bien des égards similaires à la vie des animaux. Nous percevons notre environnement, nous avons des émotions, nous imaginons les objets absents, et nous nous soucions de nos corps et de notre bien-être matériel. Les animaux nous sont familiers, tant nous avons en commun avec eux.

---

1 Comme on peut le voir, par exemple, avec les exercices faits dans les facultés des Arts des universités médiévales. « Omnis homo est animal » était l'une des prémisses incontestées Voir, par exemple, Petrus Hispanus, *Syncategoreumata*, éd. L.M. de Rijk, trad. J. Spruyt, Leiden : Brill, 1992, 296–299 ; Henri de Gand, *Syncategoremata Henrico de Gandavo adscripta*, éd. H.A.G. Braakhuis & G.J. Etzkorn, Ancient and Medieval Philosophy, Series 2 : Henrici de Gandavo Opera Omnia, Leuven : Leuven UP, 2010, 47–48.

2 « Substantia est quidem et ipsa genus, sub hac autem est corpus, sub corpore vero animatum corpus sub quo animal, sub animali vero rationale animal sub quo homo, sub homine vero Socrates et Plato et qui sunt particulares homines », Porphyre, *Anicius Manlius Severinus Boethius Porphyrii Isagoge translatio*, éd. L. Minio-Paluello, Aristoteles Latinus I. 6–7, Bruges/Paris : Desclée de Brouwer, 1966, p. 9.

D'autre part, les philosophes médiévaux pensaient que nous avons une place particulière dans la création. On peut voir que dans l'Arbre de Porphyre, tous les autres animaux appartiennent au genre des animaux irrationnels et que seul l'être humain est considéré comme un animal rationnel. C'est notre rationalité qui nous distingue des autres animaux. Cette différence peut être abordée sous deux angles :

(1) D'une part, la différence est métaphysique. Les êtres humains ont une âme immortelle, immatérielle, rationnelle, et créée directement par Dieu. Ainsi, l'âme rationnelle d'un être humain est à certains égards très différente de l'âme animale. En plus d'être des animaux rationnels, les humains appartiennent aussi au genre des substances immatérielles. Nous seuls, de tous les êtres vivants corporels, faisons partie d'une autre réalité, la réalité immatérielle qui est au-delà de notre monde visible et tangible, parce que nous avons des âmes rationnelles. Les animaux ont aussi des âmes, bien sûr, mais l'âme animale est seulement une forme du corps – un principe structurel qui organise la matière et fournit un ensemble de pouvoirs sensoriels à l'animal. Les animaux sont des êtres matériels mortels, incapables de survivre à la mort du corps, et donc métaphysiquement tout à fait différents de nous[3].

(2) D'autre part, si nous approchons la différence entre les humains et les animaux du point de vue « fonctionnel » en nous concentrant sur la rationalité comme une fonction psychologique (ou un ensemble de fonctions), qui distingue l'homme des autres animaux, la différence semble moins radicale. Bien sûr, seuls les hommes peuvent parvenir à une compréhension scientifique du monde, seuls les hommes sont capables de régler leurs actions en s'éloignant des impulsions émotionnelles immédiates et seuls les hommes sont moralement responsables de leurs actions. Ces différences fonctionnelles distinguent les êtres humains des autres animaux. Nous sommes des animaux, qui sont (en principe) capables de *faire* des choses que les autres animaux ne peuvent pas faire, mais des différences fonctionnelles similaires se trouvent également entre les différentes espèces d'animaux – par exemple, les chiens ont une vie mentale plus complexe que les vers de terre.

---

3 Les philosophes médiévaux ont suivi des stratégies différentes pour présenter ces points. Pour discussion, voir Carlos Bazán, « The Human Soul : Form *and* Substance ? Thomas Aquinas' Critique of Eclectic Aristotelianism », *Archives d'Histoire Doctrinale et Littéraire du Moyen Âge* 64, Paris : Vrin, 1997, p. 95–126 ; Richard Dales, *The Problem of the Rational Soul in the Thirteenth Century*, Brill's Studies in Intellectual History 65, Leiden : Brill, 1995.

Il est important d'adopter ce point de vue (en plus du point de vue métaphysique) parce qu'il nous permet de comprendre les opinions médiévales concernant les animaux non humains comme des créatures complexes qui sont à bien des égards semblables à nous. La relation entre les êtres humains et les autres animaux ne peut être comprise uniquement sur la base de la différence métaphysique. Les âmes des vers et des chiens sont métaphysiquement identiques et elles diffèrent de l'âme rationnelle, mais du point de vue fonctionnel la différence entre les humains et les animaux supérieurs devient plus compliquée. En fait, si nous considérons les discussions médiévales concernant les fonctions psychologiques, les chiens sont plus proches des humains que des vers. Le point de vue fonctionnel laisse voir la similitude entre les humains et les animaux supérieurs mieux et de façon plus détaillée que la perspective métaphysique[4].

En outre, il y a une raison plus profonde de souligner le point de vue fonctionnel. Pour le comprendre, on peut remarquer la célèbre affirmation d'Aristote selon laquelle les choses sont définies par leurs fonctions. Un œil est un organe qui voit, et donc un œil aveugle n'est pas un œil à proprement parler[5]. De même, Aristote soutient dans ses *Météorologiques* que:

> Tout est déterminé par sa fonction: en effet, les choses qui peuvent accomplir la fonction qui leur appartient sont chacune véritablement, par exemple l'œil s'il voit, alors que ce qui ne le peut pas n'est que par homonymie, par exemple un œil mort ou un œil en pierre; car une scie en bois n'en est pas une non plus, sinon comme image[6].

En général, lorsque nous rencontrons une substance que nous ne connaissons pas et que nous voulons savoir ce qu'elle est, nous observons ses capacités. Si

---

4 Catherine König-Pralong a soutenu qu'Albert le Grand (et par conséquent, d'autres philosophes médiévaux) a éloigné les êtres humains des autres animaux en insistant sur les éléments rationnels et normatifs de la vie humaine au détriment des éléments biologiques: voir C. König-Pralong, «Animal équivoque: De Lincoln à Paris via Cologne,» dans *Mots médiévaux offerts à Ruedi Imbach*, éd. I. Atucha et al., Textes et études du Moyen Âge 57 (Porto: Fédération internationale des Instituts d'études médiévales 2011), p. 67–76.
5 *De anima* 2.1, 412b18–22.
6 *Meteorologica* 4.12, 390a10–13 (trad. J. Groisard, Paris, 2008); «C'est de là que vient qu'avec le retrait de l'âme, ce n'est pas spécifiquement le même corps qui reste. En effet, on n'attribue d'œil et de chair au mort que de manière homonyme, comme il appert par le Philosophe, *Métaphysique*, VII, 10.» (Thomas d'Aquin, *Sentencia libri De anima*, éd. R.A. Gauthier, *Sancti Thomae de Aquino Opera omnia iussu Leonis XIII P. M. edita* 45.1, Rome/Paris: Commissio Leonina/Vrin, 1984, 2.1, 71; trad. Y. Pelletier, Institut Docteur angélique, § 226.)

elle s'accroît et se nourrit, nous pouvons conclure qu'elle est un corps animé ; si elle perçoit et se déplace, elle doit être un animal ; et si elle présente des signes d'opérations rationnelles, c'est un humain.

En suivant l'exemple aristotélicien de l'œil aveugle, on pourrait soutenir que si quelqu'un n'est pas capable d'utiliser ses pouvoirs rationnels (par exemple, à cause d'une blessure grave à la tête), il n'est pas un être humain à proprement parler. Une version radicale de cette idée était présentée par Averroès (Ibn Rochd, 1126–1198) dans son influent *Commentarium in libros Physicorum Aristotelis*[7], et elle a été reprise par plusieurs auteurs latins dans des contextes divers. La citation suivante est tirée d'un commentaire anonyme sur les *Premiers Analytiques* :

> Un être humain est principalement appelé un être humain quand il est en mesure d'effectuer son opération caractéristique, qui est de déduire la conclusion des prémisses (ratiocinari). Quand il ne peut pas le faire, il est appelé un être humain seulement équivoque. Et le Commentateur [Averroès] l'atteste clairement dans le début du huitième livre de Physique. Car il dit que « l'être humain » est dit équivoquement d'un être humain qui est perfectionné par les sciences spéculatives et d'un être humain qui n'est pas parfait, tout comme il est dit [équivoquement] d'un être humain peint et d'un être humain réel[8].

---

[7] « Et in hac scientia manifestum est quod praedicatio nominis hominis perfecti a scientia speculativa et non perfecti, sive non habentis aptitudinem quod perfici possit, est aequivoca sicut nomen hominis, quod praedicatur de homine vivo et de homine mortuo, sive praedicatio hominis de rationali et lapideo. » (Averroes, *Commentarium in libros Physicorum Aristotelis* in *Aristotelis opera cum Averrois commentariis*, vol. 4, Venetiis : Juntas, 1562–1574 ; réimprimé Frankfurt am Main : Minerva, 1962, proemium, fol. 1b, h-i.) Pour discussion, voir Ruth Glasner, *Averroes' Physics : A Turning Point in Medieval Natural Philosophy*, Oxford : Oxford University Press, 2009. Dans certaines éditions cette passage apparaît à la fin du septième ou au début du huitième livre (H. Schmieja, « Drei Prologe im grossen Physikkommentar des Averrois ? » dans *Aristotelische Erbe im Arabisch-Lateinishcen Mittelalter Übersetzungen, Kommentare, Interpretationen*, éd. A. Zimmermann & G. Vuillemin-Diem, Berlin/New York : De Gruyter, 1986), p. 184–189.

[8] "Homo enim maxime dicitur homo cum potest in suam propriam operationem, que est ratiocinari. Cum autem non potest non dicitur homo nisi equivoce. Et hoc plane testatur Commentator supra principium octaui Phisicorum. Dicit enim quod homo dicitur equiuoce de homine perfecto per scientias speculatiuas, et de homine non perfecto, sicut dicitur de homine picto et vero." (Ps.-Boèce de Dacie, *Sup. An. Pr.*, Pro.: fol. 31ra, cité par C. Marno, « Anonymi Philosophia 'Sicut dicitur ab Aristotile' : A Parisian Prologue to Porphyry, » *Cahiers de l'Institut du Moyen Âge grec et latin* 61 (1991), 143 note f.)

Le noyau de cette affirmation est que les personnes qui n'actualisent pas leur potentiel en tant qu'êtres humains sont des « humains bestiaux » ou même simplement des bêtes (*homines brutales, bruti*)[9]. En outre, l'idée que les êtres humains peuvent être moins que des humains et même pire que toutes les autres espèces animales a généralement été répétée dans les commentaires de la *Politique* d'Aristote, où les philosophes médiévaux ont affirmé que ceux qui sont incapables de vivre ensemble avec les autres sont des bêtes, ou au moins des pauvres représentants de l'espèce humaine[10]. Conformément à ce point de vue, Pierre d'Auvergne écrit que : « En outre, un être humain est un être humain par la raison, une raison en bon état et non défectueuse[11]. »

Mais en général, les auteurs médiévaux ne pensent pas que ce genre d'incapacité à utiliser la raison enlèverait l'humanité – après tout, du point de vue métaphysique, l'âme immatérielle est toujours là et les obstacles sont généralement accidentels. Plutôt, la nécessité de réaliser la fonction propre de l'homme a été soulignée pour montrer la valeur de la vie philosophique. Les personnes qui ne conduisent pas à une vie propre aux êtres humains *qua* humains, n'actualisent pas leur plein potentiel, et donc la nature humaine n'est pas parfaitement réalisée en eux. Ce point était avant tout normatif et moral : les êtres humains ne doivent pas vivre comme des animaux, mais ils doivent prendre le contrôle de leurs réactions émotionnelles et de leurs actions et cultiver leurs capacités les plus élevées de la pensée intellectuelle. Si quelqu'un ne parvient pas à vivre une vie moralement bonne, il tombe au niveau des animaux et, dans un sens, devient un animal.

Pourtant, le point de vue fonctionnel joue un rôle dans les discussions médiévales. Par exemple, un commentateur anonyme de la *Politique* d'Aristote affirme que :

---

9   Pour une discussion et des références, voir Luca Bianchi, *Studi sull'Aristotelismo del Rinascimento*, Padova : Il Poligrafo, 2003, p. 41–61. Bianchi retrace les discussions du Moyen Âge à la Renaissance. Il est à noter que certains auteurs médiévaux omettent la qualification « non habentis aptitudinem quod perfici possit » par les sciences spéculatives, ce qui rend l'affirmation encore plus radicale. Voir, par exemple, Aubry de Reims, *Philosophia*, éd. R. Gauthier, dans « Notes sur Siger de Brabant (fin) II : Siger en 1272–1275 ; Aubry de Reims et la scission des Normands », *Revue des Sciences Philosophiques et Théologiques* 68 : 1 (1984), p. 29–30.

10 Voir, par exemple, Thomas d'Aquin, *Sententia libri Politicorum*, cura et studio fratrum praedicatorum, *Sancti Thomae de Aquino Opera omnia iussu Leonis XIII P.M. edita* 48, Rome : Ad Sanctae Sabinae, 1971, 78b80–100.

11 « Ulterius homo est homo per rationem bene se habentem et non peruersam. » Pierre d'Auvergne, *Questiones super libros Politicorum*, ed. M. Toste (à paraître), 1.7.

> Il est possible qu'il y ait un être humain sauvage, qui n'a jamais eu, ou n'a pu avoir, l'usage de la raison [...] Ce genre d'animal n'est pas rationnel, parce qu'il serait tel en vain; et par conséquent, il ne serait pas un être humain, autrement que par une similitude parce qu'il serait d'accord avec la forme d'un être humain[12].

Ce n'est pas évident de comprendre si ce texte se réfère à un enfant sauvage ou à un membre d'une espèce humanoïde irrationnelle – à en juger par le contexte, il s'agit plutôt du second cas – mais le point central que je veux souligner est ceci: «l'humain sauvage» n'a pas *l'usage* de la raison, et c'est une raison suffisante pour dire qu'il n'est pas rationnel. Ainsi, l'incapacité de réaliser la fonction qui distingue l'homme des autres animaux est une raison suffisante pour conclure que ce genre de créature n'est pas un être humain. On peut aussi considérer le même point avec une perspective inverse: Antonio Montecatini (1537–1599), un *magister artium* de l'université de Ferrare, écrivait: «Mais si les animaux bruts étaient susceptibles d'avoir un esprit et de l'apprentissage, ils seraient des êtres humains, pas des brutes[13].» Les animaux se distinguent des êtres humains par le manque de rationalité, et ils sont différents de nous parce qu'ils ne peuvent pas *faire* certaines choses que nous pouvons faire.

Néanmoins, le fait que ces assertions sont généralement normatives et non métaphysiques ne signifie pas qu'elles seraient seulement métaphoriques. Lorsque les auteurs médiévaux ont affirmé que les êtres humains peuvent devenir des animaux en omettant de vivre la vie vertueuse et intellectuelle, ils étaient sérieux en ce sens que le genre de vie qu'ils voulaient nous éviter était à bien des égards similaire à la vie des animaux non-humains. L'idée, qui vient d'Averroès, révèle, à tout le moins, que les activités qui sont propres aux êtres humains, et qui nous séparent des animaux, sont assez élevées dans l'échelle qui commence avec les puissances végétatives et se termine avec les opérations rationnelles. La plupart des opérations psychologiques et des activités, qui ne sont pas rationnelles, sont semblables en nous et chez les autres animaux. Notre rationalité nous permet de surmonter certains aspects de notre

---

12 «Primo sciendum quod possibile est esse aliquem hominem silvestrem, qui nunquam habuit usum rationis, nec potuit habere, nec parentes nec progenitores sui. Et tunc tale animal non est rationabile, quia tunc talis ponitur esse frustra, nec per consequens homo, nisi similitudinarie, quia accedit ad figuram hominis.» (Anonyme, *Questiones in librum Politicorum Aristotelis*, Bruxelles, Bibl. royale 863–869 (2916), fol. 407va.)

13 «Sed si bruta animalia mentis et disciplinae essent capacia, homines essent, non bruta.» (Antonio Montecatini, *In Politica Aristotelis Progymnasmata* (Ferrara: Victorius Baldinus, 1587), cap. 5, pars. 2, textus 23, p. 76.)

animalité, mais dans notre vie quotidienne, les différences sont mineures et nous sommes comme les autres animaux[14]. Même si la rationalité peut affecter nos pouvoirs sensoriels dans une certaine mesure – et il y a des auteurs qui soutiennent explicitement qu'elle le fait[15] –, notre vie mentale n'est pas radicalement différente de celle d'autres animaux, et cette similitude se reflète dans l'approche fonctionnelle: il n'est pas évident que nous différons des autres animaux, sauf dans la mesure où nous *utilisons* nos pouvoirs rationnels, que les animaux ne possèdent pas. Tout cela signifie que la distinction métaphysique, qui a été défendue par les auteurs médiévaux, n'entraîne pas nécessairement une différence psychologique claire.

La différence fonctionnelle qui est basée sur la rationalité peut sembler simple, mais en fait on n'a pas toujours une connaissance claire des choses que nous pouvons faire et qui nous séparent des animaux. L'objectif du reste de l'article est de montrer que parfois les philosophes médiévaux étaient prêts à attribuer des capacités psychologiques étonnamment sophistiquées aux animaux, tout en affirmant qu'ils ne sont pas rationnels. Autrement dit, je vais mettre en doute la croyance répandue que les penseurs médiévaux auraient considéré les animaux comme des créatures radicalement différentes des êtres humains à *tous* les égards. Des différences claires existent, mais cela ne signifie pas que les animaux auraient été considérés comme de simples machines, ou encore plus semblables à des machines que les hommes. Afin de bien comprendre les conceptions médiévales des animaux, nous devons savoir où exactement passe la ligne de démarcation entre les processus psychologiques qui appartiennent à l'âme sensitive et ceux qui appartiennent à l'âme rationnelle. Quelles sortes d'opérations psychologiques peut-on attribuer aux animaux sans les rendre humains? Quelles sortes de processus psychologiques y a-t-il entre la raison et la perception?

---

14   Cette idée apparaît, par exemple, dans le *De regimine principum* de Gilles de Rome: «Tripliciter igitur poterit considerari homo: primo ut communicat cum brutis, secundo ut est aliquid in se, tertio ut participat cum angelis [...] Quilibet ergo vel vivit ut bestia, vel vivit ut homo, vel vivit ut angelus. Nam secundum vitam voluptuosam vivit ut bestia, secundum civilem vivit ut homo, secundum contemplativam ut angelus. Distinxerunt ergo has tres vitas, sive hos tres modos vivendi.» (Gilles de Rome, *De regimine principum* (Rome, 1607), 1.4, p. 11.)

15   Voir, par exemple, Albert le Grand, *De animalibus libri XXVI*, éd. H. Stadler, Münster: Aschendorffsche Verlagsbuchhandlung, 1916, 21.1.1, 1323.

Trois capacités psychologiques

Afin de répondre à ces questions, je vais présenter trois capacités psychologiques que certains philosophes médiévaux ont attribuées à des animaux : (1) la capacité à utiliser le langage ; (2) le raisonnement qui a lieu dans l'action ; et (3) un certain type de conscience de soi. Mon intention n'est pas de prétendre que ces exemples représentent des moyens typiques de penser à la psychologie animale ; je les présente plutôt afin de montrer que le point de séparation entre les capacités qui sont propres aux êtres humains et celles qui peuvent être attribuées à des animaux est parfois situé assez haut. Même si la rationalité a été considérée comme ce qui distingue les êtres humains des autres animaux, la nature de la rationalité humaine était soumise à un examen philosophique constant, et on n'est pas toujours au clair sur ce que la rationalité signifie. En regardant les théories psychologiques qui ont été présentées afin d'expliquer des actions des animaux qui semblent rationnelles, nous pouvons arriver à une image plus claire des conceptions médiévales de la limite entre l'homme et l'animal.

(1) La première de ces capacités psychologiques est suggérée par Albert le Grand. Sa position est importante, car il traite explicitement de la différence entre les humains et les animaux *et* il attribue des capacités plutôt sophistiquées aux animaux. Il écrit assez largement sur les animaux, et même si sa discussion se rapporte surtout à des questions biologiques, elle fait place aussi à des idées philosophiques. Celles qui sont les plus pertinentes pour notre sujet apparaissent dans un contexte où Albert analyse la limite entre les animaux et les humains en se demandant si les pygmées sont des êtres humains. Cette question a été parfois soulevée au Moyen Âge, et des opinions divergentes concernant l'humanité de pygmées ont été présentées. Par exemple, un auteur anonyme du XIIIe siècle a soutenu que les pygmées sont des êtres humains tandis que certains primates n'en sont pas (même s'ils ressemblent à des humains dans une certaine mesure). La différence cruciale est, selon l'auteur anonyme, que : « Certains ont l'usage de la raison, comme les pygmées, mais d'autres ne l'ont pas, comme les singes[16]. » Dans un contraste frappant, Albert le Grand

---

16   « Aliqua habent usum rationis sicut pygmei, alia non habent sicut simia. » (Anonyme, « Utrum pygmei sint homines ? », Paris BN lat. 15850, fol. 16va–17rb.) Voir T.W. Köhler, *Homo animal nobilissimum : Konturen des spezifisch Menschlichen in der naturphilosophischen Aristoteleskommentierung des dreizehnten Jahrhunderts*, 3 vols, Leiden/Boston : Brill, 2008–2014, vol. 1, 419–443.

avait essayé de montrer que les pygmées ne disposent pas des pouvoirs rationnels, qui font de nous des êtres humains.

La position d'Albert et ses implications morales sont inacceptables pour un lecteur moderne, et c'est à juste titre. Heureusement, il n'est pas nécessaire de l'accepter afin de voir ce que son argumentation révèle sur les caractéristiques qui distinguent l'homme des autres animaux. Sa conception des capacités psychologiques des pygmées montre le niveau de complexité qui peut leur être attribué sans compromettre la distinction entre les animaux et les humains.

Albert pense que les pygmées sont des animaux, parce qu'ils ne peuvent pas comprendre des essences universelles et parce qu'ils sont incapables de raisonnement scientifique. Néanmoins, il pense qu'ils ont une place particulière dans le règne animal. Beaucoup d'animaux peuvent se rappeler des événements passés et chercher des choses qui ne sont pas présentes sur le moment, et certains d'eux sont même en mesure d'apprendre par expérience. En outre, certains animaux comprennent la parole humaine et peuvent apprendre à obéir aux ordres[17]. Les pygmées sont si avancés dans ces deux compétences qu'ils ont, comme le dit Albert, « une ombre de raison[18] ». C'est un pouvoir qui est au-dessus de la puissance estimative, mais qui n'est pas tout à fait rationnel. La puissance estimative est l'un des sens internes, un pouvoir qui est responsable des actions des animaux qui paraissent presque rationnelles, ainsi que de leur capacité à reconnaître l'utilité et la nocivité des différentes choses dans leur environnement[19]. Plusieurs fonctions qui ont été attribuées à ce pouvoir sont assez complexes, mais Albert pense qu'elles ne suffisent pas à expliquer les capacités des pygmées. Par « l'ombre de la raison, » les pygmées peuvent imiter des arts humains, effectuer des raisonnements pratiques (quoique de façon incomplète) et, surtout, utiliser le langage : « Certains ⟨animaux⟩ sont si vigoureux dans la formation du sens de l'ouïe, qu'ils indiquent même leurs intentions à l'autre – comme les pygmées qui parlent bien qu'ils soient des animaux irrationnels[20]. » Mais Albert voit aussi une différence entre le langage

---

17   Albert le Grand, *De animalibus* 21.1.2, 1326–1327. Selon Albert, il y a des animaux qui n'ont pas la mémoire, comme les mouches qui reviennent immédiatement après qu'elles ont été chassées. Son célèbre exemple d'apprentissage par l'expérience est une belette qui sait utiliser une feuille d'une certaine plante pour combattre le poison après qu'elle a été blessée par un serpent.

18   Albert le Grand, *De animalibus* 21.1.2, 1328–1329.

19   Pour discussion, voir J. Toivanen, *Perception and the Internal Senses*, Leiden : Brill, 2013, p. 225–245 & 327–339 ; C. Di Martino, *Ratio particularis : Doctrines des sens internes d'Avicenne à Thomas d'Aquin*, Paris : Vrin, 2008.

20   « Quaedam autem in tantum vigent in disciplina auditus quod etiam sibi mutuo suas

humain et le langage des pygmées : « Et donc, bien que les pygmées parlent, ils ne discutent pas des choses universelles, mais plutôt leurs voix se réfèrent aux choses particulières dont ils parlent[21]. »

L'idée générale d'Albert est facile à comprendre, mais sa déclaration sur le langage des pygmées est problématique. Après tout, le langage semble présumer une sorte de généralité – sinon il y aurait un mot distinct pour chaque chose individuelle dans le monde, ce qui rendrait l'utilisation du langage non seulement superflue, mais aussi impossible. Peut-être Albert pense-t-il que les pygmées peuvent utiliser des concepts généraux, qui se réfèrent à plusieurs individus de la même espèce, sans être capables de comprendre l'essence de ces objets individuels. Cela semble supposer une sorte de capacité à saisir la similitude qui n'est pas basée sur les essences des choses. Si la connaissance de l'essence d'une chose est considérée comme une compréhension intellectuelle de sa définition – le concept universel –, il y a un espace pour une connaissance générale qui n'est pas connaissance universelle. Peut-être déjà l'âme sensorielle des animaux permet-elle d'appréhender les individus comme appartenant à la même espèce, ainsi que de distinguer les membres d'espèces différentes les unes des autres. Ce type de capacité pourrait fonctionner comme base du langage que parlent les pygmées.

Malheureusement Albert n'explique pas son point de vue en détail dans ce contexte, mais l'idée d'une sorte de connaissance générale n'est pas complètement étrangère aux auteurs médiévaux[22]. On peut remarquer un exemple souvent répété, qui semble exiger la capacité de savoir qu'un objet est similaire à d'autres objets de la même espèce : un chien qui craint *tous* les bâtons car il a été battu avec *un* bâton dans le passé. Cet exemple avicennien a été utilisé pour prouver l'existence de l'un des sens internes (le sens commun ou

---

intentiones significant, sicut pigmeus qui loquitur, cum tamen sit irrationabile animal » (Albert le Grand, *De animalibus* 21.1.2, 1327.28.). « Adhuc autem formantium voces quaedam formant ad diversos conceptus quos habent, sicut homo et pigmeus. » (ibid., 1.1.3, 18.) Albert mentionne raisonnement pratique et l'imitation des arts dans ibid., 21.1.2, 1327 & 3, 1332.

21 « Et ideo pigmeus licet loquatur, tamen non disputat nec loquitur de universalibus rerum, sed potius suae voces diriguntur ad res particulares de quibus loquitur. » (Albert le Grand, *De animalibus* 21.1.2, 1328.) Voir Irven Resnick, & Kenneth Kitchell, « Albert the Great on the 'Language' of Animals », *American Catholic Philosophical Quarterly* 70 :1 (1996), p. 41–61.

22 Il affirme, cependant, que les animaux sont incapables de comprendre les universaux en tant que tels (Albert le Grand, *De homine*, éd. Borgnet, *B. Alberti Magni Opera Omnia* 35 (Paris : Vivès, 1896), q. 39, a. 2, 337–338).

la puissance estimative – soit le chien appréhende la forme du bâton et il la relie à la sensation de douleur, soit il appréhende l'intention de nocivité dans le bâton qu'il perçoit[23]), mais le point crucial est que les animaux apprennent de l'expérience et qu'ils apprennent à éviter certains *types* d'objets, et pas seulement un objet individuel qui leur a initialement permis de faire l'expérience. Les philosophes médiévaux ne discutent pas souvent cette capacité de généraliser, mais il y a au moins un auteur qui la présente explicitement en développant sa théorie de la perception. Roger Bacon attribue une capacité de connaissance générale à toutes sortes d'animaux dans son ouvrage *Perspectiva* :

> Mais il est clair que le chien reconnaît un homme qu'il a vu avant, et que les singes et autres animaux le font aussi. Et ils font une distinction entre les choses qu'ils ont vues et dont ils ont la mémoire ; ils distinguent un universel d'un autre, comme l'homme du chien ou du bois, et ils distinguent les différents individus de la même espèce. Ainsi, cette connaissance [...] appartient aux bêtes ainsi qu'aux hommes, et par conséquent, elle se produit par une puissance de l'âme sensorielle[24].

Le point central ici est que les animaux distinguent une espèce d'une autre, et, qu'apparemment, ils sont en mesure d'appréhender les membres d'une espèce semblable de telle manière qu'ils sont conscients de leur similitude. Bacon explique que les animaux diffèrent des êtres humains parce qu'ils font tous cela par une sorte d'instinct naturel et non par délibération, mais le point crucial est que les animaux sont effectivement capables de faire cela. Une façon d'expliquer cette idée est que les animaux sont capables de percevoir des espèces naturelles. Ce genre de perception n'est pas la même chose que la compréhension des essences ou des définitions de choses, mais suffirait à expliquer le langage des pygmées. Par exemple, les animaux ne comprennent pas la définition scientifique d'un être humain (un animal rationnel), et ils ne

---

23 Respectivement, Albert le Grand, *De homine*, q. 35, a. 1, 308 ; et Jean de la Rochelle, *Summa de anima*, éd. J.G. Bougerol (Paris : Vrin, 1995), 2.101, 248.

24 « Sed constat canem cognoscere hominem prius visum cum iterim viderit eum, et simia et bestie multe sic faciunt. Et distinguunt inter res visas quarum habent memoriam, et cognoscunt unum universale ab alio, ut hominem a cane vel a ligno, et individua eiusdem speciei distinguunt. Et ideo cognitio quam perspectivi vocant 'per scientiam' debetur brutis sicut hominibus ; ergo est per virtutem anime sensitive. » (Roger Bacon, *Perspectiva*, éd. D.C. Lindberg, *Roger Bacon and the Origins of* Perspectiva *in the Middle Ages* (Oxford : Clarendon Press, 1996), 2.3.9, 246–247.)

peuvent pas formuler les syllogismes de ces définitions (Socrate est un être humain; les êtres humains sont des animaux; donc, Socrate est un animal). Mais comme il semble possible de connaître que Socrate ressemble à Platon sans connaître l'essence universelle de l'homme, peut-être est-il également possible d'utiliser le concept « humain » sans avoir la connaissance universelle de la nature humaine[25].

(2) Une autre capacité que Bacon attribue aux animaux dans le même contexte est un certain type de raisonnement, qui a lieu dans l'action. Il énumère plusieurs cas dans lesquels les animaux agissent d'une manière ordonnée et exercent une action afin d'atteindre un objectif qui n'est pas le résultat immédiat de cette action. Par exemple, il raconte l'histoire d'un chat qui, en voyant un poisson dans un grand bassin de pierre, a retiré un bouchon et laissé l'eau s'écouler afin d'attraper le poisson. Ce genre de processus semble être un raisonnement. Comme Bacon l'explique:

> [il] se produit dans une infinité de cas dans lesquels les bêtes considèrent beaucoup de choses qui sont ordonnées à une chose qu'ils ont l'intention de faire, comme s'ils déduisaient une conclusion des prémisses. Cependant, ils n'organisent pas leur raisonnement en modes et figures, et ils ne distinguent pas la fin des premières actions. En outre, ils ne perçoivent pas qu'ils accomplissent ce genre de processus, parce que leur pensée ne procède que d'instinct naturel[26].

Les animaux agissent d'une façon intentionnelle, comme s'ils raisonnaient. Cependant, ils ne peuvent pas délibérer sur le processus avant d'agir. Ils ne peuvent pas essayer de comprendre comment atteindre leur but: soit ils voient immédiatement ce qu'ils doivent faire, soit la situation est complètement au-delà de leur compréhension et ils ne font rien. En revanche, les êtres humains peuvent délibérer sur le cours possible de l'action et arriver à une solution qui n'était pas immédiatement évidente pour eux.

---

25   À ma connaissance, les philosophes médiévaux ne présentent jamais cette idée explicitement, et donc cette interprétation est hypothétique dans une certaine mesure.

26   « Et sic est de infinitis in quibus bruta animalia cogitant multa per ordinem respectu unius rei quam intendunt, ac si arguerent apud se conclusionem ex premissis. Sed decursum sue cogitationis non disponunt in modo et figura, nec ex deliberatione distingunt ultima a primis. Nec percipiunt se huiusmodi discursum facere, quia ex solo instinctu naturali sic decurrit cogitatio eorum. » (Roger Bacon, *Perspectiva* 2.3.9, 250.)

On doit souligner que, bien que Bacon et d'autres auteurs médiévaux utilisent le concept « d'instinct naturel », ils ne signifient pas que les animaux ne seraient pas conscients de leurs actions et des objets que celles-ci comportent. Peut-être les animaux ne sont-ils pas conscients de tous les aspects des processus complexes qui mènent à l'action, mais leurs actions sont guidées par des actes cognitifs, et il n'y a aucune raison de supposer que les auteurs médiévaux auraient pensé que la cognition animale n'accompagnait pas une sorte de conscience phénoménale. La raison d'insister sur le caractère instinctif de l'action des animaux est plutôt liée à l'absence de liberté et de choix. Les animaux qui appartiennent à la même espèce agissent de manière similaire dans une situation donnée, et leurs actions découlent de leur nature plutôt que de leur choix. Ainsi, pour utiliser un exemple commun qui a été présenté par Avicenne, quand une brebis perçoit un loup, sa puissance estimative évalue le loup comme nocif et dangereux, et cette perception évaluative provoque l'émotion de la peur. La brebis ne peut pas contrôler sa fuite et elle fuit par nécessité. Pareillement tous les individus de la même espèce construisent leur habitat et cherchent de la nourriture exactement de la même manière[27]. Reflétant ce point de vue, Thomas d'Aquin soutient que les animaux diffèrent de la nature inanimée parce que leurs désirs suivent des actes cognitifs, et que les êtres humains diffèrent des animaux parce que leurs désirs suivent des actes cognitifs qui sont sous le contrôle de la raison:

> Il y a un autre appétit, consécutif à la perception du sujet, mais qui la suit nécessairement et non en vertu d'un libre jugement. C'est l'appétit sensible des bêtes. Chez l'homme, cependant, il participe quelque peu de la liberté, dans la mesure où il obéit à la raison[28].

---

27   Dominik Perler, « Why Is the Sheep Afraid of the Wolf? Medieval Debates on Animal Passions », in *Emotions and Cognitive Life in Medieval and Early Modern Philosophy* éd. M. Pickavé & L. Shapiro (Oxford: Oxford UP, 2012), p. 32–52. Voir, par exemple, Albert le Grand, *De anima* éd. Borgnet, *B. Alberti Magni Opera Omnia* 5 (Paris: Vivès, 1890), liber 3, tract. 1, c. 3, 319; Thomas d'Aquin, *Quaestiones disputatae de veritate*, dans *Sancti Thomae de Aquino Opera omnia iussu Leonis XIII P.M. edita* 22.3 (Rome: Ad Sanctae Sabinae, 1973), q. 24, a. 1, 680–681.

28   « Alius autem est appetitus consequens apprehensionem ipsius appetentis, sed ex necessitate, non ex iudicio libero. Et talis est appetitus sensitivus in brutis, qui tamen in hominibus aliquid libertatis participat, inquantum obedit rationi. » (*ST* IaIIae.26.1; traduction d'Institut docteur angelique, sous la direction d'Arnaud Dumouch.) Voir aussi *ST* Ia IIae. 6.2; Thomas d'Aquin, *In duodecim libros Metaphysicorum Aristotelis exposition*, éd. M.R. Cathala & R.M. Spiazzi (Torino: Marietti, 1971), 1.1.13.

Même s'il ne le dit pas explicitement, la différence entre les humains et les autres animaux n'est pas liée à la conscience, mais au niveau de contrôle qu'ils exercent sur leurs actions.

Cela dit, la conscience des animaux est évidemment une question problématique, étant donné que les philosophes médiévaux ne considèrent pas la «conscience» comme un problème philosophique qui doit être abordé, et donc ils n'en traitent pas explicitement[29]. Cependant, ils discutent de nombreux phénomènes qui sont liés à la conscience – l'intentionnalité, la réflexivité, l'attention sélective, l'unité expérimentale du sujet, etc. – et on peut dire que pour eux, les processus cognitifs impliquent une sorte d'expérience phénoménologique[30]. Du moins les auteurs médiévaux pensent que les animaux rêvent, agissent intentionnellement, et apprennent de l'expérience. Tous ces phénomènes psychologiques sont difficiles à expliquer sans admettre que les animaux ont une sorte de conscience[31].

(3) Une limitation typique que les philosophes médiévaux ont vue dans les capacités cognitives des animaux était leur manque de conscience de soi. La fondation métaphysique de cette limitation était que la matière corporelle est incapable de réflexivité, et par conséquent les substances matérielles ne peuvent pas se tourner sur eux-mêmes d'une manière réflexive. Parce que les animaux n'ont pas une âme immatérielle, ils sont incapables de prendre leur esprit comme des objets de connaissance: ils sont incapables de penser à eux-mêmes comme sujets cognitifs. Cette limitation était liée à l'idée que les

---

29   Sara Heinämaa et al., «Introduction,» dans *Consciousness: From Perception to Reflection in the History of Philosophy*, éd. S. Heinämaa et al., Studies in the history of philosophy of Mind 5 (Dordrecht: Springer, 2007), p. 1–26. Voir aussi Toivanen, *Perception and the Internal Senses*, p. 173–175.

30   Voir, par exemple, Robert Pasnau, *Thomas Aquinas on Human Nature: A Philosophical Study of Summa theologiae 1a 75–89*, (Cambridge: Cambridge University Press, 2002), p. 197; Eleonore Stump «The Mechanisms of Cognition: Ockham on Mediating Species,» dans *The Cambridge Companion to Ockham*, éd. P.V. Spade (Cambridge: Cambridge University Press, 1999), 169–181; Jari Kaukua & Vili Lähteenmäki, «Subjectivity as a Non-Textual Standard of Interpretation in the History of Philosophical Psychology,» *History and Theory* 49 (2010), p. 21–37.

31   Voir, par exemple, Pierre de Jean Olivi, *Quaestiones in secundum librum Sententiarum*, 3 vol, éd. B. Jansen, Bibliotheca Franciscana Scholastica Medii Aevi 4–6 (Florence: Collegium S. Bonaventurae, 1922–1926) (= *Summa II*), q. 58, 506 (un chien qui rêve); ibid., q. 63, 601 (un chien qui apprend); ibid., q. 62, 588–589 (un animal qui ouvre ses yeux afin de voir).

animaux ne peuvent pas se contrôler comme les humains, parce que la capacité de se distancier des expériences et des émotions immédiates est nécessaire afin de contrôler les actions.

Pourtant, il est facile de surestimer ce que cette limitation signifie. Même si les philosophes médiévaux ont refusé aux animaux un certain type de conscience de soi intellectuelle, au moins certains d'entre eux étaient prêts à prétendre que les animaux sont conscients d'eux-mêmes d'une façon plus simple. Une telle idée a été suggérée par Pierre de Jean Olivi, qui affirme que les animaux sont conscients de leur corps et de l'importance mutuelle des parties de leur corps :

> Quand un chien ou un serpent sacrifie un de ses membres afin de sauver sa tête ou sacrifie une partie pour sauver l'ensemble, alors il préfère le tout à la partie et la tête à l'autre membre. Par conséquent, ces animaux doivent avoir un certain pouvoir commun qui leur montre simultanément les deux termes, leur comparaison mutuelle, et la préférence de l'une sur l'autre, même s'il ne le fait pas avec le même degré de plénitude et de jugement réflexif comme le fait l'intellect[32].

L'insistance d'Olivi porte sur le fait que les animaux semblent protéger leurs parties vitales au détriment des autres membres quand ils sont menacés. Un chien évite d'être frappé à la tête en bloquant le coup avec sa patte, par exemple, et cette capacité montre qu'il est conscient que la patte est de moindre importance pour son bien-être que la tête. Olivi conceptualise cette capacité en termes de réflexivité : les animaux sont conscients de leurs corps et du fait qu'ils sont des êtres vivants parce que leur sens commun peut se tourner vers lui-même mais de façon incomplète[33]. En revanche, la puissance intellectuelle des êtres humains est capable d'un plus haut degré de réflexivité, qui donne aux humains la capacité de penser sur eux-mêmes d'une manière plus complexe.

La distinction entre la conscience de soi intellectuelle et la conscience de soi qui peut être attribuée à des animaux se résume à une différence entre

---

32 « Praeterea, quando canis vel serpens pro conservatione capitis exponit aliud membrum aut pro conservatione totius exponit aliquam partem, tunc praefert totum parti et caput alteri membro. Ergo oportet in eis esse aliquam communem potentiam quae in simul ambo extrema et mutuam eorum comparationem et unius ad alterum praeferentiam ostendat, quamvis non cum illa plenitudine et altitudine reflexivi iudicii cum qua fit hoc ab intellectu. » (Pierre de Jean Olivi, *Summa II* q. 62, 587.)

33 Pierre de Jean Olivi, *Summa II* q. 62, 595 & q. 67, 615–616.

avoir une conscience explicite de soi comme un sujet, comme un esprit, et être conscient de soi comme un être vivant et corporel et comme un sujet de ses actes cognitifs. Les animaux ne peuvent tourner leur attention vers leur esprit directement, mais le fait qu'ils tentent de se préserver demande une sorte de conscience de soi[34].

La moralité

Les philosophes médiévaux étaient d'accord que les animaux ne sont pas des agents moraux. L'action morale exige la liberté psychologique, et seuls les êtres humains ont une volonté libre par laquelle ils sont capables de choisir leurs actions. Par contre, les animaux suivent leurs réactions émotionnelles par nécessité : quand un animal perçoit un objet, il comprend si l'objet est utile et agréable ou douloureux et nocif, et cette perception évaluative provoque une émotion.

L'aspect central de ce point de vue est que l'animal n'a pas de contrôle sur son action, car il n'est pas psychologiquement libre. Sans la volonté libre, les animaux sont déterminés à suivre leurs réactions émotionnelles. Le comportement des animaux est principalement causé par un désir de conservation de soi, poursuit du plaisir, ainsi que l'évitement de la douleur, ce qui donne lieu à une variété d'émotions : l'amour et la haine, le désir et l'aversion, la joie et la tristesse, la peur et l'espoir, etc.[35] Comme je l'ai déjà souligné, les réponses émotionnelles des animaux sont automatiques et instinctives – c'est-à-dire que tous les individus de la même espèce réagissent de manière uniforme dans une situation similaire. Les humains, en revanche, ont une capacité d'empêcher l'émotion de se transformer en action. C'est exactement à cause de ce manque de liberté et de l'incapacité d'exercer un contrôle cognitif sur leurs émotions, que les animaux ne sont pas responsables de leurs actions dans un sens moral.

Cependant, nous pouvons nous demander si les animaux ont un statut moral. Est-ce que leur traitement par les humains doit être régulé par la moralité ? Il faut souligner que cette question est motivée par des préoccupations modernes ; les auteurs médiévaux n'ont pas envisagé cela comme une question centrale. Mais ils disent parfois des choses qui sont importantes à cet égard.

---

34 J. Toivanen, « Perceptual Self-Awareness in Seneca, Augustine, and Olivi », *Journal of the History of Philosophy* 51:3 (2013), p. 372–379.

35 Évidemment, la classification des diverses émotions varie d'un auteur à l'autre. Voir Simo Knuuttila, *Emotions in Ancient and Medieval Philosophy* (Oxford : Clarendon Press, 2004), p. 177–255.

Aristote affirme dans les *Politiques* que les plantes existent pour les animaux, et que les animaux existent pour les humains :

> Un tel patrimoine semble donc bien être fourni à tous par la nature, aussi bien tout de suite après leur naissance que quand ils sont complètement développés. Car certains parmi les animaux produisent une nourriture suffisante, dès qu'ils donnent naissance à leur progéniture, une nourriture suffisante jusqu'à ce que le rejeton puisse s'en procurer tout seul : tels sont les larvipares et les ovipares. Quant aux vivipares, ils ont en eux-mêmes une nourriture pour leurs petits pendant un certain temps, c'est la substance appelée lait. Si bien qu'il faut évidemment penser qu'il en est de même pour les animaux adultes : les plantes existent pour les animaux et les animaux pour l'homme, les ⟨animaux⟩ domestiques pour le travail ⟨qu'il en tire⟩ et la nourriture, les ⟨animaux⟩ sauvages, sinon tous du moins la plupart, pour sa nourriture et pour d'autres secours, puisqu'il en tire vêtement et autres instruments. Si donc la nature ne fait rien d'inachevé ni ⟨rien⟩ en vain, il est nécessaire que ce soit pour les hommes que la nature ait fait tout cela[36].

Indépendamment de ce qu'Aristote voulait dire par là, une suggestion similaire (mais pas nécessairement la même) se trouve dans le premier livre de la *Genèse*, et donc il n'est pas étonnant que les auteurs médiévaux l'aient acceptée. Ils pensaient que tuer des animaux pour la consommation humaine est acceptable, parce que les animaux sont créés pour nous.

Pourtant, ils ont parfois souligné qu'il y a des limites à l'utilisation des animaux. Ainsi, par exemple, Nicolas de Vaudémont, un maître ès arts Parisien du quatorzième siècle, a affirmé que les plantes et les animaux sont moins parfaits que les humains, et qu'ils peuvent être utilisés pour satisfaire les besoins de l'homme (nourriture, vêtements, etc.). Mais il continue en disant que :

> Il s'ensuit comme un corollaire que si quelqu'un utilise les plantes et les animaux pour une autre fin que le maintien de la vie humaine, il ne les utilise pas mais en abuse. Cela est clair, parce que quand quelqu'un utilise quelque chose à une fin qui n'est pas propre à cette chose, on dit qu'il en abuse. Deuxièmement, il s'ensuit que si un humain utilise des plantes ou

---

36   *Pol.* 1. 8, 1256b7–26 (trad. P. Pellegrin, Paris, 1990, p. 112–113).

des bêtes au-delà de ce qui est suffisant, on dit qu'il en abuse, tout comme dans le premier cas[37].

Les animaux peuvent être utilisés pour soutenir la vie humaine, mais Nicolas affirme qu'il y a une limite stricte à leur utilisation. Seules les nécessités de la vie doivent être satisfaites. Nicolas ne dit pas explicitement, et peut-être il ne pense pas, que l'utilisation abusive des animaux compte comme un vice moral, comme un péché, mais il semble placer son argument sur un plan moral en affirmant que même si les humains ont le droit d'utiliser des animaux, nous ne devrions pas le faire plus que ce qui est absolument nécessaire. Cette idée peut paraître surprenante, mais d'autre part, les philosophes médiévaux croyaient que les êtres humains, même s'ils avaient été créés pour gouverner des animaux, ont également reçu la tâche de prendre soin de la création de Dieu, et la permission de manger des animaux a été reçue seulement après le Déluge – ce n'était pas la pratique dans l'état d'origine de l'humanité[38]. En plus, les auteurs médiévaux étaient loin de penser que les animaux seraient égaux aux objets inanimés du point de vue métaphysique. C'est une question beaucoup plus complexe, bien sûr, de savoir si la différence métaphysique entre les animaux et les objets inanimés entraîne une différence de statut moral. Malgré de la concession de Nicolas, les animaux n'ont généralement pas été considérés comme des objets d'une évaluation morale. Lorsque l'abus des animaux a été critiqué, l'implication était souvent anthropocentrique : la cruauté envers les animaux corrompt la personne qui agit et la dispose à agir cruellement envers les autres personnes[39].

Indépendamment de leur valeur intrinsèque (ou en l'absence de celle-ci), les animaux jouent un rôle spécial dans la moralité médiévale : ils ont été largement utilisés comme des exemples moraux. Des bestiaires médiévaux suivent la tradition antique et ne fournissent pas seulement des descriptions de diverses espèces d'animaux réelles ou imaginaires, mais également des leçons de morale que les humains peuvent apprendre d'eux. Différents ani-

---

[37] « Ex isto sequitur correlarie, quod si homo ordinet plantas et alia animalia ad alium finem quam ad vitam hominis, ille homo non eis utitur sed abutitur. Patet, quia quis dicitur alio abuti, quando non ordinat illud in proprium finem. Secundo, quod si homo ultra sufficientiam utatur plantis vel animalibus brutis, ipse eis abutitur ut prius. » (Nicolas de Vaudémont (pseudo-Jean Buridan), *Questiones super octo libros Politicorum* (Paris, 1513 ; réimprimé Frankfurt : Minerva, 1969) (= *QPol*), fol. 14ra.)

[38] *Genèse* 9, 2–3.

[39] Thomas d'Aquin, *Liber de veritate catholicae Fidei contra errores infidelium seu Summa contra Gentiles*, éd. P. Marc, C. Pera & P. Caramello (Torino : Marietti, 1961), 3.112.

maux représentent différentes vertus allégoriquement et servent d'exemples de bonne conduite. Certes, l'important n'était pas que les animaux seraient plus vertueux que les êtres humains, parce que la vertu morale n'est possible que pour des êtres rationnels. Plutôt, on pensait que les animaux ont été créés afin d'instruire les humains sur les questions morales et religieuses[40].

La tradition de présenter des animaux comme des exemples moraux est une caractéristique visible et historiquement significative de la pensée médiévale. Cependant, une idée moins apparente, mais philosophiquement plus intéressante, qui était aussi liée à la moralité, est que les animaux sont comme des images de ce que les humains peuvent devenir, s'ils ne parviennent pas à vivre selon les normes morales. Les gens qui ne contrôlent pas leur vie conformément à des normes rationnelles de la moralité sont comme des animaux, et ils vivent la vie d'un animal. Dans un sens, divers animaux révèlent comment vivent ceux qui sont incapables de contrôler leurs réactions émotionnelles. Ils ont fonctionné comme une sorte de miroir qui nous permet de voir ce que la morale exige de nous. Une personne qui suit ses instincts et les émotions sans chercher à prendre le contrôle sur eux vit la vie d'un animal irrationnel et souligne ainsi sa propre animalité.

Pourtant, en un sens, des animaux sont dans une meilleure position que les humains immoraux. Les philosophes médiévaux soulignent que ceux qui mènent une vie solitaire en raison de leur mauvaise nature sont pires que des bêtes. Parfois, ils suggèrent que cela est vrai seulement quand la cause de la solitude est la méchanceté morale. Même les hommes vicieux sont supérieurs aux bêtes en raison de la perfection de la nature humaine, mais ils sont pires que tous les animaux dans un sens normatif, précisément parce qu'ils ont la capacité de transcender leur nature animale mais n'atteignent pas cette potentialité[41].

Conclusion

Nous avons vu que les conceptions médiévales de la relation entre les animaux et les humains sont diverses et riches. La ligne de démarcation entre eux et nous apparaît différente selon l'angle sous lequel on la considère. La différence

---

40 Debra Hassig, *Medieval Bestiaries: Text, Image, Ideology* (Cambridge: Cambridge UP, 1995).
41 Nicolas de Vaudémont, ainsi que de nombreux autres auteurs, explique cette idée en faisant une distinction entre un sens moral et un sens naturel de la méchanceté (*QPol* 1.5, fol. 6vb–7ra).

métaphysique est radicale et claire, mais la perspective métaphysique seule ne suffit pas à rendre justice à la complexité des conceptions médiévales. Le point de vue psychologique et fonctionnel nous permet de comprendre que les animaux ont été considérés comme des créatures complexes, qui sont à bien des égards proches de nous. En outre, même si les philosophes médiévaux ne considèrent pas ordinairement le statut moral des animaux non-humains comme une question importante, regarder certains détails des discussions médiévales de ce point de vue révèle que l'idée d'animaux comme existant seulement pour l'usage de l'homme peut être plus compliquée qu'elle paraît à première vue.

La discussion qui précède ne prétend pas être exhaustive, car elle ne fait qu'effleurer la surface des vues des auteurs médiévaux. Mon but n'a pas été de fournir une analyse systématique de l'évolution des vues médiévales, ni de discuter des différences entre les divers penseurs. Au lieu de cela, la leçon principale a été que les conceptions que les auteurs médiévaux ont des animaux partagent au moins une caractéristique : ils représentent les animaux comme des créatures psychologiquement complexes. Les philosophes médiévaux étaient loin de penser que les animaux sont radicalement différents de nous à *tous* égards, et l'idée qu'ils pourraient être des machines inconscientes ne leur est jamais venue à l'esprit. Ils considéraient la psychologie animale comme un sujet intéressant, dans la mesure où ils ont pu penser à des animaux comme « l'autre » auquel les êtres humains peuvent être comparés. C'était possible simplement parce que les animaux ont été considérés comme semblables à nous, et pourtant différents sur des aspects importants. En raison de cette position dialectique, les philosophes médiévaux pouvaient demander ce qui rend les êtres humains spéciaux parmi le reste du règne animal.

L'idée que « chaque être humain est un animal » doit être comprise dans cette perspective. Bien qu'il y ait une différence radicale entre nous et les autres animaux dans le cadre de la métaphysique, il y a aussi beaucoup d'éléments communs. Nous sommes des animaux – des animaux particuliers mais des animaux quand même[42].

---

42 Cet étude est basée sur un article, publié dans *Animals*, un volume dans la série *Oxford Philosophical Concepts* (Oxford UP, 2016), édité par Peter Adamson et G. Fay Edwards.

Sources

Albert le Grand, *De anima*, éd. Borgnet, *B. Alberti Magni Opera Omnia* 5, Paris: Vivès, 1890.

Albert le Grand, *De animalibus libri XXVI*, éd. H. Stadler, Münster: Aschendorffsche Verlagsbuchhandlung, 1916.

Albert le Grand, *De homine*, éd. Borgnet, *B. Alberti Magni Opera Omnia* 35, Paris: Vivès, 1896.

Anonyme, *Questiones in librum Politicorum Aristotelis*, Bibl. royale 863–869 (2916), fol. 407va, Bruxelles.

Anonyme, « Utrum pygmei sint homines ? », Paris BN lat. 15850, fol. 16va–17rb.

Aristote, *De anima*, translated with an introduction and commentary by Ch. Shields, Oxford: Clarendon Press, 2016.

Aristote, La *Métaphysique*, traduction et commentaire de J. Tricot, 2 vol., Paris: Vrin, 1966.

Aristote, *Météorologiques*, édition et traduction de P. Louis, 2 vol., Paris: Les Belles Lettres, 1982 [traduction de J. Groisard, Paris, 2008].

Aubry de Reims, *Philosophia*, éd. R. Gauthier, dans « Notes sur Siger de Brabant (fin) II : Siger en 1272-1275 ; Aubry de Reims et la scission des Normands, » *Revue des Sciences Philosophiques et Théologiques* 68 : 1 (1984).

Averroes, *Commentarium in libros Physicorum Aristotelis* in *Aristotelis opera cum Averrois commentariis*, vol. 4, Venetiis: Juntas, 1562–1574 ; réimprimé Frankfurt am Main: Minerva, 1962.

Gilles de Rome, *De regimine principum*, Rome, 1607.

Henri de Gand, *Syncategoremata Henrico de Gandavo adscripta*, éd. H.A.G. Braakhuis & G.J. Etzkorn, Ancient and Medieval Philosophy, Series 2: Henrici de Gandavo Opera Omnia, Leuven: Leuven UP, 2010.

Jean de la Rochelle, *Summa de anima*, éd. J.G. Bougerol, Paris: Vrin, 1995.

Antonio Montecatini, *In Politica Aristotelis Progymnasmata*, Ferrara: Victorius Baldinus, 1587.

Nicolas de Vaudémont (pseudo-Jean Buridan), *Questiones super octo libros Politicorum* Paris, 1513 ; réimprimé Frankfurt: Minerva, 1969.

Petrus Hispanus, *Syncategoreumata*, éd. L.M. de Rijk, trad. J. Spruyt, Leiden: Brill, 1992.

Pierre de Jean Olivi, *Quaestiones in secundum librum Sententiarum*, 3 vol. éd. B. Jansen, Bibliotheca Franciscana Scholastica Medii Aevi 4–6, Florence: Collegium S. Bonaventurae, 1922–1926.

Pierre de Jean Olivi, *Traité des démons*, *Summa* II, introduction et traduction par A. Boureau, Paris: Les Belles Lettres, 2011.

Porphyre, *Anicius Manlius Severinus Boethius Porphyrii Isagoge translatio*, éd. L. Minio-Paluello, Aristoteles Latinus I. 6–7, Bruges/Paris: Desclée de Brouwer, 1966.

Thomas d'Aquin, *In duodecim libros Metaphysicorum Aristotelis expositio*, éd. M.R. Cathala & R.M. Spiazzi, Torino: Marietti, 1971.

Thomas d'Aquin, *Liber de veritate catholicae Fidei contra errores infidelium seu Summa contra Gentiles*, éd. P. Marc, C. Pera & P. Caramello, Torino: Marietti, 1961.

Thomas d'Aquin, *Quaestiones disputatae de veritate*, dans *Sancti Thomae de Aquino Opera omnia iussu Leonis XIII P.M. edita* 22.3, Rome: Ad Sanctae Sabinae, 1973.

Thomas d'Aquin, *Sententia libri De anima*, éd. R.A. Gauthier, *Sancti Thomae de Aquino Opera omnia iussu Leonis XIII P. M. edita* 45.1, Rome/Paris: Commissio Leonina/Vrin, (traduction française d'Y. Pelletier), 1984.

Thomas d'Aquin, *Sententia libri Politicorum*, cura et studio fratrum praedicatorum, *Sancti Thomae de Aquino Opera omnia iussu Leonis XIII P.M. edita* 48, Rome: Ad Sanctae Sabinae, 1971.

Travaux

Bazán C., «The Human Soul: Form *and* Substance? Thomas Aquinas' Critique of Eclectic Aristotelianism», *Archives d'Histoire Doctrinale et Littéraire du Moyen Âge* 64, Paris: Vrin, 1997, p. 95–126.

Bianchi L., *Studi sull'Aristotelismo del Rinascimento*, Padova: Il Poligrafo, 2003.

Dales R., *The Problem of the Rational Soul in the Thirteenth Century*, Brill's Studies in Intellectual History 65, Leiden: Brill, 1995.

Di Martino C., *Ratio particularis: Doctrines des sens internes d'Avicenne à Thomas d'Aquin*, Paris: Vrin, 2008.

Glasner R., *Averroes' Physics: A Turning Point in Medieval Natural Philosophy*, Oxford: Oxford University Press, 2009.

Hassig D., *Medieval Bestiaries: Text, Image, Ideology*, Cambridge: Cambridge University Press, 1995.

Heinämaa S. et al., «Introduction», dans *Consciousness: From Perception to Reflection in the History of Philosophy*, éd. S. Heinämaa et al., Studies in the history of philosophy of Mind 5 Dordrecht: Springer, 2007, p. 1–26.

Kaukua J. & Lähteenmäki V., «Subjectivity as a Non-Textual Standard of Interpretation in the History of Philosophical Psychology», *History and Theory* 49 (2010), p. 21–37.

Knuuttila S., *Emotions in Ancient and Medieval Philosophy*, Oxford: Clarendon Press, 2004.

Köhler T.W., *Homo animal nobilissimum: Konturen des spezifisch Menschlichen in der naturphilosophischen Aristoteleskommentierung des dreizehnten Jahrunderts*, 3 vols., Leiden-Bston: Brill, 2008-2014.

König-Pralong C., «Animal équivoque: De Lincoln à Paris via Cologne», dans *Mots médiévaux offerts à Ruedi Imbach*, éd. I. Atucha et al., Textes et études du Moyen Âge

57, Porto: Fédération internationale des Instituts d'études médiévales, 2011, p. 67–76.

Lindberg D.C., *Roger Bacon and the Origins of* Perspectiva *in the Middle Ages*, Oxford: Clarendon Press, 1996.

Marno C., «Anonymi Philosophia 'Sicut dicitur ab Aristotele': A Parisian Prologue to Porphyry», *Cahiers de l'Institut du Moyen Âge grec et latin* 61, 1991.

Pasnau R., *Thomas Aquinas on Human Nature: A Philosophical Study of Summa theologiae Ia 75–89*, Cambridge: Cambridge University Press, 2002.

Perler D., «Why Is the Sheep Afraid of the Wolf? Medieval Debates on Animal Passions», in: *Emotions and Cognitive Life in Medieval and Early Modern Philosophy*, éd. M. Pickavé & L. Shapiro, Oxford: Oxford University Press, 2012, p. 32–52.

Resnick I., & Kitchell K., «Albert the Great on the 'Language' of Animals», *American Catholic Philosophical Quarterly* 70:1, 1996, p. 41–61.

Schmieja H., «Drei Prologe im grossen Physikkommentar des Averrois?» dans *Aristotelische Erbe im Arabisch-Lateinishcen Mittelalter Übersetzungen, Kommentare, Interpretationen*, éd. A. Zimmermann & G. Vuillemin-Diem, Berlin/New York: De Gruyter, 1986, p. 184–189.

Stump E., «The Mechanisms of Cognition: Ockham on Mediating Species», dans *The Cambridge Companion to Ockham*, éd. P.V. Spade, Cambridge: Cambridge University Press, 1999, p. 169–181.

Toivanen J., *Perception and the Internal Senses*, Leiden: Brill, 2013.

Toivanen J., «Perceptual Self-Awareness in Seneca, Augustine, and Olivi», *Journal of the History of Philosophy* 51:3, 2013, p. 372–379.

CHAPTER 15

La sépulture animale dans l'Occident médiéval

Pierre-Olivier Dittmar

Les différents discours sur la restauration de la création à la fin des temps, qui laisse espérer une présence des animaux dans l'au delà, éludent largement un point essentiel: le destin du corps bêtes à la suite de leur trépas. Car qu'advient-il du corps des bêtes après leur mort pendant que l'on pense à leur âme? Peut-il seulement échapper à l'intense exploitation de la matière animale qui caractérise les sociétés pré-industrielles?

Je voudrais ici interroger le traitement médiéval de la charogne, et plus précisément, la possibilité d'une sépulture animale pendant la période médiévale. La question peut sembler totalement anecdotique, comme souvent avec l'histoire des non-humains[1]. Je veux croire qu'elle se trouve au carrefour de plusieurs questions anthropologiques très générales qu'il est plus que jamais indispensable d'adresser à la société médiévale.

1   Le cadavre est un corps frontière, entre l'homme et l'animal

Le devenir du cadavre *en général* est une question qui se trouve d'emblée liée à celle de l'animalité. La situation est bien exposée chez Philippe Ariès:

> La ritualisation de la mort est un cas particulier de la stratégie globale de l'homme contre la nature, faite d'interdits et de concessions; [...] la mort [...], ouvrait une brèche dans le système de protection élevé contre la nature et sa sauvagerie[2].

Ce qui est vrai pour la mort l'est plus encore pour le cadavre. Le fait que le corps des hommes finisse mangé par des animaux pose un problème de fond dans un contexte où la domination sur les non-humains passe largement par l'exploitation alimentaire.

---

[1] S. Houdard, O. Thierry, *Humain, non-humain. Comment repeupler les sciences sociales*, Paris: La Découverte, 2011.
[2] P. Ariès, *L'homme devant la mort*, Paris: Seuil, 1977, p. 325.

Cette animalité du cadavre n'est pas une projection d'anthropologue, il suffit de se rappeler les mots de Guillaume Durand (mort en 1296) qui dans son *Rationale* associe clairement le cadavre à l'animalité et à la dévoration; c'est ainsi que selon lui le terme «cimetière» viendrait notamment des *cimices*, des punaises qui le peuplent; il note par ailleurs qu'un «sarcophage», c'est littéralement ce qui *mange* la chair (du grec *sarco*, chair, et *phagin*, manger)[3]. De façon plus générale, il est indispensable de garder à l'esprit l'importance que le littérature macabre médiévale accorde à la dévoration, que l'on pense par exemple au formidable titre que constitue *Les vers de la mort* de Hélinand de Froidement, une insistance qui fait écho au traitement de la mort dans les arts figuratifs de la fin du Moyen Âge, dont les transis mettent en scène de façon parfois très crue, la travail des vermines sur le cadavre.

2   La pratique de la sépulture est un critère de dissimilation entre l'homme et l'animal

C'est particulièrement le cas au XIXe–XXe où le traitement *post mortem* des corps, notamment l'absence ou la présence de sépulture, est fréquemment évoqué dans la description des processus d'hominisation, au point que le soin accordé aux morts fut un temps le critère décisif pour désigner l'entrée dans l'humanité moderne[4]. Ce critère, au même titre que les autres «propres» de l'homme, est aujourd'hui abandonné, notamment parce que les progrès considérables au cours des vingt dernières années en éthologie ont montré la présence de pratique funéraire chez les singes, les éléphants ou encore les dauphins[5] (ce que notait déjà Albert Le Grand dans son *De animalibus*[6]).

Dans le contexte chrétien médiéval, les corps sans vie interviennent également comme élément de distinction homme-animal. En effet, chez l'homme mort, la dissociation des destins *post mortem* des différentes parties de la per-

---

3   Guillaume Durand, *Rationale divinorum officiorum*, I–IV, CCCM 140, Turnhout: Brepols, 1995, I, V, 4, p. 58: «Cimierium dicitur a cymen quod est dulce et sterion quod est statio, ibi enim dulciter defunctorum ossa quiescunt et saluatoris aduentum expectant. Vel quia ibi sunt cimices, id est uermes ultra modum fetentes»; I, V, 9, p. 59: «Sarcophagus dicitur a sarcos quod est caro est phagin quod et comedere qui ibi caro comeditur et consumitur».

4   A.-M. Tillier, *L'Homme et la Mort. L'émergence du geste funéraire durant la Préhistoire*, Paris: CNRS Éditions, 2009.

5   Je me permets de renvoyer à P.-O. Dittmar et F. Joulian, «Des corps frontières», *Techniques & Culture*, 60 (2013), p. 6–13.

6   Albert Le grand, *De animalibus*, l. XXVI.

sonne, entre un corps périssable et une âme immortelle, dévalue fortement le cadavre qui se trouve ontologiquement plus proche de la charogne, que l'homme vivant ne l'est de l'animal vivant. Abandonné par l'âme rationnelle, le corps de l'homme perd de sa superbe et ne se trouve plus au cœur des pratiques mémorielles comme il pouvait l'être dans les pratiques antiques païennes. Le célèbre texte d'Augustin sur le soin à apporter aux morts est passionnant de ce point de vue. D'une part il témoigne de la crainte de voir le corps des hommes dévorés par les bêtes; de l'autre il invite à faire confiance à la résurrection et à ne pas s'inquiéter de la dégradation du cadavre[7]. Le souci de la tombe individuelle pour lui, n'est pas explicitement religieux, mais témoigne d'un «souci d'humanité [*humanitas*]» – le terme est ici essentiel, c'est bien l'impératif anthropologique qui est central dans la sépulture – et ne possède aucune valeur religieuse. Dès lors, on le devine, dans un tel contexte, la sépulture animale est quasiment impensable, aporétique.

À cette raison théorique s'adjoint une raison plus stratégique, qui est une volonté de faire contraste avec les pratiques païennes. On le sait, dans les pratiques antiques, l'animal est un médiateur privilégié avec le monde des invisibles, des divinités. C'est naturellement le cas dans le *do ut des* du sacrifice animal, si fermement condamné par le christianisme, et c'est également le cas des pratiques funéraires, notamment dans les cultures septentrionales, germaniques ou celtiques, où il n'était pas rare de se faire enterrer avec son

---

7   Augustin, *De cura gerenda pro mortuis*, *Problèmes moraux II*, éd. et trad. G. Combes, Paris, 1937, p. 377–453: «La foi chrétienne ne s'en effarouche guère [de l'absence de sépulture], sûre que les bêtes qui les dévorent ne peuvent rien contre des corps destinés à la résurrection et dont la tête ne saurait perdre aucun cheveu (Mt. 10, 30) [...] Les membres de ces corps seront reconstitués intégralement, non seulement avec les restes qui seront dans la terre, mais encore avec les éléments qui se seront dispersés dans les replis les plus retirés d'autres organismes et cette reconstitution se fera en un clin d'oeil, comme Dieu l'a promis». Sur la dévoration des corps par les animaux notons par ailleurs cette position d'Augustin, dans la *Genèse au sens littéral*, III, 17, 26, p. 255: «Admettons que les animaux nuisibles s'attaquent aux vivants pour les *punir*, les exercent pour leur salut, les *éprouvent* pour leur bien, les *instruisent* à leur insu: mais pourquoi vont-ils jusqu'à déchirer les cadavres, afin de s'en faire une nourriture? Comme s'il nous importait de savoir par quelles voies notre chair privée de vie retourne dans les profondeurs secrètes de la nature pour en être tirée afin d'être reformée de nouveau par l'admirable toute puissance du créateur! Pourtant là même se trouve un enseignement pour les sages: qu'ils s'en remettent à la fidélité du Créateur, qui par ses desseins secrets gouverne toute choses, les plus petites comme les plus grandes, et pour qui les cheveux même de notre tête sont comptés (Lc, 12, 7), en sorte que le vain souci de leur propre cadavre ne leur fasse craindre aucun genre de mort, mais que la vigueur d'une force née de la foi les prépare à tout affronter».

chien ou son cheval. À ce titre, le faste funéraire de Childeric, père de Clovis, inhumé avec 21 chevaux adultes[8], est particulièrement frappant. Le statut de ces sépultures animales est particulièrement complexe. Il est clair qu'elles ne possèdent pas celui de tombes individuelles, et que ces animaux ne sont pas enterrés pour eux mêmes puisqu'ils sont d'ailleurs ici mis à mort pour accompagner le défunt humain. Pour autant, cette proximité entre homme et animal dans la mort doit être soulignée, d'autant plus si on la compare aux pratiques funéraires chrétiennes postérieures, qui séparent toujours, de façon radicale, les humains des autres animaux.

La distinction est d'ailleurs si nette que la présence d'animaux dans une sépulture est considéré (peut-être trop vite?) par les archéologues comme un indice de non-christianisation d'un site[9]. De fait, des tombes à cheval sont encore connues dans l'Europe centrale et de l'Est entre le Ve et le XIe siècle, et l'on connaît des sépultures canines au XIIIe siècle en Hongrie[10]. Mais force est de constater que ces sépultures, toujours délicates à interpréter, se trouvent dans les marges de la chrétienté et ne se trouvent pas en connexion avec des tombes humaines chrétiennes.

En définitive, la séparation entre les corps humains et animaux dans l'espace funéraire chrétien est presque totale. Cet anthropocentrisme du monde funéraire dans le Moyen Âge occidental est si ancré qu'il s'est comme naturalisé, au point que ce qui constitue une véritable singularité anthropologique est fréquemment oublié[11]. Dès lors, elle ne se révèle plus que par contraste avec des cultures exogènes. C'est par exemple le cas en 1637, lorsque le jésuite Paul

---

8   Cf. A. Dierkens, Cl. le Bec et P. Perrin, « Sacrifices animaux et offrandes alimentaires en Gaule mérovingienne », dans S. Lepetz et W.V. Andringa, dir., *Archéologie du sacrifice animal en Gaule romaine. Rituels et pratiques alimentaires*, Éditions Monique Mergoil (Archéologie des plantes et des animaux, 2), 2008, p. 279–299. Je remercie Alain Dierkens de m'avoir fait connaître cet article avant sa publication. Voir aussi : J. Cantuel, L. Garcia Petit, A. Gardeisen et M. Mercier, « Analyse archéozoologique du mobilier faunique de la nécropole mérovingienne de Crotenay (Jura) », *Revue archéologique de l'Est*, 58 (2009), consultable en ligne : URL : http://rae.revues.org/5921.

9   F. Audoin-Rouzeau, *Hommes et animaux en Europe de l'époque antique aux temps modernes. Corpus de données archéozoologiques et historiques*, Paris : CNRS, 1993, p. 438 et 59.

10 Cf. I. Vörös, « Dog sacrifices and dog burial in medieval Hungary », *Folia Archaeologica*, 41 (1990), p. 136 et K. Lyublyanovics, « The cattle of Muhi. Animal Husbandry in a thirteenth-Century Hungarian Village », *Annual of medieval studies at CEU*, 15 (2009), p. 72–73. Les auteurs proposent de voir dans ces inhumations « the continuation of certain not-well-understood belief dating from pre-christian time ».

11 À l'exception de l'article indispensable de F. Santi, « Cadaveri e carogne. Per una storia del seppellimento animale », dans *Micrologus, il cadavre*, 7 (1999), p. 155–203.

Lejeune évoque ces Indiens d'Amérique qui voulaient faire enterrer leur enfant et ses deux chiens dans un cimetière chrétien: «On leur dit que les Français ne seraient pas bien aises qu'on logeât avec eux de si laides bêtes». Sous la pression de la famille le prêtre accepte que les animaux soient finalement enterrés derrière le mur du cimetière[12].

3 Le cimetière est un espace zoophobe

Dans ce processus de séparation des dépouilles, l'invention du cimetière, telle que Michel Lauwers l'a documentée, est une étape clé. Le cimetière chrétien, en tant que lieu clos, se pense comme un lieu (en théorie) entièrement chrétien, donc humain. Dans cette communauté des morts, l'excommunié, le juif et l'animal n'ont pas leur place[13].

Le problème est que, dans le même temps, le cimetière est un lieu qui est loin d'être réservé à l'inhumation des morts. Centre de la vie sociale au cœur des villages et des villes, il est aussi un lieu de rencontres et de commerce qui suppose de fait la présence animale. En pratique, l'espace du cimetière est strictement délimité: en sus d'une division horizontale et concentrique, bien mise en valeur par Michel Lauwers et Didier Méhu, il existe aussi une division verticale de cet espace où le lieu le plus «sacralisé» du cimetière est le sous-sol, sur une profondeur limitée – c'est la terre des morts proprement dite[14]. Ce sont dès lors les animaux fouisseurs, capables de creuser la terre qui posent le plus de problèmes[15]. Aussi on ne s'étonnera pas que les statuts synodaux imposent à plusieurs reprises une clôture «honnête» des cimetières, dans le but d'éviter les intrusion de *bêtes* et de *porcs*[16].

---

12 É. Baratay, *L'Église et l'animal (France, XVIIe–XXe siècle)*, Paris: Le Cerf, 1996, p. 31.

13 De façon pratique, la tombe de l'âne concerne surtout des suicidés. Voir à ce propos: J.Cl. Schmitt, «Le suicide au Moyen Âge», *Annales ESC*, 28 (1976), p. 3–28 et A. Murray, *Suicide in the Middle Ages*, 2 vol., Oxford: Oxford University Press, 1998.

14 D. Méhu, «Les cercles de la domination clunisienne», *Annales de Bourgogne*, 72 (2000), p. 337–396.

15 Les propos du curé de Combloux en Savoie (vers 1733) insistent sur cet aspect: «Faute de cloture du coté de bize, les bêtes et surtout les cochons, qu'on lâche et qu'on laisse aller à l'abandon pendant tout l'automne et une partie du printemps, y vont, quelques fois même en troupe, dans le cimetière et essaient avec leurs boutoins de creuser pour ronger les cadavres». Cité par É. Baratay, *L'Église et l'animal*, p. 136.

16 Trois statuts synodaux rappellent cette interdiction. Tous font référence aux porcs. C'est par exemple le cas dans les statuts de Cambrai (1238–1248): *De cimiteriis*. «Cimiteria

L'unité du cimetière en tant qu'espace anthropomorphe et chrétien est entretenu par la mise à l'écart des animaux, mais aussi de ces hommes animalisés par la rhétorique que sont les excommuniés. L'enjeu n'est pas mince puisque la présence du corps d'un de ces derniers dans une église ou un cimetière, peut en interdire l'accès à tous jusqu'à la re-consécration du lieu[17]. On notera ici que le rituel d'exclusion d'un cadavre hors du cimetière porte le nom de « tombe de l'âne », ce qui donne déjà un indice sur la place que joue l'animalité dans ce processus.

4 Les deux « tombes de l'âne »

Au XIVe et XVe siècle, l'expression « tombe de l'âne » renvoie à deux acceptions légèrement différentes issues de deux passages bibliques.

La première acception, qui est peut être majoritaire, est issue du *Livre des Rois* (*3 R* 13, 21–32): elle rappelle l'histoire d'un prophète exclu de la terre de ses pères, dont le cadavre est mis sur le dos d'un âne. L'animal doit ensuite poser le corps où bon lui semble, à la merci des lions et autres bêtes sauvages[18]. C'est vraisemblablement à cette acception que font référence les formules

munda et clausa teneantur ne a porcis vel aliis animalibus inquinentur » (c. 157). J. Avril, éd. et trad., *Les statuts synodaux français du XIIIe siècle*, t. 4, (Collection de documents inédits sur l'histoire de France. Section d'Histoire médiévale et de philologie), Paris: Bibliothèque Nationale, 1995, p. 58. Seuls les statuts d'Arras (1280–1300) sont plus développés et interdisent les cimetière aux « bêtes, oies, porcs, truies et aux animaux ». Si la référence à la bête renvoie, il me semble, clairement à l'idée de dévoration, la présence de l'oie montre que le problème est aussi celui de la souillure, par ailleurs exprimé clairement: « De veneratione ecclesiarum et cimiteriorum pertinentium ad eas. Cimiteria honeste claudantur, ne bestie, anseres, porci, sues, et alia animalia ibidem immundiciam faciant » (c. 67). J. Avril, éd. et trad., *Les statuts synodaux français du XIIIe siècle*, t. 3, Paris: Bibliothèque Nationale, 1988, p. 198. Sur la pollution du cimetière, voir M. Lauwers, *Naissance du cimetière*, p. 197 et sq. Sur l'imposition de plus en plus rigoureuse de clôtures cimetieriales anti-animaux à l'époque moderne, voir É. Baratay, *L'Église et l'animal*, p. 136–137.

17 C'est le cas dans les statuts synodaux de Liège, cités dans M. Lauwers, *La mémoire des ancêtres, le souci des morts. Morts, rites et société au Moyen Âge*, Paris: Beauchesne, 1997, p. 223.

18 Il est intéressant de noter que cette occurrence biblique du rituel d'exclusion en montre l'échec, ce que ne manque pas de souligner Augustin: au lieu de déchirer le cadavre du prophète exclu une fois qu'il est tombé au sol, l'âne et le lion ne touchent pas à son corps, mais restent pacifiquement à ses côtés. Cette anecdote permet à Augustin de montrer que les saints n'ont que peu à faire de leur sépulture. Voir Augustin, *De cura gerenda pro mortuis*, VIII, 10: « Bien sûr, Dieu pouvait, lui qui n'a pas permis au lion de toucher au

d'excommunication des Xe et XIe siècles, et que l'on rencontre encore dans les sources des XIIIe et XIVe siècles[19]. Il est certes difficile de savoir dans quelle mesure cette expression renvoie en 1300 à un rituel précis (un corps tiré hors de la ville par un âne); ou, ce qui me semble plus probable, si son usage est devenu métaphorique, signifiant uniquement l'interdiction d'être enterré dans un cimetière[20].

Sans pouvoir attester l'effectivité d'un tel rituel, on peut relever que sa présence dans l'homilétique est bien réelle. C'est ainsi que dans *le Livre des abeilles* de Thomas de Cantimpré (fin XIIIe), la « tombe de l'âne » sert de morale à l'*exemplum*: « [un pécheur] perdit la vie sans confession, sans recours au nom de Dieu et sans sacrements. Il eut donc hors du cimetière la sépulture de l'âne »[21]. La même expression est utilisée avec beaucoup plus de fourberie dans le *Ci nous dit* (début du XIVe):

> Un homme riche était mort excommunié. Ses amis demandaient au curé de l'accepter au cimetière; le curé n'osant le faire leur dit: « Mettez-le sur cet âne qui passe toutes ses journées à manger les chardons du cimetière: et là où il l'aura porté nous l'enterrerons; nous pourrons ainsi jurer qu'aucun de nous ne l'y aura apporté ». Mais l'âne, qui venait habituellement au cimetière pour y manger les chardons, quand il eut sur son dos le corps de l'excommunié, par la volonté de Dieu le porta tout droit au gibet. Il montrait ainsi que certaines personnes sont enterrées au cimetière qui devraient être au gibet et d'autres sont au gibet qui auraient leur place au cimetière.
>
> Ci nous dit 440

---

cadavre du prophète et a chargé cette (bête) meurtrière de se faire son gardien; oui, dis-je, Dieu pouvait éloigner les chiens des cadavres qu'on leur avait jetés; il pouvait, de mille manières, terrifier les bourreaux cruels pour les empêcher de brûler les restes des martyrs, [mais] il fallait en un mot que la foi dans la résurrection n'ait pas peur de l'anéantissement du corps ».

19   Notamment chez Jean Beleth, Sicard de Crémone, Alain de Lille et Guillaume Durand (pour ce dernier, *Rationale*, I, c. 5, p. 61–62). Voir la recension de M. Lauwers, *La mémoire des ancêtres*, p. 168, et n. 30 et n. 33.

20   Lauwers note que pour Rupert de Deutz, la « tombe de l'âne » signifie simplement l'absence de sépulture, (p. 168). Sur cette question voir aussi P. Ariès, *L'homme devant la mort*, Paris: Seuil, 1977, p. 50–52. L'auteur suggère que les mauvais morts sont en général laissés hors du cimetières mais *imblocati*, c'est-à-dire recouvert de pierres.

21   Thomas de Cantimpré, *Bonum universale de apibus*, II, 10, 35, p. 187: « et extra cimeterium asinina tumulatione sepultus ».

FIGURE 15.1   Ci nous dit, *Chantilly, Musée Condé, ms. 27, f. 16*

On retrouve ici une tension fréquente dans les *exempla*, entre la volonté du curé d'exclure une tombe du cimetière, et la pression de l'entourage du défunt, qui s'oppose à cette sanction. La conclusion du récit, au conditionnel, laisse bien penser que l'exclusion des mauvais corps hors du cimetière est loin d'être toujours respectée. De façon exceptionnelle, cette acception est représentée dans le *Ci nous dit*, comme il apparaît dans l'illustration ci-dessus (Figure 15.1).

L'âne apparaît ici comme un animal positif qui exécute la volonté divine, dans la filiation de l'ânesse de Balaam (Nb 22, 21–30), de l'âne d'Isaïe 1, 3. Ces récits participent d'une vie type du pécheur, dans laquelle l'animalité est omniprésente : dominé au cours de sa vie par des pulsions bestiales, sa dépouille est fatalement condamnée à être dévorée par des bêtes sauvages pendant que son âme ploie sous les crocs de la « gueule d'enfer ». Bref, les animaux sont partout mais la « tombe de l'âne » n'est pas une sépulture animale.

La seconde occurrence biblique de la « tombe de l'âne » lui confère une acception légèrement différente, plus intéressante pour notre propos. L'épisode peut être traduit ainsi : « Il sera enterré comme on enterre un âne (*Sepultura asini sepelietur*), il sera traîné et jeté loin des portes de Jérusalem[22] ». Dans cette occurrence, l'homme n'est pas exclu par l'intermédiaire de l'animal, mais sa tombe est assimilée à celle de ce dernier. Et l'on comprend qu'une sépulture animale est ici une non-sépulture. Le pécheur est ici amené à se faire dévorer par les bêtes sauvages, comme un vulgaire animal (Figure 15.2). L'efficacité

---

22   Jr 22,19 : « Sepultura asini sepelietur, putrefactus et projectus extra portas Jerusalem » (trad. Bible de Jérusalem).

FIGURE 15.2 Ci nous dit, Chantilly, Musée Condé, f. 107ᵛ

de l'argument est du reste renforcé par la nature vile de l'âne[23], une créature souvent mobilisée dans le cadre de pratiques infamantes ou d'humiliation[24]. Dans cette « seconde » tombe de l'âne, la mise à l'écart de l'excommunié est plus forte et plus radicale que dans la première : le pécheur n'est pas seulement interdit de terre chrétienne, il est aussi exclu de l'humanité, dans une (absence de) tombe qui l'animalise de façon dégradante[25].

23 J. Voisenet oppose à juste titre les ânes bibliques, qui sont positifs, et les ânes médiévaux, qui le sont moins. L'âne est certes utilisé par les ermites ou les religieux en signe d'humilité. Mais une fois encore, cet argument ne doit pas nous tromper. S'il est humble de se promener à dos d'âne, c'est justement parce que ce dernier est déprécié au Moyen Âge. Voir J. Voisenet, *Bêtes et hommes dans le monde médiéval. Le bestiaire des clercs du ve au xiie siècle*, Turnhout : Brepols, 2000, p. 44 et sq.

24 Cf. J. Voisenet, *Bêtes et hommes dans le monde médiéval*, p. 45–46. Pour cette pratique dans l'Antiquité, voir P. Schmitt-Pantel, « L'âne, l'adultère et la cité », dans J. Le Goff et J.-Cl. Schmitt, éds., *Le charivari, Actes de la table-ronde organisée à Paris (25–27 avril 1977) par l'EHESS et le CNRS*, Paris-La Haye-New York : Mouton-EHESS (Civilisations et sociétés, 67), 1981, p. 117–122 (article repris dans J. Voisenet, *Aithra et Pandora. Femmes, genres et cités dans la Grèce antique*, Paris : L'Harmattan, 2009, p. 91–98). Pour le Moyen Âge, voir R. Mellinkoff, « Riding Backwards : Theme of humiliation and Symbol of Evil », *Viator*, 4 (1973), p. 153–176.

25 C'est à ce second sens de la tombe de l'animal que doit être rattaché un *topos* de la littérature homilétique, dont voici la version contenue dans le *Ci nous dit*, c. 595 (associé à l'image reproduite dans la Figure 15.2) : « Quand un âne est mort, son cuir revient alors à son maître, sa chair aux chiens, ses os à la terre. Le maître n'échangerait pas son cuir contre la chair et les os ; ni les chiens n'échangeraient la chair contre les os et le cuir ; ni la terre n'échangerait les os contre le cuir et la chair ». On retrouve le même *exemplum* dans les sermons de Jacques de Voragine : Jacobus de Voragine, *Sermones aurei*, Paris : Clutius, 1760,

Comment évaluer les *realia* derrière ce *topos* de la tombe de l'âne ? On a retrouvé des vestiges de traitements exceptionnels qui peuvent être assimilés à ces pratiques, ce que les archéologues appellent des sépultures d'exclusion, voire de relégation. En fait, dans bien des cas, il vaudrait mieux parler d'une absence de sépulture, valant à la fois pour l'homme et l'animal. Les différentes dépouilles humaines et animales sont dans ces cas rares, également traitées comme des déchets, et se rencontrent mélangés dans des dépotoirs. La transgression que constitue un tel traitement d'un humain mort, se devine jusque dans la gêne des archéologues d'aujourd'hui, dont les pratiques conduisent – inconsciemment – à rappeler la limite entre l'humain et l'animal que ces découvertes fragilisent[26]. Si le christianisme médiéval est probablement anthropocentrique, la science contemporaine ne l'est pas moins, de fait, les restes humains sont bien dissociés des os d'origine animale, les premiers étant analysés par des anthropologues physiques, alors que les seconds sont confiés aux archéozoologues : les corps unis dans la terre sont séparés sur les étagères.

5 Pas de tombeau pour les animaux ?

Dans la période et la région que je connais le mieux (la France du Nord dans les années 1300), je ne connais aucune source archéologique témoignant de l'inhumation rituelle, volontaire, individuelle d'un animal, que cela soit à l'intérieur ou à l'extérieur d'un cimetière. Il est semble-t-il plus facile d'imaginer la survie d'un animal à la fin des temps que de lui imaginer une sépulture. L'analyse de la documentation textuelle permet cependant de nuancer ce juge-

---

p. 56a (*Feria v secundae hebdomadae, Sermo 1*). Notons pour finir que le *topos* de la tombe de l'âne semble exister en Islam, dans la culture soufie. Voir à cet égard F. Gentizon, *L'esprit d'Orient*, G. Crès et Cie, 1930 ; ainsi que *La sagesse extravagante de Nasr Edinn*. L'historicité de ces récits est particulièrement délicate à établir.

26 En effet, lorsque le diagnostic archéologique signale la présence de squelettes humains, un anthropologue est associé à la fouille et aux études post-fouilles. En revanche, si l'on n'« attend » pas de squelettes, l'organisation générale du travail ne permet pas toujours au responsable de l'opération de confier ce mobilier osseux à un anthropologue, faute de temps et/ou de moyens. Les ossements humains, identifiés au lavage, sont alors remisés dans un dépôt de fouille et, sans étude, l'information qu'ils pourraient livrer est perdue. S'ils arrivent mélangés à la faune, l'archéozoologue ne les mentionne pas obligatoirement dans son rapport. Ainsi, « mal enterrés », ces individus sont aussi « mal rangés » et, encore une fois, non reconnus comme humains. À cet égard, voir I. Rodet-Belarbi et I. Séguy, « Mal enterrés et mal rangés. Le cas des squelettes humains sans sépulture en France gallo-romaine et médiévale », *Archéopages*, Hors-série INRAP 10 ans, 2012, p. 168–172.

ment. Quelques textes des XIIIe et XIVe siècles évoquent en effet, de façon toujours critique, des tombes animales. Je ne fait pas ici allusion aux enterrements de Bucéphale et de Fauvain[27] (un seul manuscrit), qui ont le remarquable mérite de fournir des images d'enterrement animal, mais dont le propos s'affiche comme étant loin des pratiques médiévales.

On pense surtout au saint Lévrier étudié par Jean-Claude Schmitt. Dans le récit qu'en fait Étienne de Bourbon dans les années 1250, le corps du chien guérisseur est jeté dans un puits. Cependant, il semble bien qu'un culte se soit organisé autour d'une sépulture, puisque l'inquisiteur fait ensuite déterrer le corps de l'animal et brûler ses os[28]. Ce récit en tout point exceptionnel, d'un chien à la fois saint, martyr et guérisseur, ne permet cependant guère de penser des sépultures plus ordinaires.

D'autres récits mettent en scène des ânes, comme si le *topos* de la «tombe de l'âne», fournissait un cadre (ou un prétexte?), incitait à traiter le sujet. C'est le cas dans ces images du *Pèlerinage de l'âme*, un récit de voyage dans l'au-delà composé par Guillaume de Digulleville vers 1355–1358, où l'expression est entendue dans un sens littéral et fournit le prétexte aux enlumineurs pour réaliser l'image d'une étonnante pierre tombale animalisée[29]. Mais le texte le plus célèbre évoquant une sépulture asine est bien la fable intitulée *Le*

---

27 On trouvera par ailleurs une figuration d'âme de cheval en forme de cheval, et d'une tombe de cheval (mais tout cela de façon métaphorique), dans le dit de Fauvain. Voir Raoul le petit, *Dit de Fauvain*, Paris, BnF, fr. 571, f. 149[v] et 150.

28 J.-Cl. Schmitt, *Le saint lévrier : Guinefort, guérisseur d'enfants depuis le XIIIe siècle*, Paris : Flammarion, 1979, p. 17. Dans une variante de récit, racontée par Roberto Rossellini en 1954, le saint lévrier est appelé Bononi et possède une tombe et l'épitaphe suivante: «Ci-git Bonino que la férocité des hommes à tué». Cette variante suit un sermon de Bernardin de Sienne datant de 1424 ; sur ce dossier, voir J.-Cl. Schmitt, *Le saint lévrier*, p. 73–74.

29 Une image doublement étrange en vérité, car que peut signifier une tombe dans l'au-delà, dans le royaume des âmes? On s'en doute, la rhétorique de Guillaume suit dans ce passage un parcours particulièrement sinueux. Essayons de le résumer : l'âme aperçoit «assez loin de tout village» des tombes avec un âne gravé et dessiné dessus («*plusieurs tombes regardai ou en chascune estoit grave un asne dessus et fourme. Et sembloit que la enfouis feussent les asnes du païs*»); elle interroge l'ange qui l'accompagne et s'étonne de cette pratique («*D'asne nai pas acoustume que soient ainsi honnoure*»). L'ange se sert de la tombe de l'âne pour expliquer que ce ne sont pas les corps qui sont punis au purgatoire (car si tel était le cas, la peine serait très courte, le corps se décomposant vite …). L'argument de la tombe de l'âne est une fois de plus utilisé *a contrario*: ce n'est pas le châtiment sur le cadavre qui compte mais celui de l'âme. L'ange donne ensuite un autre sens à la vision: ces tombes représentent métaphoriquement les tombes des cisterciens d'un monastère. Des moines dont saint Bernard aurait dit qu'ils devaient être obéissants et végétariens («*prennent grain et pailliers*») comme des ânes. Voir Guillaume

testament de l'âne. Dans la version rimée composée par Rutebeuf, un prêtre riche et avare fait enterrer l'âne qui lui a rendu de nombreux services (et rapporté beaucoup d'argent ...) dans le cimetière du village :

> Le prêtre aimait tellement [son âne] qu'il ne permit pas qu'on l'écorchât et qu'il le fit enterrer au cimetière. [Des ennemis du prêtre s'en plaignent à l'évêque] « Il a fait pire qu'un *Bédouin* : son âne Baudouin, il l'a mis en terre bénite ! ». [Convoqué, le prêtre achète le silence l'évêque, qui veut le mettre en prison, en lui versant le « testament de l'âne »] « Dieu me pardonne, il gagnait chaque année vingt sous, si bien qu'il a économisé vingt livres. Pour échapper aux peines de l'enfer, il vous les lègue dans son testament » [Rutebeuf conclue en notant que « l'âne resta chrétien »][30].

Ce poème satirique tourne en dérision la force du sentiment affectif qu'un homme du Moyen Âge peut éprouver vis-à-vis d'un animal. Si la pratique de l'enterrement animal est bien associée au paganisme (« pire qu'un bédouin »), il rend compte aussi de sa possibilité. Reste que la relation à l'animal est ici relativement abstraite et que l'on est en droit de se demander si l'âne n'est pas une simple métaphore d'un usurier, tout à fait humain. Cette dimension est en revanche moins évidente dans une variante tardive de ce récit contenue dans les *100 nouvelles nouvelles* rédigé en 1462 pour Philippe le Bon. L'évolution du récit est particulièrement frappante :

– Le héros de cette nouvelle n'est plus un âne mais un chien, et surtout sa relation avec le curé est décrite avec des effets de réel quasiment éthologiques. Son animal dépasse les autres chiens pour aller chercher un bâton dans l'eau, pour ramener un chapeau que son maître avait oublié, etc. Son

---

de Digulleville, *Pelerinage de l'âme*, éd. J.J. Sturzinger, Londres : Nichols and Sons, 1895, p. 220-223, v. 6705-6835. L'édition reproduit une image, sans en expliciter la provenance, montrant clairement le tombeau gravé et l'âne à l'intérieur (Figure 15.3).

30 v.39 « Tant tin li prestres son cors chier, C'onques nou laissat acorchier, Et l'enfoÿ ou semetire. » v. 77 : « Il at pis fait c'un Beduÿn, qu'il at son asne Baudyÿn Mis en la terre beneoite ». v. 96 : « Ou aveiz vos vostre asne mis ? Dist l'esvesques ; mout aveiz fait, A sainte Esglise grant meffait, Onques mais nuns si grant n'oÿ, Qui aveiz vostre asne enfoÿ, La ou on met gent crestienne ». v. 152 : « Se je soie de Dieu assoux, chacun an gaaingnoit vint soux, tant qu'il at espairgnié vint livres ; pour ce qu'il soit d'enfer delivres, les vos laisse en son testament » v. 168. « Li asne remest crestiens », NRCF, t. 9, n. 111, p. 239-250. Le texte est conservé dans un manuscrit unique, le Bnf. Fr. 1635, f°4c-5d., les éditeurs datent le texte des années 1250.

maître l'aime tant qu'il en est fou (« assoté »). Le chien meurt « et de ce siècle tout droit au paradis des chiens alla », ce qui constitue à ma connaissance la seule mention, certes parodique, d'un paradis des chiens dans la littérature médiévale.

- Le curé a son presbytère dans le cimetière, « il se dit qu'une bête si bonne et si intelligente ne pouvait demeurer sans sépulture ». Il fait alors creuser une fosse devant la porte de sa maison, dans le cimetière donc. Le narrateur précise avec une ironie certaine: « Je ne sais pas s'il lui mit une dalle de marbre et s'il y fit graver une épitaphe, aussi je n'en dis rien ». Le choix du lieu de la sépulture est tout sauf innocent, et le prêtre joue avec fourberie de l'emplacement de sa maison pour profiter d'un espace ambigu entre la sphère domestique privée et l'espace cimetérial (Figure 15.3).

- Le prêtre est convoqué par l'évêque qui lui reproche d'avoir « enterré [son] chien dans un lieu saint où l'on met les corps des chrétiens ». Le discours globalement sévère de l'évêque est jugé comme étant excessif par le narrateur (ce qui est le signe d'une acceptation de la pratique). Après avoir été condamné à une peine de prison, le prêtre annonce que le chien lui a laissé un testament. L'évêque loue l'intelligence du chien, accepte le testament et la sépulture[31].

Ce texte n'est pas isolé, on le retrouve repris tel quel chez Julien Macho vers 1480[32]. Son statut est particulièrement complexe, et de fait il mériterait un long commentaire. Mais l'on ne saurait rejeter d'emblée sa valeur documentaire au titre qu'il s'agit d'un texte purement parodique, car on connaît le caractère socialement conservateur de l'humour, qui en fait une bonne source de connaissance des sensibilités[33]. Le luxe de détails et l'importance des modifications par rapport au texte original laissent penser que cette nouvelle est

---

31 *Les cent nouvelles nouvelles* (reprod. en fac-sim.), publiées par Pierre Champion, Paris: F. Droz, 1928.

32 La fable de Julien Macho (vers 1480), beaucoup plus sentimentaliste, précise notamment que « le prêtre enterra [le chien] dans le cimetière à cause du grand amour qu'il lui portait » (« *Le prestre l'enterra en la cimetiere pour la grant amour dont il l'aimoit* »), une sépulture que l'animal mérite grâce à son intelligence humaine (« *Il estoit remply d'engin humain* »). La morale de la fable, qui affirme que l'argent peut tout, montre bien que la pratique est loin d'être courante. Julien Macho, « Le curé qui enterra son chien au cimetière et fut dénoncé à l'évêque » dans J.M. Boivin et L. Harf-Lancner, éds. et trad., *Fables françaises du Moyen Âge*, Paris: Flammarion, 1996, p. 290–293.

33 À ce titre, je me permets de renvoyer à G. Bartholeyns, P.-O. Dittmar, V. Jolivet, *Image et transgression au Moyen Âge*, Paris: Presses Universitaires de France (Lignes d'Art), 2008.

FIGURE 15.3 100 nouvelles nouvelles, ms Glasgow, 252 (U4.10) f. 192, n. 96

travaillée en profondeur par des pratiques effectives. De plus, le fait d'enterrer l'animal sous le seuil de la maison n'est pas inconnu, et il est à rapprocher des nombreuses dépouilles animales retrouvées dans les murs des maisons médiévales, notamment en Alsace[34].

Plutôt que de voir la survivance de pratiques païennes dans ces pratiques de sépulture animale, il semble bien que l'on ait ici à faire à un effet collatéral d'une naissance de l'animal domestique moderne, individualisé et singularisé, dont Jean-Pierre Digard a bien montré les caractéristiques[35]. Une évolution qui participe sans doute du processus d'individuation généralisé à la fin du Moyen Âge, particulièrement vif dans les cités italiennes. Au XVe et au XVIe siècles, c'est en effet dans les familles princières transalpines qu'il devient de plus en plus fréquent de faire réaliser des tombeaux ou des cénotaphes pour les plus braves des animaux de compagnie. À en croire Francesco Santi, le XVIe siècle est « le siècle du triomphe de la sépulture animale », et l'on retiendra qu'en 1516,

---

34 Une thèse sur ce passionnant sujet est actuellement en cours de rédaction par Sandra Schlegel à l'Université de Strasbourg. Je remercie son auteur de m'avoir fait connaître ce travail.

35 J.P. Digard, *L'homme et les animaux domestiques. Anthropologie d'une passion*, Paris: Fayard, 1990.

le pape Léon X fit réaliser une tombe monumentale pour son éléphant nommé Annone. Un événement qui précède le premier portrait de chien connu, réalisé en 1548 par Jacopo Bassano.

On peut alors imaginer que l'enterrement d'un chien – plus que d'un âne, qui d'ailleurs aurait un coût économique non négligeable[36] – puisse commencer à se pratiquer au cours du XVe siècle. Une pratique nouvelle, et par là risible comme en témoignent les *100 nouvelles nouvelles*. L'écart progressif que prend ce récit avec le modèle biblique de la tombe de l'âne témoigne du changement de statut du chien et de sa proximité nouvelle avec l'homme.

Bien que le geste ne possède aucune valeur religieuse, il semble bien toléré au XVIe siècle, comme le montre de façon exemplaire l'éléphant papal précité. Ce qui demeure en revanche un problème dans « le testament de l'âne » comme chez le jésuite mexicain, ce n'est pas la sépulture animale en soi, c'est la présence de l'animal *dans* le cimetière chrétien, c'est la non-séparation des corps humains et animaux. La mort doit rester un espace de dissimilation en dépit des changements de statut de l'animal et doit témoigner de la singularité de destin de l'espèce humaine.

6 Ouverture : des cimetières pour les chiens

La place que joue l'animal dans la perception de la mort dans l'Occident contemporain contraste fortement avec la période médiévale. Alors que la sépulture animale y était marginale voire prohibé, le rôle qu'elle joue aujourd'hui dans l'appréhension de la mort est non négligeable. La mise à distance progressive des cadavres humains, bien documentée entre le XVIIIe et le XXe siècle, fait que la rencontre avec la mort et la décomposition des chairs se fait aujourd'hui souvent par le bien d'enterrement d'animaux domestiques (dans des boites à chaussures par exemple), d'ailleurs parfois exhumés ensuite[37]. Si l'animal mort joue aujourd'hui ce rôle initiatique, la séparation des cadavres entre homme et animaux, qui est un héritage médiéval, n'en demeure pas moins forte. Les cimetières municipaux, quoique désormais laïcs, interdisent

---

36 Dans une société rurale où l'alimentation carnée est largement constituée de viande de « réserve », c'est-à-dire prélevée sur des animaux âgés, où la moindre parcelle de peau sert à faire du cuir, l'inhumation d'un âne représente une perte considérable. À ce titre, c'est sans doute l'*exemplum* cité précédemment qui offre l'image la plus réaliste de la tombe de l'âne : « Quand un âne est mort, son cuir revient alors à son maître, sa chair aux chiens, ses os à la terre » (*Ci nous dit*, c. 595).

37 On se rappellera à ce propos l'étonnante vocation archéologique d'André Leroi-Gourhan.

FIGURE 15.4   Entrée du cimetière des animaux d'Anières

toujours l'inhumation des créatures non-humaines et confirment la vision d'une société qui se pense comme naturaliste.

Mais là aussi, l'analyse des pratiques permet de nuancer le sentiment que donnent les discours normatifs, et met en valeur les ruptures historiques. L'apparition des « cimetières des chiens » ou « cimetières des animaux », à la fin du XIXe siècle, constitue, en dernier lieu, une borne importante de cette histoire[38]. Cet avatar étrange du cimetière chrétien montre l'étonnante plasticité du lieu des morts inventé au Moyen Âge. Alors que les statuts synodaux du XIIIe siècle interdisaient l'accès du cimetière aux animaux, voilà que les animaux ont depuis la fin du XIXe siècle non seulement leur tombe (ce qui est ancien), mais aussi leur propre terre « sacrée », avec son enceinte et son gardien ! Mais

---

38   On lira à ce propos L. Lasne, *L'île aux chiens. Le cimetière pour animaux d'Asnières, 1899. Naissance et histoire*, Bois-Collombe : Terre des animaux, 1988, ainsi que P.-Y. Balut, « Tombes de bêtes », *Ramages, Revue d'archéologie moderne et d'archéologie générales*, 5 (1987), p. 137–161. Je n'ai découvert que trop tardivement l'excellent article de B. Gaillemin, « Vivre et construire la mort des animaux », *Ethnologie française*, 39 (2009), p. 495–507.

FIGURE 15.5   *Plaque tombale de Mirka (†2005)*

on ne saurait se tromper sur le sens de ce lieu qui, bien qu'il suppose souvent une forme de survie après la mort, est loin d'abolir toutes les frontières dans la mesure où il permet également de circonscrire la mort animale dans un périmètre qui lui est propre, peut-être encore plus à l'écart des hommes.

Les différents dispositifs que j'ai pu observer sur les sépultures du cimetière des chiens d'Asnières, toujours en fonctionnement (Figure 15.4), se situent comme en porte à faux vis-à-vis des cimetières chrétiens. Si le cadre général prolonge sur un mode analogique les cimetières humains contemporains (même tombes en marbre, même usage symbolique de la flore, avec notamment la présence d'ifs et d'arbres au feuillage persistant …), les décorations de chacune des tombes s'affranchissent de toute référence au christianisme ou à l'au-delà. Cet évitement est normalisé par le règlement intérieur du cimetière qui interdit les références religieuses sur les sépultures pour ne pas heurter la sensibilité des croyants. Une précaution qui en dit long sur le potentiel de souillure que possède encore la dépouille animale[39]. Je n'ai relevé que deux

---

39   Le règlement du cimetière stipule que «on ne permettra ni cérémonie, ni décoration ayant l'air de pasticher les inhumations humaines, ce qui serait manquer au respect dû aux morts ; les croix notamment sont rigoureusement interdites ». Cité dans B. Gaillemin,

FIGURE 15.6   *Pierre tombale de Gildus, et chien enlaçant la Vierge (détail)*

exceptions, très discrètes, qui témoignent d'un désir de retrouver, envers et contre tous, son animal de compagnie dans l'au-delà (Figure 15.5) ou plus simplement de témoigner avec lui de sa dévotion pour la Vierge (Figure 15.6).

Ne pouvant faire usage de l'iconographie chrétienne traditionnelle, la décoration des sépultures animales s'inspire des cultures païennes «européennes», allant de l'imaginaire Fantasy avec ses fées à la décoration de Noël. On peut rire du kitsch de ces étranges sépultures, mais aussi considérer avec Bérénice Gaillemin que c'est dans ce genre de lieu que s'imagine le mobilier funéraire des humains de demain. C'est peut-être dans ces espaces marginaux, avec ces pratiques minuscules et touchantes comme ce chien en plastique dans un pot de couleur bleu, mal dissimulé par des fleurs artificielles, que se travaillent nos représentations et la place que nous voulons y accorder aux animaux.

«Vivre et construire la mort des animaux», p. 495. Éric Baratay arrive à la même conclusion à partir d'un cimetière animalier du Rhône, visité en 1986. Cf. É. Baratay, *L'Église et l'animal*, p. 284.

Sources

Albert Le grand, *De animalibus*, dans *B. Alberti Ratisbonensis Episcopi, Ordinis Praedicatorum, Opera omnia*, t. 10–11, éd. A. Borgnet, Paris, 1890.

Augustin, *De cura gerenda pro mortuis, Problèmes moraux II*, éd. G. Combe, Paris, 1937.

Augustin, *De Genesi ad litteram*, éd. J. Zycha (CSEL 28/1), Vienne, 1894.

Les cent nouvelles nouvelles (reprod. en fac-sim.), publiées par Pierre Champion, Paris: F. Droz, 1928.

Guillaume de Digulleville, *Pelerinage de l'âme*, éd. J.J. Sturzinger, Londres: Nichols and Sons, 1895.

Guillaume Durand, *Rationale divinorum officiorum*, I–IV (CCCM 140), Turnhout: Brepols, 1995.

Jacques de Voragine, *Sermones aurei*, Paris: Clutius, 1760.

Julien Macho, «Le curé qui enterra son chien au cimetière et fut dénoncé à l'évêque» dans J.M. Boivin et L. Harf-Lancner (éds. et trad.), *Fables françaises du Moyen Âge*, Paris: Flammarion, 1996.

Thomas de Cantimpré, *Bonum universale de apibus*, Cologne, 1479.

Travaux

P. Ariès, *L'homme devant la mort*, Paris: Seuil, 1977.

F. Audoin-Rouzeau, *Hommes et animaux en Europe de l'époque antique aux temps modernes. Corpus de données archéozoologiques et historiques*, Paris: CNRS, 1993.

J. Avril (éd. et trad.), *Les statuts synodaux français du XIIIe siècle*, t. 3 et 4, (Collection de documents inédits sur l'histoire de France. Section d'Histoire médiévale et de philologie), Paris: Bibliothèque Nationale, 1988 et 1995.

P.-Y. Balut, «Tombes de bêtes», *Ramages, Revue d'archéologie moderne et d'archéologie générales*, 5 (1987), p. 137–161.

É. Baratay, *L'Église et l'animal (France, XVIIe–XXe siècle)*, Paris: Le Cerf, 1996.

G. Bartholeyns, P.-O. Dittmar, V. Jolivet, *Image et transgression au Moyen Âge*, Paris: Presses Universitaires de France (Lignes d'Art), 2008.

J. Cantuel, L. Garcia Petit, A. Gardeisen et M. Mercier, «Analyse archéozoologique du mobilier faunique de la nécropole mérovingienne de Crotenay (Jura)», *Revue archéologique de l'Est*, 58 (2009), consultable en ligne: URL: http://rae.revues.org/5921.

A. Dierkens, Cl. le Bec et P. Perrin, «Sacrifices animaux et offrandes alimentaires en Gaule mérovingienne», dans S. Lepetz et W.V. Andringa, dir., *Archéologie du sacrifice animal en Gaule romaine. Rituels et pratiques alimentaires*, Éditions Monique Mergoil (Archéologie des plantes et des animaux, 2), 2008, p. 279–299.

J.P. Digard, *L'homme et les animaux domestiques. Anthropologie d'une passion*, Paris: Fayard, 1990.

P.-O. Dittmar et F. Joulian, « Des corps frontières », *Techniques & Culture*, 60 (2013), p. 6–13.

B. Gaillemin, « Vivre et construire la mort des animaux », *Ethnologie française*, 39 (2009), p. 495–507.

F. Gentizon, *L'esprit d'Orient*, G. Crès et Cie, 1930.

S. Houdard, O. Thierry, *Humain, non-humain. Comment repeupler les sciences sociales*, Paris: La Découverte, 2011.

L. Lasne, *L'île aux chiens. Le cimetière pour animaux d'Asnières, 1899. Naissance et histoire*, Bois-Collombe: Terre des animaux, 1988.

M. Lauwers, *La mémoire des ancêtres, le souci des morts. Morts, rites et société au Moyen Âge*, Paris: Beauchesne, 1997.

K. Lyublyanovics, « The cattle of Muhi. Animal Husbandry in a thirteenth-Century Hungarian Village », *Annual of medieval studies at CEU*, 15 (2009), p. 65–84.

D. Méhu, « Les cercles de la domination clunisienne », *Annales de Bourgogne*, 72 (2000), p. 337–396.

R. Mellinkoff, « Riding Backwards: Theme of humiliation and Symbol of Evil », *Viator*, 4 (1973), p. 153–176.

A. Murray, *Suicide in the Middle Ages*, 2 vol., Oxford: Oxford University Press, 1998.

I. Rodet-Belarbi et I. Séguy, « Mal enterrés et mal rangés. Le cas des squelettes humains sans sépulture en France gallo-romaine et médiévale », *Archéopages*, Hors-série INRAP 10 ans, 2012, p. 168–172.

F. Santi, « Cadaveri e carogne. Per una storia del seppellimento animale », dans *Micrologus, il cadavre*, 7 (1999), p. 155–203.

J.Cl. Schmitt, « Le suicide au Moyen Âge », *Annales ESC*, 28 (1976), p. 3–28.

J.-Cl. Schmitt, *Le saint lévrier: Guinefort, guérisseur d'enfants depuis le XIIIe siècle*, Paris: Flammarion, 1979.

P. Schmitt-Pantel, « L'âne, l'adultère et la cité », dans J. Le Goff et J.-Cl. Schmitt, éds., *Le charivari, Actes de la table-ronde organisée à Paris (25–27 avril 1977) par l'EHESS et le CNRS*, Paris-La Haye-New York: Mouton-EHESS (Civilisations et sociétés, 67), 1981, p. 117–122.

A.-M. Tillier, *L'Homme et la Mort. L'émergence du geste funéraire durant la Préhistoire*, Paris: CNRS Éditions, 2009.

J. Voisenet, *Bêtes et hommes dans le monde médiéval. Le bestiaire des clercs du Ve au XIIe siècle*, Turnhout: Brepols, 2000.

I. Vörös, « Dog sacrifices and dog burial in medieval Hungary », *Folia Archaeologica*, 41 (1990), p. 179–196.

PARTIE 3

Ouvertures

∴

CHAPTER 16

L'éthique animale à l'épreuve de l'anthropologie catholique. Réflexions sur l'anthropocentrisme chrétien

Patrick Llored

L'éthique animale n'a toujours pas bonne presse de nos jours. Son enseignement universitaire est microscopique et les travaux de recherche qui lui sont consacrés se comptent sur les doigts d'une seule main. Autrement dit, en tant que domaine de règles permettant de reconnaître aux animaux un statut moral, elle n'est toujours pas, en 2016, prise au sérieux en France aujourd'hui. Mais son invisibilité dans l'espace public n'empêche pas pour autant que dans certains lieux minoritaires et marginaux de cet espace naissent des traces d'éthique animale. Il n'en reste pas moins qu'il s'agit d'un continent qui reste en très grande partie à découvrir et à conquérir malgré toutes les multiples résistances qui lui refusent encore et lui refuseront pour longtemps toute visibilité politique, sociale et culturelle. Qui s'intéresse à l'éthique animale aujourd'hui en France? Qui tente de créer les conditions sociales d'une réception à venir de cette prise en considération morale des intérêts des animaux? D'où viendra l'ouverture intellectuelle nécessaire à sa mobilisation pour faire entrer définitivement les animaux dans la communauté morale qu'ils partagent avec l'homme? Nous aurions pu espérer que la grave question écologique actuelle produise les conditions nécessaires à l'arrivée et à la réception de cette éthique animale. Mais force est de reconnaître que lorsqu'on parle des problèmes écologiques, on ne prend que très rarement en compte ce que vivent réellement les animaux comme s'ils n'avaient pas d'existence réelle. L'éthique environnementale, bien plus présente et active, sacrifie l'éthique animale sur l'autel de la crise climatique qui met en danger la vie même.

Il est révélateur de noter que tout le lexique mobilisé pour parler de cette crise écologique ignore l'existence des animaux selon trois modalités qui traduisent le peu de considération éthique avec laquelle ils sont encore considérés: ils sont d'abord ainsi niés dans leur individualité propre, puis dans leur sensibilité et enfin, conséquence tragique de cette dénégation, dans la possibilité qu'ils aient, en eux-mêmes et pour eux-mêmes, des intérêts propres à défendre, provenant du fait irrécusable qu'ils sont des vivants porteurs d'une vie qui cherche en permanence à se maintenir dans son être propre. Comment expliquer cette ignorance très largement répandue dans notre société, des intérêts des animaux, ignorance paradoxale dans les débats écologiques actuels ? Il nous semble qu'elle relève d'une immense dénégation qui prend la forme d'un refus de prendre en compte la vie réelle des animaux, laquelle est, pour ce qui concerne surtout mais pas seulement, les animaux sauvages, marquée par une immense violence produite par la nature elle-même. Cette dénégation est d'autant plus ancrée dans nos esprits qu'elle se nourrit d'une image encore mythique et idyllique de la nature qui empêche de regarder la réalité animale en face, toujours réduite à la seule violence exercée par les hommes sur les éco-systèmes naturels. Peut-être nous faudrait-il inverser le regard sur la nature et apprendre à mieux percevoir cette crise écologique à partir justement de cette souffrance animale niée et ce dans le but de sortir de l'anthropocentrisme dans lequel nous pensons encore et la nature et la vie animale. D'où la question de savoir quel rôle joue dans cette dénégation ce que nous appelons l'anthropologie chrétienne, d'un terme qui concentre les conceptions et représentations qu'elle se fait des liens entre humains et animaux. Si, comme nous le pensons, l'anthropocentrisme domine toutes les dimensions de notre société, alors il faut se demander non pas vraiment s'il y a un anthropocentrisme chrétien, mais bien plutôt quelle est sa structure, ses principes et ses justifications.

1   Pourquoi faut-il déconstruire l'anthropocentrisme chrétien ?

La question se pose alors de savoir si la sortie de l'anthropocentrisme comme fondement de l'écologie est envisageable et sur quoi doit reposer sa nécessaire critique. Or, cette interrogation revient à se demander si le catholicisme actuel est en mesure de nous permettre de limiter cette violence anthropocentrique, au fondement de nos représentations et pratiques culturelles, sociales et morales. La réponse pourrait bien être surprenante. La thèse fondamentale que nous aimerions défendre dans cet écrit est que l'éthique animale ne pourra pas se développer sans une sortie de l'anthropocentrisme chrétien, sans mettre pour autant en cause l'anthropologie chrétienne irréductible à celui-ci. Sortir de l'anthropocentrisme chrétien ne veut pas dire défendre la fin de l'homme, mais bien plutôt la fin d'un certain homme, celui qui n'a jamais conçu, jusqu'à maintenant, la possibilité de pouvoir partager avec l'animal des propriétés et des intérêts communs. C'est précisément cette idée de partage qui est le fond du problème et dont l'existence aura des conséquences assez radicales sur les relations qu'humains et non humains auront à entretenir et inventer tous deux. Il ne fait aucun doute pour nous que ce partage constitue un véritable risque car il engage le pouvoir de l'homme sur la nature et sur les animaux. Pouvoir illimité depuis toujours y compris jusqu'à maintenant. Or, un tel risque fait l'objet, comme jamais peut-être auparavant, d'une grande prise de conscience du catholicisme contemporain. Cette prise de conscience est nouvelle dans notre culture car elle met en jeu des catégories sociales et morales qui sont justement à la base ou au fondement de ce même anthropocentrisme chrétien. Il s'agit dès lors pour celui-ci de se débattre avec ce risque et de s'y confronter.

Quel est ce risque? C'est celui-ci de ce qu'on pourrait appeler une égalité morale de considération envers les animaux. Il vient justement d'être identifié et critiqué dans la dernière Encyclique papale, *Laudato sì*, qui mérite considération tant elle représente *une*, sinon *la* tentative de sortir des conséquences de l'anthropocentrisme qui était comme inhérent à cette anthropologie catholique :

> Quand la personne humaine est considérée seulement comme un être parmi d'autres, qui procèderait des jeux du hasard ou d'un déterminisme physique, la conscience de sa responsabilité risque de s'atténuer dans les esprits. Un anthropocentrisme dévié ne doit pas nécessairement faire place à un « bio-centrisme », parce que cela impliquerait d'introduire un nouveau déséquilibre qui, non seulement ne résoudrait pas les problèmes mais en ajouterait d'autres. On ne peut pas exiger de l'être humain un engagement respectueux envers le monde si on ne reconnaît pas et ne valorise pas en même temps ses capacités de connaissance, de volonté, de liberté et de responsabilité.

Qu'est-ce que l'anthropocentrisme chrétien? En quoi un « anthropocentrisme dévié » en est-il sa critique? Si traditionnellement l'anthropocentrisme a consisté à voir le monde, la nature, l'environnement et la vie animale à partir des seuls intérêts humains, en vue de et pour les seuls intérêts de ces vivants humains, l'anthropocentrisme dévié dont se réclame cette Encyclique papale donne l'impression de vouloir en critiquer les fondements, dont le plus important est et a toujours été la grande opposition métaphysique entre nature et culture. Et la question fondamentale est celle de savoir si l'on peut sortir de l'anthropocentrisme sans mettre en question l'opposition entre la nature et la culture qui en est la condition d'existence.

Or, cette Encyclique le fait-elle? L'extrait cité exprime assez clairement l'idée d'un risque sérieux à vouloir sortir de l'anthropocentrisme et ce risque est nommé « bio-centrisme ». Par « bio-centrisme », il faut entendre la thèse consistant à ne plus prendre le point de vue humain comme référence pour penser les problèmes de la nature et de la vie animale, mais bien plutôt le point de vue de l'animal lui-même à partir de son individualité, de sa sensibilité, de sa souffrance, voire de ses intérêts propres. Par conséquent, cet extrait nous apprend deux choses qui pourraient paraître contradictoires : d'une part, qu'il est nécessaire de sortir d'un anthropocentrisme dominant (d'où l'expression d'« anthropocentrisme dévié »), mais d'autre part, refuse d'y mettre fin complètement, car existe le risque de tomber dans une vision naturaliste de la vie, réduisant la vie à sa seule dimension naturelle et biologique, laquelle réduction serait dépourvue de toute dimension autre que matérielle. Autrement dit, il nous semble que l'on retrouve, exprimée ici de manière implicite, l'opposition entre la nature et la culture, la première étant soumise entièrement à des forces biologiques déterministes, la seconde à l'empire de la morale, c'est-à-dire, en fait, de l'homme. Et de l'homme seul dans la mesure où, nous dit le texte, le fait qu'il soit un être culturel, ayant su se détacher en partie des contraintes de la vie biologique et naturelle, en fait bien plus qu'un simple vivant. Le fait que l'homme appartienne à la culture en fait en réalité le seul être à disposer de capacités qui précisément ne sont pas présentes dans la nature, lesquelles capacités sont nommées « connaissance », « volonté », « liberté » et « responsabilité ». Et c'est en leur nom que l'on peut continuer à défendre une forme « déviée » d'anthropocentrisme qui n'est peut-être rien d'autre que le pouvoir que l'homme se donne lui-même sur la nature et sur les animaux. Ces derniers ne disposent pas de telles capacités, ne pouvant par conséquent être ni des êtres porteurs de connaissances, ni disposant d'une volonté, ni donc « libres » et « responsables ». Autant de propriétés qui sont et qui font le propre de l'homme et permettent de justifier un « anthropocentrisme modéré ».

Il y a donc un lien très fort entre l'anthropocentrisme et le pouvoir que l'homme se donne sur les choses car c'est au nom de l'un que ce même pouvoir se voit justifier son existence : l'homme ne doit pas perdre ce pouvoir car il est le centre de la création en raison du fait qu'il dispose de capacités intellectuelles et morales que les animaux n'ont pas dans les mêmes proportions ni selon les mêmes modalités. Justifier l'anthropocentrisme même modéré au nom de capacités intellectuelles propres à l'homme a pour nom logocentrisme. Il existe donc un logocentrisme chrétien qui nourrit en profondeur la morale catholique envers la nature et les animaux qui y sont présents et inscrits sans possibilité de s'en extraire. Ce logocentrisme chrétien mérite d'être compris et analysé car il ne se réduit pas simplement à justifier le pouvoir humain sur toute vie animale. Il fait mieux que cela. Il justifie l'interventionnisme dans ce qu'il nomme la nature et laisse ainsi voir qu'en réalité l'anthropologie catholique s'est toujours pensée, jusqu'à aujourd'hui encore, comme une philosophie pratique qui au nom de son logocentrisme radical, se donne le pouvoir d'intervenir dans la nature pour la transformer en profondeur. Un tel interventionnisme a toujours existé, mais la particularité qu'il présente aujourd'hui, dans une nature en crise, est, non pas de renoncer à son pouvoir, mais de se servir de ce même pouvoir afin de limiter les conséquences des interventions politiques, économiques et scientifiques sur cette même nature sous emprise.

2   L'anthropocentrisme comme pouvoir d'intervention sur le monde

Ce que nous appelons anthropologie catholique est un pouvoir d'intervention sur le monde ou bien plutôt est la légitimation reconnue à ce pouvoir interventionniste sur la nature et la vie animale. Or, ce pouvoir, nous dit cette anthropologie, est le propre de l'homme. C'est pourquoi ce serait une erreur de prendre en compte le point de vue de l'animal pour penser et agir sur la nature, car ce point de vue mettrait fin au pouvoir humain. L'adoption du point de vue « biocentrique » sur le monde est dépourvu de toute signification dans la mesure où ce pouvoir que l'homme se donne n'est pas un pouvoir comme les autres. Il est le pouvoir qui l'autorise à penser, à dire et à croire ce qui est bon pour lui et pour les autres êtres vivants, à savoir le pouvoir qui l'autorise à agir et à intervenir sur les choses, le monde, la nature et la vie animale. Il s'agit en fait, derrière cet anthropocentrisme chrétien, d'un véritable interventionnisme moral qui s'établit au nom d'une supériorité ontologique de l'homme sur tous les autres êtres vivants. En cela, on peut parler d'une éthique propre à cette anthropologie chrétienne, laquelle éthique est au fondement de ce pouvoir d'intervention sur le monde au nom précisément de cette supériorité ontologique de l'homme sur tous les autres êtres vivants.

La question de l'interventionnisme en éthique est cruciale car elle nous renvoie à l'idée largement partagée dans notre culture selon laquelle l'homme a le devoir de s'engager et donc d'intervenir dans et sur la nature, car seul l'homme est cet être libre et responsable qui introduit, comme aucun autre être vivant, selon cette anthropologie chrétienne, de la morale dans le monde, la nature et aussi dans la vie animale. Mais toute la question est de savoir au bénéfice de qui l'homme se doit d'intervenir moralement dans la nature et la vie animale. Ce qui conduit par là même à se demander si cette philosophie interventionniste chrétienne ne partage pas un aspect essentiel de son armature intellectuelle avec l'éthique animale dans la mesure où celle-ci défend de plus en plus la thèse de la nécessité d'intervenir dans la nature pour y limiter les effets de grande violence qui y règne. Le point commun interventionniste à l'éthique chrétienne et à l'éthique animale ne doit certes pas cacher des différences fondamentales, mais il nous semble intéressant de dire qu'il vient de s'opérer ces dernières années une transformation assez décisive de l'anthropologie catholique quant à la question de la nature, dans la mesure où la crise environnementale radicale dans laquelle nous nous trouvons a conduit à une certaine neutralisation de l'anthropocentrisme profond qui avait défini cette anthropologie. C'est comme si cette anthropologie se posait la question de savoir, question propre à l'éthique animale, quels sont les intérêts de la nature et de la vie animale, devenus ainsi aussi défendables que ceux des humains.

Qu'est-ce que l'éthique, au fond? C'est très probablement aujourd'hui une interrogation sur la nécessité ou pas d'intervenir sur quelque chose qui n'est pas spécifiquement humain alors même qu'on sait que l'homme en est en grande partie responsable: l'environnement, la nature, la terre, la vie animale et la vie végétale. Loin d'opposer, comme cela se fait en permanence, une éthique animale et une éthique chrétienne, il est intéressant de constater qu'elles partagent de nombreux points communs malgré quelques divergences qu'il serait grave de passer sous silence. Parmi ces nombreux points communs rarement mis en relation, il est important de dire que le paradigme dominant en éthique animale, à savoir celui de la souffrance animale, pourrait bien apparaître comme étant d'inspiration chrétienne.

3   Le paradigme moral de la souffrance animale en éthique animale et sa source d'inspiration chrétienne

Ce nouveau paradigme de la souffrance animale est ce qui réunit aujourd'hui toutes les éthiques, que ces éthiques pensent la souffrance animale comme inévitable dans la nature (c'est le cas de l'éthique environnementale), qu'elles visent l'abolition de toute souffrance animale (et dans la nature et dans la société): telle est la caractéristiques première de l'éthique animale, au-delà des distinctions entre éthique animale anglophone analytique et éthique animale continentale de type déconstructif (Derrida). Or, la question que nous aimerions poser est celle de savoir si cette éthique chrétienne contemporaine de la nature, dont nous avons souligné une importante évolution portant sur la nature de l'interventionnisme qu'elle revendique, relève plus d'une philosophie du bien-être animal ou bien alors d'une éthique animale visant à combattre toutes les formes de souffrance produites par la nature et la société. Il est donc remarquable de constater que l'Encyclique papale ne parle à aucun moment de souffrance animale mais recourt à un vocabulaire qui a une origine bien établie:

> Aujourd'hui l'Église ne dit pas seulement que les autres créatures sont complètement subordonnées au bien de l'homme, comme si elles

n'avaient aucune valeur en elles-mêmes et que nous pouvions en disposer à volonté. Pour cette raison, les Évêques d'Allemagne ont enseigné au sujet des autres créatures qu'« on pourrait parler de la priorité de l'être sur le fait d'être utile ». Le catéchisme remet en cause, de manière très directe et insistante, ce qui serait un anthropocentrisme déviant : « chaque créature possède sa bonté et sa perfection propres (...). Les différentes créatures, voulues en leur être propre, reflètent chacune à sa façon, un rayon de la sagesse et de la bonté infinie de Dieu. C'est pour cela que l'homme doit respecter la bonté propre de chaque créature pour éviter un usage désordonné des choses ».

Catéchisme de l'Église catholique

L'Encyclique reconnaît explicitement ici l'anthropocentrisme au cœur de son anthropologie en parlant de « subordination » des animaux « au bien de l'homme ». Le terme de subordination a le sens d'autorité, de pouvoir et de propriété. En cela on peut dire qu'il n'y a pas de changement sur la question de l'anthropocentrisme entre ce que revendique aujourd'hui l'Église et ce qu'ont défendu l'immense majorité des Pères de l'Eglise, à savoir la thèse que les intérêts de l'homme seront toujours prioritaires sur ceux des animaux. Mais elle ne se contente pas de confirmer cette souveraineté humaine sur les animaux puisqu'elle recourt à un lexique qui relève en grande partie de l'éthique animale, mais revisitée, repensée et transformée sous l'égide de concepts qui ont fait et font encore la force de l'éthique animale comme ceux de « valeur propre », de « priorité de l'être sur l'utilité », en vue d'éviter un « usage désordonné » des choses. Concepts qui en rappellent d'autres, également nommés dans cette Encyclique, comme ceux de « valeur propre » afin de « respecter la création avec ses lois internes ».

Le problème que ces notions d'éthique posent, c'est qu'elles ne sont pas véritablement développées, ni donc explicitées, même s'il est manifeste qu'elles ont toutes une relation plus ou moins étroite avec la difficile question de la souffrance animale et de la sensibilité. Notre hypothèse consiste à penser que cette hésitation exprime de la part de cette anthropologie catholique une crainte, voire une inquiétude, car à force de parler de souffrance animale, le risque existe d'étendre la considération morale à tous les êtres vivants, jusqu'à jouer avec le feu de l'idée d'égalité de considération, mettant sur le même plan ontologique humains et animaux. Autrement dit, rien ne serait plus dévastateur au fond pour cette anthropologie chrétienne que de ne plus faire de différence entre la souffrance humaine et la souffrance animale, comme si le maintien de cette différence était l'origine même du cadre moral dans lequel et avec lequel le monde prend forme et sens.

Et c'est d'ailleurs ce que dit assez explicitement cette même Encyclique dans le passage suivant qui pourrait bien être le nœud du problème auquel nous tentons ici de nous affronter :

> Parfois on observe une obsession pour nier toute prééminence à la personne humaine, et il se mène une lutte en faveur d'autres espèces que nous n'engageons pas pour défendre l'égale dignité entre les êtres humains. Il est vrai que nous devons nous préoccuper que d'autres êtres vivants ne soient pas traités de manière irresponsable. Mais les énormes inégalités qui existent entre nous devraient nous exaspérer particulièrement, parce que nous continuons à tolérer que les uns se considèrent plus dignes que les autres.

Ce que refuse pour le moment cette anthropologie catholique, c'est donc bien l'égalité morale de considération qui est en effet l'un des arguments de base de l'éthique animale. Ce que redoute donc cette anthropologie, c'est bien l'idée qui consiste à dénier une « prééminence » à l'homme comme créature supérieure à toutes les autres. Tous ces arguments sont légitimement défendables ; mais lorsque la critique s'en prend aux mouvements de libération animale, leur reprochant au fond moins de défendre les animaux que de ne pas assez sérieusement militer en faveur de cette « égale dignité » entre les êtres humains, cet argument est critiquable tant il passe sous silence l'un des apports fondamentaux de l'éthique animale, à savoir la question de l'intersectionnalité, concept décrivant le fait que toutes les formes de domination méritent d'être combattues, tant celles qui s'exercent sur les minorités, les femmes que les animaux ... Autrement dit, le principal reproche que fait l'Église à l'idée même de libération animale doit être pris au sérieux même s'il apparaît facilement réfutable : l'ordre éthique des priorités militantes pour la libération animale n'est pas juste pour deux raisons. D'abord, parce que la libération animale ne s'attaque pas aux formes de domination qui aliènent les humains (premier argument), mais surtout parce qu'il existe un ordre plus légitime de préoccupation morale selon lequel la souffrance animale aurait moins de légitimité morale à être combattue que la souffrance humaine (deuxième argument).

Dit autrement, le risque encouru par les défenseurs de la libération animale est d'oublier la différence entre souffrance animale et souffrance humaine. Le danger est de confondre les deux, de les égaliser et par conséquent de ne plus pouvoir distinguer l'une de l'autre. Ces arguments sont-ils solides et défendables ? Tout dépend en réalité du point de vue à partir duquel on construit le problème en question : si l'on se place du point de vue humain, alors en effet on peut dire que l'argument fondamental de cette éthique humaniste consiste à dire que tant qu'on n'aura pas vaincu la souffrance humaine, l'humanité ne trouvera pas la force morale de vaincre la souffrance animale. Conception réaliste de l'humanité qui défend d'abord ses intérêts propres. Mais si l'on se place du point de vue animal, on s'introduit dans le domaine de l'éthique animale et l'humanisme en prend un sérieux coup. En réalité, l'anthropocentrisme chrétien n'est en rien insensible à la souffrance animale, mais il repose en profondeur sur la thèse d'une proximité morale entre tous les hommes, à partir de laquelle et au nom de laquelle, une communauté morale peut naître, s'établir et exister. C'est parce que les êtres humains sont au fond identiques que toute souffrance constitue une faute morale et mérite d'être combattue. Mais inversement, c'est parce que l'animal n'est pas identique à l'être humain que cette différence fait et fera toujours l'objet d'une considération indirecte.

4 Conclusion : rien que des obligations indirectes envers les animaux

Autrement dit, l'anthropocentrisme catholique ne dit rien d'autre à l'égard des animaux que le fait que nous avons seulement des obligations indirectes envers eux dans la mesure où le critère fondamental pour le christianisme est la dignité de l'homme avant celui de la souffrance partagée avec les animaux. Si l'enjeu est bien la question de l'égalité entre les hommes et les animaux, l'anthropocentrisme catholique ne peut qu'être à distance certaine de la thèse fondamentale de l'éthique animale classique selon laquelle c'est bien la capacité à souffrir qui fonde l'éthique, au-delà de la distinction entre humains et non humains. Or, cette thèse qui fait la force de l'éthique animale n'est pour le moment pas partageable ni défendable pour l'anthropologie chrétienne qui est à la fois un anthropocentrisme explicite et un humanisme revendiqué dont la force est qu'ils ne s'avancent en rien masqués, comme tant d'autres qui ne disent pas leur vrai nom.

Index biblique

Ancien Testament

Genèse
1	137
1–2	114
1, 1	139, 226
1, 11	140n
1, 20	146
1, 20.24	150
1, 24	199
1, 26	70, 117, 120, 123
1, 27	186n
1, 28	64
1, 28–30	68, 69, 95n
1, 29	72, 128
1, 30	64
2	166, 177
2, 7	69, 117, 151
2, 15–3, 23	226
2, 16	106–107
2, 17	193
2, 19–20	186
2, 19–29	82
3, 10	223
3, 14	178
3, 16–17	43
3, 17–19	90n
3, 18	186
3, 21	82
6–9	passim 63–75, 167
6, 7	63
6, 17	63, 66
7, 2s.	72n
7, 2–3	63
7, 4	93
8, 20–21	12
8, 21–22	93n
9, 1	72
9, 1–3	68
9, 1–5	63–64
9, 2.3	64, 82, 128, 292n
9, 4.5	65, 73, 74, 126
9, 14	106

Exode
6, 8	20n
20, 10	130
21, 22–23	263
23, 28–30	92n

Lévitique
11, 19	4n
11, 21	89n
17, 4	73
17, 11	126

Nombres
20, 7–11	221
22, 21–30	169, 305
24, 7	92n

Deutéronome
7, 20	92n
8, 15	94n
25, 4	37

Josué
24, 12	92n

2 Samuel (2 Règnes LXX)
15, 18	12
23, 30	167

1 Rois (3 Règnes LXX)
1, 9	12
13, 31–32	303

2 Rois (4 Règnes LXX)
2, 23–25	169
21, 13	19

Isaïe
	passim 3–34
1, 3	305, 148
11	167
11, 6–8	68, 94n
11, 6–7	102, 107–108, 110, 180
23, 28–30	92n
24–27	43
65, 25	94n, 107–108, 110

Jérémie
- 13, 23 — 60
- 22, 19 — 305n

Ézéchiel
- 1, 5–14 — 215
- 2, 6 — 94n
- 29, 3 et 32, 2 — 94n
- 34, 25 — 94n

Jonas — 169

Job
- 40–41 — 94n

Psaumes
- 22, 22 — 174, 217
- 35 — 240
- 23, 8.10 — 124
- 41 — 173
- 148–150 — 178

Sagesse
- 12, 8 — 92n

Daniel
- 6, 21 — 217

4 Esdras
- 7, 11–12 — 44

Nouveau Testament

Matthieu
- 3, 7 — 53
- 4, 2 — 129
- 10, 16 — 54, 173, 235
- 10, 28 — 199
- 10, 30 — 300n
- 12, 34 — 53
- 17 — 169
- 19, 26 — 60
- 20, 28 — 126
- 23, 33–34 — 53

Luc
- 3, 7 — 53
- 10, 3 — 54
- 12, 7 — 300n
- 18, 27 — 60

Jean
- 1, 1 — 120
- 4, 24 — 151n
- 10, 11–16 — 216

Actes des Apôtres
- 3, 21 — 125
- 10, 10–16 — 168
- 10, 11–12 — 68

Romains
- 1, 16–11, 36 — 47
- 5 — 121
- 8, 18–22 — *passim* 36–47, 106, 124, 125, 132, 242
- 8, 19–21 — 105–106
- 8, 19 — 110

1 Corinthiens
- 9, 9 — 37
- 12, 11 — 123
- 15, 10 — 60
- 15, 53 — 105

Éphésiens
- 1, 10 — 124–125, 132

Philippiens
- 4, 13 — 60

Colossiens
- 1, 15 — 120
- 1, 16 — 119

2 Timothée
- 4, 17 — 217

Apocalypse
- 20, 4 — 102, 103
- 21, 1 — 225

Index des sources

Acta Pauli	216–217	*De Anima*	142n, 146n, 148n, 277n
Acta Pauli et Theclae	216–217	I, 2, 413b24	248n, 266n
Acta Philippi		II, 3, 414b28–32	251n
VIII, 2.3	52	III, 432b21–434a31	271n
VIII, 4	53	*De animalium partibus*	
VIII, 5.6	54	I, c. 3, 643b6–7	266n
VIII, 10	54, 55	*De caelo*	
VIII, 13–14	55	I, t. 2	245n
VIII, 16–17	56	II, t. 59, 219b13–14	271n
VIII, 17	58	*De generatione animalium*	
XII, 1	58	II, 3, 736b33–737a6	250n, 252n, 259n
XII, 8	59	II, 3, 736b2	259n
		II, 5, 741b4–5	271n
		De motu Animalium	144n
Albert le Grand	250	*Ethica Nicomachea*	
De anima		I, 2, 1094a18–22	245n
III, 1, 3	287n	*Historia animalium*	146n
V, 4	262n	IX, 13 615b23	97n50
De animalibus	281n, 282–284, 299	*Metaphysica*	
De homine	284, 285n	III, 3	245n
Quaestiones de animalibus		V, 3, 996a22–26	245n
XVI, q. 1	252n	VII, t. 29	258n
XXVI	299	IX, t. 2, 1034a9–21	258n
Summa de creaturis		*Meteorologica*	140n, 277
tract. 1, q. 2	262n	*Physica*	
Summa theologiae		II, 195a23–26	245n
tract. 12, q. 70	262n	III, 201a10	264n
		Politica	291
Ambroise de Milan		*Rhetorica*	
De Noe		I, 6, 1362a17	245n
25, 89.90	71n	*Topica*	
		1, c. 5	259n
Antonio Montecatini			
In Politica Aristotelis Progymnasmata		**Athanase d'Alexandrie**	
	280	*Vita Antonii*	235
Apophtegmata Patrum	222–223	**Athénagore**	
		De Resurrectione mortuorum	
Aristophane			206n
Les oiseaux, v. 1355	97n		
		Augustin	250, 258, 261, 270
Aristote		*Confessiones*	
Analytica Priora		XII, c. 6	257n
I, c. 15	259n	*De Civitate Dei*	206n
Categoriae		XI, c. 2	259n
c. 1 et c. 3	259n	XIII, c. 2 et c. 3	271n

De Civitate Dei (cont.)
    XXII, c. 13   270n
    XXII, c. 24   259n
De cura gerenda pro mortuis
        300
    VIII, 10   303n
De duabus animabus
    c. 13   261n
De fide et symbolo
    c. 10   261n
De Genesi ad litteram
    II, c. 17   300n
    VI, c. 11   258n
    IX, c. 17   258n
De libero arbitrio
    I, c. 8   259n
    II, c. 6   259n
    III, c. 5   245n
De quantitate animae
    c. 28   259n
    c. 33   259n
    c. 37   261n
De Trinitate
    III, c. 9   259n
    XII, c. 1   259n
De vera religione
    c. 18   257n
Enarrationes in Psalmos
    Ps. 32, serm. 2   245n
Enchiridion
    c. 88   270n
Sermo
    362   244n
Super Genesim contra Manich
    XII, 35, 68   268n

Averroès
De anima
    com. 5   262n
De Substantia orbis
    I, V   257n
Grand comm. sur la Métaphysique d'Aristote
    VII, com. 9   257n
Grand commentaire sur la Physique d'Aristote
    I, com. 63   257n
    I, com. 70   257n

Avicebron
Fons vitae   258n

Avicenne   287
Al-Shifa
    IV, 2 et II, 2   257n

Bacon
Communia naturalium
    I, d. 3   260n
    IV, d. 1   252n
Perspectiva   285–286

Barthélémy l'Anglais
De proprietatibus rerum   169

Basile de Césarée
Homiliae de creatione hominis
        128–129
Homiliae de jejunio   129–130, 131
Homiliae in hexaemeron 114–115, 126, 139n, 140n, 142n, 199–200, 214

Belles Heures du duc de Berry
    180

Bernard de Clairvaux
Sermones super Canticum Canticorum
        266

Bible de Winchester   180

Boccace
De mulieribus claris   165

Boèce
De consolatione philosophiae
    III, pr. 2   271n
De persona et naturis duabus
        270n

Ps.-Boèce de Dacie
Super Analytica Priora   278n

Bonaventure
Breviloquium
    VII, 4   242–243
Commentarius in libros Sententiarum Petri Lombardi
    II, d. 1   245n, 256n
    II, d. 15   250n

INDEX DES SOURCES

II, d. 17.18	258n
II, d. 19	243n
II, d. 31	262n
IV, d. 43.45	270n
IV, d. 48	244n
IV, d. 49	270n
Legenda major	232

Ci nous dit   160, 165, 169–170, 172, 173, 174, 304, 305, 312n

Clément d'Alexandrie
Le Pédagogue   133

Cosmas Indicopleustès
Topographie chrétienne   215

Cyrille de Jérusalem
Catéchèses mystagogiques   206n

Denys le ps.-Aréopagite
De coelesti Hierarchia
    c. 4 et 10   245n

De Prioribus Analyticis   278

Didyme l'Aveugle
Commentarii in Genesim   66, 68n, 67, 69

Éphrem le Syrien   185, 194, 203
Commentaire de la Genèse   186, 187n
Hymnes contre les hérésies   190–192
Hymnes sur le jeûne   129
Hymnes sur le Paradis   186–192
Réfutations en prose   189–190

Étienne de Bourbon   308

Eusèbe de Césarée
Commentarii in Isaiam
    11, 6–9   57

Évangile du Pseudo-Matthieu   164–165

Fioretti (Actes du bienheureux François)   235

François (Pape)
Laudato sì   323–325, 326–329

François d'Assise   168, *passim* 231–240
Cantique de frère Soleil   237
Lettres   239n
Testament   233, 239n, 240, 240n

Genèse de Caedmon   178

Georges de Pisidès
Hexaemeron sive Cosmopoeia   215

Gilles de Rome
De regimine principum   281n

Giraud de Barri (ou le Cambrien)   163

Grandes Heures de Rohan   167

Grégoire de Nazianze
Poemata arcana   116–117

Grégoire de Nysse
Ad Simplicium, de fide   122–123
Contra Eunomium   118–119, 121, 122
De anima et resurrectione   127
De hominis opificio   115–116
De virginitate   223
In Ascensionem Christi   124
In Hexaemeron   117
Oratio catechetica   120

Guillaume d'Auvergne
De anima
    c. 4   262n

Guillaume de Digulleville
Pèlerinage de l'âme   308
    v. 6705–6835   308n

Guillaume de la Mare
Correctorium fratris Thomae
- a. 31 — 260n
- a. 102 — 260n

Guillaume Durand
Rationale — 299
- I, V, 4 — 299n, 304n
- I, V, 9 — 299n

Hélinand de Froidmont
Les vers de la mort — 299

Hésiode
Les travaux et les jours
- I, 195–202 — 64

Histoire des Sept dormants d'Éphèse
183

Hippolyte
De Christo et Antichristo
- 24 — 57

Commentarii in Danielem
- IV, 3, 6 — 57

Irénée de Lyon
Adversus haereses — 125
- V, 3, 2 — 105
- V, 32, 1–2 — 105–106
- V, 33, 4 — 104, 107, 108
- V, 35, 2 — 104

Isaac le Syrien
Discours ascétique — 219

Isidore de Séville
Etymologiae
- XII — 166

Jacques de Saroug — 185
Homélie sur les sept Dormants
183

Quatre homélies métriques sur la création
192–195

Jacques de Voragine
Legenda Aurea — 168
Sermones aurei — 306n

Jamblique
De vita Pythagorae — 131
- 33 — 108

Jean Corbechon
Livre des propriétés des choses
166

Jean Damascène
De haeresibus — 154n, 200

Jean de Dalyatha — 200

Jean de la Rochelle
Summa de anima
- p. 1, c. 24 — 262n, 285n

Summa Hales.
- II-I, n. 332 — 262n

Jean Peckham
Quodlibet
- IV, q. 24 et 25 — 251n
- IV, q. 36 — 266n

Jean Philopon
De Opificio mundi — passim 135–156, 215
- 7,8–11,3 — 139
- 15,5–6 — 139n
- 71,10–17 — 145n
- 158,1–17 — 147n
- 161–162 — 140n
- 164,1–4 — 140n
- 176–177 — 148
- 206 — 141n, 142
- 207–208 — 145, 146, 148
- 209–210 — 149, 150
- 216,24–25 — 140n
- 227,11–25 — 143n
- 276–277 — 150–151

Jérôme
In Hieremiam prophetam
- I, 95 — 57n
- III, 22 — 60

Job d'Édesse
Livre des Trésors — 201–204

INDEX DES SOURCES

Julien d'Halicarnasse 193

Julien Macho 310

Justin
Dialogus cum Tryphone Iudaeo
20, 3–4   70 n

Les cent nouvelles nouvelles
    309, 312

Liber de causis
prop. 2   269n

Maïmonide
Le Guide des égarés   207

Matthieu d'Aquasparta
Commentarius Sententiarum
II, d. 18   261n
De anima   passim 244–246, 255–271
q. 1   266n
q. 2   245n, 256–257, 267n
q. 3   255n, 267n
q. 4   255–259, 265
q. 5   255, 260n, 262–264, 266–267
q. 6   255, 260–263, 270n
q. 7   271n
q. 9   255, 267, 268–269
q. 10   271n
q. 12   269n
q. 13   269n, 271n
Quodlibet
III, q. 5   261n

Meditationes vitae Christi
    162

Missel de Henry de Chichester
    174

Missel Stammheim   173, 174

Moïse bar Kepha   204
Sur la résurrection des corps
    205–206

Sur le paradis   204–207

Néophyte le Reclus   214

Nicolas de Vaudémont   291–292, 293n

Origène
In Genesim Homiliae
2, 1   68n
2, 2   67n
2, 6   68n

Ovide
Métamorphoses   165

Passion de Saint Athénogène de Pédachthoé
    219

Passion de Saint Mokios
    216

Passion de Sainte Tatiana
    216

Petites Heures du duc de Berry
    161

Philon d'Alexandrie
De agricultura
21.22   91n
De animalibus
50–54   97
61   97n50
77–100   83
De confusione linguarum
7.9   86
62–63   98n
98   92n
De Decalogo
114.116   97
De opificio mundi
79–81   98n
148–150   85n
150   86n
153   85n
156   87n
157–158   89n
160   87n
168   84, 89n

De praemiis et poenis
- 79–87   98n
- 85   87
- 85–87   88n
- 92   97n
- 93–97   98n
- 95–96   92n
- 127   97n
- 162–172   97n

De virtutibus
- 73   83n
- 75   98n
- 119–120   98
- 125–147   83n

De vita Mosis
- I, 96.99   92
- I, 103   92
- I, 111.113   92
- I, 289–291   98n
- II, 44   98n
- II, 288   98n

Legum allegoriae
- II, 9   82n
- III, 115–116   81n

Quaestiones et solutiones in Genesim
- I, 9   85
- I, 14   87n, 95
- I, 20   82n, 85n
- I, 21–22   82n
- I, 23   85n
- I, 30   84
- I, 31   89n
- I, 32   85n, 86n
- I, 50   90
- I, 71   91
- I, 94   90
- II, 9   82n, 90n
- II, 15.18   91
- II, 56   69n, 70n, 82n
- II, 57   89n
- II, 58   70n, 82n
- II, 59   81n
- III, 113   90
- III, 115–116   81n

Philoxène de Mabboug   193

Pline l'Ancien
Histoire Naturelle
- VII, 188–189   37

Physiologus   173, 215

Pierre d'Auvergne
Questiones super libros Politicorum
   279

Pierre de Jean Olivi
Quaestiones in secundum librum Sententiarum
   288n
Summa   289
   q. 51   252n

Pierre de Tarantasia
Commentarius Sententiarum.
- II, d. 18   258n

Platon
Phédon   154n
Timée   142n, 145n

Porphyre   131, 275–276

Proclus
In Timaeum   138

Psautier de Munich   178

Questiones in librum Politicorum Aristotelis
   279–280

Richard de Mediavilla
Commentarius Sententiarum
- II, d. 17   260n

Richard de Saint-Victor
De Trinitate
- IV, c. 18   270n

Robert Kilwardby
De 43 quaestionibus
   q. 34   249n
Littera ad Petrum de Conflans
   260n

INDEX DES SOURCES

Roman d'Alexandre 172

Rutebeuf
Le testament de l'âne 309
v. 39, 77, 96, 152, 168   309n

Saadia Gaon
Livre des croyances et des opinions
207–208

Sévère d'Antioche 193

Siger de Brabant
Quaestiones de anima
II, q. 7 et q. 9   262n

Simplicius
In de anima 152

Sophocle
Électre, v. 1058   97n

Syméon le Nouveau Théologien
Traités théologiques
XIII   223n39

Synaxaire de Constantinople
217

Théodore bar Koni
Livre des Scolies (Memre)
196–197

Théodore de Mopsueste
138, 193

Théodoret de Cyr
Histoire Philothée   224–225
Questions sur la Genèse
50   71–72n
51   72n
53   72n
54   73n, 74n
55   73n

Théodosius
De Situ Terrae Sanctae   184

Théophile d'Antioche   195
Ad Autolycum   225
II, 17–18   109

Thomas d'Aquin
Commentarius De anima
II, 24, 85–89   249n
Commentarius Sententiarum
I, d. 10   268n
II, d. 1   249n
IV, d. 48   243n
Compendium theologiae
I, q. 170   243n
De ente et essentia
c. 5   248n
De potentia
q. 3, a. 9   249, 250n, 252n
q. 5 a. 9   243n
q. 7 a. 2   248n
De spiritualibus creaturis
   248n
In duodecim libros Metaphysicorum Aristotelis Expositio   287
Quaestiones disputatae de anima
q. 11   249n, 250n, 251n, 253n, 254n, 256n
Quodlibet
I, q. 6   260n
Sententia libri Politicorum
   279n
Summa contra gentiles
II, c. 51   249n
II, c. 57   248n
II, c. 82   247n
II, c. 89   252n
IV, c. 45   252n
IV, c. 81   246n
Summa theologiae
Ia Pars, q. 75   247–248, 252n, 268n
Ia Pars, q. 76   247–248, 252n
Ia Pars, q. 118   248n, 252n

Thomas de Celano
Mémorial   231, 232
Vita brevior   passim 231–240
Vita prima   231, 235, 236–237

Thomas de Cantimpré
Bonum universale de apibus
   II, 10, 35   304n

Timothée I (Patriarche)
                 197–201
Lettre 11 à Rabban Boktisho
                 198

Timothée de Gaza
Excerpta ex libris de animalibus
                 215

Très riches Heures du duc de Berry
               168, 171, 173

« Utrum pygmei sint homines ? »
               282

Vie de Saint Euthyme le Grand
               224

Vie de Saint Kosmas le Zographite
               218

Vies de Saint Gérasime   218

Vies de Saint Mamas   220–221

Printed in the United States
By Bookmasters